高等院校土木工程类系列教材

土木工程项目管理

李慧民　主编

科学出版社

北　京

内 容 简 介

本书系统阐述了土木工程项目从策划、决策、实施及全过程管理的理论与方法，其主要内容包括土木工程项目管理概论、土木工程项目策划与决策、土木工程项目投资控制及融资、土木工程项目风险管理、土木工程项目组织管理、土木工程项目采购管理、土木工程项目质量管理、土木工程项目进度管理、土木工程项目安全与环境管理、土木工程项目信息管理。

本书层次清晰，由浅入深，理论联系实际；内容吸收了国内外土木工程项目管理方面的最新研究成果，同时也反映了我国土木工程项目管理的实际情况，实用性强，且便于操作。

本书可作为高等院校土木工程专业教材，也可作为工程管理、交通工程、市政工程、隧桥工程等专业的教科书，还可作为相关专业及从事工程项目管理人员的参考资料。

图书在版编目（CIP）数据

土木工程项目管理/李慧民主编. —北京：科学出版社，2009（2023.8重印）
（高等院校土木工程类系列教材）
ISBN 978-7-03-024345-4

Ⅰ. 土…　Ⅱ. 李…　Ⅲ. 土木工程-项目管理-高等学校-教材　Ⅳ. TU71

中国版本图书馆 CIP 数据核字（2009）第 050098 号

责任编辑：童安齐　任加林／责任校对：刘彦妮
责任印制：吕春珉／封面设计：耕者设计工作室

科 学 出 版 社 出版
北京东黄城根北街 16 号
邮政编码：100717
http：//www. sciencep. com
北京九州迅驰传媒文化有限公司 印刷
科学出版社发行　各地新华书店经销
*
2009 年 4 月第 一 版　开本：787×1092 1/16
2023 年 8 月第六次印刷　印张：20 1/4
字数：457 900

定价：65.00 元

（如有印装质量问题，我社负责调换〈九州迅驰〉）
销售部电话 010-62134988　编辑部电话 010-62139281（BA08）

前　　言

土木工程项目管理越来越受到人们的重视，其研究与实践越来越广泛，已成为管理领域的一大热点。土木工程项目管理课程不仅是高等院校土木工程专业的必修课，而且也是工程管理、交通工程、市政工程、隧桥工程等专业的主要课程之一。

本书主要以反映土木工程项目管理实务为主线，侧重实用性和可操作性，且注重土木工程项目管理知识体系的系统性和完备性，力求将管理学的基本原理、项目管理的基本方法与土木工程项目管理的实际相结合，从而使读者通过对本书的阅读，能对土木工程项目管理的特殊性有比较全面深刻的认识，能对常用的项目管理理论和方法进行应用，能对国内外土木工程项目管理的先进成果所了解。

本书由西安建筑科技大学李慧民教授主编。各章编写分工为：第 1 章由李慧民、路鹏飞、李勤编写；第 2 章由陈旭、李勤、李慧民编写；第 3 章由胡长明、陈旭编写；第 4 章由黄莺、胡长明编写；第 5 章由胡长明、黄莺、路鹏飞编写；第 6 章由樊胜军、黄莺编写；第 7 章由李慧民、樊胜军、武乾编写；第 8 章由樊胜军、武乾编写；第 9 章由武乾、黄莺、李慧民编写；第 10 章由陈旭、李勤、路鹏飞编写。

本书在编写过程中，得到西安建筑科技大学、长安大学、北京建筑工程学院、西安工业大学等高校教师的大力支持与帮助，并参考了许多学者的有关研究成果及文献资料，在此一并向相关作者表示衷心的感谢。

土木工程项目管理尚属一门发展中的新学科，其理论体系还不完备，许多问题还需进一步研究与探讨。由于笔者学术水平有限，本书难免有不足及疏漏之处，敬请各位读者及同行批评指正。

作者

2009 年 1 月

目　录

第1章 土木工程项目管理概论

本章要求：

(1) 了解项目与项目管理的概念与特征；

(2) 掌握工程项目的概念、特征及分类；

(3) 掌握工程项目管理的概念、特点、类型及职能；

(4) 了解工程项目管理的发展历史及趋势；

(5) 掌握工程项目管理模式的概念及各种管理模式；

(6) 熟悉工程项目管理知识体系。

1.1 项目与项目管理

1.1.1 项目及其特征

1. 项目的定义

1) 美国项目管理协会（Project Management Institute，PMI）认为，项目是为完成某一独特的产品或服务所做的一次性努力。

2) 德国DIN（德国工业标准）69901认为，项目是指在总体上符合下列条件的唯一性任务：①具有预定的目标；②具有时间、财务、人力和其他限制条件；③具有专门的组织。

3) ISO10006定义项目为：具有独特的过程，有开始和结束日期，由一系列相互协调和受控的活动组成。过程的实施是为了达到规定的目标，包括满足时间、费用和资源等约束条件。

4)《中国项目管理知识体系纲要》（2002版）中对项目的定义为：项目是创造独特产品、服务或其他成果的一次性工作任务。

5) 联合国工业发展组织《工业项目评估手册》对项目的定义为：一个项目是对一项投资的一个提案，用来创建、扩建或发展某些工业企业，以便在一定周期内增加货物的生产或社会的服务。

6) 世界银行认为：所谓项目，一般是指同一性质的投资，或同一部门内一系列有关或相同的投资，或不同部门内的一系列投资。

但一般人们把项目定义理解为：一个组织为实现自己既定的目标，在一定的时间、人员和资源约束条件下，所开展的一种具有一定独特性的一次性任务。

2. 项目的特征

(1) 项目的一次性

项目的一次性也叫单件性，是指每个项目具有与其他项目不同的特点，特别表现在项目本身与最终成果上，而且每个项目都有其明确的终点。当一个项目的目标已经实现，或者该项目的目标不再需要，或不可能实现时，该项目即达到了它的终点。

（2）项目生命周期属性

项目从开始到完成需要经过一系列过程，包括启动、规划、实施和结束。这一系列过程称为生命周期。根据所包含的过程，项目的生命周期可分为局部生命周期和全生命周期。项目的局部生命周期是指从项目设项开始到项目交付为止的过程。

（3）项目目标的明确性

任何项目都有明确的目标，没有目标的项目不是项目管理的对象。项目目标可分为成果性目标、约束性目标和顾客满意度目标。成果性目标是项目的来源，也是项目最终目标及项目的交付物。通常，项目的成果性目标被分解为项目的功能性要求。成果性目标是项目的主导目标。约束性目标是指项目合同、设计文件和相关法律法规等所要求实现的目标，一般包括时间目标、质量目标、费用目标和安全目标等。

（4）项目的动态性

项目的动态性体现在两个方面。一方面项目在其生命周期内的任何阶段都会受到各种外部和内部因素的干扰和影响，项目的变化是必然发生的。因此，在项目进行之前应充分分析可能影响项目的各种因素；在项目进行之中应进行有效的管理和控制，并需要根据变化不断加以调整。另一方面，项目的生命周期内各阶段的工作内容、工作要求和工作目标均不相同，因此在不同的阶段的项目组织和工作方式也不尽相同。

（5）项目作为管理对象的整体性

项目作为管理对象的整体性是指在管理一个项目、配备资源时，必须以整体效益的提高为标准，做到数量、质量、结构的整体优化。项目是一个系统，由各种要素组成，各要素之间既相互联系又相互制约。所以，对项目的管理应具有全局意识、整体意识、系统思维。

1.1.2 项目管理

1. 项目管理的概念

美国项目管理协会（PMI）在《项目管理知识体系指南》（PMBOK 指南，第 3 版）对项目管理所下的定义是：项目管理就是把各种知识、技能、手段和技术应用于项目活动之中，以达到项目的要求。项目管理是通过应用和综合诸如启动、规划、实施、监控和收尾等项目管理过程来进行的。

《中国项目管理知识体系》对项目管理所下的定义是：项目管理就是以项目为对象的系统管理方法，通过一个临时性的专门的柔性组织，对项目进行高效率的计划、组织、指导和控制，以实现项目全过程的动态管理和项目目标综合协调与优化。全过程的动态管理是指在项目生命周期内，不断进行资源的配置和协调，不断做出科学决策，从而使项目执行全过程处于最佳的运行状态，产生最佳的效果。项目目标的综合协调与优化是指项目管理应综合协调好时间、费用和功能等约束性目标，在较短的时间内成功实现特定的成果性目标。

2. 项目管理的基本职能

（1）计划职能

任何项目的管理都应从计划的编制开始，计划系统地确定了项目的任务、进度和完成任务所需要的资源等。计划的主要作用在于为项目的进行提供指南，为项目的偏差分析提供依据。项目的成败在很大程度上取决于项目计划工作的质量。

（2）组织职能

项目管理的组织，是指为进行项目管理而进行的项目组织机构的建立、组织运行与组织调整等组织活动。项目管理的组织职能包括组织设计、组织联系、组织运行、组织行为和组织调整。项目组织是实现项目计划、完成项目目标的必要条件。

（3）控制职能

项目在实施过程中，由于受到各种因素的干扰，变化是经常发生的。及时发现变化，及时处理变化是控制的主要任务。项目管理的控制职能就是通过控制机制，根据项目实施中的实际状况及时做出判断和调整，最终使得项目目标得以实现。

3. 项目管理的特点

（1）项目管理是一项复杂的工作

项目一般由多个部分组成，工作跨越多个组织，需要运用多种学科的知识来解决问题；项目工作通常没有或很少有以往的经验可以借鉴，执行中有许多未知因素，每个因素又带有不确定性；需要将有不同经历、来自不同组织的人员有机地组织在一个临时性的组织内；在技术性能、成本、进度等较为严格的约束条件下实现项目目标等。

（2）项目管理具有开创性

由于项目具有一次性的特点，因而即要承担风险又必须发挥创造性。这也是项目管理与一般重复性管理的主要区别。我们又称项目管理为创新管理。

（3）项目管理需要集权领导和建立专门的项目组织

项目的复杂性随其范围不同变化很大。项目愈大愈复杂，其所包括或所涉及的科学、技术种类也愈多。项目进行过程中可能出现的各种问题多半贯穿于各组织部门，它们要求这些不同部门做出迅速而且相互关联、相互依存的反映。但传统的职能组织不能尽快与横向协调的需要相配合，因此需要建立围绕专一任务进行决策的机制和相应的专门组织。这样的组织不受现存组织的任何约束，由各种不同专业、来自不同部门的专业人员组成。

（4）项目经理（或称项目负责人）在项目管理中起着非常重要的作用

项目管理的主要原理之一是把一个时间有限、预算有限的事业委托给一个人，即项目经理，他有权独立进行计划、资源分配、协调和控制。项目经理的位置是由特殊需要形成的，因为它行使着大部分传统组织职能以外的职能。项目经理必须能够理解、利用和管理项目的技术方面复杂性，必须能够综合各种不同专业观点来考虑问题。但只具备技术知识和专业知识仍是不够的，成功的管理还取决于预测和控制人的行为的能力。因此项目经理还必须通过人的因素来熟练的运用技术因素，以达到其项目目标。也就是说项目经理必须使他的组织成员成为一只真正的队伍，一个工作配合默契、具有积极性和责任心的高效率群体。

1.2 工程项目与工程项目管理

1.2.1 工程项目

1. 工程项目的概念

工程项目是指在一定约束条件下（主要是限定资源、限定时间、限定质量），具有完整的组织机构和特定的明确的目标的有组织的一次性工程建设工作或任务。

工程项目尤其是建设工程项目是最为常见、最为典型的项目类型，它属于投资项目中最重要的一类，是一种投资行为和建设行为相结合的投资项目。

2. 工程项目的特点

(1) 具有明确的建设目标

任何工程项目都具有明确的建设目标，包括宏观目标和微观目标。政府主管部门审核项目，主要审核项目的宏观经济效果、社会效果和环境效果；企业则多重视项目的盈利能力等微观目标。

(2) 具有资金、时间等的限制

工程项目目标的实现要受多方面的限制：时间约束，即一个工程项目要有合理的建设工期限制；资金约束，即工程项目要在一定的人、财、物条件下来完成建设任务；质量约束，即工程项目要达到预期的生产能力、技术水平、产品等级或工程使用效益的要求；空间约束，即工程项目要在一定的空间范围内通过科学合理的方法来组织完成。

(3) 具有一次性和不可逆性

主要表现为工程建设地点固定，项目建成后不可移动，以及设计的单一性，施工的单件性。工程项目与一般的商品生产不同，不能批量生产。工程项目一旦建成，要想改变非常困难。

(4) 影响的长期性

工程项目一般建设周期长，投资回收期长，工程项目的使用寿命长，工程质量好坏影响面大，作用时间长。

(5) 投资的风险性

由于工程项目的投资巨大和项目建设的一次性，建设过程中各种不确定因素多，因此项目投资的风险很大。

(6) 管理的复杂性

工程项目在实施过程的不同阶段存在许多结合部，这些是工程项目管理的薄弱环节，使得参与工程项目建设的各有关单位之间的沟通、协调困难重重，也是工程项目实施过程中容易出现事故和质量问题的地方。

3. 工程项目的分类

表 1.1 列出了我国目前工程项目的几种主要分类方法和类型。

表 1.1　工程项目的几种主要分类方法和类型

分类方法	类　型
按性质分类	基本建设项目、更新改造项目
按专业分类	建筑工程项目、土木工程项目、安装工程项目、装修工程项目
按用途分类	生产性工程项目、非生产性工程项目
按投资主体分类	政府投资项目、企业投资项目、私人投资项目、联合投资项目
按工作阶段分类	预备项目、筹建项目、实施工程项目、收尾工程项目
按管理主体分类	建设项目、设计项目、施工项目、监理项目
按规模分类	大型项目、中型项目、小型项目

1.2.2　工程项目管理

1. 工程项目管理的概念

《中国工程项目管理知识体系》对工程项目管理所下的定义是：工程项目管理是项目管理的一大类，是指项目管理者为了使项目取得成功（事先所要求的功能和质量、所规定的时限、所批准的费用预算），对工程项目用系统的观念、理论和方法，进行有序、全面、科学、目标明确的管理，发挥计划职能、组织职能、控制职能、协调职能和监督职能的作用。简单地说，工程项目管理就是为了项目的成功，对工程项目所进行的一系列的管理活动。

2. 工程项目管理的主体

工程项目涉及建设单位、承包商、咨询单位、供应商、用户、政府、金融机构、公用设施（服务）和社会公众等众多利益相关方，如图 1.1 所示。

工程项目最直接的相关方包括建设单位、承包商、咨询单位、供应商和政府，这些相关方都需要对其相关的部分进行管理。建设单位需要对建设项目进行管理，简称为建设项目管理（OPM）；设计单位需要对设计项目进行管理，简称为设计项目管理(DPM)；施工单位需要对施工项目进行管理，简称为施工项目管理（CPM）；供应商需要对供应项目进行管理，简称为供应项目管理（SPM）；咨询单位需要对咨询项目进行管理，简称为咨询项目管理；政府需要对工程项目实施监督管理，简称为政府监督管理。所以，可以认为工程项目管理是一个多主体的项目管理。图 1.2 表达了工程项目管理的多主体问题。

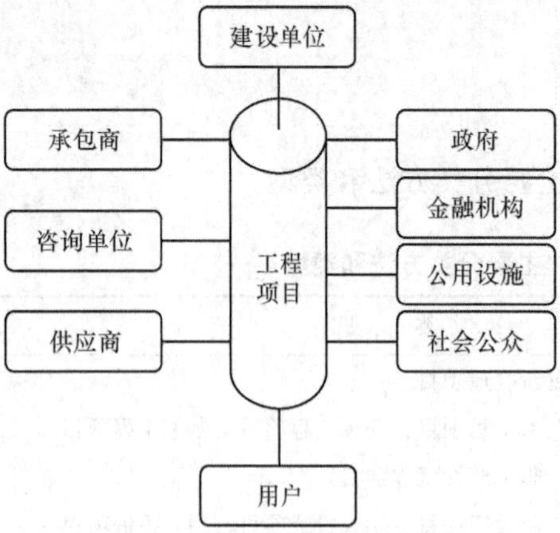

图 1.1 工程项目利益相关方

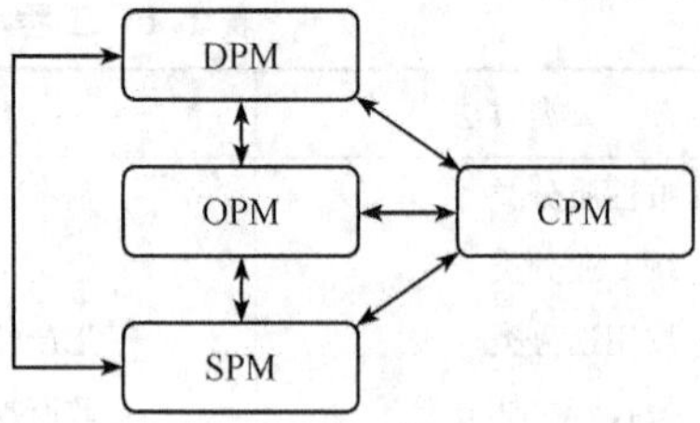

图 1.2 多主体的工程项目管理

3. 工程项目管理的客体与目的

工程项目管理的客体是工程项目，并且是具有明确目标的项目，其中有些目标是项目本身所要求的，有些目标是项目相关方所期望的，这些目标需要项目管理者加以识别或确定。没有明确目标的工程项目不是项目管理的对象。工程项目是一个复杂的系统，包含许多相互关联又相互矛盾的要素，受到许多因素的影响和干扰，需要通过许多相关方的共同努力才能完成，需要经历许多过程与环节等。

工程项目管理的目的是实现工程项目的预期目标，包括工程项目的时间、费用、质量和安全等目标，并使项目利害相关方都满意。

4. 工程项目管理的职能

策划职能：将意图转化为系统活动，这是工程项目管理的主要工作，这项工作贯穿于项目进展全过程。将意图转化为系统活动的过程就称为策划。

决策职能：工程项目进展过程中的每一个阶段、每一个过程、每一个环节、每一项活动在开始以前，或在实施过程中，都存在这样或那样的决策问题。正确决策、及时决策是项目成功的重要保证，也是决策职能的最好体现。

计划职能：计划职能决定项目的实施方案、方法、流程、目标和措施等。计划是工程项目实施的指南，也是进行偏差分析的依据。

组织职能：组织职能是合理利用资源、协调各种活动，使工程项目的生产要素、相关方能有机结合起来的机能和行为，是项目管理者进行项目控制的依托和手段。

控制职能：控制和计划是有机的整体，控制的作用在于按计划执行，并在执行过程中收集信息，进行偏差分析，根据偏差采取对策，以保证项目按计划进行并实现项目的目标。

协调职能：工程项目涉及复杂的相关方、众多的生产要素、多变的环境因素，这就需要在项目实施过程中理顺关系、解决冲突、排除障碍，使工程项目管理的其他职能有效发挥作用。所有这些都需要及时、有效地加以协调。协调是控制的动力和保证，协调可以使动态控制平衡、有力和有效。

指挥职能：工程项目管理的顺利进行需要强有力的指挥，项目经理就是实现指挥职能的重要角色。指挥者需要将分散的信息变为指挥意图，用集中的指挥意图统一项目管理者的步调，指导管理者的行动，集合管理力量。指挥职能是管理的动力和灵魂。

监督职能：工程项目管理的机制是自控和监控相结合，自控是管理者自我控制，而监控则是由其他相关方实施的。无论自控还是监控，实现的主要方式就是监督。

5. 工程项目管理的生命周期

工程项目具有生命周期属性决定了工程项目管理也具有生命周期属性。工程项目管理的全生命周期包括项目的决策阶段、实施阶段和使用阶段，如图 1.3 所示。而项目的实施阶段包括设计前准备阶段、设计阶段、施工阶段、动用前准备阶段和保修期。

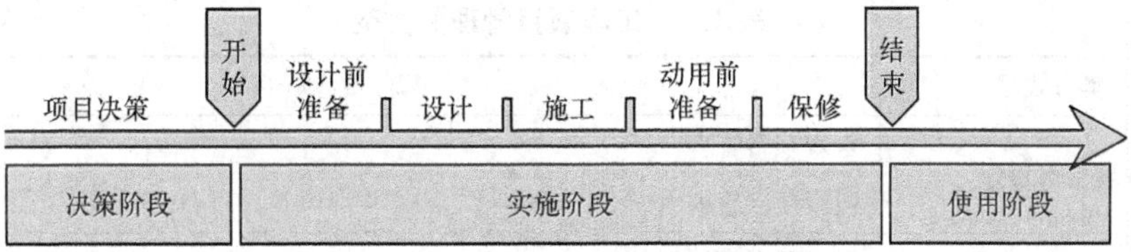

图 1.3　工程项目管理的全生命周期

6. 工程项目管理的特点

(1) 明确的目标

工程项目管理的对象是具有明确目标的项目，换句话说，没有明确目标或目标模糊的项目不是工程项目管理的对象。工程项目目标繁多，有总目标和子目标；有功能性目标和过程性目标，过程性目标包括进度、费用、质量和安全目标等；有总体性目标和阶段性目标。工程项目的目标是一个完整的体系，目标之间存在着既相互联系又相互对立的关系，即对立统一的关系。

(2) 管理的系统性

工程项目管理的对象是一个系统，该系统是由若干既相互联系又相互制约的要素组成的。要实现工程项目的目标，就必须进行项目的整体管理，用统筹的、全局的思维对待每一个局部和个体。对各子系统之间、各目标之间关系的处理应遵循系统法则，既考虑到独立性，又应考虑它们是同处于一个大系统中，将其有机地联系在一起，以使总体实现最优。

(3) 管理的规范性

工程项目的实施过程存在其规律性，既有程序上的规律性，又有技术上的规律性，还有管理上的规律性。遵循其规律性进行管理则行之有效，违反其规律性进行管理则难以成效。工程项目管理是针对工程项目的客观规律所形成的一门科学，有与其相适应的理论、原理、方法、内容、规则和规律，已经被人们所公认、熟悉和应用，形成了规范和标准，被广泛应用于项目管理实践，使工程项目管理成为专业性的、规律性的、标准化的管理。所以，工程项目管理是规范化的管理。

(4) 管理的专业性

工程项目管理具有丰富的专业内涵，涉及工程项目组织、决策、采购、目标、范围、风险、生产要素、信息和现场等专业内容。这些就决定了工程项目管理是专业化的管理。

（5）管理的特殊性

工程项目管理与其他项目管理相比有其相似之处，但又有其特殊性。这种特殊性体现在工程项目管理必须根据工程项目的自身特点，采用与之相适应的理论体系、方法体系和知识体系。

1.2.3　工程项目管理的类型

《中国工程项目管理知识体系》按照三种不同的分类方法对工程项目管理进行分类，按管理主体划分，见表 1.2。

表 1.2　工程项目管理的类型

<table>
<tr><th>分类方式</th><th colspan="2">类　型</th></tr>
<tr><td rowspan="2">按管理层次划分</td><td colspan="2">宏观项目管理</td></tr>
<tr><td colspan="2">微观项目管理</td></tr>
<tr><td rowspan="2">按管理范围和内涵划分</td><td colspan="2">全过程项目管理</td></tr>
<tr><td colspan="2">分阶段项目管理</td></tr>
<tr><td rowspan="9">按管理主体划分</td><td>业主方项目管理</td><td></td></tr>
<tr><td rowspan="4">承包方项目管理</td><td>设计项目管理</td></tr>
<tr><td>施工项目管理</td></tr>
<tr><td>供应项目管理</td></tr>
<tr><td>总承包项目管理</td></tr>
<tr><td rowspan="4">咨询方项目管理</td><td>全过程项目管理</td></tr>
<tr><td>分阶段项目管理</td></tr>
<tr><td>工程设计监理</td></tr>
<tr><td>工程施工监理</td></tr>
</table>

1. 按管理层次划分

（1）宏观项目管理

宏观项目管理是指政府作为主体对工程项目活动所进行的管理。

宏观项目管理的对象：是以某一类或某一地区的项目为对象，而不是特指某一个具体项目。

宏观项目管理的目的：宏观项目管理所追求的是国家或地区的整体利益，而不是某一个具体项目的利益。

宏观项目管理的手段：利用行政、法律和经济等手段实施项目管理，包括制定和贯彻相关的法律法规、政策；调控项目资源要素市场；制定与贯彻项目实施程序、规范和标准；监督项目实施过程和结果等。

（2）微观项目管理

微观项目管理是指项目的主要参与方对项目所进行的管理，包括业主对建设项目的管理；承包商对承包项目的管理；供应商对供应项目的管理等。微观项目管理就是一般意义上的项目管管理。

微观项目管理的对象：管理主体所承担的项目。例如，业主的管理对象是建设项目；施工单位管理的对象是施工项目；设计单位管理的对象是设计项目。

微观项目管理的目的：所追求的项目的整体利益和相关方自身的利益。

微观项目管理的手段：项目管理的方法、工具和技术。

2. 按管理范围和内涵划分

（1）全过程项目管理

全过程项目管理，也可称为总体项目管理，是指从项目的投资意向，项目建议书，可行性研究，建设准备，设计，施工，竣工验收，项目后评价到项目运营的全过程管理，其实质是全生命周期管理。全过程项目管理的主体是业主。全过程项目管理所追求的是项目全生命周期最优，而不是一时一事的得失。

（2）分阶段项目管理

分阶段项目管理，也称为局部项目管理，是指将项目全生命周期的某阶段或若干阶段作为一个项目管理对象进行管理。

分阶段项目管理的主体是与项目管理对象所对应的相关方。分阶段项目管理所追求的是项目阶段性目标。

3. 按管理主体划分

（1）业主方项目管理

1）业主方项目管理的概念：业主方项目管理是指由项目业主或委托人对工程项目建设全过程所进行的管理。是业主为实现其预期目标，运用所有者的权力组织或委托有关单位对工程项目进行策划和实施计划、组织、协调、控制等过程。

业主方项目管理的主体是业主或代表业主利益的咨询方。项目业主泛指项目的所有出资人，包括资金、技术和其他资产入股等。但项目业主实质上是指项目在法律意义上的所有人，是指各投资主体依照一定法律关系所组成的法人形式。目前我国所实施的项目法人责任制中的项目法人就是业主方项目管理的主体之一。

业主方是工程项目实施过程的总集成者——人力资源、物资资源和知识的集成，业主方也是工程项目实施过程的总组织者。所以，业主方的项目管理是工程项目管理的核心。本书以业主方项目管理为论述对象。

2）业主方项目管理的目标：业主方项目管理是为业主方的利益服务，同时服务于其他相关方的利益。业主方对工程项目管理的根本目的在于实现项目的安全目标、投资目标、进度目标和质量目标，实现投资者的期望。

①安全目标：安全目标是指项目建设期间对人和物的安全性要求。安全目标是业主方项目管理最重要的目标。工程项目的实施过程必须保证项目操作者的安全，控制影响工作场所内员工、临时工作人员、合同方人员、来访者和其他相关人员安全的条件与因素，避免安全事故的发生。②投资目标：投资目标是指项目建设所需总费用的限值，业

主总是期望在尽量少的投资状态下完成项目。工程项目建设通常需要较大的投入，而影响投资的因素又是不确定的，所以超支的可能性很大，因此必须对工程项目投资进行有效的控制，使工程项目投资控制在预定或可接受的范围之内。③进度目标：进度目标是指项目动用的时间目标，即项目交付使用的时间目标。业主为了尽早收回项目投资，期望在比较短的时间内建成。④质量目标：质量目标是指对项目的功能和质量方面所提出的要求，包括设计质量、材料质量、设备质量、施工质量和影响项目进行的环境质量等。业主总是期望项目的质量越高越好。⑤相关方满意：项目在预期的目标下实现，使得业主方满意，但同时应关注项目其他相关方的利益，使得其他相关方也满意，实现共赢。

3）业主方项目管理的特点：①业主方对工程项目的管理体现了所有投资方对项目的要求。业主是工程项目各投资方在工程项目上的最终代表，业主对工程项目的管理集中反映了各投资方对工程项目的利益要求。②业主是工程项目管理的中心。业主既是工程项目的决策者又是工程项目实施的主持者，也是项目的最终受益者。③业主所采用的管理方式多为监控而非直接控制。业主通常采用委托的方式，将工程项目的各项任务委托给其他相关方，而业主的主要工作是协调、监督和控制。

4）业主方项目管理的主要任务。业主方项目管理贯穿项目进展全过程和各阶段，其主要任务因项目的不同阶段而异，但总体可归纳为“三控、三管、一协调”。三控即投资、进度和质量控制；三管即安全、合同和信息管理；一协调即组织和协调，见表 1.3。

表 1.3　业主方项目管理的主要任务

阶段	概念阶段	设计阶段	施工阶段	竣工验收阶段	保修阶段
安全管理	设定安全目标 策划安全管理方案	提出安全设计要求 监督设计方案的安全性	提出安全管理要求 明确安全管理责任 监督安全管理过程	进行安全评估	
投资控制	估算项目总投资 明确投资控制目标 制定投资控制方案	提出投资控制要求 监督投资控制的有效性	提出费用控制要求 控制项目变更和索赔 控制进度款的支付	进行费用结算和决算	界定保修责任
进度控制	确定工期目标 制定进度控制方案	提出设计进度要求 监督、控制设计进度	提出施工进度和工期要求 监督、控制施工进度	及时组织验收	
质量控制	进行质量策划 明确质量目标 制定质量控制方案	提出质量设计要求 明确质量标准 监督、控制设计质量	提出施工质量要求 监督、控制施工质量状态	严格进行质量验收和评价	解决所出现的质量问题
合同管理	策划合同结构 制定合同管理方案	签订合同 合同跟踪和管理	签订合同 合同跟踪和管理	合同终止 总结评估	
信息管理	策划信息管理方案	采集和处理相关信息	采集和处理相关信息	资料收集与归档总结评估	记录保修信息
组织协调	建立项目管理组织 确定项目发包方式 确定项目管理模式	招标 监督 控制和协调	招标 监督 控制和协调	组织验收	协调

（2）咨询方项目管理

1）咨询方项目管理的目的：①保障委托方实现工程项目的预期目标。咨询方按照委托合同的要求，运用其知识和经验，保障委托方实现工程项目的预期目标。②按合同规定获得合法收入。咨询方根据委托合同提供咨询服务，为委托方创造价值，并按合同规定取得合法收入。③创造良好的社会信誉。咨询方依靠自身素质为委托方提供服务并创造价值，同时也为自身赢得良好的社会信誉。

2）咨询方项目管理的特点：①属于智力密集型的工作。咨询方进行项目管理依靠的是咨询工程师自身所具备的知识、经验、能力和素质，是集工程、经济、管理等各学科知识和项目管理经验于一体的管理活动。所以，咨询方项目管理是属于智力密集型的工作。②管理内容与委托内容相一致。咨询方根据委托合同从事项目管理工作，管理的内容与委托内容相一致，不应超越委托范围从事无关的管理咨询活动。③咨询的本质是提供规范服务。咨询方一般不直接从事工程项目实体的建设工作，而只是提供阶段性或全过程的咨询服务。咨询方根据国家的有关规定和行业规则向委托方收取工程咨询费用。④职业的规范性。咨询方有其独立的行业管理组织、规范的市场准入、执业规则和道德准则；在执业过程中，受政府和有关管理组织的监督。

（3）承包方项目管理

承包方项目管理是指承包商为完成业主委托的设计、施工或供货任务所进行的计划、组织、协调和控制的过程。其目的是实现承包项目的目标并使相关方满意。

1）设计项目管理。设计单位受业主委托承担工程项目的设计任务，以设计合同所界定的目标及其责任义务对设计项目所进行的管理称为设计项目管理。设计项目管理的主要目标包括设计项目的成本、进度、质量和安全目标，以及项目的投资目标和相关方的满意度目标等。设计项目管理的主要任务包括与设计工作有关的安全管理；设计成本控制和与设计工作有关的工程造价控制；设计进度控制；设计质量控制；设计合同管理；设计信息管理；与设计工作有关的组织协调，即“三控、三管、一协调”。

2）施工项目管理。施工单位为履行工程合同和落实企业的生产经营方针和目标，在项目经理负责制的条件下，依靠企业技术和管理的综合实力，对工程施工全过程进行计划、组织、指挥、协调、控制和监督的系统管理活动，称为施工项目管理。施工项目管理的主要目标是施工项目的成本、质量、安全和进度目标，以及相关方的满意度目标等。施工项目管理的主要任务可以归纳为“四控、四管、一协调”。“四控”是指施工安全控制、施工质量控制、施工成本控制、施工进度控制；“四管”是指施工信息管理、施工生产要素管理、施工合同管理和现场管理；“一协调”是指与施工有关的组织和协调。

3）供应项目管理。供应项目管理是指工程项目物资供应方，以供应项目为管理对象，以供应合同所界定的范围和责任为依据，以项目的整体利益和供应方自身的利益为宗旨所进行的管理活动。供应项目管理的主要目标是供应的安全目标、成本目标、进度目标、质量目标和相关方的满意度目标等。供应项目管理的主要任务也可归纳为“三控、三管、一协调”。其中，“三控”是指供应成本控制、进度控制和质量控制；“三管”是指供应安全管理、合同管理和信息管理；“一协调”是指与供应有关的组织和协调。

4）总承包项目管理。工程总承包方根据总承包合同的要求，对总承包项目所进行的计划、组织、协调、控制、指挥和监督的管理活动称为总承包项目管理。总承包项目管理一般涉及工程项目实施阶段全过程，即设计前准备阶段、设计阶段、施工阶段、动用前准备阶段和保修期。其性质是全面履行工程总承包合同，以实现总承包企业承建工程的经营方针和目标，取得预期经营效益为动力而进行的工程项目自主管理。总承包项目管理所追求是总承包项目的整体利益和承包方自身的利益。总承包项目的主要目标是项目的总投资目标、总承包项目的成本目标、进度目标、安全目标和质量目标，以及相关方的满意度目标等。总承包项目管理的主要任务包括“四控、四管、一协调”。其中，“四控”是指安全目标控制、投资控制和总承包成本控制、进度控制、质量控制；“四管”是指信息管理、合同管理、生产要素管理、现场管理；“一协调”是指与工程项目总承包有关的组织和协调。

1.3 工程项目管理的发展历史与趋势

1.3.1 工程项目管理的发展历史

项目管理在近50年的发展中，大致经历了如下几个阶段：

20世纪30年代，由Henry L. Gantt发明的横道图（又称为甘特图），已成为计划及控制军事工程与建设项目的重要工具。

20世纪50年代，人们将网络技术（CPM和PERT网络）应用于工程项目（主要是美国的军事工程项目）的工期计划和控制中，取得了很大成功。最重要的是美国1957年的北极星导弹研制和后来的登月计划。

20世纪60年代，利用大型计算机进行网络计划的分析计算已经成熟，人们可以用计算机进行工期计划和控制。

20世纪70年代初计算机网络分析程序已十分成熟，人们将信息系统方法引入项目管理中，提出项目管理信息系统。这使人们对网络技术有更深的理解，扩大了项目管理的研究深度和广度，同时扩大了网络技术的作用和应用范围，在工期计划的基础上实现用计算机进行资源和成本的计划、优化和控制。整个70年代，项目管理的职能在不断扩展，人们对项目管理过程和各种管理职能进行全面地系统地研究。

到了20世纪70年代末80年代初，计算机得到了普及，这使项目管理理论和方法的应用走向了更广阔的领域，取得了很大的成功，收到了显著的经济和社会效果。

到了20世纪80年代，人们进一步扩大了项目管理的研究领域，包括合同管理、界面管理、项目风险管理、项目组织行为和沟通。在计算机应用上则加强了决策支持系统、专家系统和互联网技术应用的研究。但项目管理的使用还仅限于建筑、国防、航天等少数几个行业。

进入20世纪90年代以来，由于项目管理的方式在运作上从根本上改进了管理人员的工作效率，其应用领域扩展到电子、通讯、计算机、软件开发、制药业、金融业等行业乃至政府机关，并开始发挥着越来越大的作用。项目管理人员也不再被认为仅仅是项目的执行者，而是要求他们能胜任更为复杂的工作，参与到需求确定、项目选择、项目计划直至项目收尾的全过程，在时间、成本、质量、风险、合同、采购、人力资源等各个方面对项目进行全方位管理，并且和客户一起高效率的工作。这就要求项目管理人员具有系统的项目管理知识和一定的经营技巧。目前在西方国家政府部门和企业机构中项目管理已被广泛应用。

1.3.2　我国的工程项目管理

我国进行工程项目管理的实践活动已有两千多年的历史。我国许多伟大的工程，如都江堰水利工程、宋朝丁渭修复皇宫的工程、北京故宫工程等，都是名垂史册的工程项目管理实践活动，并运用许多科学的思想和组织方法，反映了我国古代工程项目管理的水平和成就。

中华人民共和国成立以来，建设事业得到了迅猛的发展，许多大规模的工程项目实践活动都取得了成功，如大庆建设、南京长江大桥、长江葛洲坝水电站工程、宝钢工程等。但是，我国长期的工程项目实践活动并没有系统地上升为工程项目管理理论和科学，系统地对工程项目管理进行研究和实践是从 20 世纪 80 年代初期开始的。

1. 鲁布革工程的项目管理实践——工程项目管理改革的起点

鲁布革水电站工程是我国第一次利用世界银行贷款，并按世界银行规定进行国际竞争性招投标和项目管理的工程。该工程于 1982 年进行国际招标，1984 年 11 月正式开工，1986 年 10 月隧道全线开通，比合同工期提前 5 个月，1988 年 7 月工程竣工，创造了著名的"鲁布革工程项目管理经验"。其要点是：将竞争机制引入到工程建设领域，实行铁面无私的工程招投标；实行全过程总承包方式和项目管理；施工现场的管理机构和作业队伍精干高效；科学组织施工，采取先进的施工技术和施工方法，讲求综合经济效益。

2. "三项制度"的确立——建设市场体系基本形成

鲁布革水电引水工程的施工招标和建设管理改革与实践取得的经验，极大地推进了我国建设管理领域的改革。从 1984 年开始，在全国建设领域内广泛开展推广"鲁布革经验"，工程建设领域普遍推行招投标，并将其作为一种制度在全国执行。实行招标投标制是发展社会主义市场经济的客观需要，它可促使建设市场各主体之间进行公平交易、平等竞争，以确保建设项目目标的实现。

1988 年，开始推行建设工程监理制度。主要由项目法人通过招标或委托的方式选择一具有监理资质的法人对施工合同进行管理。实行建设监理制，可促进建设项目管理的社会化和专业化，及时解决施工合同履行过程中产生的矛盾和争端，促进项目管理水平的提高。

1992 年 11 月，国家计委正式颁发了《关于项目实行业主责任制的暂行规定》。项目业主责任制的目的是建立起高效的投资运行机制和项目管理机制，以使项目投资责任主体走上自主经营、自我决策、自担风险、追求效益的良性发展道路。

到 20 世纪 90 年代中期，我国工程建设领域的招投标制、建设监理制和项目法人责任制，即“三项制度”已基本形成。与此同时，建设市场的承包主体、建设服务体系，以及相关的法律法规框架也基本形成，这标志着我国建设管理体制改革的发展已到了一个新阶段，初步形成了与社会主义市场经济体制相适应的建设市场体系，并为建设管理进一步的改革和发展探索了道路、创造了条件。

3. “代建制”模式的兴起——“三项制度”的完善

进入21世纪，我国工程项目管理又有新的发展，PM、PMC、Partnering、一体化管理等建设模式受到人们的重视，得到较多的研究和应用，20世纪末推广的“三制”也在完善和发展，工程项目管理新技术的开发、研究与应用也广泛展开。

同时，在我国工程建设管理的实践中，许多地方的建设主管部门和工程项目法人认识到了建设管理“三项制度”存在的缺陷，提出了代建制模式，上海、深圳、厦门等地区率先应用这种项目管理模式，并取得了一定的成效，对完善公益性建设项目的法人责任制，提高公益性建设项目的建设水平起到了一定的效果。因此，2004年7月国务院在《关于投资体制改革的决定》中明确提出，对非经营性政府投资项目加快推行代建制，即通过招标等方式，选择专业化的项目管理单位负责建设实施，严格控制项目投资、质量和工期，竣工验收后移交使用单位。

1.3.3 工程项目管理的发展趋势

(1) 工程项目管理的社会化和专业化

由于现代社会对工程项目的要求越来越高，项目的数量越来越多，规模越来越大，越来越复杂，需要职业化的项目管理者，这样才能有高水平的项目管理。工程项目管理发展到今天已不仅是一门学科，而且成为一个职业。

(2) 工程项目管理的标准化和规范化

工程项目管理是一项技术性非常强的十分复杂的工作，要符合社会化大生产的需要，工程项目管理必须标准化、规范化。这样项目管理工作才有通用性，才能专业化、社会化，才能提高管理水平和经济效益。

(3) 工程项目管理的国际化

工程项目管理的国际化即按国际惯例进行项目管理。这主要是由于国际合作项目越来越多，例如国际工程、国际咨询和管理业务、国际投资、国际采购等，这就要求国际化的项目管理。

(4) 工程项目管理的全程化

工程项目需要经历从前期策划到项目报废的全生命周期，全生命周期中的每一个阶段、每一个环节都会对工程项目的有效性产生影响。因此，必须在工程项目的全生命周期内进行有效管理，改变工程项目管理实践中只重视实施过程管理而忽视项目的前期和后期管理的传统做法，实现工程项目管理全程化。

(5) 工程项目管理的集成化

工程项目规模大，周期长，涉及的要素多、参与方多，这些就要求项目管理者要具备集成的理念，实现集成化管理。工程项目管理的集成化是指利用项目管理的系统方法、模型和工具对工程项目相关资源进行系统整合，最优实现工程项目目标的过程。例如，工程总承包模式就是一种组织集成。

(6) 工程项目管理的信息化

随着信息技术和网络技术的发展，其在工程项目管理中的应用也越来越广泛，包括工程项目管理信息系统（PMIS）软件的开发，基于局域网（LAN）的工程项目管理，基于 Internet 的工程项目管理，虚拟建设等。虚拟建设的概念可以从设计与施工相结合，通过电子技术进行沟通，业主方、工程项目管理方、设计方、供货方横向联系的管理技巧几方面加以理解。

(7) 工程项目管理的协作化

工程项目参与各方由对立的关系转为协作，这是一个必然的发展趋势。选择协作性的工程项目管理模式，就应抛弃传统的合同各方之间的对立关系，实现多赢。人际关系、权利的平衡和各方权益的满足是协作需要处理的主要问题。

(8) 工程项目管理的总控化

工程项目总控是指以独立和公正的方式，对工程项目实施活动进行综合协调，围绕工程项目的费用、进度和质量等目标进行综合系统规划，以使工程项目的实施形成一种可靠安全的目标控制机制。工程项目总控方是独立于工程项目实施班子之外的组织，总控组织是由高层次的咨询人员组成的。总控方的核心任务是发现工程项目实施过程中所存在的问题，分析产生问题的原因，提出工程项目的诊断报告，制定解决问题的方案。专门从事项目管理咨询工作的项目管理公司就属于总控组织的一种类型。

1.4　工程项目管理模式

1.4.1　工程项目承发包类管理模式

工程项目承发包的基本方式是业主直接进行招标发包，如图 1.4 所示。

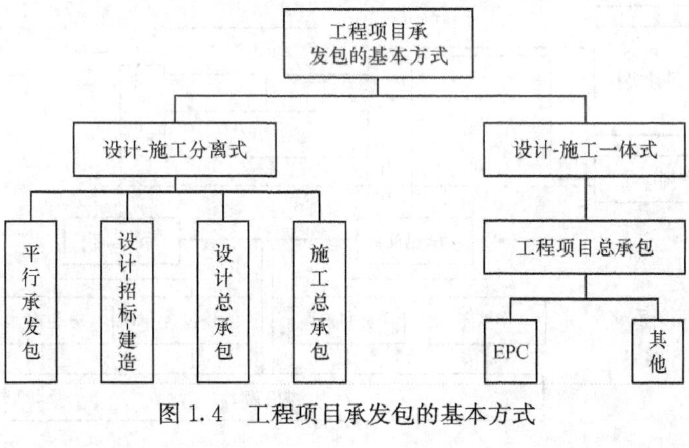

图 1.4　工程项目承发包的基本方式

1. 设计-施工分离式

设计-施工分离式是指工程项目的设计和施工分开发包，有平行承发包、设计-招标-

建造、设计总承包和施工总承包等方式。

(1) 分阶段分专业平行承包模式

业主通过招标方式分别选择咨询、设计、勘察、施工和供应等众多单位承担相应的工作任务，如图 1.5 所示。这种模式的优点就在于，业主可以根据不同性质的建设任务选择最合适的承包者；可以对每一个重要环节加以监管。其存在的主要问题是招标次数多，协调难度大，总投资要到任务全部发包完成才能确定。

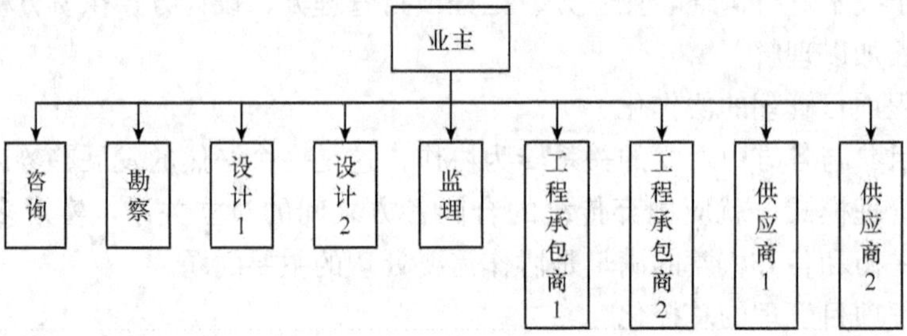

图 1.5 分阶段分专业平行承包模式

(2) 设计-招标-建造模式

设计-招标-建造模式（design-bid-build，简称 D-B-B 模式）的运作方式是：业主与咨询工程师或建筑师签订专业服务合同，委托其进行前期的各项有关工作，如进行可行性研究等，待工程项目评估立项后再进行设计。在设计阶段，设计人员除了完成设计工作外，还需要准备施工招标文件，在设计工作全部完成后，协助业主进行施工招标工作，选择确定施工总承包商，根据需要，施工总承包商选择分包商和供应商。施工过程中，业主代表、施工总承包商、监理工程师一起对工程项目进行成本、进度、质量和安全控制与管理，而工程设计人员则担任重要的监督角色。D-B-B 模式如图 1.6 所示。

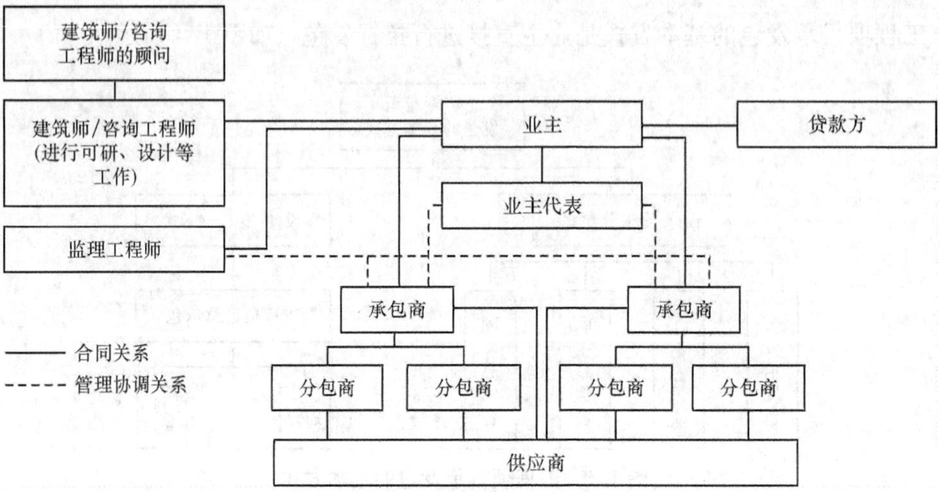

图 1.6 D-B-B 模式

D-B-B 模式是一种传统模式，其显著特点是，工程项目的实施是按顺序进行，一个阶段结束后，后一个阶段才能开始。因此，该模式的工程建设周期长，业主管理费用高，设计、施工之间的冲突多。

（3）设计总承包模式

业主通过招标的方式选择一家设计单位承包一项工程项目中所包含的所有设计任务，该设计总承包单位可以自身承担全部设计任务，也可将一部分设计任务分包出去，如图 1.7 所示。

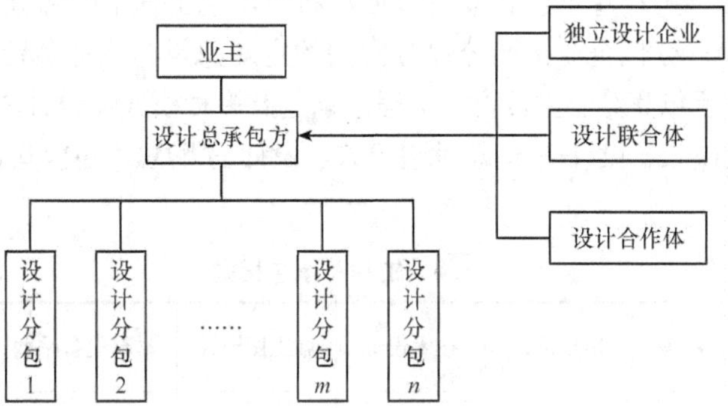

图 1.7　设计总承包模式

设计总承包方可以是一家独立的设计企业，也可以是设计联合体或设计合作体。设计总承包方对所有的设计项目承担责任，有利于设计的优化和设计项目总体目标的实现，简化了业主的设计协调工作。

（4）施工总承包模式

业主通过招标方式选择一家施工单位承包工程项目的施工任务，该施工总承包单位可以独立承担所有的施工任务，也可以将部分施工任务分包出去。施工总承包商可以是一家独立的施工企业，也可以是施工联合体或施工合作体，如图 1.8 所示。

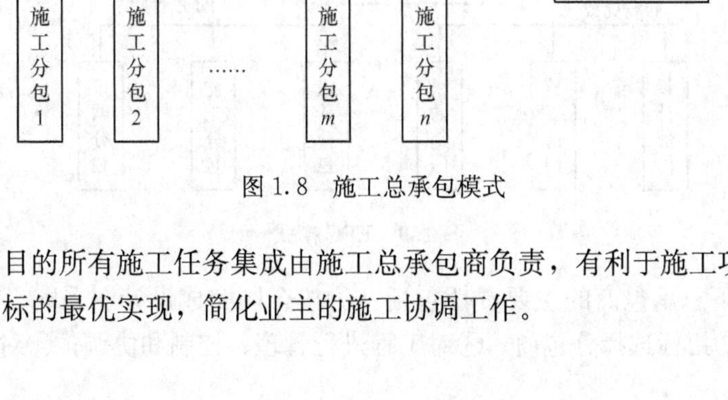

图 1.8　施工总承包模式

将工程项目的所有施工任务集成由施工总承包商负责，有利于施工项目的系统管理和项目总体目标的最优实现，简化业主的施工协调工作。

2. 工程项目总承包

建设部《关于培育发展工程总承包和工程项目管理企业的指导意见》（建市［2003］30号文）关于工程总承包的定义是：工程总承包是指从事工程总承包的企业受业主委托，按照合同约定对工程项目的勘察、设计、采购、施工、试运行（竣工验收）等实行全过程或若干阶段的承包。工程总承包商企业按照合同约定对工程项目的质量、工期和造价等向业主负责。工程总承包企业可以依法将所承包工程中的部分工作发包给具有相应资质的分包企业；分包企业按照分包合同的约定对总承包企业负责，所有的设计、施工分包工作都由总承包商对业主负责。工程总承包有多种模式：设计-采购-施工总承包模式、交钥匙总承包模式、设计-建造总承包模式、设计-采购总承包模式、采购-施工总承包模式等，见表1.4。

表1.4 工程总承包模式

项目程序 / 总承包模式	项目决策	初步设计	技术设计	施工图设计	材料设备采购	施工安装	试运行
交钥匙	√	√	√	√	√	√	√
设计-采购-施工		√	√	√	√	√	√
设计-施工		√	√	√		√	
设计-采购		√	√	√	√		
采购-施工					√	√	
施工总承包						√	

（1）设计-采购-施工总承包模式

设计-采购-施工总承包（engineering procurement construction，简称EPC），是指工程总承包企业按照合同约定，承担工程项目的设计、采购、施工和试运行服务等工作，并对承包工程的质量、安全、工期和造价全面负责，如图1.9所示。

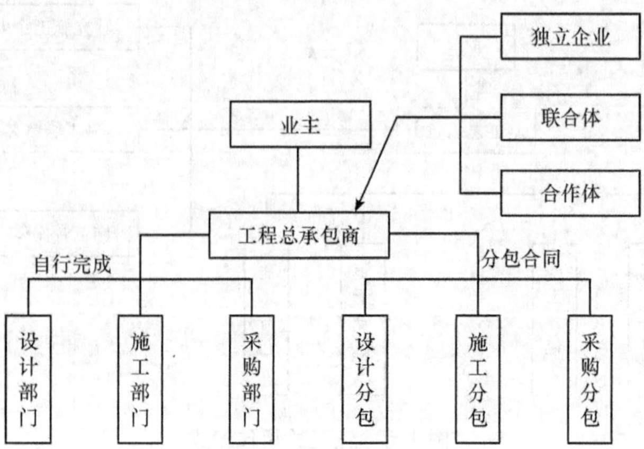

图1.9 EPC模式

EPC模式下总承包商的主要责任包括：①按合同完成设计、采购、施工和试运行服务等工作；②招标选择分包商；③对工程进行管理、控制和协调；④对合同实施效果负责，承担风险和经济责任。

EPC 模式下业主的主要责任包括：①选择业主代表或项目管理承包商；②提出业主要求；③招标选择总承包商；④审批分包商；⑤监督和验收。

EPC 模式主要适用于：①设计、施工、采购、试运行交叉，协调关系密切的项目；②采购工作量大，周期长的项目；③承包商拥有专利、专有技术或丰富经验的项目；④业主缺乏项目管理经验，项目管理能力不足的项目。

(2) 交钥匙总承包模式

交钥匙（turnkey）总承包模式是设计、采购、施工工程总承包向两头扩展延伸而形成的业务和责任范围更广的总承包模式，其中总承包商不仅承包工程项目的建设实施任务，而且提供建设项目前期工作和运营准备工作的综合服务。

交钥匙模式与 EPC 模式的主要不同点在于：承包范围更大，工期更稳定，合同总价更固定，承包商风险更大，合同价相对较高。

交钥匙总承包商应承担的主要责任与 EPC 模式的类似，此外还应承担以下责任：①按合同约定完成工程总承包项目的可行性研究、项目立项、设计、采购、施工和试运行；②按合同工期和固定的价格交付工程；③完成对业主人员的培训等生产前的准备工作。

交钥匙模式下业主的主要责任包括：①提出业主要求；②选择交钥匙总承包商；③检查验收。

交钥匙模式适用于以下几种情况：①业主更加关注工程按期交付使用；②业主只关心交付的成果，不想过多介入项目实施过程；③业主希望承包商承担更多风险，而同时愿意支付更多风险费用；④业主希望收到一个完整配套的工程项目。

(3) 设计-建造总承包模式

设计-建造（design-build）模式，简称为 DB 模式，是对 D-B-B 模式的一种变革，是为了解决 D-B-B 模式所存在的主要问题而产生的一种模式，如图 1.10 所示。

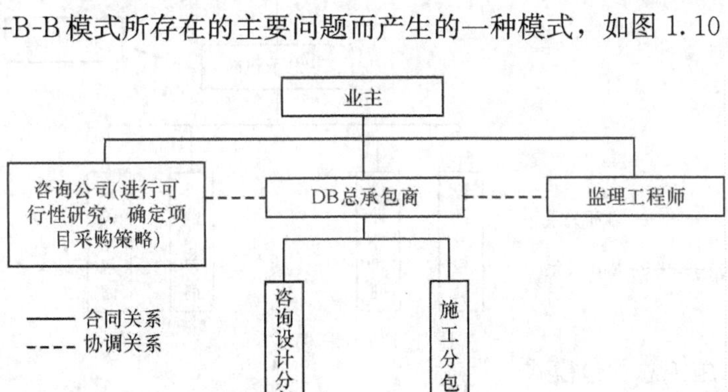

图 1.10　DB 模式

DB 模式的运作方式：业主根据项目的要求和原则选定设计-建造承包商（DB 承包人），DB 承包人可以自行完成全部设计和施工任务，也可以竞争性招标方式选择分包商，完成设计和部分施工任务。DB 模式有效地避免了设计与施工分离所产生的建设周期长、不利于设计优化、设计不考虑施工的可行性、施工者按图施工等弊端，有利于设计优化、节省投资、缩短工期、提高效益。

DB 模式所存在的主要问题是业主一般不能直接参与设计分包和施工分包商的选择，对设计效果缺乏控制力。

DB 模式的基本出发点是促进设计与施工的早期结合，以便有可能充分发挥设计和施工双方的优势，提高项目的经济性。DB 模式一般适用于建筑工程项目。

根据承包起点时间不同，DB 模式可分为以下几种类型：从方案设计到竣工验收总承包（DB1）；从初步设计到竣工验收总承包（DB2）；从技术设计到竣工验收总承包（DB3）；从施工图设计到竣工验收总承包（DB4），如表 1.5 所示。

表 1.5　DB 模式的类型

项目程序 / DB 模式的类型	项目决策	方案设计	初步设计	技术设计	施工图设计	施工安装	竣工验收
DB1		√	√	√	√	√	√
DB2			√	√	√	√	√
DB3					√	√	√
DB4							

DB 承包商承包的时间越早，承包商的风险越大；承包的时间越晚，设计与施工结合而产生的优势就越弱。

（4）设计-采购总承包模式

设计-采购（engineering procurement）总承包，简称 EP，是将设计与采购结合，由 EP 总承包商承包，如图 1.11 所示。

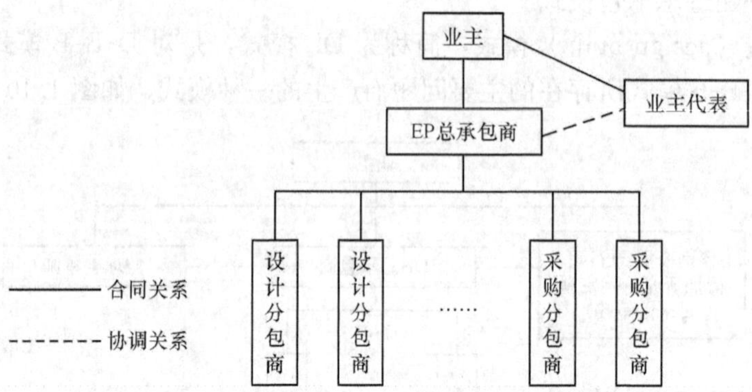

图 1.11　EP 模式

（5）采购-施工总承包模式

采购-施工（procurement construction）总承包，简称 PC，是将采购与施工结合，由 PC 总承包商承包，如图 1.12 所示。

1.4.2　委托项目管理模式

由业主委托专业机构（咨询公司或项目管理公司）代表业主进行项目管理，就是委托项目管理方式。这是国际工程项目管理的一种新的趋势。专业机构具有丰富的项目管

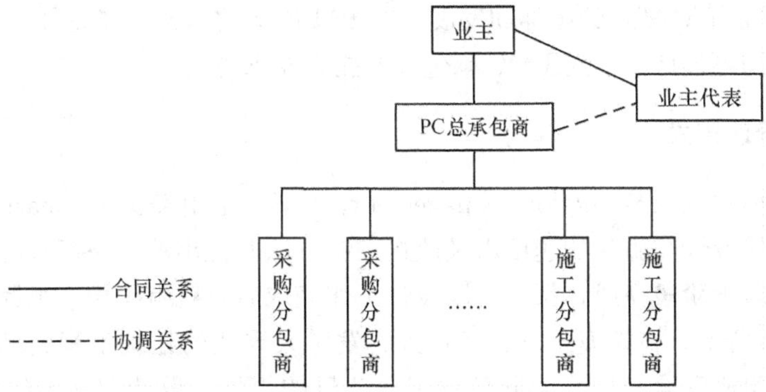

图1.12 PC模式

理经验，弥补了业主管理经验不足的弱点，有利于提高项目管理效果。委托项目管理的方式主要有三种。

1. 项目管理服务

项目管理服务（project management，PM）是指工程项目管理企业按照合同约定，在工程项目决策阶段，为业主编制可行性研究报告，进行可行性分析和项目策划；在工程项目实施阶段，为业主提供招标代理、设计管理、采购管理、施工管理和试运行（竣工验收）等服务，代表业主对工程项目进行质量、安全、进度、费用、合同、信息等管理和控制。工程项目管理企业一般应按照合同约定承担相应的管理责任。工程项目管理企业受业主委托，代表业主对工程项目的组织实施进行全过程或若干阶段的管理和服务。

2. 一体化项目管理模式

一体化项目管理模式（project management team，PMT）指业主/项目法人与项目管理公司在组织结构上、项目程序上，以及项目设计、采购、施工等管理的各个环节上都实行一体化运作，以实现业主和项目管理公司的资源优化配置。

实际运作中，常常是项目业主和项目管理公司共同派出人员共同组成一体化项目联合管理组，负责整个项目的管理工作。一体化项目联合管理组成员只有职责之分，而不究其来自何方。这样项目业主既可以利用项目管理公司的项目管理技术和人才优势，又不失去对项目的决策权，同时也有利于业主把主要精力放在专有技术、资金筹措、市场开发等核心业务上，有利于项目竣工交付使用后业主的运营管理，如维修、保养等。

3. 项目管理承包

项目管理承包（project management contractor，PMC）是指工程项目管理企业按照合同约定，除完成项目管理服务（PM）的全部工作内容外，还可以负责完成合同约定的工程初步设计等工作。当然，需要完成工程初步设计工作的工程项目管理企业应具备相应的工程设计资质。

PMC 模式是 PM 模式的延伸和发展，在 PM 模式的基础上增加了工程初步设计等工作，工作范围更加广泛，对 PMC 承包人的能力要求更高。

1.4.3 建筑管理模式

建筑管理模式（construction management，CM）是由美国人 Charles B. Thomsen 在研究如何加快设计与施工的速度以及改进控制方法时提出的。该模式的基本特征是将设计工作分为若干阶段完成，每一阶段设计工作完成后，就组织相应工程内容的施工招标，如图 1.13 所示。在该模式下，发包人、发包人委托的建筑工程经理（CM 经理）、工程设计人员组成联合小组，共同负责工程项目的规划、设计和施工的组织与管理工作。CM 单位的服务内容主要包括对设计技术、经济的咨询；施工前期和施工阶段进度控制；施工费用（造价）控制；对分包施工质量控制；施工单位管理与协调；工程信息档案资料管理；零星工程和业主指定的临时工作等。

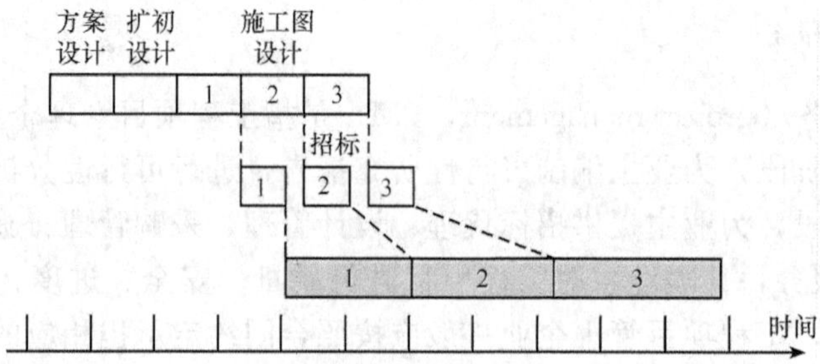

图 1.13 CM 模式

由于 CM 单位的参与，工程项目不需要在全部设计工作完成后再进行招标、施工，通过 CM 单位的协调，可以阶段性发包，这样就可以有效缩短工期。但由于在工程招标前，发包人对工程项目的具体设计等不可能完整掌握，所以不利于工程造价的控制，存在工期和质量风险。

CM 模式有两种最常用的形式：代理型 CM（agency CM）和风险型 CM（at-Risk-CM）。

(1) 代理型 CM（agency CM）

CM 单位是发包人的咨询单位，CM。经理是发包人的咨询和代理。发包人与 CM 单位签订咨询服务合同，与承包人签订施工合同。CM 单位与设计单位、施工单位和供应单位之间是协调管理关系，如图 1.14 所示。CM 经理可只提供某一阶段的服务，亦可提供全过程的服务。

(2) 风险型 CM（At-Risk-CM）

CM 单位同时担任施工总承包人的角色，CM 单位与专业承包人之间是合同关系。一般发包人要求 CM 经理提出保证最大工程费用，以利于发包人的投资控制，CM 经理为承包人承担了更多的风险，如图 1.15 所示。

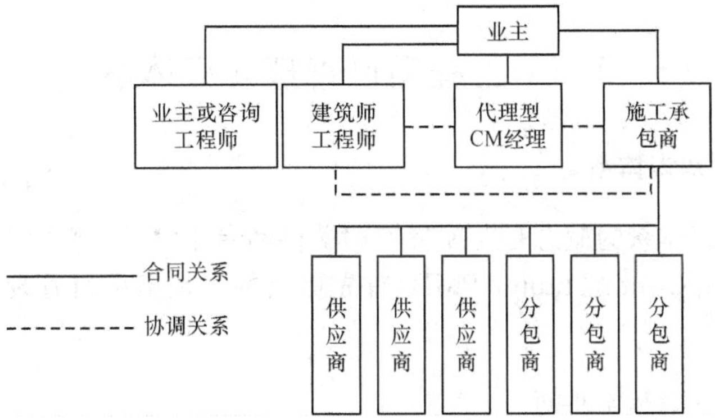

图 1.14　代理型 CM

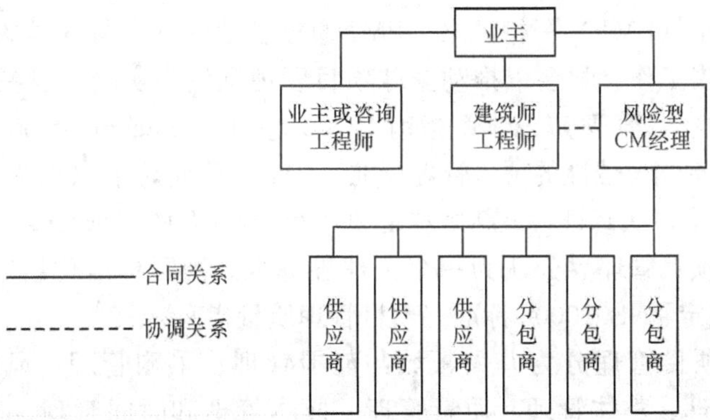

图 1.15　风险型 CM

1.4.4　工程代建制模式

工程代建制是指政府投资项目通过招标方式，选择专业化的项目管理公司，负责项目的投资管理和建设组织实施工作，项目建成后交付使用单位。代建制是建设工程项目管理方式在政府投资项目上的一种具体运用模式和管理制度。

代建单位的工作性质是工程项目管理和咨询，赢利模式是收取代理费、咨询费，从节约的投资中提成，承担相应的管理和咨询风险，不承担具体的工程风险。

政府项目采用代建制模式，通过市场化运作，选择有经验、讲信誉的专业化队伍，与业主签订代建合同，确立了投资者和建设者之间的相互关系，使得投资、建设、管理、运营“四分开”，有效地加强了政府对投资项目的管理，规范了投资建设程序，建立了投资责任约束机制，有效保证了资金的使用效益和工程质量。

常见的代建制组织模式如图 1.16 所示。

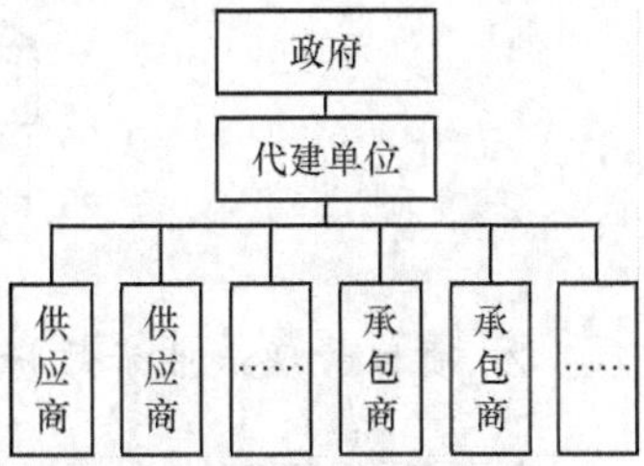

图 1.16　代建制组织模式

1.5 工程项目管理知识体系

1.5.1 项目管理知识体系

项目管理知识体系的概念是在项目管理学科和专业发展过程中由美国项目管理协会（project management institute，PMI）首先提出的，是指项目管理专业领域中知识的总和。

1. 项目管理知识体系指南

美国项目管理协会（PMI）成立于 1969 年，它的成员主要以企业、大学、研究机构的专家为主。目前拥有世界各地的会员 45000 余人，并通过培训为 l0000 多人颁发了项目管理专业人士（PMP）资格证书。PMI 通过各地的分会与各国的项目管理组织签订合作协议来开展工作，学会以推动全球项目管理理论与实践的发展为宗旨。PMI 于 1984 年制定了“项目管理知识体系指南”（project management body of knowledge，PMBOK)，尝试建立全球性的项目管理标准。PMBOK 先后于 1987 年、1996 年、2000 年、2004 年进行了多次修订，最新版本是 2004 年所发布的《项目管理知识体系指南》，该文件已被世界项目管理界公认为一个全球性标准。国际标准化组织（ISO）以 PMBOK 为框架，制定了 IS010006 标准《项目管理质量指南》。

PMBOK 将项目管理分为九大领域：范围管理、采购管理、风险管理、沟通管理、人力资源管理、整体管理、质量管理、成本管理和时间管理。其框架如图 1.17 所示。

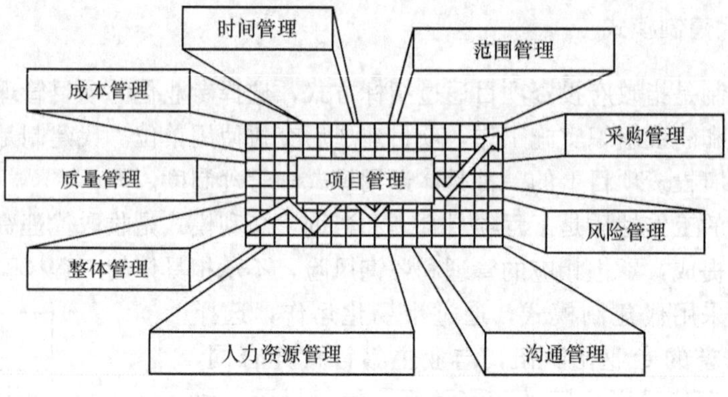

图 1.17　PMBOK 框架

2. 项目管理专业资质标准（ICB）

国际项目管理协会（international project management association，IPMA）成立于 1965 年，是个非盈利性的组织，其成员以代表各个国家的项目管理研究组织为主，成员覆盖了整个欧洲国家。它的宗旨是促进全球的项目管理发展。国际项目管理协会在

1998 年确认了 IPMA 项目管理人员专业资质认证全球通用体系的概念，发布了 IPMA 项目管理专业资质标准（international competence baseline，ICB）。ICB 不仅对项目管理知识要素进行了描述，而且还制定了专业资质评估的总体结构。ICB 包括项目管理知识和经验的 42 个要素（其中包括 28 个基本要素和 14 个附加要素），以及个人素质的 8 个方面和总体印象的 10 个方面。IPMA 要求各会员国参照 ICB 和本地文化建立本国的详细的国家专业资质标准（national competence baseline，NCB），NCB 应接受全部 28 个基本要素和至少 6 个附加要素，还应全部接受个人素质和总体印象的各方面。另外，8 个知识和经验的附加要素，可以在考虑本国特征和项目管理新发展后，将其删除或替换。

中国优选法统筹法与经济数学研究会项目管理研究委员会（Project Management Research Committee，PMRC）参照 ICB 和中国特点建立了中国的国家专业资质标准（chinese-national competence baseline，CHCB）。

C-NCB 接受了以下 28 个基本要素：①项目与项目管理；②项目管理的实施；③按项目进行管理；④系统方法与综合；⑤项目背景；⑥项目阶段与生命周期；⑦项目开发与评估；⑧项目目标与策略；⑨项目成功与失败的标准；⑩项目启动；⑪项目收尾；⑫项目结构；⑬范围与内容；⑭时间进度；⑮资源；⑯项目费用与融资；⑰技术状态与变化；⑱项目风险；⑲效果度量；⑳项目控制；㉑信息、文档与报告；㉒项目组织；㉓团队工作；㉔领导；㉕沟通；㉖冲突与危机；㉗采购与合同；㉘项目质量管理。

C-NCB 的 14 个附加要素如下：①项目信息管理；②标准与规范；③问题解决；④项目后评价；⑤项目监理与监督；⑥业务流程；⑦人力资源开发；⑧组织的学习；⑨变化管理；⑩项目投资体制；⑪系统管理；⑫安全、健康与环境；⑬法律与法规；⑭财务与会计。

3. 中国项目管理知识体系

中国项目管理知识体系（chinese-project management body of knowledge，C-PMBOK）是由中国优选法统筹法与经济数学研究会项目管理研究委员会（PMRC）发起并组织实施的。C-PMBOK 主要是以项目生命周期为基本线索展开，从项目和项目管理的概念入手，按照项目四个阶段，即概念阶段、开发阶段、实施阶段和收尾阶段，分别阐述每一阶段的主要工作及其相应的知识内容，同时考虑到项目管理过程中跨生命周期两个以上阶段的公用知识及其涉及的方法和工具。

1.5.2　中国工程项目管理知识体系

2003 年 6 月中国建筑工业出版社出版了由国内一批著名的工程管理专家学者编著的《中国工程项目管理知识体系》（Chinese-construction project management body of knowledge，C-CPMBOK）一书，它是由国际项目管理专业资质（IPMP）中国认证委员会授权中国建筑业协会工程项目管理委员会（CPMC）组织编写的，它在借鉴国际上通用的项目管理方法的基础上，结合中国近 20 年推行工程项目管理的实践经验，初步建立了“中国工程项目管理知识体系”。

该书的上册建立了以工程服务过程为主线的工程项目管理知识体系，内容包括：项目、项目管理、工程项目、工程项目管理、工程项目策划、工程项目评价、工程项目管理规划、工程项目设计阶段管理、工程项目施工管理和工程项目后期管理等；下册建立了以项目管理模块为特征的工程项目管理知识体系，内容包括：工程项目范围管理、工程项目时间管理、工程项目质量管理、工程项目费用控制、工程项目人力资源管理、工程项目风险管理、工程项目采购与合同管理、工程项目安全与环境管理、项目沟通管理、工程项目信息管理和工程项目综合管理等。上下两册结合，既阐明了推进工程总承包中的项目管理服务内容，又构建了工程项目管理的知识模块结构，使工程项目管理的理论与知识实现了系统化、模块化和国际通用化。

1.6 案例分析

案例1：EPC在伯利兹Mollejion水电工程的应用

1. 工程背景与承发包方式

1992年4月，中国水利电力对外公司（China International Water & Electric Corp.，CWE）与美国Dominion能源公司在伯利兹的子公司伯利兹电力公司(BECOL)，签订了Mollejion水电站及输变电设施的规划、设计、设备供应及施工协议书（engineering，procurement & construction agreement)，即EPC合同，合同总金额3000万美元。该电站是Dominion能源公司在伯利兹的BOT项目，运营期40年，试图解决东道国办电财力难，以解决向外举债又有困难的问题。该电站建成后将为该国大部分地区提供电。为此，BECOL已与伯利兹电力局签订了购电协议（PPA)，规定了每年该电站的售电量和电价，保证了市场和预期的投资回报。

该项目采用议标方式确定承包人，CWE与一家国外公司参加议标，CWE采取薄利经营策略，以低价优势中标，力争通过该项目打开中南美洲工程承包市场。该电站是中国在中美洲承包的第一个水电交钥匙工程，也是当时中国在海外承包范围最广的水电项目。主要包括混凝土重力坝、引水管洞、引水式明厂房和升压站4部分，装机容量3×8400kW。

CWE为EPC总承包人，并承担土建、水工工程；中国长江勘测规划设计研究院承担勘探、规划和设计；中国机械设备进出口总公司（CMEC）和中国电工设备总公司(CNEEC）分包金属结构、机电设备的成套供货、安装调试、试运行、人员培训及其验收移交。

该EPC方式参建各方关系如图1.18所示。

2. EPC合同的特点

伯利兹Mollejion水电工程EPC具有如下特点：

1）承包人的风险大。本工程资料数据不十分完整，如当地水文资料仅有近8年的

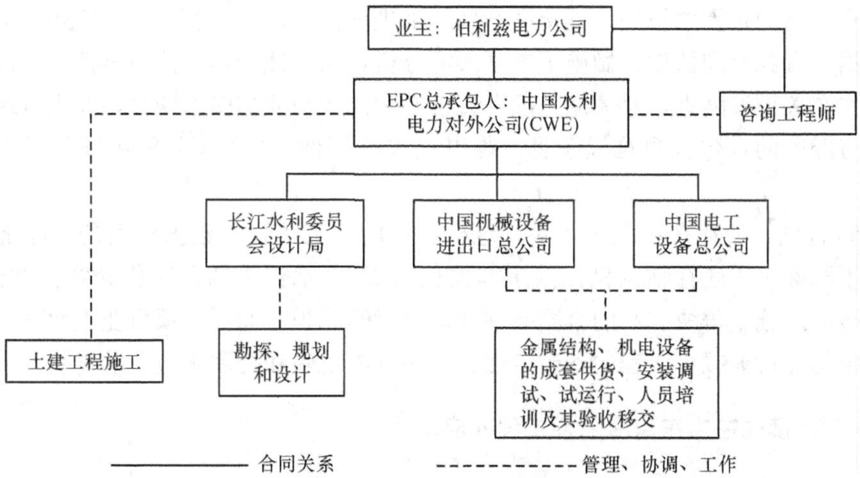

图 1.18　伯利兹 Mollejion 水电工程 EPC 总承包示意图

数据。但 EPC 合同规定，承包人要承担工地区内与预期地形地貌或地质条件不符，或与以前提供的地质条件不符的风险而引起的费用；承包人在隧洞施工遇到阻力或一个有经验的承包人也无法预见的地质条件时，可延长工期，但不增加合同费用。

2）承包人对工程控制灵活性大。承包人可以充分发挥自身设计和施工的经验，在货源、运输、资源配置、施工计划安排上，承包人有很大的灵活性。在土建工程进度的确认上，业主仅把握关键工程部位，减少了大量的工程计量工作。业主根据控制性项目完成的工程量，按合同支付工程款项。

3）付款条件对承包人比较宽松。预付款为合同价的 15%；某项工程进度完成 50%时，进度款总支付将达 90%；工程主体竣工时，总支付 95%，剩 5%为质保金。

4）工程保险险种多。包括对工程、材料、设备、转港、场外仓库、人员伤亡、财产损失、技术责任等险种。开工前，承包商应向业主提供已经投保的相关证明，否则业主方有权通过直接支付方式获得上述各种保险，并在合同价中抵消。

5）重视环保。合同中对废物处理、漏油、水质污染等方面要求严格。

6）对分包的规定。合同中明确选择 CMEC 作为机电设备分包商；在各分包合同中，始终强调 EPC 合同是各分包商必须要执行的，分包合同中与 EPC 合同不一致的地方以 EPC 合同为准。

3. EPC 承包人的施工管理

根据 EPC 合同确定的业主和承包商的责任，EPC 承包人重视施工索赔，有关业主方责任的问题随时向业主提出。例如，合同规定，进场道路由业主方提供，而从 CWE 营地到施工工地的简易公路常在暴雨后产生水坑或有山石滚落，影响到交通安全。CWE 每遇到这种情况都及时通报业主，业主能快速进行清理、修复，保证道路畅通安全。

伯利兹 Mollejion 水电工程位于热带雨林山区，气候多变，河道窄，水文资料缺乏。1994 年雨季，多年不遇的洪水泛滥，造成工地被淹，来不及撤退的施工机械和设备受淹，特别严重的是围堰被冲，直接影响到施工进度。针对这一情况 CWE 立即组织班子搜集证据、寻找合同依据，做施工进度影响分析，认定此为不可抗力事件，并确定受影响的工作在关键线路上，对建设工期有直接影响。经与业主多次谈判，业主方最后确认了这一有经验的承包人也难以预见、难以克服的事件。最终 CWE 获得了延长工期的索赔。

EPC 合同一般存在较大的风险，包括自然的、工程资料数据方面的、经济社会的等，对于国际工程还存在国别风险。本案例从 EPC 承包人的角度作介绍，对他来说，降低风险的措施是争取有利的合同条件和提高索赔意识；而对于项目业主而言，降低风险的措施是尽可能减小工程的不确定性、合理分配风险和控制承包人的索赔。

案例 2：PM 模式在广东南海乙烯工程的应用

1. 南海乙烯工程简况

2001 年 6 月，BSF（Bechtel，SFI 和 Foster Wheeler 三家公司的联合体）与广东南海乙烯工程项目业主（简称项目业主）正式签署了 PM 合同。按照合同要求，BSF 联合体应注册 2 个实体，即在香港组建的 BSF 中国有限责任公司和在英国注册的 BSF 全球有限责任公司。这 2 个实体将与项目业主签署 4 个单独的 PM 合同：①国内定义阶段合同；②国外定义阶段合同；③国内执行阶段合同；④国外执行阶段合同。同时，按照 PM 的绩效，并依据奖罚条款支付合同款项。

南海乙烯 PM 项目定义阶段，工艺装置部分基础工程设计工作，中方占设计工作量的 37%；公用工程部分的基础工程设计工作，中方占设计工作量的 60%；全厂一体化设施部分的基础工程设计工作，中方占设计工作量的 90%左右。

2. 南海乙烯工程 PM 项目管理特色

南海乙烯工程项目管理在工程费用计算、奖励机制等方面有一些独特的做法。

(1) PM 合同费用组成和奖励机制

国际上大型工程项目的 PM 报价组成多数为：工时费用、利润和奖励之和。南海乙烯工程项目也采用了这种形式。

1) 工时费用。这是 PM 报价的主要组成部分，其是工时单价与总工时的乘积。此处的工时单价是指成本工时单价，或叫工时成本单价，不同级别的人员采用不同的工时单价。工时单价占的份额很大，因此其是关注的重点，也是商务竞争和商务谈判的关键点。

2) 工时单价，分为两个部分，即固定费率和可变费率，共由 10 个子项组成。

①固定费率。由工资、工资附加、管理费和办公室费用 4 个子项构成。工资和工资附加对不同级别人员有不同的费率，其中，工资附加是以物化形式或以福利形式附加给个人的辅助工资，包括住房费用、医疗费用、养老金、失业保险、福利费用、交通费用、休假补贴和法定假日休假工资等；管理费和办公室费用对所有人采用相同的费率，其中，管理费包括：管理人员工资、工资附加及差旅费分摊、离退休人员补贴、新招收

人员及在职职工培训费用、团队建设费及娱乐费用、部分固定资产折旧或维修费用、市场开发费用、标准规范及技术开发费用、协会费用、工会活动费、绿化费、广告宣传费、咨询费（含律师费）、审计费等；办公室费用包括：办公楼折旧维修及公共消耗、房产税、计算机费用（CAD 除外的硬件消耗）、标准软件费用、当地通讯费用、办公设备折旧及维修费用、办公家具及用品消耗、消防引用、水电费用、保安及辅助人员雇用费用。②可变费率，由 CAD 费、复印费、通讯费、差旅费、派遣费、工资税（营业税）6 项组成。

3）利润。工时费用 PM 公司的成本，不包含利润。利润则按照定义阶段和实施阶段分别报价，大体与工时费用占一定比例，但利润的支付相当复杂，其要与奖罚条款相结合。

4）奖励及惩罚。PM 合同的奖罚条款是一个相当复杂的，分为项目定义阶段和实施阶段的奖罚，实施阶段又分为固定金额的激励方案和与成本相联的激励方案。

①固定激励。固定激励方案的金额是项目定义阶段的部分利润加上实施阶段的全部利润。固定激励金包括：按实施阶段里程碑支付、按信贷使用目标值支付、按性能考核指标支付和按可用性指标支付等。②与成本相连的激励。此方案执行较为复杂，基本上是将 PM 公司执行项目的最终成本与业主在项目定义阶段结束时批准的概算相比较，成本若降，则以 PM 公司应分成比例的费用作为与成本相连的奖励金；成本若超，则按协议中 PM 公司应承担的比例受罚，直至罚没 PM 公司的全部担保金。成本若降低，PM 公司应分成比例的费用并不能直接获得，全部或部分获得要根据 3 个指标：按可用性指标支付、按性能考核指标支付和按工期指标支付。如果工期拖延，即使成本降了，也拿不到节约奖，甚至可能被罚承担协议中的最高赔偿额。

（2）项目费用估算

项目费用估算是项目定义阶段的重要工作内容，也是 PM 公司对项目全过程费用控制的基准。南海乙烯工程项目在项目定义阶段经历了 4 次费用估算：

1）±20％估算。从签订 PM 合同 3 个月内完成。

2）±10％估算。从签订 PM 合同 9～11 个月内完成。

3）初步设计概算。从签订 PM 合同 10～12 个月内完成。

4）批准的控制估算。在±10％估算编制完成后，收到工程承包合同报价，并经业主批准完成。

估算工程费用程序按以下 6 步进行。

1）了解业主对工程费用估算的要求。

2）根据 PC 公司项目管理手册中关于工程费用估算的规定，建立项目定义阶段的费用估算工作程序。

3）编制“±20％估算”。将相关数据输入 PC 公司（BSF）现有的估算模型，并编制初步的估算；结合中国当地的价格水平，测算修正系数；根据修正系数，调整“±20％估算”，得到适合中国国情的估算。

4）编制“±10％估算”。将设备、材料等详细信息以及厂商的报价信息和相关的市场信息输入计算机，并进行计算。

5）编制初步设计概算。根据输入的基本数据，依据中石化的概算编制规定编制概算。

6）编制批准的控制估算。将承包商的报价汇总，制定PM费用控制基准，与业主协商，制定批准的控制估算。

复习思考题

1.1 何为项目？项目的特征是什么？

1.2 何为项目管理？项目管理的特点有哪些？

1.3 试述工程项目的概念及其特征。

1.4 工程项目如何进行分类？

1.5 何为工程项目管理？工程项目管理有哪些特点？

1.6 工程项目管理有哪些职能？

1.7 试述工程项目管理的分类。

1.8 什么是工程项目的管理模式？常见的工程项目管理模式有哪些？

1.9 试述工程项目管理的发展趋势。

1.10 简述项目管理的两大知识体系。

参考文献

陈晓. 2005. Partnering模式的理论与应用研究［D］. 河海大学硕士学位论文.

方志达. 2000. 国际工程项目实施模式的变化及其思考［J］. 建筑经济，(12).

广东省东江-深圳供水改造工程建设总指挥部. 2005. 东深供水改造工程（第一卷 建设管理）［M］. 北京：中国水利水电出版社.

建设工程项目管理规范编写委员会. 2006. 建设工程项目管理规范实施手册［M］. 北京：中国建筑工业出版社.

乐云. 1998. 国际新型建筑工程CM承发包模式［M］. 上海：同济大学出版社.

李慧民. 2007. 工程项目管理［M］. 北京：中国建筑工业出版社.

李建伟，徐伟等. 2002. 土木工程项目管理［M］. 上海：同济大学出版社.

陆惠民，苏振民，王延树. 2002. 工程项目管理［M］. 南京：东南大学出版社.

吕文学，马萍萍，张边营. 2003. 国际工程项目管理新模式——伙伴关系：解析香港建设业伙伴关系项目管理模式［J］. 建筑经济，(5).

孙继德. 2003. 项目总承包模式［J］. 土木工程学报，(9).

王卓甫，简迎辉. 2006. 工程项目管理模式及其创新［M］. 北京：中国水利水电出版社.

王卓甫，杨高升. 2005. 工程项目管理原理与案例［M］. 北京：中国水利水电出版社.

王子宗. 2002. PMC项目管理模式［J］. 当代石油石化，(6).

王子宗. 2002. PMC项目管理模式在国内建设领域的实践［J］. 化工建设工程，(3).

王子宗. 2003. 国际工程项目管理模式及其发展趋势［J］. 建筑经济，(5).

王祖和等. 2007. 现代工程项目管理［M］. 北京：电子工业出版社.

张水波，何伯森. 2003. 工程建设"设计-建造"总承包模式的国际动态研究［J］. 土木工程学报，(3).

赵振宇，刘伊生. 1999. 伯利兹MOLLEJON水电工程EPC承包模式实证分析［J］. 建筑经济，(3).

中国工程项目管理知识体系编写委员会. 2003. 中国工程项目管理知识体系［M］. 北京：中国建筑工业出版社.

中国建筑业协会等. 2005. 工程项目管理与总承包 [M]. 北京：中国建筑工业出版社.

中国项目管理研究委员会. 2001. 中国项目管理知识体系与国际项目管理专业资质认证标准 [M]. 北京：机械工业出版社.

CARROLL G R. 1995. On the organization theory ecology of Chester，I Barnard. In：Williamson OE，editor，organization theory：from Chester Barnard to the present and beyond，expanded edition [M]. New York：Oxford university press，56—71.

CLELAND D I，KERXNER H A. 1985. Project management dictionary of terms [M]. New York：Van Nostrand Reinhold.

PMI. 2000. A guide to the project management body of knowledge [M]. Project Management Institute.

TURNER J R，KEEGAN A E. 2001. Mechanism of governance in the project-based organization：a transaction cost perspective [J]. European Management Journal，19 (3)：254—67.

TURNER J R，MULLER R. 2001. On the nature of the project as a temporary organization [J]. International Journal of Project Management，(21)：1—8.

TURNER J R. 1999. The handbook of project based management [M]. 2nd ed. London：McGraw-hill.

WALKER A. 1998. Project management in construction [M]. 3rd edition. Blackwell Science.

第 2 章 土木工程项目策划与决策

本章要求：

(1) 了解工程项目策划的基本概念；

(2) 了解工程项目的目标设计、定义和总体方案策划；

(3) 掌握可行性研究的概念，熟悉可行性研究的内容和方法，掌握可行性研究的作用及要求；

(4) 掌握工程项目的经济评价与决策，包括财务评价、国民经济评价、社会评价；了解项目决策的基本概念，熟悉影响项目投资决策的主要因素；

(5) 了解工程项目管理规划的基本概念，熟悉工程项目管理规划大纲的编制程序及编制内容，熟悉工程项目管理实施规划的编制依据及编制内容。

2.1 工程项目前期策划

2.1.1 简述

1. 项目策划的特征

(1) 创造性

项目策划首先是创造性的思维活动。创造性思维是一种复杂的辩证思维过程，它具有积极的求异性、敏锐的洞察力、创造性的想象、全面而独特的知识结构和活跃的灵感。项目策划过程实际上就是创造性思维及其行动的过程。失去了创造性的项目策划就不能称之为真正的项目策划。

(2) 针对性

任何一项策划活动都是针对某一问题的解决和某一目标的实现而进行的，项目策划亦不例外。如果没有需要解决的问题产生，就没有项目策划。同样，如果项目策划偏离了既定的目标，则得出的策划方案只能是流于形式的，不能真正解决问题。因此，项目策划须始终针对特定的项目目标展开，当目标发生变化时，策划方案也必须作相应调整。

(3) 程序性

项目策划是按照一定程序进行的。非程序性项目策划，绝大多数属于经验直观型策划，更多地依赖于策划者的个人因素。这种非程序性、不规范的策划带有很大的随机性。现代项目策划为了保证策划方案的合理性和高成功率，不可避免地应趋向程序化。程序性的项目策划并不排除个人因素的重要作用，但不是完全依赖于个人的能力和经验，而是在科学理论的指导下，依照严格的逻辑推理程序进行，否则，将可能造成项目策划工作的混乱，导致策划失误。

（4）系统性

项目策划要遵循系统性原则，使策划活动的各个组成部分、各个子系统相互协调统一，以保持策划工作的具体和项目目标的最优化。

随着现代社会化大生产的发展，社会活动日益复杂，科学技术日新月异，项目策划的系统性特征日益明显和重要，要形成合理系统性的策划，同时坚持局部利益服从整体利益，眼前利益服从长远利益。否则，将会出现项目策划中的片面行为和短期行为。

（5）策略性

始终将客户、竞争者和企业现有资源能力相结合，探索项目的各种策略是项目策划的理论特色。企业只有充分研究这三者之间的现实和关系，才能拟定出卓越的项目策略，将“资源—产品”的转换过程操作得游刃有余。很明显，成功的策略就是充分发挥企业自身的实力，比竞争对手更有效地为顾客提供服务。

（6）科学性和艺术性

项目策划具有科学性和艺术性两个侧面。这里的“科学”是指为实现目标、解决问题而进行的系统分析、逻辑推理和数学工具的运用。这里的“艺术”是指，运用理论和方法的技巧、丰富的想象力，以及知道何时和怎样发挥以上能力的智慧。项目策划的艺术性是以科学性为基础的，是对科学理论和知识方法的创造性运用。

此外，项目策划还具有超前性、现实可行性、调适性、选择性和社会性等特征。

2. 项目策划的原则

（1）符合产业政策，遵循区域规划

项目策划首先应在符合国家和地区产业政策的基础上进行，同时必须遵循区域发展规划。不得做国家明令禁止或与某一地区功能规划相冲突的项目。同时，所做的项目策划必须顺应国家的宏观经济政策和社会发展趋势。

（2）进行市场调查，确认市场可靠

项目开发成功与否，关键在于项目产品是否有市场以及市场饱和程度与市场潜力的大小。因此，项目策划首先需要进行市场调查预测，以确认市场的现实需求量、市场空白、市场结构状况等，预测开辟潜在市场的可能性以及潜在市场容量的大小，明确市场的区域分布、结构分布特征以及未来产品的市场定位等。只有全面了解、掌握市场情况，确保市场环境条件良好，项目策划才有前提和意义。

（3）依照环境条件，确保建设可行

不管项目投资者的动机如何好，愿望如何强烈，但都必须以项目建设环境和条件允许为前提。环境允许主要包括政策、规划、市场等；条件允许主要包括原材料供应、土地、交通、通讯、水电汽燃料供应、人员配备等。

（4）信息准全，利用优势

项目策划是建立在大量信息基础上的，信息全面和准确，是项目策划成功的基础。因此，必须进行大量市场调查和信息的收集整理工作，以做到客观、全面、真实、可靠。同时，项目策划方案应充分体现和发挥项目投资商本身及所处环境的一切有利优势，如自身（投资商本人及其企业）优势、资源优势、区位优势、技术优势、政策优势，以及与项目相关的行业和其他优势。

(5) 技术先进适用，方案比较选优

为使所建项目实现高起点、高水平，必须选用先进的设备、技术和高质量的技术管理人才。但是，技术设备的引进和采用，又必须考虑到现实的人员条件、环境条件和相关的配套条件，以保证技术设备的可操作性、适应性及其效能的充分发挥。另外，没有投资方案的比较选优，就无需项目策划。为实现项目投资省、效益佳、风险小等目标，方案比较选优必不可少。

(6) 效益最佳，风险适度

建设投资少，经营成本低，产出效益高，资金盈利能力和回收能力强，这是所有投资者所追求的理想目标和根本性目标。因此，项目策划的一切活动均需围绕这一中心目标进行。

3. 项目策划的内容

(1) 工程项目构思的产生和选择

任何工程项目都起源于项目的构思。项目的构思是对项目机会的寻求，它产生于为了解决上层系统（如国家、地区、行业、部门、企业）的问题，或为了满足上层系统的需要，或为了实现上层系统的战略目标和计划等。在一个具体的社会环境中，上层系统的问题和需要很多，这种项目构思可能是丰富多彩的，在它们中间选择少数几个有价值和可能性的构思，并经上层组织批准，进行更深入的研究。

(2) 项目的目标设计和项目定义

1) 情况的分析和问题的研究。即对上层系统的组织状况、环境状况、市场状况进行调查，对其中的问题进行全面罗列、分析、研究，确定问题的原因，为正确的项目目标设计和决策提供依据。

2) 项目的目标设计。针对情况和问题提出目标因素，对目标因素进行优化，建立目标系统，确定工程项目要达到的预期总目标。

3) 项目的定义和总体方案策划。项目的定义是指确定项目的目标系统的构成和范围界限，对项目的各个目标指标作出说明。并根据项目总目标，对项目的总体实施方案进行策划。

4) 项目的审查。主要是对项目构思、情况和问题的调查和分析、目标设计的过程和结果的审查

5) 提出项目建议书。项目建议书是对项目总体目标、情况和问题、环境条件、项目定义和总体方案的说明和细化，同时提出在可行性研究中所研究的各个细节和指标，作为后继的可行性研究、技术设计和计划的依据。

(3) 可行性研究

可行性研究即对实施方案进行全面的技术经济论证，看能否实现目标，它的结果作为工程项目决策的依据。包括产品的市场的研究和销售的预测、项目产品的生产计划、项目的生产工艺和设备选择、厂址选择、工程的建设计划、项目的运营计划、项目整个生命期的资金计划和融资计划等。

（4）工程项目的评价和决策

在可行性研究的基础上，对工程项目进行财务评价、国民经济评价和环境影响评价。根据可行性研究和评价的结果，由上层组织对项目的立项作出最后决策。

2.1.2　项目构思

大多数项目都是从一个最初的想法开始的。此想法可能来自一位潜在的客户，也可能生成于组织内部，这些想法就是项目构思。项目构思是工程项目建设的基本构想，是项目策划的第一步。项目构思产生的原因很多，可从以下两个角度进行分类。

项目构思是指对未来项目的目标、功能、范围以及项目涉及的各主要因素和大体轮廓的设想与初步界定。项目构思是一种创造性的探索过程，是项目策划的基础和首要步骤。它的本质在于挖掘企业可能捕捉到的市场机会。项目构思的好坏，不仅直接影响到整个项目策划的成败，而且关系到项目策划过程的繁简和策划工作量的大小。

1. 项目构思中应考虑的影响

在进行项目构思时，应该全面地分析项目的环境条件，特别要分析未来可能发生变化的外部因素，以确定项目的可行性及开发时机是否已经成熟。一般来说，环境条件对项目构思的影响可分为宏观环境变化的影响和微观环境变化的影响。

1）宏观环境对项目构思的影响。项目的宏观环境主要包括：政治法律环境、经济环境、社会文化环境和技术环境等。因此，宏观环境对项目构思的影响也相应地分为：政治法律环境的影响、经济环境的影响、社会文化环境的影响和技术环境的影响。

① 政治法律环境的影响。政治法律环境是指一个国家或地区的政治制度、体制、政治形势、方针政策和法律。政治环境对项目构思影响最大的是政府的产业政策，产业政策是指政府对某些特殊产业实行扶植或限制的政策，产业政策可分为国家产业政策和地方产业政策，地方产业政策的制定虽然以国家产业政策为依据，但地方政府往往会根据本地区的资源优势而确定不同的产业政策。产业政策一旦确定扶植某一产业，属于该产业范围内的项目将获得立项审批优先权以及税收、贷款和其他相关条件的优惠，这将为企业降低“进人门槛”。② 经济环境的影响。经济环境是指企业经营过程中所面临的各种经济条件、经济特征和经济联系等客观因素。企业开发的项目都是在一定的经济环境中运作的，经济环境直接影响项目实施的可行性和经济效益。随着社会经济的不断发展，一个地区的经济环境条件会不断地得到改善。政府在这方面通常起推动作用，它不断改善对经济发展具有影响的重要因素。因素的每一次改善，都会为新项目的实施提供更好的基础条件。密切关注当地经济环境的变化，对每一次经济环境的变化进行分析和评估，可以扩大企业项目构思的范围，还可以使企业抢先抓住项目机会，先于竞争者占领市场。③ 社会文化环境的影响。社会文化环境是指一个国家或地区的民族特征、文化传统、价值观、宗教信仰、教育水平、社会结构和风俗习惯等情况。社会文化环境中许多因素都具有继承性和稳定性，受到传统文化和历史继承的制约。但是，当社会的政

治法律环境发生巨大变化时，社会文化环境也将随之变化，这些变化将直接导致人们的消费观念、价值观、教育水平、收入水平及结构的变化。这一方面将淘汰人们对一些产品的需求，另一方面将引发许许多多新的需求，这些需求是企业构思新项目的主要来源之一。

2）微观环境对项目构思的影响。企业微观环境是由产业结构、直接竞争者、客户、经销商和供应商所形成的直接影响企业的经营环境。企业微观环境的变化往往能直接促使企业开发新的项目。开发新项目不仅能提高企业的经营业绩，还能加强企业在产业中的竞争地位。

①产业结构变化的影响。一个产业是指一群生产相近替代品的公司。每一个企业都是在某一个产业或主要在某一产业中从事经营活动。不同的产业因其产出的产品不同而具有自己独特的技术经济特征，而且在不同的产业阶段，该产业还可能呈现出不同的业态，这些业态又随着产业成熟度的提高而变化。面对这些变化，企业应积极构思出新的项目，以加强企业在该产业中的地位和竞争能力。②客户需求变化的影响。客户的需求是项目成功的基础，客户的需求变化又会引发许许多多新项目的开发，这往往是项目构思最重要的源泉之一。客户需求的变化，或是由收人增加引起，或受消费观念变化的影响，或是被新产品的魅力所吸引。客户需求的变化一旦形成趋势，就注定了传统产品生命的终结。抓住这种趋势并成功开发出满足新趋势的产品，就会取得巨大的成功。

2. 项目构思的选择

1）上层系统问题和需求的现实性，即上层系统的问题和需要是实质性的，而不是表象性的，同时预计通过采用项目手段可以顺利的解决这些问题。

2）考虑环境的制约，充分利用资源和外部条件。

3）充分发挥自己已有的长处，运用自己的竞争优势，或在项目中达到合作各方竞争优势的最优组合。

2.2 工程项目可行性研究

2.2.1 可行性研究的内容及阶段

1. 可行性研究的内容

（1）总论

1）项目提出的背景（改扩建项目要说明企业现有概况），投资的必要性和经济意义。

2）研究工作的依据和范围。

（2）需求预测和拟建规模

1）国内外需求情况的预测。

2）国内现有工厂生产能力的估计。

3）销售预测、价格分析、产品竞争能力、进入国际市场的前景。

4）拟建项目的规模，产品方案和发展方向的技术经济比较和分析。

(3) 资源、原材料、燃料及公用设施情况

1) 经过储量委员会正式批准的资源储量、晶位、成分以及开采、利用条件的评述。

2) 原料，辅助材料、燃料的种类、数量、来源和供应可能。

3) 所需公用设施的数量，供应方式和供应条件。

(4) 建厂条件和厂址方案

1) 建厂的地理位置、气象、水文、地质、地形条件和社会经济状况。

2) 交通、运输及水、电、气的现状和发展趋势。

3) 厂址比较与选择意见。

(5) 设计方案

1) 项目的构成范围（指包括主要的单项工程），技术来源和生产方法、主要技术工艺和设备选型方案的比较，引进技术、设备的来源国别，设备的国内外分交或与外商合作制造的设想。改扩建项目要说明对原有固定资产的利用情况。

2) 全厂布置方案的初步选择和土建工程量估算。

3) 公用辅助设施和厂内外交通运输方式的比较和初步选择。

(6) 环境保护

调查环境现状，预测项目对环境的影响，提出环境保护和三废治理的初步方案。

(7) 企业组织、劳动定员和人员培训（估算数）

(8) 实施进度的建议

(9) 投资估算和资金筹措

1) 主体工程和协作配套工程所需的投资。

2) 生产流动资金的估算。

3) 资金来源，筹措方式及贷款的偿付方式。

(10) 社会及经济效益评价

对建设项目的经济效益要进行静态的和动态的分析，不仅计算项目本身的微观效益，而且要衡量项目对国民经济发展所起的宏观效益和分析对社会的影响。进行经济效益分析时，技术经济参数和价格系数的确定是非常重要的，投资者可根据部门、行业特点，自行拟定；也可参照国家有关部门统一制定和颁布的参数来确定。

(11) 风险分析与不确定性分析

对项目主要风险因素进行识别，采用专家评估法、风险因素取值评定法、概率分析等方法，分析项目的抗风险能力，评估风险的程度，研究提出防范和降低风险的对策措施。通过盈亏平衡分析和敏感性分析等，研究不确定因素的变化对项目效益的影响。

(12) 提出研究结论与建议

在以上各项分析研究之后，应做出归纳总结，说明所推荐方案的优点，指出可能存在的主要问题和可能遇到的主要风险，做出项目是否可行的明确结论。并对项目下一步工作和项目实施中需要解决的问题提出建议。

2. 可行性研究的阶段和方法

可行性研究属于投资前时期，又可分四个阶段：

(1) 机会研究

将一个项目由意向变成概略的投资建议，叫做机会研究。机会研究的目的在于激发投资者的兴趣。也就是寻找最有利的投资机会。机会研究可以分为：

1) 地区机会研究：选定一个地区为研究范围，例如对于边远行政区、落后地区、特殊；条件（经济特区、港湾、要道、边塞）地区等进行投资，是否有获利的机会。

2) 部门机会研究：选定一个部门为研究范围，例如选某一工业门类或市场短缺产品，进行投资是否有利。

3) 资源机会研究：以资源为基础，以合理利用和开发为目标，研究建立某种工业的机遇。例如联合开发某地某种资源，建设坑口电站等。

4) 特定机会研究：以某项目为研究对象进行投资机会的分析。这种研究具有机会研究的典型含义。因为研究是对某一个项目而言的，如果可行，就会使意向变为投资建议，就可以促进项目下阶段的研究工作。

(2) 初步可行性研究

初步可行性研究主要是进一步判断机会研究是否正确，并据以做出投资与否的初步决定，同时也决定最终可行性研究是否进行。所以可以说，初步可行性研究是介于机会研究和最终可行性研究的中间阶段。但是那些不需要进行机会研究的项目，如改建和扩建，就可以直接进行初步可行性研究。这就是说，初步可行性研究有些是在机会研究基础上进行的，有些则不是。

初步可行性研究的深度和广度都比机会研究进了一步。其研究的内容，基本上与详细可行性研究相同，但在深度上与最终可行性研究比较，仍然是粗略的，对项目所需投资和生产费用的次要部分，仍可采用简便方法进行估算。在初步可行性研究中，如果认为某些部分对项目取舍具有决定作用，则可以对这一部分进行独立的专题研究，有的叫辅助研究。这些辅助研究有市场销售研究、生产技术研究、专用设备研究、建设厂址研究、规模经济研究、经营管理研究等。辅助研究可以和初步可行性研究同时进行，也可以分别进行。辅助研究可以否定初步可行性研究，如果在详细可行性研究之后进行辅助研究，辅助研究还可以否定详细可行性研究。所以虽然名为辅助研究，实为关键性研究。

初步可行性研究对项目所需投资和生产费用的计算，误差允许在±20%范围内。

(3) 详细可行性研究

详细可行性研究是对项目进行深入的技术经济论证，是方案的最后选择，是确定最优方案的依据。凡实行可行性研究的项目，都必须经历这一阶段。详细可行性研究是详尽、系统、全面的论证。要在准确而有根据的数据基础上，做出多方案，反复进行比较、分析。还要做各种设想，并做出与设想相应的答案。要协调各方面的关系，进行综合平衡，使投资和生产费用降到最低限度。详细可行性研究并不是目的，而是为了达到决策项目的手段。正因为如此，才要求详尽准确。除按要求的内容做好研究外，还要做敏感性分析。

详细可行性研究对项目所需的投资和生产费用的计算，误差允许在±10%范围内。

(4) 项目评价报告

项目评价报告是进行项目评定和投资决策的根据，所谓项目评价，实际上是可行性研究的结论和决策性建议。严格地说，项目评价并不单独构成可行性研究的一个阶段。因为实际上，在机会研究、初步可行性研究、详细可行性研究中，都有结论和建议。这就是说，在可行性研究的不同阶段，都有评价问题，评价贯穿于可行性研究的始终，只是评价的深度和广度不同而已，所以评价作为可行性研究的第四阶段，是不完全恰当的。但是，由于评价是可行性研究的重要组成部分，反映研究的最终成果，又是项目最后决策的依据，所以单独作为一个阶段，进行评价研究，也有必要；评价独立出来的另一个原因是，最终研究的评价特定内容要求，如国民经济评价、社会评价，都是详细可行性研究必须要进行评价的，而机会研究和初步可行性研究阶段，对国民经济和社会的评价则可做也可不做。

项目评价报告内容，一般应包括可行性研究的关键问题和结论。

2.2.2　可行性研究的作用及要求

1. 可行性研究的作用

(1) 作为经济主体投资决策的依据

由于可行性研究对与建设项目有关的各个方面都进行了调查研究和分析，并以大量数据论证了项目的先进性、合理性、经济性，以及其他方面的可行性，这是建设项目投资建设的首要环节，项目主管部门主要是根据项目可行性研究的评价结果，并结合国家财政经济条件和国民经济长远发展的需要，做出此项目是否应该投资和如何进行投资的研究。

(2) 作为筹集资金和向银行申请贷款的依据

可行性研究是向银行申请贷款的先决条件。凡贷款建设某项目，必须向贷款银行提送建设项目的可行性研究报告。银行通过审查项目可行性研究报告，确认了项目的经济效益水平和偿还能力，并不承担过大风险时，银行才能同意贷款。这对合理利用资金，提高投资的经济效益具有积极作用。可行性研究一般都是投资者委托技术经济咨询机构做的。咨询机构作为第三者，既要承担一定经济责任，又要维护本身的声誉，所提出的可行性研究报告可靠程度较高。因此，银行对咨询机构所提出的可行性研究报告采信程度较高。

(3) 作为向当地土地部门、规划部门申请有关建设许可文件的依据

可行性研究报告经审查，符合政府部门的规定或经济立法，对污染处理得当，不造成环境污染时，方能取得有关部门的许可。

(4) 编制详图设计文件的依据

鉴于可行性研究报告对厂址，主要生产工艺流程，主要设备选型，详细的经济技术方案比较等，都已确定了原则。当这些确定的原则一经批准，则这些原则就成为详图设计的主要依据。也就是说，详图设计时，不得违背已经论证通过的原则。

(5) 建设项目有关的各部门签订有关协作合同的依据

根据批准的可行性研究报告，建设项目法人可以与有关协作单位签订原材料、燃料、动力、运输、土建工程、安装工程、设备购置等方面的协议，以及投产以后的原材料供应、产品销售和运输等合同和协议，并据此承担经济责任。

(6) 作为工程建设的基础资料

可行性研究报告中所附的工程地质、水文气象、勘探、地形、矿物资源、水质等所有的分析论证资料，是检验工程质量和整个工程寿命期内追查事故责任的依据。

(7) 设备研制和科研资料

项目所需设备的研制，必须以可行性研究报告所提出的技术要求为准。同时，每个项目的可行性研究报告，还可以作为同类工程科研参考资料，也可作为长远规划和综合平衡的科研参考资料。

(8) 作为该项目的科研试验、机构设置、职工培训、生产运行设计、生产组织的依据

根据批准的可行性研究报告，进行与建设项目有关的生产组织工作，包括设置相应的组织机构，进行职工培训，以及合理的组织生产等工作安排。

(9) 作为对该项目考核和后评估的依据

建设项目竣工，正式投产后的生产考核，应以可行性研究所制订的生产纲领、技术标准以及经济效果指标作为考核标准。根据批准的可行性研究报告，进行与建设项目有关的生产组织工作，包括设置相应的组织机构，进行职工培训，以及合理的组织生产等工作安排。

2. 可行性研究的要求

1) 大量调查研究，以第一手资料为依据，客观地反映和分析问题，不应带任何主观观点和其他意图。可行性研究的科学性常常是由调查的深度和广度决定的。项目的可行性研究应从市场、法律和技术经济的角度来论证项目可行或不可行，而不只是论证可行，或已决定上马该项目后才找一些依据来证明。

2) 可行性研究应详细、全面，定性和定量分析相结合，用数据说话，多用图表表示分析依据和结果。人们常用的方法有数学方法、运筹学方法、经济统计和技术经济分析方法等。

3) 多方案比较，无论是项目的构思，还是市场战略、产品方案、项目规模、技术措施、厂址的选择、时间安排、筹资方案等，都要进行多方案比较。应大胆地设想各种方案，进行精心的研究论证，按照既定目标对备选方案进行评估，以选择经济合理的方案。

4) 在可行性研究中，许多考虑是基于对将来情况的预测上的，而预测结果中包含着很大的不确定性。例如项目的产品市场、项目的环境条件、参加者的技术、经济、财务等各方面都可能有风险，所以要加强风险分析。

5) 可行性研究的结果作为项目的一个中间研究和决策文件，在项目立项后应作为设计和计划的依据，在项目后评价中又作为项目实施成果评价的依据。可行性研究报告经上层审查、评价、批准后，项目立项。

2.3 工程项目的经济评价与决策

项目评价是在可行性研究的基础上，分析评价项目的建议书、可行性研究报告，有时还包括对项目前期策划工作过程的评价，进而对项目做出投资决策。

2.3.1　工程项目的经济评价

1. 工程项目的财务评价

财务评价是根据国家进行财税制度和价格体系，从工程项目角度出发，分析、计算项目直接发生的财务效益和费用，编制有关报表，计算评价指标，考察项目的盈利能力、清偿能力以及外汇平衡等财务状况，据以判别项目的财务可行性。

（1）财务盈利能力分析

财务盈利能力分析是财务评价的主要内容，是分析项目的投资能否从项目的收益中可回收并获得一定的利润。它是在财务现金流量表基础上计算内部收益率等指标，以得出项目盈利能力水平的结论。

（2）财务清偿能力分析

财务清偿能力主要考察计算期内各年的财务状况及偿债能力。这是针对项目在实施和运行期间是否有足够的资金满足不同时间上的需要的一种分析。虽然有些项目的投资盈利水平很高，但由于资金筹措不足、资金到位迟缓、应收账款收不上来以及汇率和利率的变化，对项目产生影响，招致损失。为了使项目顺利得以实施，资金筹措方案应保证资金的平衡并保证有足够的资金偿还债务。

2. 工程项目的国民经济评价

（1）概念

国民经济评价是按照资源合理配置的原则，从国家整体考察项目的效益和费用，用货物影子价格、影子工资、影子汇率和社会折现率等经济参数分析、计算项目对国民经济的净贡献，评价项目的经济合理性。

（2）国民经济评价与财务评价的关系

1）国民经济评价与财务评价的共同之处：①评价方法相同。它们都是经济效果评价，都使用基本的经济评价理论，即效益与费用比较的理论方法。都要寻求以最小的投入获取最大的产出，都要考虑资金的时间价值，采用内部收益率、净现值等经济盈利性指标进行经济效益分析。②评价的基础工作相同。两种分析都要在完成产品需求预测、工艺技术选择、投资估算、资金筹措方案等可行性研究内容的基础上进行。③评价的计算期相同。

2）国民经济评价与财务评价的区别：①两种评价的角度和基本出发点不同。财务评价是站在项目的层次上，从项目的经营者、投资者、未来的债权人的角度，分析项目在财务上能够生存的可能性，分析各方的实际收益或损失，分析投资或贷款的风险及收益。国民经济评价则是站在国家的和地区的层次上，从全社会的角度分析、评价、比较项目对国民经济的费用和效益。②费用和效益的含义和划分范围不同。财务评价只根据项目直接发生的财务收支，计算项目的费用和效益。国民经济评价则从全社会的角度考察项目的费用和效益，这时项目的有些收入和支出，从全社会的角度考虑，不能作为社会费用或收益，例如，税金和补贴、银行贷款利息。③财务评价与国民经济评价所使用的价格体系不同。财务评价使用实际的市场预测价格，国民经济评价则使用一套专用的影子价格体系。④两种评价使用的参数不同。如衡量盈利性指标内部收益率的判据，财务评价中用财务基准收益率，国民经济评价中则用社会折现率。财务基准收益率依行业的不同而不同，而社会折现率则是全国各行业各地区一致的。⑤评价内容不同。财务评价主要有两个方面，一是盈利性评价，另一个是清偿能力分析，也就是要分析项目财务收支预算的松紧程度，分析项目借款偿还能力。而国民经济评价则仅仅只有盈利能力分析，即只有经济效率的分析，没有清偿能力分析。

3. 工程项目的社会评价

社会评价是分析评价项目对实现国家（地方）各项社会发展目标所作的贡献和影响，包括项目与当地社会环境的相互影响的一种评价方法。

财务评价和国民经济评价主要从经济可行性方面判断一个项目的好与坏，以经济收益水平的高低决定项目的取舍。但是一个项目的实施，不仅对经济产生影响，还会影响到社会、环境、政治等各方面，一个经济上可行的项目有可能在社会上或环境上不可行，甚至产生负的效益，因此对项目进行社会评价是十分必要的。进行社会评价体现了人文观点，分析项目的受益者和受损者，可以有效地调动人们参与项目的积极性，使项目有助于人自身的发展。原则上所有投资项目都应进行社会评价，但各类项目各具特点，实现的目标及功能各不相同，因而社会评价在各类项目中的作用与内容相距甚远。如教育、文化、卫生、体育项目和城市基础设施项目，以创造社会效益为主，对项目主要进行社会评价。农业、林业、水利项目、交通项目，社会效益往往比经济效益明显，也是社会评价的重点。工业类项目以经济效益为主，一般不重点做社会评价，但在边远地区、少数民族地区和贫困地区建设的工业项目，所涉及的社会环境因素比较复杂，应通过社会评价作重点分析。

社会评价的主要内容包括项目对社会环境影响，对自然与生态环境影响、对自然资源影响，以及对社会经济影响等四个方面。对社会环境影响主要包括项目对社会政治、安全、人口、文化教育等方面的影响；对自然与生态环境影响是在环境影响评价基础上，分析评价项目采取环保措施后的环境质量情况，各项污染物治理情况；对自然资源影响主要评价项目对自然资源合理利用、综合利用、节约利用等政策目标的效用。对社会经济影响主要评价是否促进部门、地区经济发展，技术进步效益。

2.3.2 工程项目的决策

广义的项目决策是指项目投资者对该项目的投资目的、投资方式和程序等一系列问题所做出的正式决定。它包括项目可行性研究、项目分析、项目方案选择以及落实具体的项目计划等全过程。狭义的项目决策仅指在项目分析的基础上，根据其结论，正式选定项目方案。

1. 项目决策的重要性及特性

(1) 项目决策的重要性

1) 由于项目是一种一次性的任务，决定了项目决策也是一次性的，当决策者认识到决策的失误时，已经无法更改，即使对决策的某些部分做出一些调整，也要付出很大的代价，造成投资的重大损失和浪费。

2）由于项目一般具有投资额度大、建设周期长的特点，意味着其中的不确定性因素比较多，因而项目决策的难度大、风险大。

3）由于项目的空间位置大多是固定的，因而选址一旦失误，就难以更改。例如有的大型加工工业项目，厂址选在既不靠近原料基地也远离销售市场的地点，造成运输成本高的重大决策失误。

4）由于项目的内外协作配套关系多，涉及面广，加大了项目决策的难度和风险。项目决策要求对决策时的各种协作要素、配套环节、涉及的部门、牵扯到的关系，全都考虑到，才能做到万无一失。只要有一项遗漏，就可能导致整个建设项目的失败。

（2）项目决策的特性

1）决策科学化，就是要求决策者做出决策必须以科学的资料为依据，排除个人的主观偏见和臆测。在现代经济生活中，项目的规模越来越大，技术越来越复杂，与外部的协作关系日益增强。因此，只依靠个人的经验和智慧进行决策是不够的，必须依靠科学进行决策。决策者要把注意力集中在供、产、销、人、财、物、水、电、运九个方面，要通过调查研究和分析，得到科学的论据或精确的数据，据此做出的决策就可以大大地减少盲目性。

2）决策程序化，是指决策者和决策机构在做出决策时，必须按照决策过程的阶段和环节有次序地进行。决策过程一般包括三个阶段，即决策准备阶段、决策阶段和决策后总结反馈阶段，各个阶段又有若干环节。各阶段和各环节的先后次序，反映了其工作内容的内在规律。

3）决策民主化，是指项目决策的做出，应经由决策机构的领导班子集体讨论，不能由主要领导人一个人说了算。领导班子集体决策之前，应充分发扬民主，集思广益。特别要注意倾听不同意见和反面意见，善于从中吸取营养，采纳合理的因素。

4）决策责任化，是指权责统一，参加决策的人员和组织具有的职权和承担的责任一致。项目决策由于具有很大的风险，所以必须明确各个不同岗位的责任，树立慎重决策的指导思想。

2. 影响项目投资决策的主要因素

（1）建设标准水平的确定

建设标准是编制、评估、审批基本建设项目可行性研究，设计任务书和初步设计的重要依据，也是有关部门监督检查项目建设的客观尺度。建设项目标准以建设项目为对象，其主要内容有建设规模、占地面积、工艺设备、建筑标准、配套工程、劳动定员等方面的标准或指标，具体内容依各类建筑项目的不同情况而定。

（2）工程项目建设地区的选择

选择建设地区，实际上就是根据国民经济发展的要求，结合市场需要以及各地社会经济资源条件等，从广泛的地理范围内选择拟建项目的建设地区。建设地区选择的合理与否，在很大程度上决定着拟建项目的命运，影响着项目投资的高低，建设工期的长短，建设质量的好坏，还影响到项目建成后的经营状况。

(3) 工程项目地点（厂址）的选择

工程项目地点选择的主要任务是：在已选定的工程项目建设地区，具体确定工程项目地点的建筑地段、坐落位置和东、西、南、北四邻。建设地点的选择最根本的要求有两点：一是从保证拟工程项目直接经济效益出发，要满足该工程项目生产建设和职工生活的要求；二是从保证间接的、社会的效益出发，要求工程项目的布局有利于所在城镇和工业小区总体规划的实现，不造成对四邻和所在城镇、流域的景观与环境生态平衡的破坏。

(4) 项目的经济规模

规模经济标准是指产品的合理生产批量。一些产品的生产在一定条件下呈“收益递增”的经济现象，即随生产批量的扩大，单位成本降低，收益上升。在规模效益显著的产业中按照规模经济的原则组织生产和建设，使生产力得到合理配置，资源得到综合利用，真正把规模效益充分发挥出来，对于促进我国经济由粗放型向集约型转变，加快我国工业现代化的进程，具有重要的现实意义。

(5) 工艺评选

工艺评选就是针对不同行业的特点，对具体的工艺方案进行分析比较，使所选择的方案在技术上先进而适用，在经济上合理，杜绝盲目追求先进而忽视原有设备的利用，以及技术和管理水平是否能跟上等。要尽可能选择最佳工艺方案，也就是选择使产品在质量最优，耗用人力、资源最少的情况下，能完成某项产品或零件生产、加工、装配的技术流程和制造方法。

(6) 设备的选用

设备要尽量选择国产设备，考虑技术上是否先进、适用和灵活可靠，经济上是否合理，力求统筹兼顾。要使所选设备尽可能地多功能、长寿命，运转稳定、可靠，操作维修灵活，安全、省时、方便，节约能源和原材料消耗，产品质量稳定，性能可靠，对环境污染小。设备要有配套性和互换性。

2.4 工程项目管理规划

工程项目管理规划是对工程项目管理的各项工作进行的一个综合性的、完整的、全面的总体计划。它包含工程项目管理的目标、政策、程序、任务的分配、要采取的步骤、要使用的资源以及为完成既定行动所需要的其他因素。工程项目管理规划是对工程项目全过程中的各种管理职能工作、各种管理过程以及各种管理要素，进行完整地、全面地、总体地计划。

2.4.1 工程项目业主方的工程项目管理规划

业主的任务是对整个工程项目进行总体的控制。在工程项目被批准立项后，业主应根据工程项目的任务书对项目的管理工作进行规划，以保证全面完成工程项目任务书规定的各项任务。

项目管理规划作为项目管理的一个重要的工作，在项目立项后编制。由于项目的特殊性和项目管理规划的独特的作用，它应符合如下要求。

（1）符合项目总目标要求

管理规划是为保证实现项目管理总目标而作的各种安排，所以目标是规划的灵魂。首先必须详细地分析项目总目标，弄清总任务。如果对目标和任务理解有误，或不完全，必然会导致项目管理规划的失误。项目管理规划应包括对目标的研究与分解，并与相关者各方就总目标达成共识。

（2）符合实际情况要求

管理规划要有可行性，要符合实际情况要求。在项目管理规划的制订中应进行充分地调查研究，大量地占有资料，并充分利用调查结果，按工程规模、复杂程度、质量水平、工程项目自身的逻辑性和规律性作计划。

（3）符合全面性要求

由于项目管理对项目实施和运营的重要作用，应着眼于项目管理的全过程，考虑项目的组织，以及项目管理的各个方面通常应包括项目管理的目标分解、环境的调查、项目的范围管理和结构分解、项目的实施策略、项目组织和项目管理组织设计，以及对项目相关工作的总体安排（如功能策划、技术设计、实施方案和组织、建设、融资、交付、运行的全部）。

（4）符合集成化要求

项目管理规划应是集成化，规划所涉及的各项工作之间应有很好的接口。项目管理规划的体系应反映规划编制的基础工作、规划包括的各项工作，以及规划编制完成后的相关工作之间的系统联系。

（5）符合弹性要求

管理规划要有弹性，必须留有余地。由于投资者的情况的变化、市场变化、行政干预、设计考虑不周、环境变化、气候的影响等，原目标和规划内容可能不符合实际，必须作相应调整。

（6）考虑风险防范措施

规划中必须包括相应的风险分析的内容，对可能发生的困难、问题和干扰作出预计，并提出相应的防范措施。

2.4.2　工程项目管理规划大纲

1. 项目管理规划大纲的编制程序

项目管理规划大纲的编制程序分为七步：①明确项目目标；②分析项目环境和条件；③收集项目的有关资料和信息；④确定项目管理组织模式、结构和职责；⑤明确项目管理内容；⑥编制项目目标计划和资源计划；⑦汇总整理，报送审批。

这个程序中，关键程序是第六步。前面的五步都是为它服务的，最后一步是例行管理手续。

2. 项目管理规划大纲的内容

项目管理规划大纲包括以下 13 项内容。

(1) 项目概况

项目概况包括项目范围描述、项目实施条件分析和项目管理基本要求等。

(2) 项目范围管理规划

项目范围管理规划要通过工作分解结构图实现，并对分解的各单元进行编码及编码说明。既要对项目的过程范围进行描述，又要对项目的最终可交付成果进行描述。项目管理规划大纲的项目工作结构分解可以粗略一些。

(3) 项目管理目标规划

业主项目管理的目标是组织自身要完成的目标。项目管理目标规划应明确进度、质量、职业健康安全与环境、成本等的总目标，并进行可能的分解。这些目标是项目管理的努力方向，也是管理成果的体现，故必须进行可行性论证，提出纲领性的措施。

(4) 项目管理组织规划

项目管理组织规划应包括组织结构形式、组织构架图、项目经理、职能部门、主要成员人选，拟建立的规章制度等。项目的组织规划应符合业主方的项目组织策略，有利于项目管理的运作。在项目管理规划大纲中不需详细地描述项目经理部的组成状况，仅需原则性地确定项目经理、总工程师等的人选。

(5) 项目成本管理规划

项目管理组织应提出完成任务的预算和成本计划。成本计划应包括项目的总成本目标，按照主要成本项目进行成本分解的子目标，保证成本目标实现的技术、组织、经济和合同措施。成本计划目标应留有一定的余地，并有一定的浮动区间，以便激发生产和管理者的积极性。

(6) 项目进度管理规划

项目进度管理规划应包括进度的管理体系、管理依据、管理程序、管理计划、管理实施和控制、管理协调等内容的规划。应明确总工期目标，总工期目标的分解，主要的里程碑事件及主要工程活动的进度计划安排，进度计划表。应规划出保证进度目标实现的组织、经济、技术、合同措施。

(7) 项目质量管理规划

项目管理规划大纲确定的质量目标应应符合法律、法规、规范的要求，应体现组织的质量追求。对有关各方质量进行管控的方法、措施都要进行规划，以保证质量目标的实现。

(8) 项目职业健康安全与环境管理规划

对职业健康和安全管理体系的建立和运行进行规划，也要对环境管理体系的建立和运行进行规划。对危险源进行预测，对其控制方法进行粗略规划。要编制有战略性和针对性的安全技术措施计划和环境保护措施计划。

(9) 项目采购与资源管理规划

项目采购规划要识别与采购有关的资源和过程，包括采购什么，何时采购，询价，评价并确定参加投标的分包人，分包合同结构策划，采购文件的内容和编写等。项目资源管理规划包括识别、估算、分配相关资源，安排资源使用进度，进行资源控制的策划等。

（10）项目信息管理规划

项目信息管理规划的内容包括：信息管理体系的建立，信息流的设计，信息收集、处理、储存、调用等的构思，软件和硬件的获得及投资等。它服务于项目的过程管理。

（11）项目沟通管理规划

项目沟通管理规划的内容包括：项目的沟通关系，项目沟通体系，项目沟通网络，项目的沟通方式和渠道，项目沟通计划，项目沟通依据，项目沟通障碍与冲突管理方式，项目协调组织、原则和方式等。

（12）项目风险管理规划

应根据工程的实际情况对项目的主要风险因素做出预测，并提出相应的对策措施，提出风险管理的主要原则。项目管理规划大纲阶段对风险的考虑较为宏观，应着眼于市场、宏观经济、政治、竞争对手、合同、发包人资信等。在项目管理规划大纲中可根据预测风险选择相应的对策措施。

（13）项目收尾管理规划

项目的收尾管理规划包括工作成果的验收和移交、费用的决算和结算、合同终结、项目审计、项目管理组织解体和项目经理解职、文件归档、项目管理总结等。项目管理规划大纲应作出预测和原则性安排。这个阶段涉及问题较多，不能面面俱到，但是重点问题不能忽略。

2.4.3　工程项目管理实施规划

项目管理实施规划是以项目管理规划大纲的总体构想和决策意图为指导，具体规定各项管理业务的目标要求、职责分工和管理方法，为履行合同和项目管理目标责任书的任务做出精细的安排。

1. 项目管理实施规划的编制程序

项目管理实施规划的编制一般遵循以下程序：

1）进行合同和实施条件分析。

2）确定项目管理实施规划的目录及框架。

3）分工编写。项目管理实施规划必须按照专业和管理职能分别由项目经理部的各部门（或各职能人员）编写。有时需要组织管理层的一些职能部门参与。

4）汇总协调。由项目经理协调上述各部门（人员）的编写工作，给他们以指导，最后由项目经理定人汇总编写内容，形成初稿。

5）统一审查。组织管理层出于对项目控制的需要，必须对项目管理实施规划进行审查，并在执行过程中进行监督和跟踪。审查、监督和跟踪的具体工作可由组织管理层的职能部门负责。

6）修改定稿。由原编写人修改，由汇总人定稿。

7）报批。由项目经理部报给组织的领导批准项目管理实施规划。它将作为一份有约束力的项目管理文件，不仅对项目经理部有效，而且对组织各个相关职能部门进行服务和监督也有效。

2. 项目管理实施规划的编制依据

项目管理实施规划的编制依据有以下六个方面。

（1）依据项目管理规划大纲

从原则上讲，项目管理实施规划是规划大纲的细化和具体化，但在依据规划大纲时应注意在做标、招标、开标后的澄清，以及合同谈判过程中获得的新的信息、过去所掌握的信息的错误、不完备的地方，投标人提出的新的优惠条件等。因此，项目管理实施规划肯定比项目管理规划大纲会多一些新的内容。

（2）依据项目条件和环境分析资料

编制项目管理实施规划的时候，项目条件和环境应当比较清晰，因此要获得这两方面的详细信息。这些信息越清楚、可靠，据以编制的项目管理实施规划越有用。一方面，通过广泛收集和调查获得项目条件和环境的资料；另一方面，进行科学的去粗取精分析，使资料和信息可用、适用、有效。

（3）依据合同及相关文件

合同内容是项目管理任务的源头，是项目管理实施规划编制的背景和任务的来源，也是实施项目管理实施规划结果是否有用的判别标准，因此这项依据更具有规定性乃至强制性。

所谓相关文件是指法规文件、设计文件、标准文件、政策文件、指令文件、定额文件等，它们都是编制项目管理实施规划不可或缺的。

（4）依据同类项目的相关资料

同类项目的相关资料具有可模仿性，因此借鉴具有相似性的项目的经验或教训可以避免走弯路。所以，积累工程项目资料也是极其重要的。

（5）项目管理目标责任书

组织管理层与项目经理之间签订的项目管理目标责任书规定着项目经理的权力、责任和利益，项目的目标管理过程，在项目实施过程中组织管理层与项目经理部之间的工作关系等，编制项目管理实施规划也应以此作为依据。

项目管理目标责任书体现组织的总体经营战略，符合组织的根本利益，保证组织对项目的有力控制，防止项目失控，能够充分发挥项目经理和项目经理部各部门（人员）的积极性和创造性，保证在项目上能够利用组织的资源和组织的总体优势，对项目管理实施规划的成功编制和发挥作用具有重要作用。

（6）其他

其他依据还有：项目经理部的自身条件及管理水平，项目经理部掌握的新的其他信息，组织的项目管理体系，项目实施中项目经理部的各个职能部门（或人员）与组织的其他职能部门的关系，工作职责的划分等。

3. 项目管理实施规划的编制内容

项目管理实施规划应包括以下 16 项内容。

（1）项目概况

应在项目管理规划大纲项目概况的基础上，根据项目实施的需要进一步细化。由于此时临近项目实施，项目各方面的情况进一步明朗化，故对项目管理规划大纲中项目概况是有条件细化的。项目管理实施规划的项目概况具体包括：项目特点具体描述，项目预算费用和合同费用，项目规模及主要任务量，项目用途及具体使用要求，工程结构与构造，地上、地下层数，具体建设地点和占地面积，合同结构图、主要合同目标，现场情况，水、电、暖气、煤气、通信、道路情况，劳动力、材料、设备、构件供应情况，资金供应情况，说明主要项目范围的工作清单，任务分工，项目管理组织体系及主要目标。

（2）总体工作计划

总体工作计划包括项目管理工作总体目标，项目管理范围，项目管理工作总体部署，项目管理阶段划分和阶段目标，保证计划完成的资源投入、技术路线、组织路线、管理方针和路线等。

（3）组织方案

组织方案包括下列内容：项目结构图、组织结构图、合同结构图、编码结构图、重点工作流程图、任务分工表、职能分工表、必要的说明。

（4）技术方案

技术方案指处理项目技术问题的安排，包括项目构造与结构、工艺方法、工艺流程、工艺顺序、技术处理、设备选用、能源消耗、技术经济指标等。

（5）进度计划

进度计划包括进度图、进度表、进度说明，与进度计划相应的人力计划、材料计划。进度计划应合理分级，即注意使每份计划的范围大小适中，不要使计划范围过大或过小，也不要只用一份计划包含所有的内容。

（6）质量计划

质量计划应确定下列内容：质量目标和要求，质量管理组织和职责，所需的过程、文件和资源，产品（或过程）所要求的评审、验证、确认、监视、检验和试验活动以及接收准则，记录的要求，所采取的措施。

（7）职业健康安全与环境管理计划

职业健康安全与环境管理计划在项目管理规划大纲中职业健康安全与环境管理规划的基础上细化下列内容：项目的职业健康安全管理点；识别危险源，判别其风险等级：可忽略风险和不容许风险、可容许风险、中度风险、重大风险，对不同等级的风险采取不同的对策；制订安全技术措施计划；制订安全检查计划；根据污染情况制订防治污染、保护环境计划。

（8）成本计划

在项目管理实施规划中，成本计划是在项目目标规划的基础上，结合进度计划、成本管理措施、市场信息、组织的成本战略和策略，具体确定主要费用项目的成本数量以及降低成本的数量，确定成本控制措施与方法，确定成本核算体系，为项目经理部实施项目管理目标责任书提出实施方案和方向。

(9) 资源需求计划

资源需求计划的编制首先要用预算的办法得到资源需要量，列出资源计划矩阵，然后结合进度计划进行编制，列出资源数据表，画出资源横道图、资源负荷图和资源累积曲线图。

(10) 风险管理计划

列出项目过程中可能出现的风险因素清单，并对风险出现的可能性（概率）以及如果出现将会造成的损失作出估计。对各种风险作出确认，根据风险量列出风险管理的重点，或按照风险对目标的影响确定风险管理的重点。对主要风险提出防范措施，并落实风险管理责任人，风险责任人通常与风险防范措施相联系。对特别大或特别严重的风险应进行专门的风险管理规划。

(11) 信息管理计划

信息管理计划应包括：项目管理的信息需求种类，项目管理中的信息流程，信息来源和传递途径，信息管理人员的职责和工作程序。

(12) 项目沟通管理计划

项目沟通管理计划应包括：项目的沟通方式和途径，信息的使用权限规定，沟通障碍与冲突管理计划，项目协调方法。

(13) 项目收尾管理计划

项目收尾管理计划应主要包括：项目收尾计划，项目结算计划，文件归档计划，项目创新总结计划。

(14) 项目现场平面布置图

应按照国家或行业规定的制图标准绘制，不得有随意性。现场平面布置图应包括以下内容：在现场范围内现存的永久性建筑；拟建的永久性建筑；永久性道路和临时道路；垂直运输机械；临时设施，包括办公室、仓库、配电房、宿舍、料场、搅拌站等；水电管网；平面布置图说明。

(15) 项目目标控制措施

项目目标控制措施包括：保证进度目标的措施，保证质量目标的措施，保证安全目标的措施，保证成本目标的措施，保证季节性工作的措施，保护环境的措施等。

(16) 技术经济指标

项目技术经济指标是计划目标和完成目标的数量表现，用以评价组织的项目管理实施规划的水平和质量。在项目管理实施规划中应列出规划所达到的技术经济指标。这些指标是规划的结果，体现规划的水平；它们又是项目管理目标的进一步分解，可以验证项目目标的完成程度和完成的可能性。规划完成后作为确定项目经理部责任的依据。组织对项目经理部，以及项目经理部对其职能部门或人员的责任指标应以这些指标为依据。

4. 项目管理实施规划的管理

（1）项目管理实施规划的编制与审批责任

项目管理规划大纲的编制权和审批权都在组织管理层，而项目管理实施规划的编制权只能在项目管理层（原因是项目管理层是项目管理的具体实施者）所以必须先进行规划，然后按计划实施管理。项目经理应负责组织相关职能部门（或人员）编制，由综合管理部门对相关职能部门的工作进行协调、综合平衡后汇总，再由项目经理审核后签字后报企业管理层审批。

项目管理实施规划在编制过程中必须听取组织管理层相关部门的意见。如果需要，应会同这些部门共同参与编写，编写完成后再报送这些部门。这样做的目的是：使他们了解项目的实施过程；获得他们对实施规划的认同；将实施规划中涉及的内容纳入部门计划中，对这些工作预先作出安排；取得承诺，在项目的实施过程中保证按照实施规划的要求给项目提供资源，完成他们所应承担的工作责任。

（2）项目管理实施规划的实施

对项目管理实施规划的实施，与所有计划的实施一样，也要经过交底落实、检查、调整，也就是控制的过程。落实就是将规划落实到相关的责任部门，明确他们的目标、指标、措施，使之承担起责任来，并在最终接受考核评价。项目管理实施规划编制批准后应分发给项目经理部的各职能部门（或人员）、分包人、相关供应人，并向他们做交底，对其中的内容做出解释；应按专业和子项目进行交底，落实执行责任，各部门和各子项目提出保证实现的措施。在全过程中，各方面的工作都应贯彻项目管理实施规划的要求。

检查应是定期的，如按月、季进行检查，将实际情况与规划要求进行对比，判断是否有偏差，是否要纠正偏差。当无法纠正偏差或原目标无法实现时，就要对规划进行调整，改变原目标、做法或措施，使之适应新的情况，继续发挥规划的作用。制订相应的检查规定和奖罚标准，制订检查办法、协调办法、考核办法、奖惩办法。

（3）项目管理实施规划总结

项目管理实施规划实施完成以后，应按 PDCA 循环原理进行总结，总结出在项目管理实施规划编制、实施中的经验教训，新技术应用成果，技术和管理创新成果等，形成文件，作为改进后续工作的参考和管理资源的储备。在以后的新项目管理中应有效地利用这些资料，使组织的项目管理工作能够持续改进。

2.5 案例分析

案例：某大型房地产开发项目管理规划

某建设工程项目为一个大型房地产开发项目，占地面积约 600 亩（1 亩＝666.7m^2），拟建建筑面积约 $100\times10^6m^2$，房地产开发企业在可行性研究报告批准后委托某咨询公司编制了项目管理规划。其工作内容如下。

1. 目标系统的研究和环境分析

目标系统的研究和环境分析包括：

1）目标系统分析与优化。

2）环境约束条件的调查与分析。

3）收集了解过去已完类似工程的经验和教训。

2. 总体功能的策划

1）总体功能目标的研究。

2）功能的分解，得到总系统包含的子系统及总体对各子系统提出的要求。

3. 项目的结构分解

项目的结构分解（project breakdown structure，PBS）包括：

1）项目系统的结构分解。

2）各个工程技术系统的初步说明。

3）编码规则。

4）各个子系统界面的初步分析。

4. 设计工作的安排

1）提出设计任务书，包括项目系统的描述、总功能要求、子系统功能总体要求、国家及上级部门的要求、城市规划及道路状况、设计工作安排和技术目标、设计工作质量要求、设计合同及招标方式等。

2）项目的运营要求分析，包括运营的功能协调、运营的可靠性要求、运营的安全性、运营的经济性、运营的适宜性、运营中紧急情况的措施。

3）初步设计计划，包括初步设计总体安排、初步设计情况跟踪、初步设计图纸审核、各专业方案审核、设计工作协调、初步设计文件审批。

4）施工图设计计划，包括：施工图设计总体安排、各专业协调、设计过程跟踪、各专业设计图纸审核、施工图总会审。

5. 实施方针和策略的制订，即确定项目实施和管理模式总的指导思想和总体安排

实施策略必须回答如下问题：

1）如何实施该项目？业主如何管理项目？控制到什么程度？

2）哪些工作由企业组织内部完成？哪些工作由承包商或管理公司完成？

3）项目总体的时间安排，重要事件的安排。

4）各子系统实施时间安排。

5）项目总体的实施顺序。

6. 项目资源配置保障计划

1）项目资源配置工作范围目录。
2）项目资源各配置工作子网络。
3）资源配置工作的困难与问题。
4）资源配置实施方案或解决措施。
5）政府和其他单位的配合。

7. 建设项目组织计划

1）项目实施组织策略，包括：①采用的分标方式；②采用的工程承包方式；③项目可采用的管理模式。

2）项目分标策划，即对项目结构分解得到的项目活动进行分类、打包和发包，考虑哪些工作由组织内部完成，哪些工作准备委托出去。

3）招标和合同策划工作。这里包括两方面的工作：①招标策划，包括项目招标项目目录、招标时间安排、招标方式、招标程序、招标责任人、招标文件的编制；②合同策划，包括合同形式的选择、合同条件的选择、合同中的重要内容确定和合同文件的起草。

4）项目管理模式的确定，即业主所采用的项目管理模式，如设计管理模式、施工管理模式、业主自己派人管理或采用委托管理模式。

5）项目管理组织设置。业主组建项目管理班子或委托项目管理单位，并构建项目管理组织体系，绘制项目管理组织图，选配具有相应能力的人员以适应项目的需要。

6）项目管理工作流程设计。

7）项目组织职能分解。应将整个项目管理工作在业主自己委派的人员、委托的项目管理单位和承包商之间进行分配，清楚划分各自的工作范围，分配职责，授予权力，确定协调规范。

8）组织策划的结果通常由招标文件和合同文件、项目组织结构图、项目管理规范和组织责任矩阵图、项目手册等定义。

复习思考题

2.1　项目策划的基本特性有哪些？
2.2　进行项目策划时必须遵循哪些原则？
2.3　项目策划包括哪些具体内容？
2.4　项目构思中应考虑的影响有哪些？
2.5　项目定义应以报告的形式提出，具体应包括哪些内容？
2.6　试述可行性研究的阶段和方法。
2.7　试述可行性研究报告的编制依据、编制原则及具体要求。
2.8　财务评价主要内容有哪些？国民经济评价与财务评价的关系？社会评价的主

要内容有哪些?

2.9 项目决策的重要性是如何体现的?

2.10 影响项目投资决策的主要因素有哪些?

2.11 什么是工程项目管理规划?其作用是什么?

2.12 工程项目管理规划的主要内容是什么?

2.13 什么是工程项目管理实施规划?其作用是什么

2.14 工程项目管理规划的主要内容是什么?

参考文献

[美] Gould, F. E. 等. 2004. Construction Project Management. [M]. 影印本. 北京:清华大学出版社.

《建设工程项目管理规范》编写委员会. 2006. 建设工程项目管理规范实施手册(第二版)[M]. 北京:中国建筑工业出版社.

成虎. 2001. 工程项目管理(第二版)[M]. 北京:中国建筑工业出版社.

成虎. 2004. 工程项目管理 [M]. 北京:高等教育出版社.

何伯森. 2007. 工程项目管理的国际惯例 [M]. 北京:中国建筑工业出版社.

李建伟,徐伟. 2002. 土木工程项目管理(第二版)[M]. 上海:同济大学出版社.

李世蓉,兰定筠,胡玉明. 2007. 业主项目管理实用手册 [M]. 北京:中国建筑工业出版社.

刘喆,刘志君. 2005. 建设工程信息管理 [M]. 北京:化学工业出版社.

施骞. 2007. 工程项目可持续建设与管理 [M]. 上海:同济大学出版社.

田振郁. 1997. 工程项目管理适用手册(第二版)[M]. 北京:中国建筑工业出版社.

万威武. 2008. 可行性研究与项目评价 [M]. 西安:西安交通大学出版社.

王芳,范建洲. 2007. 工程项目管理 [M]. 北京:科学出版社.

第 3 章　土木工程项目投资控制及融资

本章要求：

(1) 熟悉工程项目投资的概念、构成及资金筹措；

(2) 掌握工程项目投资控制的概念、原则、内容及方法；

(3) 掌握工程项目融资的概念、特点及运作程序；

(4) 熟悉 BOT 项目融资模式的内涵、方式及运作程序；

(5) 熟悉 PFI 项目融资模式的内涵、特点、运作程序；

(6) 了解 ABS 融资模式、融资租赁、产品支付等其他融资模式。

3.1　工程项目投资概述

3.1.1　工程项目投资的概念

1. 投资的概念

投资是一个极为重要的国民经济问题，是关系到宏观经济发展和微观经济效率的重要经济变量。“投资”具有双重词性：作为动词解释是指“用钱生钱的过程”，作为名词解释是指“投入之资本”。而经济学上对投资的定义，可以说是众说纷纭，研究的思维角度和界定的范围也都不大一样，大致归纳起来可分为以下两类。

1）从投资行为与过程的角度进行分析，《经济大辞典》中的观点是：投资是经济主体以获得未来收益为目的，预先垫付一定量的货币或实物，以经营某项事业的行为；《简明不列颠百科全书》认为：投资指在一定时期内期望在未来能产生收益而将收入变换为资产的过程。

2）从价值与资本的角度进行分析，《经济大辞典》中认为：投资是指经营盈利性事业预先垫付的一定量的资本或其他实物。《宏观经济分析》一书中的观点是：在国民收入分析中，投资是在任何时期以新的建筑物、新的生产耐用设备和存货变动等形式表现的那一部分产量的价值。

2. 工程项目投资的内涵

作为名词解释，工程项目投资也称工程项目造价，是以货币形式表现的基本建设工作量，是反映建设项目投资规模的综合性指标，是工程项目价值的体现。一般是指进行某项工程建设花费的全部费用，即该工程项目有计划地进行固定资产再生产和形成相应的无形资产和铺底流动资金的一次性费用总和。

作为动词解释，工程项目投资是将货币和其他资源投入建设项目综合开发、经营、管理和服务等活动中的一种投资行为，以期在将来获得不确定的收益，而这个不确定性就是工程项目投资风险产生的根源。从实质上来说，这种不确定性是由工程项目投资的特殊性所决定的。

对于经营性项目投资，工程项目是投资商运作的基础。对于一个投资商来讲，它的生存和发展都是以工程项目为支撑基础的，它的所有活动也都是围绕着工程项目展开的。工程项目的决策依据在于投资的经济效益如何，项目建设管理的关键在于能否保证这种收益的实现，以及增加收益的可能性。

对于非经营性项目投资，由于它的运作不直接体现为经济收益，因而更多的是以费用效益分析来判断投资是否有价值，做出投资决策。这类工程项目建设的管理是否成功，则通常以类似于购买物品的方式进行评价，即花这些钱建成这个工程项目是否值得。

3.1.2　工程项目投资的构成

1. 建筑安装工程投资

建筑安装工程投资主要包括：直接工程费、间接费、计划利润和税金等。具体构成如表 3.1 所示。

表 3.1　我国现行建筑安装工程费用的构成

	费用项目		参考计算方法
直接工程费	直接费	人工费	$\sum$（人工工日概预算定额×日工资单价×实物工程量）
		材料费	$\sum$（材料概预算定额×材料预算价格×实物工程量）
		施工机械使用费	$\sum$（机械概预算定额×机械台班预算单价×实物工程量）
	其他直接费		土建工程：（人工费＋材料费＋机械使用费）×取费率 安装工程：人工费×取费率
	现场经费	临时设施费 现场管理费	
间接费	企业管理费 财务费用 其他费用		土建工程：直接工程费×取费率 安装工程：人工费×取费率
盈利	计划利润		土建工程：（直接工程费＋间接费）×计划利润率 安装工程：人工费×计划利润率
	税金（含营业税、城市建设税、教育费附加）		营业收入×税率

2. 设备、工器具购置投资

（1）设备购置费

设备购置费是指为工程项目购置或自制的达到固定资产标准的设备、工具、器具的费用。确定固定资产的标准是：使用年限在一年以上，单位价值在 1000 元、1500 元或 2000 元以上，具体标准由各主管部门规定。新建项目和扩建项目的新建车间购置或自制的全部设备、工具、器具，不论是否达到固定资产标准，均计入设备、工器具购置

费中，即

设备购置费＝设备原价或进口设备到岸价＋设备运杂费

式中，设备原价——国产标准设备、非标准设备、引进设备的原价；

设备运杂费——设备供销部门手续费，设备原价中未包括的包装和包装材料费、运输费、装卸费、采购费及仓库保管费之和。如果设备是由设备成套公司供应的，成套公司的服务费也应计入设备运杂费之中。

(2) 工器具、生产家具购置费

工器具、生产家具购置费是指新建项目或扩建项目初步设计规定的必须购置的不够固定资产标准的设备、仪器、工卡、模具、器具、生产家具和备品备件的费用，即

工器具、生产家具购置费＝设备购置费×定额费率

3. 工程建设其他投资

工程建设其他投资主要包括：土地使用费（土地补偿、青苗补偿和安置补偿费）、建设单位管理费、研究试验费、生产准备费、办公和生活家具购置费、联合试运转费、勘察设计费、引进技术和进口设备项目的其他费用、供电贴费、施工机构迁移费、临时设施费、工程保险费以及监理、咨询费和可行性研究费等。以上各项费用按有关规定计算。

4. 预备费

预备费是指在初步设计和概算中难以预料的工程费用，以及工程项目由于物价、汇率、税金、贷款利率等变化引起工程造价变化的预测预留费用。

按我国现行规定，预备费包括基本预备费和工程造价调整预备费。

5. 固定资产投资方向调节税

为了贯彻国家产业政策，控制投资规模，引导投资方向，调整投资结构，加强重点建设，促进国民经济的持续稳定协调发展，自 1991 年起凡在我国境内进行固定资产投资的单位和个人（不含“三资”企业）均要征收固定资产投资方向调节税。

投资方向调节税根据国家产业政策和项目经济规模实行差别税率，税率分别为 0%、5%、10%、15%、30%五个档次，各固定资产投资项目按其单位工程分别确定适用的税率。计税依据为固定资产投资项目实际完成的投资额计算，其中更新改造项目为建筑工程实际完成的投资额计算。

为贯彻国家宏观调控政策，扩大内需，鼓励投资，根据国务院的决定，对《中华人民共和国固定资产投资方向调节税暂行条例》规定的纳税义务人，其固定资产投资应税项目自 2000 年 1 月 1 日起新发生的投资额，暂停征收固定资产投资方向调节税。但该税种并未取消。

3.1.3　工程项目资金筹措

1. 国家预算基本建设拨款

这部分资金由国家直接拨给建设单位无偿使用。用于国防、科研、文教卫生、行政

事业单位等非经营性的、没有偿还能力的建设项目的投资。根据我国现行财政管理体制，基本建设拨款分为中央预算基本建设拨款和地方预算基本建设拨款。前者拨付给国务院各部、委、局管理的建设项目；后者拨付给各级地方负责管理的建设项目。

国家预算基本投资拨款由中国人民建设银行统一办理并实行财政监督。

2. 基本建设贷款

(1) 国家预算内基本建设投资贷款（拨改贷）

基本建设投资贷款是国家通过建设银行，对实行独立核算、具有偿还能力的企、事业单位发放有偿的基本建设贷款。贷款利率实行行业差别利率，借款单位定期还本付息。

(2) 基本建设信用贷款

基本建设信用贷款是指银行利用长期存款发放的投资性贷款。信用贷款的发放额度，每年都由国家在信贷计划中加以规定。贷款项目必须取得较好的投资效果，并能按期归还贷款本息。

(3) 特种贷款

特种贷款是指为支持国家建设，缓解国家重点建设项目和投资经济效果好、再投入少量资金即可竣工投产的项目予弥补资金不足，由建设银行在全国范围内发行建设金融债券，开办特种贷款业务。此项贷款利率较高，且要求定期还本付息和有条件的经济实体及法人提供担保。

(4) 基本建设储备贷款

计划内的中央建设项目，具备下列条件的，可向开户建设银行申请基本建设储备贷款：建设项目列入国家中长期和年度基本建设计划，以后年度内投资有保障的；订购需要安装的设备和主要材料符合设计要求，并已签订订货合同；经过动员内部资源，储备资金仍感不足的建设项目。

(5) 临时周转贷款

凡列入国家基本建设计划的项目，在年度内因资金推迟下达或投资包干项目因工程进度加快提前完成年度计划而临时发生的资金不足，可向建设银行申请临时周转贷款。

3. 自筹基本建设资金

自筹基本建设资金是指根据我国财政管理制度的规定，各地区、各部门、各企业单位提留、管理和自行分配用于基本建设的预算外资金，它由地方自筹资金、部门自筹资金、企事业单位自筹资金、集体、城乡个人自筹资金组成。目前，自筹资金占全社会固定资产投资总额的一半，已成为筹集建设项目资金的主要渠道。

建设项目自筹资金来源必须正当，应上交财政的各项资金和国家有指定用途的专款，以及银行贷款、信托投资、流动资金不可用于自筹投资；自筹投资必须纳入国家计划，并控制在国家确定的投资总规模以内；自筹投资要符合一定时期国家确定的投资使用方向，投资结构趋向应合理，以提高自筹资金的经济效果。

自筹基本建设资金必须存入建设银行，先存后批再用，由建设银行监督管理。

4. 发行债券和股票

(1) 债券

债券是借款单位为筹集资金而发行的一种信用凭证，它证明持券人有权按期取得固定利息并到期收回本金。我国发行的债券有以下几种：

1) 国家债券。国家债券又称公债或国库券，是国家以信用方式从社会上筹集资金的一条重要渠道。

2) 地方政府债券。地方政府债券是由地方政府发行的债券，筹措的资金主要用于地方的能源、交通、市政设施等重点工程建设。

3) 企业债券。指由企业发行的债券。企业发行债券须经中国人民银行批准。企业发行的债券总金额不得超过企业的自有资产净值。投资项目须经有关部门批准，纳入国家控制的固定资产投资规模。债券的利率不得高于同期国库券利率。

4) 金融债券。是金融机构为筹措资金而发行的债券。

(2) 股票

股票是股份公司发给股东作为已投资入股的证书和索取股息的凭证，它是可作为买卖对象或抵押品的有价证券。实行股份制企业的项目，可以通过发行股票向社会筹集建设资金。

股票按发行对象分为国家股、单位股和个人股；按股东承担风险和享有权益的大小，分为优先股和普通股。

5. 利用国外资金

(1) 吸收国外资本直接投资

吸收国外资本直接投资主要有与外商合资经营、合作经营、合作开发及外商独资经营等形式，其特点是：不发生债务、债权关系，但要让出一部分管理权，并且要支付一部分利润。

(2) 借用国外资金

国外资金主要包括向外国政府、国际金融组织、外国商业银行借入资金，在国际金融市场上发行债券，吸收外国银行、企业和私人存款，利用出口信贷等。其特点是：发生债务、债权关系，并且要还本付息。

(3) 利用国外其他投资

国外其他投资主要有补偿贸易、对外加工装配、国际租赁和接受国外的馈赠等。

3.2　工程项目投资控制

3.2.1　工程项目投资控制的概念

工程项目投资控制，就是在投资决策阶段、设计阶段、招投标阶段和建设实施阶段，把工程项目投资的发生控制在批准的投资限额以内，随时纠正发生的偏差，以保证项目投资目标的实现，以求在工程项目中能合理使用人力、物力、财力，取得较好的投资效益和社会效益。

工程项目的投资目标是由投资估算、设计概算、设计预算、承包合同价等随着工程项目建设实践的不断深入而逐步建立起来的，这些有机联系的阶段目标相互制约、相互补充，前者控制后者，后者补充前者，共同组成项目投资控制的目标系统。

3.2.2 工程项目投资控制的原则

1. 必须分阶段设置明确的投资控制目标

工程项目建设过程是一个周期长、数量大的生产消费过程，建设者在一定时间内所拥有的知识经验是有限的，不但常常受科学条件和技术条件的限制，而且也受客观过程的发展及其表现程度的限制，因而不可能在工程项目的开始就设置一个科学的、一成不变的投资控制目标，而只能设置一个大致的投资控制目标，也就是投资估算。随着工程项目建设的实践、认识、再实践、再认识，投资控制目标逐步清晰、准确，从而形成设计概算、设计预算、承包合同价等。也就是说，工程项目投资控制目标应是随着工程项目建设实践的不断深入而分阶段设置的。具体地讲，投资估算应是设计方案选择和进行初步设计的工程项目投资控制目标；设计概算应是进行技术设计和施工图设计的项目投资控制目标；设计预算或建设安装工程承包合同价则应是施工阶段控制建设安装工程投资的目标。有机联系的阶段目标相互制约，相互补充，前者控制后者，后者补充前者，共同组成项目投资控制的目标系统。

2. 投资控制贯穿于以设计阶段为重点的建设全过程

工程项目投资控制贯穿于项目建设全过程，但必须重点突出。图 3.1 是不同建设阶段影响项目投资程度的坐标图。从该图可看出，影响项目投资最大的阶段，是约占工程项目建设周期四分之一的技术设计结束前的工作阶段。在初步设计阶段，影响项目投资的可能性为75%～95%；在技术设计阶段，影响项目投资的可能性为35%～75%；在

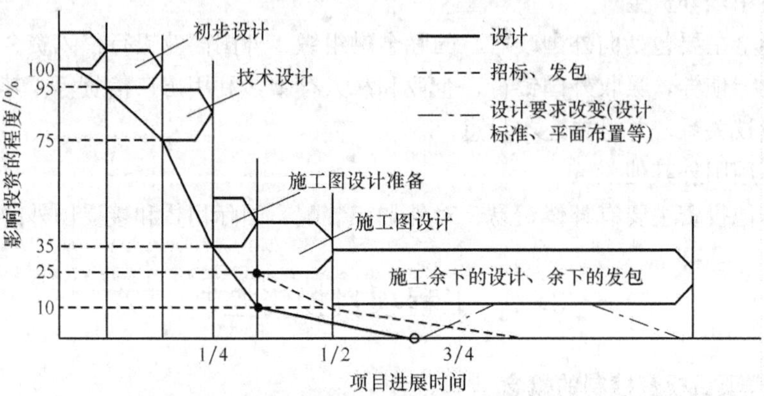

图 3.1 不同建设阶段影响工程项目投资程度的坐标图

施工图设计阶段，影响项目投资的可能性则为 5％～35％。很显然，项目投资控制的关键在于施工以前的投资决策和设计阶段，而在项目做出投资决策后，控制项目投资的关键就在于设计。要想有效地控制工程项目投资，就要坚决地把工作重点转移到建设前期，当然尤其是抓住设计这个关键阶段。

3. 采取主动控制，以取得令人满意的结果

由工程项目的三大目标（工期、质量、投资）组成的目标系统，是一个相互制约、相互影响的统一体，其中任何一个目标的变化，势必会引起另外两个目标的变化，并受它们的影响和制约。在项目建设时，一般不能同时最优，即不能同时做到投资省、工期短、质量高。为此，在实际工程项目中，应根据业主要求、建设的客观条件进行综合研究，确定一套切合实际的衡量准则，只要投资控制的方案符合这套衡量准则，取得令人满意的结果，投资控制就算达到了预期目标。

4. 技术与经济相结合是控制项目投资的有效手段

以提高项目投资效益为目的，在工程建设过程中把技术与经济有机结合，通过技术比较、经济分析和效果评价，正确处理技术先进与经济合理两者之间的对立统一关系，力求在技术先进条件下的经济合理，在经济合理基础上的技术先进，把控制项目投资观念渗透到各项设计和施工技术措施之中。

3.2.3　工程项目投资控制的内容

1. 决策阶段的投资控制

1）在项目建议书阶段要进行投资估算和资金筹措设想。对打算利用外资的项目，应分析利用外资的可能性，初步测算偿还贷款的能力。还要对项目的经济效益和社会效益作初步估计。

2）在可行性研究阶段要在完成市场需求预测、厂址选择、工艺技术方案选择等可行性研究的基础上，对拟建项目的各种经济因素进行调查、研究、预测，计算及论证，运用定量分析及定性分析相结合、动态分析与静态分析相结合的方法，计算内部收益率、净现值率、投资利润率等指标，完成财务评价；大中型项目还利用影子价格、影子汇率、社会折现率等国家参数，进行国民经济评价，从而考察投资行为的宏观经济合理性。

3）在设计任务书中，决定一个工程项目是否建设和怎么建设，提出了编制设计文件的依据。设计任务书阶段要估算出较准确的投资控制数额，作为建设期投资控制的最高限额。

2. 设计阶段的投资控制

1）在初步设计阶段要提出设计要求，进行设计招标和设计方案竞选，选择勘察设计单位并商签委托设计合同，审查初步设计和初步设计概算，以此进行投资控制。

2）在技术设计阶段对复杂工程的重大技术问题进一步深化设计，作为施工图设计的依据，编制修正预算，修正投资控制额。

3）在施工图设计阶段要控制设计标准及主要设计参数，通过施工图预算审查，确定建设项目的造价。

4）对不同的设计及材料进行成本研究，以保证工程项目在投资限额范围内进行设计。

3. 招投标阶段的投资控制

1）就工程招标程序及其工程投标报价方面的规定、合同战略（承发包模式、分标模式、合同的计价方式、合同文本形式）进行仔细安排。这是业主在图纸设计完成后，对工程项目投资所能进行的最强有力的控制，这对业主的工程实际支付情况以及承包商的成本控制都具有深刻的影响。

2）针对工程项目可能的分标情况，制订招标文件、工程量清单、合同条款、工程量说明书。这些是拟参加投标的承包商进行投标报价的主要依据，因而通过合理制订这些招标文件就可能有效地限制承包商的报价，从而达到控制工程项目投资的目的。

3）结合工程的特点，确定科学的评标方法，如经评审的最低投标价法、综合评估法等，评标时主要考虑报价、工期、施工方案、质量保证措施等综合因素。选定中标者后，对其投标报价进行分析，计算管理费率、利润率、用工量、各种材料用量、人工、材料的基价等，通过这些分析，还可把握承包商的投标策略，这些信息为业主、项目组织者或工程师对施工索赔管理提供了强有力的保证。

4. 施工阶段的投资控制

1）施工准备时期业主的控制。施工准备时期，业主的控制工作应以工程顺利开工，开工后能连续均衡施工，并能保证工程质量、进度和尽可能节省工程费用为控制工作的主要目的。

施工准备时期的工作内容主要有：①施工监理单位的选择。这项工作一般应在工程施工招标之前进行，以便监理工程师能直接参与招投标工作。业主与监理工程师的关系是“委托”与“被委托”的关系，监理工程师受业主的“委托”，对工程施工阶段的质量、进度和工程费用的支付实施监督和管理。因此，监理单位的资质、信誉和监理能力、水平直接影响到工程施工过程中投资控制的工作质量和成果质量。②施工条件准备。这项工作主要是为承包商的开工提供必要和充分的条件，包括工程建设的土地征用、各种障碍物的拆迁、人员安置及项目开工应办理的各种手续等。在资金方面，应根据对承包商的支付需要（如动员费预付款的支付等）和工程建设的需要，筹备足够的资金。在组织管理方面，应建立必要的管理机构，如财务管理、合同管理、技术管理、质量与进度管理、档案资料管理等机构。

2）施工时期业主的控制。施工时期，业主对投资的控制主要以履行与监理单位和承包商的合同为手段，来实现投资控制的目标。

在业主的义务上，应根据合同规定，为监理工程师和承包商提供必要的条件，以保证工程项目的顺利进行。这些义务主要涉及到工程费用的支付、技术资料的提供、工程变更的确定、索赔费用的确定等。通过这些方面的工作来达到控制工程进度、工程质量和投资额的目的。

业主应派员参加工地会议，随时检查工程的质量和施工进度，掌握工程施工的全面情况，一旦发现质量或进度与合同规定不符合，应及时通过监理工程师予以解决。业主应随时派员检查合同执行情况，一旦发现监理工程师或承包人没有履行合同文件，应根据合同文件的规定，行使业主的权力。

业主在对施工过程的控制中，应对所建立的管理机构实行岗位责任制，分工负责、责任到人，实行全员参与，共同做好该阶段的投资控制工作。

3）施工结束时期业主的控制。施工结束时期，业主的控制工作主要在工程竣工验收和合同后期的切实全面履行上。

① 竣工验收。验收是工程质量的最后检验阶段。竣工项目验收前，业主要组织设计、施工等单位进行初验，向主管部门提出竣工验收报告，并系统整理技术资料，绘制竣工图，分类立卷，在竣工验收时作为技术档案，移交使用单位保存。业主应认真清理所有财产和物资，搞好工程竣工决算，报上级主管部门审查。应严格按技术规范和验收规范进行验收；在工程验收过程中，应通过一定的检测手段，来检验工程质量是否合格；工程质量的验收要结合工程监理的有关资料。生产性项目要通过试运转和试生产来检验使用功能是否完善，是否满足设计要求。

实行分阶段竣工的工程，应分期分批组织验收。竣工验收后的工程，监理工程师应向承包商颁发一份工程移交证书，说明监理工程师认为根据合同要求工程已完工的日期；工程师还应向承包商指出工程中存在的任何缺陷，这些缺陷是承包商必须修补的。颁发移交证书后，照管工程的责任即移交给了业主，业主应及时承担起对工程的责任。工程移交后，即进入承包商的缺陷责任期，直至缺陷责任期满，承包商应负责对缺陷的修复。

② 竣工验收后工程费用的支付。竣工验收，工程移交证书颁发后，业主在工程费用的支付上应将原扣留的保留金按合同规定退还给承包商。一般合同规定，在工程移交证书颁发给承包商后，业主应将扣留的保留金的一半退还给承包商。其余未完工程的支付仍按监理工程师签发的临时支付证书，根据合同规定的期限向承包商付款。

业主与承包商的结算，应在承包商的缺陷责任期满，监理工程师向承包商颁发缺陷责任证书后进行，业主向承包商的付款按监理工程师开具的最终支付证书进行支付。业主最后一次付款后，应即时进行竣工决算。

③ 对工程的照管。工程竣工验收后，移交证书颁发给承包商，工程即归业主照管。业主在照管和使用期间，应严格按照使用规程和要求进行使用，即使在承包商的缺陷责任期内，属于业主使用不当导致工程造成的损害，亦应由业主自行负责。因此，业主应加强对工程的照管，减少不必要的额外费用，节省投资额。

3.2.4　工程项目投资控制中的技术与方法

1. 工程项目的投资估算

由于工程项目建设周期长，在工程项目策划阶段项目技术系统尚不能明确，建设者在一定时间内拥有的经验知识有限，常常受科学条件和技术条件的限制，而且受客观过程的发展及其表现程度的限制，因而不可能在工程伊始就设置一个科学的、一成不变的投资控制目标，只能设置一个大致的投资控制目标，这就是投资估算。工程建设投资估算的准确性直接影响到工程项目的投资决策、基建规模、工程设计方案、投资经济效果，并直接影响到工程项目建设能否顺利进行。

2. 工程项目经济评价

工程建设项目的经济评价是在项目可行性研究中，对拟建项目方案计算期内各种有关技术经济因素和项目投入与产出的有关财务、经济资料数据进行调查、分析、预测，对项目的财务、经济数据进行调查、分析、预测，对项目的财务、经济、社会效益进行计算、评价、分析，比较各项目方案的优劣，从而确立和推荐最佳项目方案。在项目建议书阶段，工程项目经济评价是审批项目建议书的依据之一；在可行性研究阶段，是项目投资决策的重要依据；在可行性研究报告之后，又作为设计任务中下达的投资限额，它对工程设计概算起控制作用，是进行工程设计招标、优选设计单位和设计方案的依据。

3. 价值工程

价值工程，又称价值分析，是运用集体的智慧和有组织的活动，着重对产品进行功能分析，使之以最低的总成本，可靠地实现产品的必要功能，从而提高产品价值的一套科学的经济分析方法。

价值工程是把技术与经济结合起来的管理技术，价值工程的运用需要多方面的业务知识和业务数据，也涉及到许多技术部门和经济部门，所以必须按系统工程的要求，把有关部门组织起来，通力合作，才能取得理想的效果。

对于工程项目，同一建设项目，同一单项、单位工程可以有不同的设计方案，因而会有不同的造价，可采用价值工程进行方案的选择。价值工程既可用于工程项目设计方案的分析选择，也可用于单位工程设计方案的分析选择，还可用于施工方案的选择以及施工项目成本的控制。

4. 限额设计

所谓限额设计，就是按照批准的设计任务书及投资估算控制初步设计，按照批准的初步设计总概算控制施工图设计，同时各专业在保证达到使用功能的前提下，按分配的投资限额控制设计，严格控制技术设计和施工图设计中的不合理变更，保证总投资限额不被突破。限额设计的控制对象是影响工程设计静态投资（或基础价）的项目。

限额设计分为纵向控制与横向控制。

1）纵向控制，就是随着不同设计阶段的深入，即从可行性研究、初步勘察、技术设计直到施工图设计，限额设计都必须贯穿到各个阶段，而在每一阶段还必须贯穿于各专业的每道工序。在每个专业、每道工序，都要把限额设计作为重点工作内容，明确限额目标，实行工序管理。各个专业限额的实现，是实现投资控制的保证，要改变和克服各个环节相互脱节的现象。

2）横向控制的主要工作就是健全和加强设计单位对业主以及设计单位内部的经济责任制，而经济责任制的核心是正确处理好责、权、利之间的关系。责任是核心，必须明确设计单位及其内部各有关人员、各专业科室对限额设计所负的责任，责任的落实越接近个人，效果越明显。为保证设计单位及其设计人员履行责任，应赋予设计单位及其各专业、设计人员一定的权力，权力要与责任相一致。同时，为调动责任者履行其责任的积极性，要建立起限额设计的奖惩机制。

5. 投资偏差分析

在投资控制中，投资的实际值与计划值相比，可能产生偏差，因此应对产生偏差的原因及纠偏措施进行分析研究，同时应考虑实际进度与计划进度所产生的偏差对投资偏差分析的结果有重要影响。在进行投资偏差分析时，要同时对局部偏差和累计偏差进行分析。所谓局部偏差，一是相对于总项目的投资而言，指各单项工程、单位工程和分部分项工程的偏差；二是相对项目实施的时间而言，指每一项目控制周期产生的偏差。累计偏差就是局部偏差的累加，最终的累计偏差就是项目投资的偏差。

3.3　工程项目融资

3.3.1　项目融资的概念

项目融资（project financing），作为一个金融术语至今还没有一个准确、公认的定义。目前国际上有两种项目融资的概念：一是广义的项目融资，是指一切为了建设一个新项目、收购一个现有的项目或者对一个已有的项目进行重组所进行的融资活动。简言之，针对一个具体项目所安排的融资。二是狭义的项目融资。美国银行家 Peter K. Nevitt 在其著作《项目融资》中对狭义的项目融资做出如下定义：项目融资是“为一个特定的经济实体所安排的融资，其贷款人最初考虑安排贷款时，满足于使用该经济实体现金流量和收益作为偿还贷款的资金来源，并且满足于使用该经济实体的资产作为贷款的安全保障。”

按照上述定义，项目融资具有如下含义：

1）以特定项目为对象安排融资。

2）偿还债务的资金来源被限制在项目的现金流量和收益。

3）融资的安全保证是特定项目的资产。

4）项目借款人对项目融资承担的债务责任与其本身拥有的其他资产在一定程度上是分离的（隐含）。

5）当项目的现金流量和项目资产不足以支撑项目融资时，项目借款人要做出其他形式的担保（隐含）。

总结上述狭义项目融资的含义，可以对狭义的项目融资给出如下简明定义：以特定项目的现金流量和资产为基础的有限追索或无追索融资。

追索（recourse）是指在借款人未按期归还贷款时，贷款人要求借款人用除抵押物以外的其他资产偿还债务的权力。融资的追索形式有完全追索、有限追索和无追索。

1）完全追索（unlimited recourse）是指在任何情况下，借款人未按期归还债务时，债权人有权对借款人除抵押物以外的其他资产进行追索，直至债务完全清偿。

2）有限追索（limited recourse）是指债权人可以在某一特定阶段或在规定范围内对借款人进行追索，但除此之外，无论出现什么问题，贷款人均不能追索到借款人除抵押资产以及所承担的义务以外的任何财产。

3）无追索（non-recourse）是有限追索的特例，即在任何情况下，债权人均不能追索到借款人除抵押资产以外的任何资产。

3.3.2 项目融资的特点

1. 以项目为导向

以项目为导向安排融资是项目融资的一个显著特点。安排融资的依据是项目未来的现金流量和项目资产，而不是项目投资者的资信。贷款人的注意力主要放在项目贷款期间能够产生多少现金流量用于偿还贷款。因此，贷款的数量、融资成本、融资结构与项目未来的现金流量和项目资产的价值直接相联系。

由于项目导向的特点，有些对于投资者很难借到的资金可以利用项目来安排融资。特别是对一些大型、复杂的工程项目，项目的投资风险超出了投资者所能够和所愿意承担的程度，项目融资利用项目本身的现金流量和资产价值安排有限追索贷款，使这类大型项目的融资成为可能。采用项目融资方式，根据项目的经济强度状况可能获得项目总投资 60%～80%的债务资金，对于某些项目甚至可以获得 100%的债务融资。有些投资者很难获得的担保条件可以通过组织项目融资来实现。另外，项目融资的贷款期可以根据项目投资者的具体要求和项目的经济寿命期统筹设计，从而可以获得较一般商业贷款期限长的贷款期，比如有的项目贷款期长达 20 年，甚至更长的期限。

2. 有限追索

有限追索是项目融资的第二个特点。作为有限追索的项目融资，贷款人可以在项目的某一特定阶段或在规定范围内（如项目的建设期和试生产期）对项目借款人进行追索，但除此之外，无论项目出现什么问题，贷款人均不能追索到项目借款人除项目资产和现金流量以及所承担的义务以外的任何财产。

有限追索的实质是由于项目本身的经济强度还不足以支撑一个“无追索”的项目融资，因而还需要项目借款人在项目的特定阶段提供一定形式的信用支持。影响项目融资追索程度的因素主要有：项目的性质、现金流量的强度及其可预测性、借款人的经验、信誉、管理能力，以及借贷双方对未来风险的分担方式。对于一个具体的融资项目，其追索程度由借贷双方通过谈判来确定。由于项目风险的程度及其表现形式在项目实施的不同阶段有所不同，因此，贷款人对追索的要求也会随之调整。

3. 风险分担

与项目有关的各种风险要以某种形式在项目贷款人、借款人和其他参与者或项目利益相关者之间进行分配，这是项目融资的第三个特点。一个成功的项目融资结构应该将项目的各种风险在项目的主要参与者和其他利益相关者之间进行合理分配，而不应该由项目中的任何一方单独承担项目的全部风险。借款人、融资顾问在组织项目融资的过程中，要在识别和分析项目的各种风险因素的基础上，确定项目各参与者承担风险的能力和可能性，充分利用一切可以规避风险的方法或策略，设计出具有最低追索的融资结构。

尽管项目融资使项目风险分散化，项目公司和项目投资者在一定程度上减轻了承担风险的压力，但是项目风险在各项目参与人之间进行合理分配是一项十分复杂的工作，这是因为它涉及到众多的项目参与人、法律文件以及相关因素。如贷款人与投资者之间的风险分配取决于贷款人对债务的追索程度；项目承建者与项目投资者之间的风险分配取决于承包合同的形式和担保类型等。同时由于项目融资是有限追索或无追索融资，如果风险识别不充分、风险分配不当，将给项目的实施和合同的执行留下隐患。

4. 信用结构多样化

在项目融资中，支持贷款的信用结构的安排是灵活、多样化的，这是项目融资的第四个特点。

一个成功的项目融资，可以将贷款的信用支持分配给各项目参与者和利益相关者，贷款信用支持的分配与项目风险在项目参与者和利益相关者之间的分配是相联系的。项目融资的信用支持主要来自项目的产品市场方面、工程建设方面、原材料和能源供应方面。项目产品市场方面的信用支持主要是通过与对项目产品感兴趣的购买者签订长期购买合同，其信用支持的力度取决于合同的形式和购买者的资信。这种信用支持的有效性源于购买者为项目提供了一个基本的现金流量。对于那些受国际市场需求或价格波动影响大的资源性项目，投资者能否获得一个稳定的、符合贷款银行要求的项目产品的长期销售合同往往成为组织项目融资成功的关键。在工程建设方面，为了减少项目实施中的风险，项目公司通过严格的招标方式优选承包商，并与承包公司签订固定价格合同、固定工期，将项目实施中的部分风险转嫁给承包商；还可以要求设计者提供工程技术保证。在原材料和能源供应方面，项目公司合同，或设计施工总包合同可以要求供应商在保证供应的前提下，在原材料和能源的定价上，根据项目产品的价格变化设计具有合理浮动价格的供货合同，以使项目产品的成本不因能源和原材料价格波动而出现大幅上涨，从而保证项目的最低收益。

5. 实现资产负债表外融资

资产负债表外融资又称非公司负债型融资（off-balance finance），是指项目的债务不表现在项目投资者的公司负债表中的一种融资形式。在项目融资中，通过精心设计项目投资结构和融资结构可以帮助投资者将贷款安排成为一种非公司负债型融资。根据项目融资风险分担的原则，贷款人对债务的追索权仅限于项目公司的资产和现金流量，项目投资者承担的责任是有限的，因而有条件使融资被安排成一种不需要进入项目投资者资产负债表中的一种贷款形式。资产负债表外融资对于项目投资者的价值在于使得投资者以有限的财力从事更多的投资，同时将投资风险分散到更多的项目中。

6. 追求税务优惠，降低融资成本

充分利用税务优惠，降低融资成本，提高项目的综合收益率和项目的偿债力，也是项目融资的一个特点，它贯穿于项目融资的各个阶段。充分利用税务优惠是指在项目所在国法律允许的范围内，通过精心设计投资结构、融资模式，将项目所在国政府对投资的税务优惠政策在项目参与者中最大限度地进行分配和利用，以降低融资成本，提高项目的偿债能力。不同的国家有不同的税务优惠政策，通常包括加速折旧（accelerated depreciation）、利息成本、投资优惠以及其他费用抵税的政策法规。

7. 融资成本较高、时间较长

与传统的公司融资方式比较，项目融资的成本较高、组织融资的时间较长，这是项目融资的又一特点。

项目融资涉及面广，结构复杂，需要做许多方面的工作，如项目风险的分配、税收结构设计、资产抵押等一系列技术性工作；同时，起草、谈判、签署的融资法律文件比传统的公司融资方式多。所有这些都必然导致项目融资的组织时间增加。组织一个项目的融资，从开始准备到完成整个融资计划通常需要 3～6 个月时间，有些大型融资项目甚至需要几年时间。

项目融资成本高的原因主要有两个方面：

1）项目融资要做大量的前期工作，并发生相应的费用，包括融资顾问费、贷款建立费、承诺费及法律费用等。项目融资前期费用与项目的投资规模有直接关系，项目规模越大，前期费用占融资总额的比例越小，反之亦然。一般项目融资前期费用占贷款金额的 0.5%～2%。

2）项目的贷款成本。由于项目融资主要依赖于项目的现金流量和项目的资产价值，贷款具有一定的风险。因此，项目融资的贷款成本一般要比同等条件下的公司融资高出 0.3%～1.5%，其增加的幅度与贷款银行承担的风险以及对项目投资者的追索程度有关。当然，如果在一个项目中有几个投资者共同组织项目融资，通过合理的融资结构设计和良好项目组织，以及充分发挥合作伙伴在管理、技术、市场方面的强势，可以提高项目的经济强度，从而降低融资成本。

8. 贷款人的过度监管

贷款人对项目的监管和参与项目的部分决策程序是项目融资的一个重要特点。这是因为项目借款人有将贷款资金投向高风险项目的冲动，即所谓的“资产替代”（assets substitution）效应，从而使贷款人承担了一定的项目风险。为防止“资产替代”效应出现，贷款人可能采取多种监管措施，有时甚至是过分监管。贷款人一般要求借款人提交项目报告、项目经营情况、项目工程技术报告和相关资料，除此之外，有的贷款人还提出过度的项目保险要求，并限制项目所有权的转移，以确保经营管理的连续性。

3.3.3　项目融资的基本框架

1. 项目的投资结构

投资结构（investment structure）是一个广泛的概念，从不同的角度划分就有不同的投资结构。在投资领域中，经常涉及到的投资结构有：投资来源结构、投资产业结构、投资主体结构、投资部门结构、投资地区结构、投资再生产结构、投资技术结构、投资项目规模结构等。本书讨论的项目投资结构是指项目的资产所有权结构，即项目的投资者对项目资产权益的法律拥有形式和项目投资者之间的法律合作关系。采用不同的项目投资结构，投资者对项目资产的拥有形式，对项目产品、项目现金流量的控制，以及投资者在项目中承担的债务责任和税务结构有很大的差异。这些差异对项目融资结构设计产生重要影响。因此，应当在项目所在国法律、法规许可的范围内，精心设计项目的投资结构，以满足投资者对项目投资和融资的要求。目前，在国际项目融资领域中，通常采用的投资结构主要有单一项目子公司、代理公司、股权式合资结构、契约型合资结构和合伙制结构等多种形式。

2. 项目的融资结构

项目的融资结构（financing structure）是指项目的各种融资模式的组合，它是项目融资的核心。在项目投资结构确定后，投资者的重要工作就是精心设计和选择合适的融资结构，以实现投资者在融资方面的目标要求。投资者通常要聘请富有投融资经验的投资银行作为融资顾问为其设计项目的融资结构。

项目融资通常采用的融资模式主要有杠杆租赁、生产支付、利用设施使用协议融资、BOT、ABS等多种模式。项目融资顾问可以根据投资者的要求，对几种模式进行组合、拼装，以实现预期目标。

3. 项目的资金结构

项目的资金结构（capital structure）是指不同来源、不同性质、不同期限的项目资金的结构比例。如项目的股本资金与债务资金的结构比例；在股本资金中，发起募集的股本资金与社会公开募集股本资金的结构比例等。在债务资金中，不同利率的资金结构比例等。在项目融资中，对项目融资结构和融资成本产生重要影响的是债务资金与股本资金的结构比例。

在项目融资中，资金结构设计的重要任务是确定项目的股本资金、准股本资金和债务资金的形式、来源及其结构比例。项目的资金结构是由项目的投资结构和融资结构决定的，但反过来又会影响到整个项目融资结构的设计。对同一个项目，采用不同的融资结构和资金结构，最终产生的融资成本有着很大的差异。合理的项目资金结构是项目融资成功和实现融资目标的关键。适当比例的项目股本资金投入，为项目债务资金融资提供可靠的信用支持，促进项目债务融资成功；合适的债务资金形式、较高比例的债务资金，可以降低项目的融资成本，提高项目的经济强度。在项目融资中，经常被采用的准股本资金：可转换（股）债券、零息债券；经常被采用的债务形式有：普通商业银行贷款、银团贷款、发行债券、出口信贷等。

4. 项目的信用保证结构

项目的信用保证结构（credit security structure）是指项目融资中所采用的一切担保形式的组合。

在项目融资中，融资的安全性，即债权人提供的项目债务资金得以偿还的安全性来自两个方面：一是来自项目本身的经济强度；二是来自项目以外的各种直接或间接的担保。这些担保可以由项目的投资者提供，也可由与项目有直接或间接的利益相关者提供。这些可以是直接的财务保证，如完工担保、成本超支担保、不可预见费用担保；也可以是间接的、非财务性担保，如项目产品的长期购买协议、技术服务协议、以某种定价公式为基础的能源和原材料供货协议等。

项目本身的经济强度与项目的信用保证结构是相辅相成的。项目的经济强度高，融资所要求的信用保证结构就相对简单，保证条件相对宽松；反之，要求的信用保证相对复杂和严格。

上述项目融资框架结构的 4 个模块是互相影响、紧密联系的有机整体，如图 3.2 所示。因此，项目融资的整体结构设计要统筹安排，不能孤立地设计各个模块，然后像搭积木一样将各部分结合起来。项目融资整体结构设计的实际过程是通过投资者之间、投资者与贷款银行之间，投资者与项目产品消费者、生产设备制造商、能源和原材料供应商、政府部门、税务机关等多方面之间的反复谈判，完成融资的模块设计和确定模块之间的组合关系。这个过程需要经过多次反复，通过对不同方案的比较、选择和调整，最后产生一个最佳方案。在产生最佳方案的过程中，对其中任何一个模块的调整，都有可能影响到其他模块的结构设计以及相互之间的组合关系。虽然项目融资结构设计的原则框架相同，但是由于项目千差万别，项目参与者各异，所以每一个项目的融资结构设计都有独特的创造性。

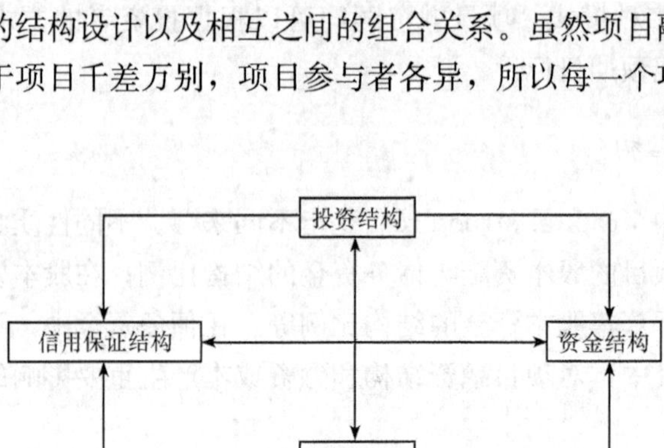

图 3.2　项目融资框架结构示意图

3.3.4　项目融资的运作程序

1. 项目投资决策分析

项目投资决策分析是项目融资工作得以开展的基础和前提。

项目投资决策分析主要包括宏观经济形势分析，工业部门的发展趋势以及项目所在工业部门的竞争性分析，项目技术可行性分析、项目财务分析、国民经济评价、环境评价和社会评价等。在上述研究分析的基础上形成可行性研究报告，投资者据此做出投资决策。在很多情况下，项目的投资决策也是与项目的可融资性以及如何融资紧密联系在一起的。

投资者在做出项目投资决策的基础上，要选择和确定项目的投资结构。项目投资结构的选择将影响到项目的融资结构和资金来源的选择；反过来，项目融资结构的设计在很多情况下也会影响投资结构的安排。

2. 项目融资决策分析

在项目融资决策阶段，项目投资者将决定采用何种融资方式为项目筹集资金，即采用项目融资还是采用传统的公司融资方式？而是否采用项目融资方式，则主要取决于投资者对债务责任分担、贷款数量和期限、融资成本、会计处理等方面的要求和综合评价。项目融资决策分析是一项复杂的综合分析、评价工作，一般的项目投资者不具备这样的能力，通常都要聘请融资顾问为其提供咨询。融资顾问在了解和全面分析投资者上述诸项要求的基础上，对项目的融资能力和可能的融资方案进行分析、比较，提出项目融资的建议方案，项目投资者据此做出项目融资决策。

3. 项目融资结构分析

投资者在完成了项目融资决策分析，并做出采用项目融资方式的决策后，正式聘请融资顾问开始研究和设计项目的融资结构。项目融资结构设计的一项关键性工作就是要完成项目的风险分析和评估，项目融资顾问与项目投资者一起对项目的有关风险因素进行全面的分析和判断，在此基础上，根据项目的经济强度和各利益主体与项目的契约关系，确定项目的债务承担能力、项目风险在项目参与者之间的合理分配及其相关的项目信用保证结构，从而设计出适合于特定项目的各种切实可行的融资模式，形成初步的融资方案。项目融资结构以及相应的资金结构的设计和选择必须全面反映投资者的融资战略要求和愿望。

4. 项目融资谈判

在初步确定项目融资方案之后，融资顾问将有选择性地向商业银行或其他金融机构发出参加项目融资的邀请书，组织银团贷款，着手起草项目融资的有关文件。这一阶段要经过多次反复，因为在与银行的谈判中，不仅会对有关的法律文件做出修改，而且在很多情况下，还会涉及到融资结构和资金来源的调整问题。有时应贷款银团的要求，甚至会对项目投资结构及相应的法律文件做出修改。在融资谈判阶段，融资顾问、法律顾问和税务顾问的作用十分重要。强有力的融资顾问和法律顾问有助于增强项目投资者的谈判力量，维护投资者的利益，并在谈判陷入僵局时，及时、灵活地采取变通办法解决问题。在谈判达成一致意见后，借贷双方签订贷款协议。

5. 项目融资执行

项目融资的相关法律文件签订后，项目融资进入执行阶段。贷款银团通过经理人（代理行）除按借贷协议规定发放贷款外，更注重对项目实施经常性的监督，监管项目的进度、质量和费用的使用情况，以及根据贷款协议有关条款规定，参与项目的部分决策程序，管理和控制项目贷款资金的投入和部分现金流量。贷款银团经理人参与项目监管可分 3 个阶段。

1）项目建设期，银团经理人将经常性地监管项目的进展，根据项目进度计划和资金预算，安排贷款的发放；除此之外，有的银团（或银行）还为贷款人提供咨询，如提供有关项目的技术咨询和多货币资金安排的建议等。

2）项目试生产期，银团经理人监督项目的试生产情况，将实际的生产成本和技术指标与融资文件规定的指标进行对比，确认项目是否达到了商业完工的标准。

3）项目正常生产期，项目投资者提供的完工担保被解除，贷款的偿还将主要依赖于项目的现金流量。银团经理人将根据融资文件规定管理全部或部分的项目现金流量，以确保债务的偿还。除此之外，银团经理人也参与项目的部分生产决策，在项目的重大决策问题上有一定的发言权，如新增资本支出、停产、资产处理等。

3.4　工程项目融资模式

工程项目融资模式有狭义和广义之分，狭义的工程项目融资模式是指从工程项目融资实践中所总结、提炼出来的一种范式，其规定了融资各方的基本经济法律关系。广义的工程项目融资模式是指为满足工程建设资金的需求，工程项目发起人/投资者所采用的不同融资方式的组合，以及其中所包含的融资各方的经济法律关系。融资方式是指资金短缺者获取资金的形式、手段、途径和渠道。

3.4.1　BOT 项目融资模式

1. BOT 项目融资的内涵及其起源

（1）BOT 项目融资的内涵

BOT（build operate transfer）项目融资，是指政府部门通过特许权协议，授权项目公司（主要是私营机构）进行项目的融资、设计、建造、经营和维护，并在规定的特许期内向该项目（产品/服务）的使用者收取适当的费用，回收项目的投资、经营、维护等成本，并获得合理的回报。特许期满后，项目公司将项目无偿或以象征性的价格移交给政府。

(2) BOT 项目融资的起源

BOT 这种公共工程建设的融资理念最早可追溯到 17～18 世纪的英国和法国。如 17 世纪英国的领港公会负责管理海上事物，包括建设和经营灯塔，并拥有建造灯塔和向船只收费的特权。但是据科斯进行历史考证，在 1610～1675 年间，领港公会未建造一座灯塔，而同期授权私人建成的灯塔至少有 10 座，显然这种私人建造灯塔的投资方式与我们所说的 BOT 非常相像。18 世纪法国将巴黎地区的供水设施以租用协议的形式租给了 Perier 兄弟，是一种特许委托经营的方式。19 世纪美国也开始鼓励私人投资修建桥梁、铁路、电站等，私人的大量投资满足了当时美国国内工业化和城市化进程的需要。还有举世闻名的苏伊士运河，1859 年由一个法国国际财团投资并设计建造，1860 年从埃及政府取得 99 年的租用权后投入商业运营。BOT 融资理念虽然很早就有了，但其名称直到 1984 年才由土耳其总理奥扎尔首先提出，其出发点是想将某些公共工程项目私营化，以解决政府的资金短缺问题。后来，这种方式被认为是减少主权国家借款和吸引国外直接投资基础设施的有效手段，许多国家和地区都纷纷采用 BOT 方式加快基础设施的建设，改善本国的投资环境，同时提高基础设施项目的经营效率。例如，土耳其的火力发电厂（现代世界第一个 BOT 项目）、菲律宾的诺瓦斯塔电厂（国际上公认的第一个成功 BOT 项目）、中国的沙角 B 电厂（现代世界第一个成功移交的 BOT 项目）和来宾 B 电厂（中国第一个国家级批准的 BOT 项目）、英法之间的欧洲隧道（世界上最大的 BOT 项目）、马来西亚的南北大道、泰国的曼谷公路和轻铁、香港的多个隧道、澳洲的悉尼隧道和英国的曼彻斯特轻轨等。

2. BOT 项目融资的衍生方式

BOT 项目融资模式自提出以来，便受到世界各国政府的重视，并付诸了大量的实践。在各国实践过程中，由于基础设施种类、投融资回报方式、项目财产权利形态等因素的不同，产生了许多衍生形式，如 BOOT、BOO、BTO、BT、TOT、DBOM、BLT 等，这些衍生模式虽然在具体操作上与 BOT 存在一些差异，但在思路上与 BOT 无实质性差异。

(1) BOOT 模式

BOOT (build own operate transfer)，即建设—拥有—经营—转让，是指东道国政府与项目公司签署协议，授予项目公司融资建设基础设施项目的权力，并在项目建成后的一定期限内，项目公司拥有项目的所有权和经营权，期满后将项目移交给东道国政府。BOOT 项目融资模式与 BOT 项目融资模式的不同之处有二：一是 BOOT 模式在项目财产权属关系上强调“特许权期内归项目公司所有”；二是 BOOT 模式的特许经营期一般情况下比 BOT 模式长。

(2) BOO 模式

BOO (build own operate)，即建设—拥有—经营。实际上这种模式是将项目真正的私有化，并不存在一定时期后转让项目设施财产所有权的问题。但 BOO 模式中，项目公司在经营权的取得、经营方式上与 BOT 模式有相似之处，即项目投资者是在获得政府特许授权、在事先约定经营方式的基础上，从事项目投资建设和经营的。例如，近年活跃于香港资本市场的沪杭甬高速公路和沪宁高速公路公司对其名下道路设施就采用了类似 BOO 的投资经营方式。

(3) BTO 模式

BTO（build transfer operate），即建设—转让—经营，是指在项目设施建成后由政府先行偿还项目投资者所投入的全部建设费用，取得项目设施所有权，然后按照事先约定由项目公司租赁经营一定年限。考虑到项目投资者的投资回报率，项目公司的租赁费可能有所优惠。

(4) BT 模式

BT（build transfer），即建设—转让，是指项目建成后就转让给政府，政府按协议向项目投资者支付项目总投资及其投资回报。此种形式适合任何基础设施或开发项目，特别是出于安全和战略需要而必须由政府直接运营的关键设施。

(5) BOOST 模式

BOOST（build own operate subsidy transfer）模式是指项目公司在项目建成后，在特许经营期限内，既直接拥有项目资产又经营管理项目，但由于存在相当高的风险，或非经营管理原因的经济效益不佳，须由政府提供一定的补贴，特许经营期满后将项目的资产转让给政府。

(6) TOT 模式

TOT（transfer operate transfer）模式是指政府出售已建成的、且运营良好的基础设施，并授予特许专营权，从而从投资者手中一次性融得一笔资金，用于建设新的基础设施项目。特许经营期满后，项目公司把该设施无偿转让给政府。投资者购买已建成基础设施的金额相当于该基础设施项目在特许经营期内净现金流量的贴现值，贴现率参照市场利率、项目风险以及投资者预期回报率，由政府与投资者经过谈判而定。上海黄浦江一隧两桥（打浦路隧道、南浦大桥和杨浦大桥）项目，以及南京长江二桥项目等均是采用 TOT 模式的典型例子。

3. BOT 项目融资的主要参与人

BOT 项目的参与人众多，如图 3.3 所示，但主要的参与人有项目发起人、项目投资者、项目公司和贷款银行。

(1) 项目发起人

项目发起人，也称为项目的主办方，是项目的倡导者，主要是根据社会需要和市场机会提出项目建设的建议。在 BOT 项目融资中，项目发起人通常是项目所在国政府、政府机构或政府指定的公司，但有时也可能是私营公司。项目发起人仅限于发起项目，但不负责项目的建设和运营。

(2) 项目投资者

项目投资者是项目的股本资金的出资者，是项目的股东。项目投资者参与项目开发的目的，一是将闲置资金投资收益稳定的基础设施，获得较高的投资回报，使资金增值；二是进入东道国的建设承包市场，获得工程承包业务，这通常是承包商参与 BOT 项目投资的目的之一；三是能获得 BOT 项目产品或服务的稳定供给。

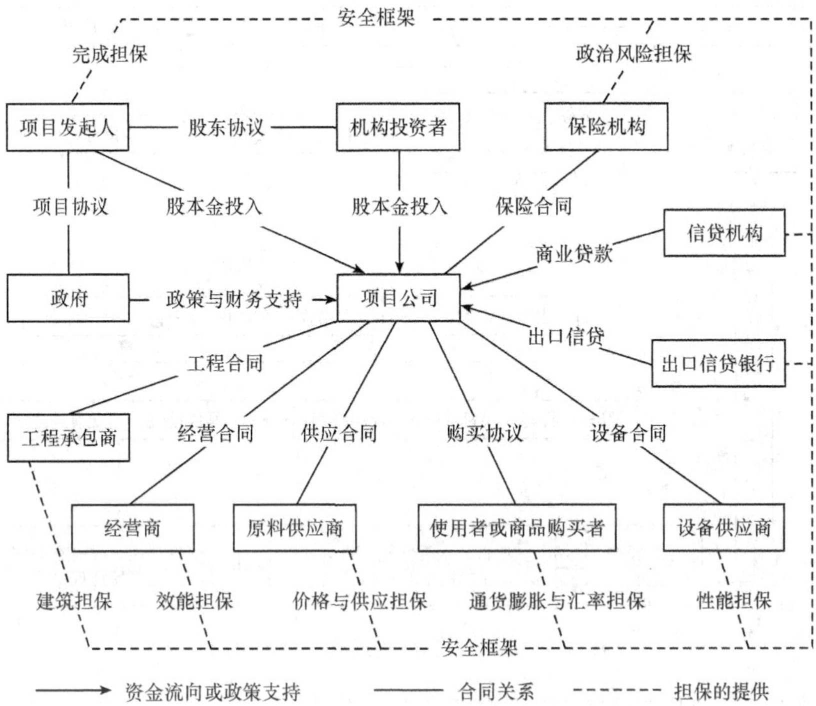

图 3.3　BOT 项目融资的合同结构图

(3) 项目公司

项目公司是为了项目建设和运营的需要，由项目投资者专门组建的独立经营的经济实体，是 BOT 项目的直接投资者，也是 BOT 项目的融资主体和责任主体。项目公司与东道国政府签订特许权协议，负责组织项目的融资、建设、运营和还本付息，直至特许经营期满。但有时，项目公司仅是为项目的融资而成立的，项目的建设和经营可能委托其他公司进行。

(4) 贷款银行

BOT 项目中的贷款银行组成较为复杂。除了商业银行以外，还有政府的出口信贷机构和国际金融组织，如世界银行、亚洲开发银行等。贷款的条件取决于项目本身的经济强度、项目风险的大小、项目经营者的经营管理能力和资金状况，但在很大程度上还要依赖于项目发起人或项目所在国政府为项目提供的支持。

4. BOT 项目融资的运作程序

从招标人的角度来说，BOT 项目融资的运作程序在各国可能稍有不同，但总的来讲，应该包括下面 7 个环节，如图 3.4 所示。

(1) BOT 项目的提出和预可行性研究

BOT 项目一般由政府或政府机构提出，有时也可由其他方提出，如项目的使用者或咨询服务等中介方，这类似于项目使用者向政府或政府机构提出项目建议书。预可行性研究一般是由政府委托有关部门进行。

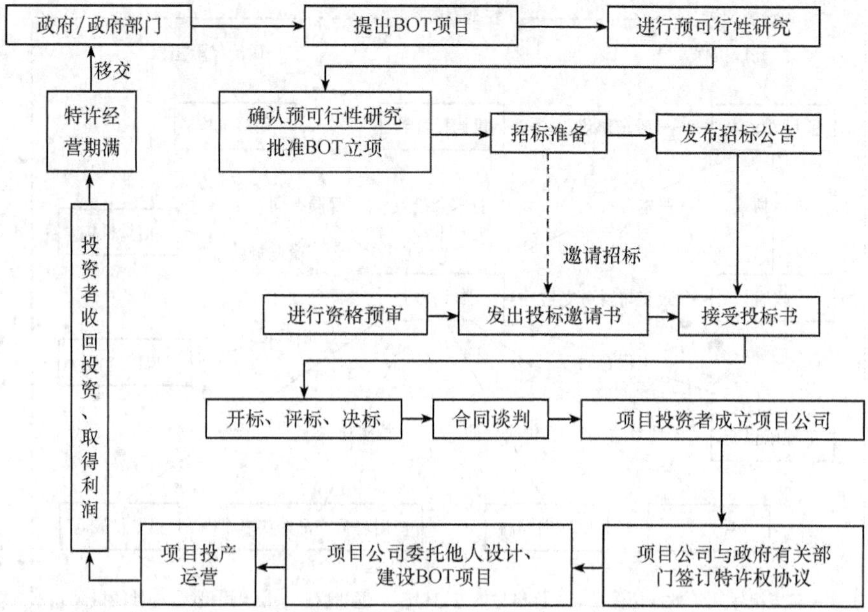

图 3.4　BOT 项目融资运作程序示意图

政府在确定 BOT 项目时，一般会考虑以下原则：

1）项目要符合国家产业政策、利用外资政策以及项目的垄断性和区域性。

2）项目的经济属性。一般情况下，具有经营性的基础设施项目，即具有现金流入、存在收费机制的项目，才适合应用 BOT 融资方式。而对于具有准公益性质的综合开发利用工程，必须能够区分经营性和公益性资产，才可以应用 BOT 融资模式。

3）合适的投资规模。一方面，地方政府在进行 BOT 试点时，无经验可循，风险较大，项目投资规模不宜过大。另一方面，出于经济战略的考虑，由于 BOT 项目在特许经营期间存在暂时私有化的现象，政府会在特许经营期间失去控制权，因此特大型、大型基础设施尽量不考虑应用 BOT 融资方式，尤其是外资 BOT 方式。

4）项目的经济效益、项目产品或服务价格的合理性。项目本身的经济强度应该较好，而且项目产品或服务价格要在一个合理的水平上，不至于增加项目所在国消费者的负担。

5）项目经济寿命期的长短。BOT 项目的经济寿命应相对较长，足以使项目投资者在特许经营期里获得合理回报，并且项目在转让给政府后，还有一定时期的正常经营期。

（2）招标准备

1）成立招标委员会和招标办公室。招标委员会的主要职责是研究招标过程中的重大事项并做出决策。招标办公室的职能是贯彻执行招标委员会做出的决策，负责落实各种具体事项和对外的联系沟通，研究项目在经济、技术等方面的问题，并向招标委员会提出建议。该办公室一般设在该 BOT 项目的行业主管部门或其他国有企业等。

2）聘请融资顾问、律师事务所、设计院等中介机构。BOT 项目的招标策划需要经济、法律、技术等方面的专业知识和实践经验，而政府有关部门基本不具备上述专业人才和相应的实践经验。因此聘请经验丰富的融资顾问，以及律师事务所等中介机构，对 BOT 项目招标的成功有着非常重要的作用。更为重要的是，有些融资顾问还跟一些大财团有着密切的联系，并对国际金融市场的现状和发展前景有深入的了解。

3）准备资格预审文件，制定资格预审标准。对于公开招标这种采购方式，进行资格预审，一方面能保证发起人选择合格的投标者；另一方面也能节省发起人的评标工作量和评标费用。资格预审标准应着重考虑以下几方面：投标者的资金实力和负债水平、投标者的资信等级、投标者的融资能力、投标资者以前是否从事过与招标 BOT 项目相似的经营业务等。

4）准备招标文件、特许权协议，制定评标标准。我国对 BOT 项目招标文件的规定应至少包括以下内容：投标者须知（含评标标准与程序），投标书内容的要求，项目的最低标准、规格与经济技术参数的规范，特许权协议草本，政府部门提供的各种支持条件或承诺等。

5）落实 BOT 项目的各种招标条件。对于外资 BOT 项目，获得有关外汇资金、外汇利润汇出等方面的政府部门批文是 BOT 项目实施的前提条件。

（3）资格预审

通过资格预审的投标人数量不宜过多，项目融资中一般以 3～5 家比较合适。

（4）接受标书、评标、决标

一般规定在某一投标截止日前接受标书，在该截止日后递交的标书不予收受。投标文件中应至少详细说明以下 8 个方面的内容：

1）设施的类型及所提供产品或服务的性能或水平。

2）项目总投资额、建设进度安排及目标竣工日期。

3）产品的价格或服务费用。

4）价格调整公式或调整原则。

5）项目可融资性研究以及所建议的融资结构与来源。

6）不可抗力事件的规定。

7）维修计划。

8）风险分析与分配。

（5）合同谈判

决标后，政府与中标者应就特许权协议的有关内容进行谈判。主要内容是：

1）项目特许权期限。

2）项目工程设计、建造施工、经营和维护标准。

3）项目的组织实施计划与安排。

4）项目成本计划与收费方案以及调价公式和条件。

5）签约双方各自的责、权、利。

6）项目转让、抵押、征收、终止条款。

7）特许权期满，项目移交内容、标准和程序。

8）罚则与仲裁等。

(6) 融资与审批

谈判结束且草签特许权协议后，中标人应报批《可行性研究报告》，并组建项目公司。项目公司正式与贷款人、承包商、运营维护商和保险公司等签订相关合同，最后，与政府或政府机构正式签署特许权协议。

(7) 项目实施阶段

BOT 项目实施阶段的主要工作是设计、采购、建设和经营项目。总结目前国内外已有的 BOT 项目实践经验，承包商既是项目的承建者又是项目公司的股东之一的这种做法存在着很大的问题，作为股东的承包商可能“明修栈道，暗渡陈仓”，从而达到额外获利的目的。因此，在项目实施阶段的任何时间，政府都不能放弃监督和检查的权利，尤其是项目的竣工验收和运营期间维护保养计划的执行情况等。因为项目最终要由政府或其指定机构接管并继续运营，所以必须确保项目从设计、建设到运营和维护都完全按照政府和中标人在合同中规定的要求进行。

(8) 项目的移交

特许经营期满后，项目要移交给项目所在国政府或其指定机构，即所谓的正常移交。正常移交前，项目公司要解除 BOT 项目的所有债务、留置权、抵押、担保等，并且项目的各项质量技术指标要符合移交标准，政府一般会委托资产评估机构进行资产评估，委托会计师事务所进行财务清理。移交时，项目公司要将全部固定资产的所有权和利益、场地使用权，以及项目的设计、营运、维修等重要的技术资料移交给政府指定机构。

当出现下列三种情况时，BOT 项目也可能发生非正常移交事件：

1) 项目公司违约，政府要求收回特许权。

2) 不可抗力事件。

3) 政府违约，项目公司要求政府收回特许权，并予以补偿。

3.4.2 PFI 融资模式

1. PFI 融资模式的内涵与实践

(1) PFI 融资模式的内涵

PFI (private finance initiative)，意为“私人主动融资”，是近年来在公共设施领域引入私人资本的一种融资模式。具体是指政府部门根据社会对公共设施的需求，提出需要建设的项目，通过招投标，由获得特许权的私营部门或其组建的 SPV 进行公共设施项目的设计、施工与维修保养，并在特许期（15～30 年）结束时将所经营的项目完好地、无债务地归还政府，而私营部门则定期从政府部门收取费用以回收成本的一种项目融资方式。在公益性设施中，政府部门通常是以公共设施所提供服务的影子价格向私营部门支付费用的。

(2) PFI 融资模式的实践

PFI 项目融资模式起源于英国。当前，在日本、美国等发达国家广泛应用于市政道路、桥梁、医院、学校和监狱等公益性设施建设项目，对这些国家国民经济的发展起到了巨大的促进作用。在英国，应用 PFI 项目融资模式，极大地降低了项目开发成本。2003 年英国财政部关于 PFI 项目实施情况的调查表明，已完建的 PFI 项目中有 88%的项目是在预算范围内、按时甚至提前完工的；而与此同时对非 PFI 项目即传统方式下采购的项目的实施情况的调查表明，有 70%的项目延迟完工，73%的项目成本超支。日本 1999 年 7 月在国会上通过了《PFI 推进法》，在亚洲率先以法律的形式肯定了 PFI 项目融资模式。可以预测，21 世纪“PFI 将成为全球政府建设项目建设开发的重要模式”。

2. PFI 融资模式的特点

PFI 在本质上是一个设计、建设、融资和运营（design build finance and operation，DBFO）模式，政府与私营部门是一种合作关系。PFI 项目服务是由有采购特权的政府向项目私人营运者购买的，其特点有：

1）PFI 有非常广泛的适用范围，不仅包括基础设施项目，在学校、医院、监狱等公共项目上也有广泛的应用，在英国 PFI 方式还被用于国防训练项目、政府部门的设备改造项目、政府的公共住房开发项目、城市的重建项目等。

2）推行 PFI 方式，能够广泛吸引经济领域的私营部门或非官方投资者，参与公共物品的投资，这不仅大大地缓解了政府公共项目建设的资金压力，同时提高了政府公共物品的产出水平。

3）吸引私人部门的知识、技术和管理方法，提高公共项目的效率和降低产出成本，使社会资源配置更加合理化，同时也使政府摆脱了长期困扰的政府项目低效率的压力，使政府有更多的精力和财力用于社会发展急需的项目建设。

4）PFI 方式最大的优势在于，它是政府公共项目投融资和建设管理方式的重要的制度创新。在英国十几年实践中，PFI 被认为是政府获得高质量、高效率的公共设施的重要工具。

3. PFI 项目融资模式的主要参与人

PFI 项目融资中参与方包括 SPV、政府部门、金融机构、工程公司、经营公司以及咨询公司等。图 3.5 列出了 PFI 项目融资的基本结构。

1）政府部门。政府通常是 PFI 项目的最终所有者，在 PFI 项目实施过程中，它的职能在微观方面具有组织工程项目立项的前期工作、对项目后勤供应的保证和项目收入的保证、项目全过程的监督、协调项目参与各方的关系、提供贷款和股本投资和承担项目风险。在宏观方面表现在为项目建设提供一种良好的投资环境，制定 PFI 工程项目的支持政策等。

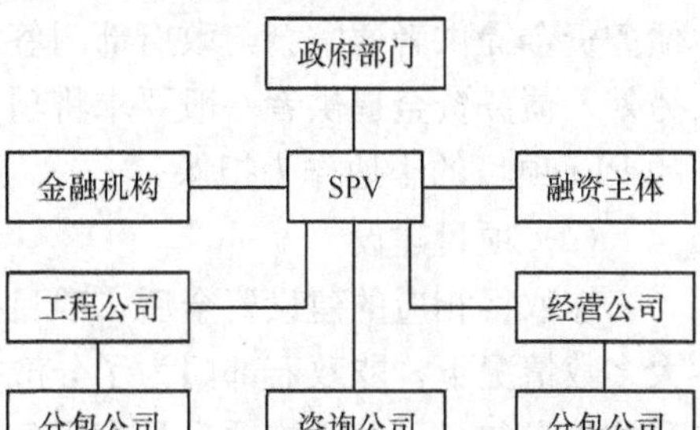

图 3.5　PFI 融资的结构图

2）SPV。SPV 是 PFI 项目的主要出资方，专门负责 PFI 项目的运营与管理工作。一般情况下，SPV 是由若干个私营部门组建的联合体其主要职能包括投标与谈判、项目开发与运营、债务清偿及其主要职能包括投标与谈判、项目开发与运营、债务清偿及项目移交。

3）金融机构。商业银行、非银行金融机构和一些国家的出口信贷机构在 PFI 项目融资的主要职能是为 PFI 项目提供债务资金、项目担保和项目监控等。

4）融资主体。融资主体特指项目的股权融资者，即 SPV 的股东。其主要职能是负责向项目东道国申请 PFI 项目。

5）咨询公司。咨询公司在 PFI 项目融资中的作用主要体现为充当 SPV 的融资顾问、为 SPV 提供政策咨询服务、协助 SPV 进行工程建设安排和为 SPV 提供市场分析和预测服务。

6）工程公司。与 SPV 签订工程承包合同，通常负责 PFI 项目的设计、施工。

7）经营公司。与 SPV 签订 PFI 项目经营期间的经营管理合同，负责 PFI 项目的经营。

4. PFI 项目融资模式的运作

（1）项目招标

对于一些急需发展的公益性设施项目，通过民营化可行性研究，进行成本费用概算、外部效应分析和国民经济评价，政府面向私营部门（private sector），或广义的非政府部门进行“项目招标”，以确定项目投资主体。PFI 项目的投资主体主要是非政府的、具有独立的投资决策权的经济主体，包括国有企业、股份公司、私人资本和外国公司等；也可以是多种经济主体组合的组织，如几个投资主体为某一公共项目而成立的项目公司，该组织必须有足够的资金来源进行投资，它可以设计各种融资方案吸引各方资金，对投资形成的资产享有一定权益的同时，也要求承担风险责任。

（2）协议谈判

政府部门在审查所有竞标者的相关资质和能力后，在综合评定的基础上，确定项目开发投资主体，并与之签订相关协议。政府与项目投资主体通过一系列谈判达成特许权协议，授权该投资主体或其设立的项目公司，负责项目的建设、管理、融资和运行、维护工作。同时，双方还将确定项目的建设规划、施工标准和运营方案等具体事项。项目投资主体在与政府达成协议以后即可成立 PFI 项目公司，以履行相关协议。

（3）安排融资

PFI 项目投资主体在取得项目建设经营的特许权后，可以自主选择项目融资方式。一般情况下项目资本金占 10%，债务资金占 90%。为了防止私营部门运营项目失败，债务资金提供者通常会与政府部门签订有关介入项目的合约，以便在必要时介入项目。另外，债务资金提供者一般要求将项目的日常收支作为担保，有时也将非政府部门获取的 PFI 项目的土地作为担保。

（4）项目建设

在取得相应的建设资金后，项目投资主体或其项目公司可以进行工程项目的建设。大多数情况下，非政府部门为了分散完工风险，通常采用固定价格的总包方式进行设计和施工发包。公共设施项目具有服务全社会、建设周期长、耗资大、风险大的特点，需要政府的监督管理。

（5）项目运营

作为对非政府投资主体的回报，或作为项目的租赁费或使用费，政府将承诺在授权期限内每年从财政性资金（一般不是全部财政收入，而仅限于预算内基本建设资金和专项建设基金等）中向该投资主体支付一定的报酬或租赁费。但在特许合同存续期间，政府部门拥有对非政府部门的惩罚权。

（6）转移中止

特许经营期满后，非政府投资主体将项目无偿转让给政府。PFI 模式通常还可以在前期合同谈判明确规定，如果项目投资主体通过正常经营未达到合同规定的收益，还可以继续拥有或通过续租的方式获得运营权，从而保证其投资收益。

5. PFI 融资模式与 BOT 融资模式的比较

PFI 和 BOT 融资模式提出的初衷是在公共设施领域引入私营资本，以满足经济社会对公共设施快速增长的需求，并解决传统财政供给方式下公共设施（服务）供应的低效现象，都是公共设施项目“公私合作”（public private partnerships，PPP）的融资方式之一。但是，从公共设施项目的运作来看，两者还是存在一定的差异。

（1）适用的项目不同

PFI 模式适用于没有经营性收入或不具备收费条件的公益性基础设施项目，而 BOT 模式只适用于经营性或具备收费条件的基础设施项目，如发电厂、城市供水和污水处理项目、收费公路、桥梁等。

（2）项目管理方式不同

PFI 模式对项目实施开放式管理。首先，对于项目的建设，PFI 模式中政府部门仅仅提出社会需求，由潜在的投标者提出具体建设方案，并经过与“最优投标者”（preferred bidder）谈判后，由政府部门与私营部门共同协商确定最终方案；而 BOT 模式则事先由政府确定方案，再进行招标谈判。其次，对于项目所在地的土地提供方式及以后的运营收益分配或政府补贴额度等，PFI 模式都要综合当时政府和私营部门的财力、预计的项目效益及合同期限等多种因素而定，不同于 BOT 模式对这些问题事先都有框架性的文件规定，如土地在 BOT 模式中是由政府无偿提供的，无需谈判，而且在 BOT 模式中，一般都需要政府对最低收益等做出实质性的担保。所以，PFI 模式比 BOT 模式有更大的灵活性。

（3）合同期满后项目运营权处理方式不同

PFI 模式在合同期满后，如果私营部门通过正常经营未达到合同规定的收益，则可以继续拥有或通过续租的方式获得运营权，这是在前期合同谈判中需要确定的。而 BOT 模式则明确规定，在特许权期满后，所建项目资产将无偿地交给政府，由政府拥有和管理。

（4）政府部门会计处理方式不同

在 PFI 模式中，最终要由政府定期支付项目建设、维护费用，体现在政府部门的会计报表中为当期费用支出。在 BOT 模式中，BOT 项目的投资并不反映在政府部门的资产负债表上，除非政府部门提供了股权资金或债务资金。

6. PFI 融资模式的优势

PFI 融资模式的优势体现在以下几方面：

1）可以弥补财政预算的不足。PFI 方式可以在不集中增加政府财政支出的情况下，增加公共基础设施项目的建设和维护资金，政府只需在授权期限内相对比较均衡地支付 PFI 项目的报酬或租赁费，这使得政府易于平衡财政预算。同时，由于政府不参与项目的建设和运营管理，还可以减少政府机构的人数，节省政府支出。

2）可以有效转移政府财政风险。由于 PFI 项目的建设费用完全由投资方负责，政府部门不需要为支付项目投资费用而负债，也不需要为项目提供担保，所以运用 PFI 模式可以将项目的成本超支及工期延误风险转移到私营部门，政府不直接承担项目建设期的各种风险。

3）可以提高公共设施的投资效率。PFI 项目投资方的收益是根据该项目建成后的使用情况来确定的，所以，项目建设的工期和质量与私营部门的收益有直接的关系。项目完工越早，其获得收益越早；工程质量越高，其运营期所需要的维护成本越低，收益越高。因此，私营部门承担着设施使用率的风险，这就迫使他们必须准时完工，并按一定标准来经营和维护所承建的设施，可以有效避免由政府部门直接进行项目建设时常出现的工期拖延及工程质量低下等问题。

4）可以增加私营部门的投资机会。对私营部门的投资主体而言，PFI 项目的“收入”直接来自于政府，比较有保障，在缺乏良好投资机会的情况下，这种投融资方式对稳健型非政府投资主体具有较大吸引力。

5）可以帮助政府部门准确了解公共设施的建设运营总成本。私营部门基于公共设施全寿命期费用（包括初始投资和经常性的维修保养成本以及特许权期间的资本性开支）的竞争性报价，充分反映了社会生产和经营该项目的平均生产力水平，从而有助于政府部门准确了解公共设施的建设运营总成本，避免公共设施建设运营的短期化行为。

7. PFI 项目融资模式在我国的适用领域

PFI 模式在发达国家的应用领域总是有一定的侧重，以日本和英国为例，通过表 3.2 可看出，日本的侧重领域由高到低为以政府办公楼为代表的领域、公路和机场为

表 3.2　PFI 模式应用领域比较

领域代表例子	比例/%	
	英国	日本
公路、机场	25	16
政府的办公楼	71	45
医疗、教育	3	31
其他	1	8
合计	100	100

代表的领域，以及医疗教育为代表的领域；英国则为以政府办公楼为代表的领域、医疗教育为代表的领域和公路和机场为代表的领域。

3.4.3　ABS 融资模式

1. ABS 融资的内涵

ABS（asset backed securitization）是以项目所拥有的资产为基础，以项目资产可预期收益为保证，通过在资本市场发行证券来募集资金的一种项目融资方式。ABS 融资的独到之处在于，通过信用增级计划，使原本信用等级较低的项目可以进入高档证券市场，发行投资级证券（信用等级在 BBB 级及其以上），从而可以较低成本筹集到所需资金。

2. ABS 融资的起源

资产证券化兴起于美国的住宅抵押贷款证券化。美国政府为增强金融机构不动产贷款的资金来源，自 20 世纪 30 年代起成立联邦国家抵押协会（federal national mortgage association，FNMA；或称为 fannie mae），来推动当时经济大萧条后的不动产市场与金融市场。FNMA 的主要功能是收购附有联邦住宅局（federal housing administration，FHA）保险的住宅抵押贷款债权，并借此种收购将资金转给承担住宅抵押贷款的银行机构。由于 FNMA 具有联邦政府公债（treasury bonds）级的债信，其筹措资金的成本非常低，能够将低廉的资金源源不断地提供于第一线放贷的银行机构，解决了银行机构短存长贷的矛盾。但此时 FNMA 并未将收购的住宅抵押贷款债权进行证券化。直到 20 世纪 70 年代，出于解决二战后婴儿潮（baby boomers）的庞大购屋资金需求，FNMA 才首次发行住宅抵押贷款担保证券（mortgage backed securities，MBS），正式揭开了抵押贷款债权证券化的序幕。

3. ABS 融资的主要参与人

ABS 融资过程中的主要当事人有原始权益人/发起人、特殊目的载体/机构（Special purpose vehicle，SPV）、受托人、投资者等，如图 3.6 所示。

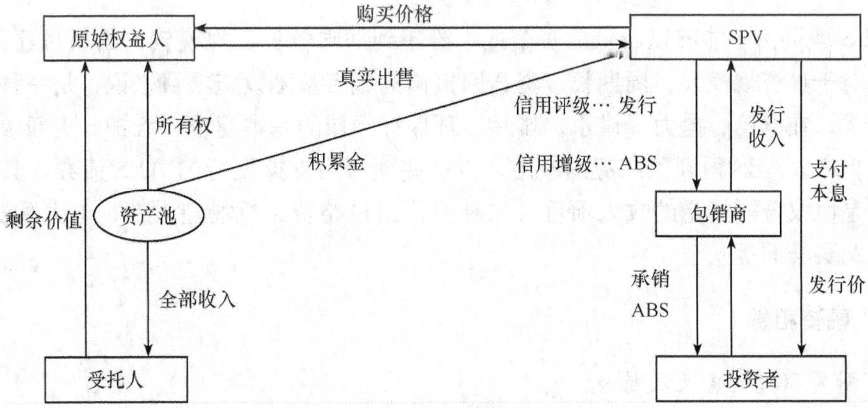

图 3.6　资产证券化的结构图

1）原始权益人/发起人。发起人/原始权益人是指拥有一定权益资产的当事人，如拥有项目资产的项目公司、拥有信贷资产的商业银行、保险公司等。

2）发行人或特殊目的载体/机构。ABS 的发行人是一特殊目的载体，它是专为资产担保证券化而成立的一个机构。证券化过程中，基础资产组合通常是首先转让给一家独立的中介机构，即 SPV，形成所谓的资产池（assets pool），而后这家独立的中介机构发行资产担保证券，以为购买这些资产进行融资。

3）服务商。服务商通常由发起人自身或指定的银行来承担，其在资产证券化中的主要作用体现在两个方面：一是负责收集权益资产到期的现金流，并催讨过期应收款；二是代替发行人向投资者或投资者的代表受托人支付证券的本息。

4）证券承销商。证券承销商可以以两种方式销售证券：一是包销；二是代销。包销是指证券商从发行人处购买证券，然后再销售给公众，如果买不完，则必须自己消化。代销是证券商作为发行人的代理人为其提供更多的购买者，不承担销售完证券的责任。发行人和证券商必须合作，确保发行结构符合法律、会计、税务等制度的要求。

5）受托管理人。受托管理人的主要职责是：一是作为发行人的代理人向投资者发行证券；二是将权益资产的应收款转给投资者，并且在款项没有立即转给投资者时有责任对款项进行再投资；三是受托人应对服务商提供的报告进行确认并转给投资者。当服务商不能履行其职责时，受托人应该能够起到取代服务商角色的作用。

6）投资者。投资者是资产证券化的最终购买者。目前，主要为一些机构投资者，如保险公司、养老基金、退休基金等。

7）信用评级机构。信用评级在资产证券化中的作用是为投资者进行投资决策提供合理、可靠的依据。信用评级机构有美国标准普尔公司和穆迪公司，还有惠誉（fitch）以及达夫菲尔普斯（Duff & Phelps）等。

8）信用增级机构。信用增级是资产证券化最关键的环节之一。提供担保、保险的机构可以是政府或政府性质的机构（进出口银行等），也可以是商业机构。

4. ABS 融资的适用范围

ABS 融资由于能够以较低的资金成本筹集到期限较长、规模较大的项目建设资金，因此，对于投资规模大、周期长、资金回报慢的城市基础设施项目来说，是一种理想的融资方式。在电信、电力、供水、排污、环保等领域的基本建设、维护、更新改造以及扩建项目中，ABS 得到了广泛的应用。以这些项目为支撑发行的 ABS 债券，其收入来源通常是协议合同指定的收入项目（如高速公路过路费、机场建设费、电力购买合同、自来水购买合同等）。

3.4.4 融资租赁

1. 融资租赁的含义及特点

1）一般由承租企业向租赁公司提出正式申请，由租赁公司按照承租企业的要求融资购进设备租给承租企业使用。

2）融资租赁的期限较长，大多为设备耐用年限的一半以上。

3）租赁合同比较稳定，在规定的租期内未经双方同意，任何一方不得中途解约，有利于维护双方的权益。

4）由承租企业负责设备的维护保养和保险，但无权自行拆卸改装。

5）租赁期满时，租赁双方按事先约定的办法处置设备，一般有退租、续租、留购三种选择，通常由承租企业留购。

2. 融资租赁的形式

1）售后租回。根据协议，企业将某资产卖给出租人，再将其租回使用。

2）直接租赁。直接租赁是指承租人直接向出租人租入所需要的资产，并付出租金。直接租赁的出租人主要是制造厂商、租赁公司。

3）杠杆租赁。杠杆租赁要涉及承租人、出租人和资金出借者三方当事人。从承租人的角度来看，这种租赁与其他租赁形式并无区别。但对出租人却不同，出租人只出购买资产所需的部分资金，作为自己的投资；另外以该资产作为担保向资金出借者借入其余资金。因此，它既是出租人又是借款人，同时拥有对资产的所有权，既收取租金又要偿付债务。如果出租人不能按期偿还借款，那么资产的所有权就要转归资金出借者。

3. 融资租赁筹资的优缺点

1）筹资速度快。租赁是筹资与设备购置同时进行，可以缩短设备的购进、安装时间，使企业尽快形成生产能力，有利于企业尽快占领市场，打开销路。

2）限制条款少。

3）设备淘汰风险小。当今社会科学技术迅速发展，固定资产更新周期日趋缩短，企业设备陈旧过时的风险很大，利用租赁筹资可减少这一风险。因为融资租赁的期限一般为资产使用年限的 75%，不会像自己购买设备那样在整个资产使用期间都承担风险；且多数租赁协议都规定由出租人承担设备陈旧过时的风险。

4）财务风险小。租金在整个租期内分摊，不用到期归还大量本金，可适当减少不能偿付的风险。

5）税收负担轻。租金可在税前扣除，具有抵免所得税的效用。

3.4.5 产品支付

1. 产品支付的内涵

产品支付（product payment）融资是工程项目融资的早期形式之一，起源于 20 世纪 50 年代美国的石油、天然气项目开发的融资安排。

2. 产品支付融资的特点

以产品支付为基础安排的工程项目融资，具有以下特点：

1）独特的信用保证结构。这种融资方式是建立在由贷款银行购买某一特定矿产资源储量的全部或部分未来销售收入的权益的基础上的。这部分生产量的收益也就成为项目融资的主要偿债资金的来源。产品支付是通过直接拥有项目的产品，而不是通过抵押或权益转让的方式来实现融资的信用保证。对于那些资源属于国家所有的项目，项目投资者获得的只是资源开采权，产品支付的信用保证是通过购买项目未来生产的现金流量，加上资源开采权和项目资产的抵押实现的。

2）贷款银行的融资容易被安排成为无追索或有限追索的形式。由于所购买的资源储量及其销售收益被用作产品支付融资的主要偿债来源，而产品支付融资的资金数量多少决定于产品支付所购买的那一部分资源储量的预期收益在一定利率条件下贴现出来的资产现值。所以，贷款的偿还非常可靠，可以被安排成无追索或有限追索的形式。因此，如何计算所购买的资源储量的现值就成为安排产品支付融资的一个关键性的和复杂的问题。为了计算资源储量现值，一般需要确定以下因素：第一，已证实的资源总量；第二，资源价格；第三，生产计划，包括年度开采计划和财务预算；第四，通货膨胀率、汇率、利率和其他一些经济因素；第五，资源税和其他有关政府税收等。

3）产品支付的融资期限一般应短于项目预期的经济生产期。

4）产品支付中的贷款银行一般只为项目的建设和资本费用提供融资，而不承担项目生产费用的融资，并且要求项目发起人提供最低生产量、最低产品质量标准等方面的担保等。

3.5 案例分析

案例1：深圳沙角B电厂项目融资

1. 项目背景

深圳沙角B电厂项目于1984年签署合资协议，1986年完成融资安排并动工兴建，于1988年建成投入使用。深圳沙角B电厂的总装机容量为70×10^4kW，由2台35×10^4kW发电机组成。项目总投资为42亿港元（按1986年汇率计算为5.4亿美元），被认为是中国最早的一个有限追索的项目融资案例，也是中国境内事实上的第一个使用BOT融资概念兴建的基础设施项目。

2. 深圳沙角B电厂的投资结构和资金结构

深圳沙角B电厂采用中外合作经营方式兴建（图3.7）。合资中方为深圳特区电力开发公司（A方），合资外方为一家在香港注册的专门为该项目成立的公司——合和电力（中国）有限公司（B方）。项目合作期为10年。在合作期间，B方负责安排提供项目全部的外汇资金，组织项目建设，并且负责经营电厂10年（合作期）。作为回报，B方获得在扣除项目经营成本、煤炭成本和支付给A方的管理费之后的全部项目收益。合作期满时，B方将深圳沙角B电厂的资产所有权和控制权无偿地转让给A方，退出该项目。在合作期间，A方主要承担的义务包括：提供项目使用的土地、工厂操作人员

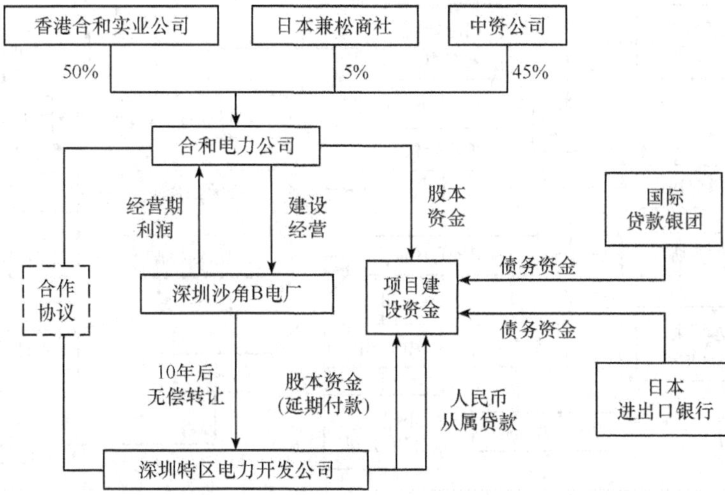

图 3.7　深圳沙角 B 电厂项目的投资结构和资金结构

以及为项目安排优惠的税收政策；为项目提供一个具有“供货或付款”性质的煤炭供应协议；为项目提供一个具有“提货与付款”性质的电力购买协议；为 B 方提供一个具有“资金缺额担保”性质的贷款协议，同意在一定条件下，如果项目支出大于项目收入，则为 B 方提供一定数额的贷款。

深圳沙角 B 电厂的资金机构包括股本资金、从属性贷款和项目贷款三种形式，具体为（以 1986 年汇率换算为美元）：

1）股本资金：股本资金/股东从属性贷款 3850 万美元（3.0 亿港币）；人民币延期付款 1670 万美元（5334 万人民币）。

2）从属性贷款：A 方的人民币贷款 9240 万美元（2.95 亿人民币）。

3）项目贷款：日本进出口银行的固定利率日元出口信贷 26 140 万美元（4.96 兆亿日元）；国际贷款银团的欧洲日元贷款 5560 万美元（105.61 亿日元）和港币贷款 7500 万美元（5.86 亿元港币）。

3. 深圳沙角 B 电厂的融资结构

根据合作协议安排，在深圳沙角 B 电厂项目中，除以上人民币资金之外的全部外汇资金安排由 B 方负责，项目合资 B 方——合和电力（中国）有限公司利用项目合资 A 方提供的信用保证，为项目安排了一个有限追索的项目融资结构（图 3.8）。

在该融资结构中：

1）B 方与以日本三井公司等几个主要日本公司组成的电厂设备供应和工程承包财团谈判获得了一个固定价格的“交钥匙”合同。日本公司负责项目的设计、建设和试运行，并且同意为项目在试运行和初期生产阶段提供技术操作人员。

2）使用了日本政府进出口银行的出口信贷作为债务资金的主要来源，用以支持日本公司在项目中的设备出口。但是，日本进出口银行并不承担项目的风险，一个由大约50家银行组成的国际贷款银团为日本进出口银行提供了一个项目风险担保，并且为项

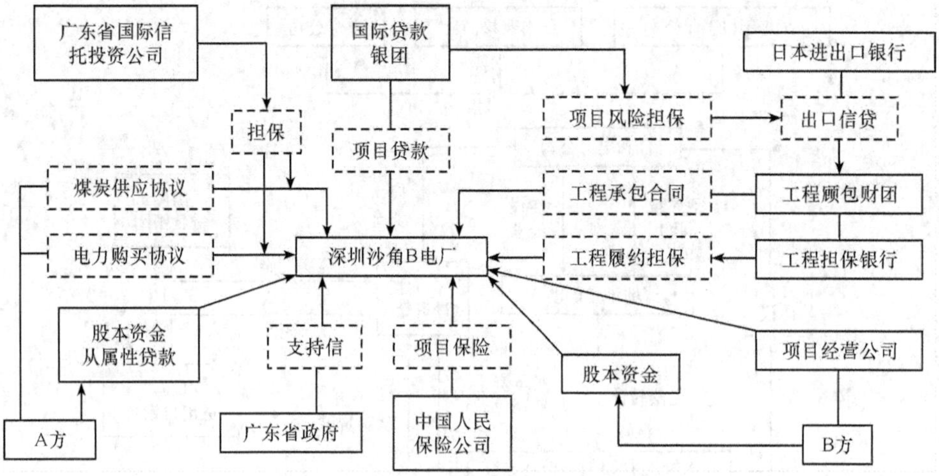

图 3.8 深圳沙角 B 电厂项目融资结构

目提供欧洲日元贷款和港币贷款。

3）A 方对项目的主要承诺是电力购买协议和煤炭供应协议，以及广东省国际信托投资公司对 A 方承诺的担保。B 方在安排项目融资时将两个协议的权益以及有关担保转让给项目融资的贷款银团，作为项目融资结构的主要信用保证。

4）在 A 方与 B 方之间，对于项目现金流量中的外汇问题也作了适当的安排。在合作期间，项目的电力销售收入的 50％支付人民币，50％支付外汇。人民币收入部分用以支付项目煤炭的购买成本以及人民币形式发生的项目经营费用，外汇收入部分支付以外汇形式发生的项目经营费用，包括项目贷款债务偿还和支付 B 方的利润。A 方承担项目经营费用以及外汇贷款债务偿还部分的全部汇率风险，但是对于 B 方的利润收入部分汇率风险则由双方共同分担，30％由 A 方承担，70％由 B 方承担。

4. 深圳沙角 B 电厂的信用保证结构

除了前面所述的 A 方提供的电力购买协议和煤炭供应协议，以及广东省国际信托投资公司对 A 方承诺的担保外，还有以下的项目担保：

1）广东省政府为前述 3 种担保出具支持信，虽然支持信并不具备法律约束力，但是作为一种意向性担保，在项目融资安排中具有相当的分量。

2）设备供应及工程承包财团所提供的“交钥匙”工程建设合约，以及为其提供担保的银行所安排的履约担保，构成了项目的完工担保，排除了项目融资贷款银团对项目完工风险的顾虑。

3）中国人民保险公司安排的项目保险。包括对出现资产损害、机械设备故障以及相应发生的损失的保险，在有些情况下也包括对项目不能按期投产情况的保险。

通过以上的担保，项目风险在项目参与各方进行了合理的分担，这是一个成功项目融资所不可缺少的条件。

5. 深圳沙角 B 电厂项目融资简评

深圳沙角 B 电厂项目是我国第一个事实上按照 BOT 模式组织起来的项目融资。所谓事实上的 BOT 融资模式，是指从形式上而言深圳沙角 B 电厂项目的建设和融资并不是以政府特许权合约为基础组织起来的，而是合资双方（A 方和 B 方）以合作协议以及几个商业合约为基础组织起来的。但是，事实上，由于合作 A 方和广东省国际信托投资公司的政府背景，以及广东省政府的支持，项目的合作协议以及其商业合约具备了明显政府特许权合约的性质。

此外，深圳沙角 B 电厂项目融资的启示是：与项目有关的基础设施，如土地、交通、水资源供应等安排必须要在项目文件中做出明确的规定；与项目有关的政府批准，包括有关外汇资金、外汇利润汇出、汇率风险等一系列问题，必须在项目动工之前，得到批准和做出相应的安排，否则很难吸引银行加入到项目融资的贷款银团行列。

案例 2：N 市沅江四桥的 PFI 融资

1. 沅江四桥 PFI 融资背景

N 市沅江四桥是首座跨江的、不收费的城市桥梁，全长 1376m，桥宽 23m，上层为双向 6 车道，下层中间为地铁车道，两侧为公交专用车道和人行道。沅江四桥预计建设总投资达 87 485.1 万元（主桥 76 485.1 万元、南引桥 11 000 万元）。由于 N 市财政资金困难，考虑充分吸收民间资金投资与运作。经过比较分析，拟采用 PFI 融资模式进行建设、运营和长期维修保养。政府不投入资本金，也不参与项目公司，而是作为桥梁服务的唯一买方出现，将此非经营性基础设施完全费用化。

2. 沅江四桥 PFI 融资结构

投资商 A、B 在获取特许权后，发起成立项目公司——沅江四桥建设管理有限责任公司，项目公司负责筹措项目资金。项目的融资结构如下：

以项目公司名义获得银行贷款 32 806 万元，30 年期，实际为 5 年期，每 5 年续借一次，利率为 5.76%。

次级债务：A 投资商提供 30 年期委托贷款共 32 806 万元，利率为 5%。

股权：共 21 873.1 万元，其中 A 投资 20 779.4 万元（占 95%）；B 投资 1093.7 万元（占 5%）。

3. 沅江四桥的现金流量分析

沅江四桥为一非经营性城市桥梁，虽没有实际的现金流入，但可以以影子收费来衡量其收入，因此仍然存在现金流量分析。

(1) 折旧费用

假设该桥梁的折旧年限为 30 年，残值为 21 873.1 万元，按直线折旧方法计提折旧，即每年折旧费用为 (87 485.1－21 873.1)/30＝2187.07 万元，折旧基金用于确保到期债务本金偿付。

(2) 维修费用

由可行性研究知沅江四桥每年的维护费用平均为 50 万元，每次的大修费用为 500 万元，约 10 年需进行 1 次大修，则日常维护费用加计提的大修费用每年约需 100 万元。

(3) 保险费用

每年保险费用约为 87 485.1×0.3%=262.46 万元。

(4) 运行管理费用

每年项目公司运作管理费用约为 150 万元（以 20 人左右工作人员估计）。

因此，由 (1)～(4) 可得沅江四桥每年需扣除的费用约为

2187.07+100+262.46+150=2699.53 万元

每年项目公司的收益偿付次序为

银行贷款付息（税前）：32 806×5.76%=1889.63 万元

A 投资商委托贷款付息（税前）：32 806×5%=1640.3 万元

股权分红（税后）：合理的封顶回报为 21 873.1×12%=2624.772 万元，调整为税前，则为 2624.772/(1−33%)=3917.57 万元，以 2003 年企业所得税地方分享 40% 计，若地方分享部分能够免除或由地方政府承担，则调整为 2624.772/(1−33%×60%)=3272.78 万元。

现金流量详见表 3.3。

表 3.3 影子收入测算

项　目	税前需/万元	累计需影子收入/万元
需扣除的费用	2699.53	2699.53
银行贷款付息	1869.63	4589.16
A 投资商委托贷款付息	1640.30	6299.46
封顶股权分红（12%）	3272.78	9572.24

设年交通量为 t，则相应的影子收费结构可以为：

0～522 万辆：政府支付 4589.16 万元。

522 万～713 万辆：此部分交通量政府支付每辆次 9 元，即支付 $(t-522)\times 9$，累计为 $4589.16+(t-522)\times 9$。

713 万～1866 万辆：此部分交通量政府支付每辆次 2.84 元，即支付 $(t-713)\times 2.84$，累计为 $4589.16+(713-522)\times 9+(t-713)\times 2.83$。

1866 万辆以上：此部分免费，累计支付为 9572.24 万元，即

$$4589.16+(713-522)\times 9+(1866-713)\times 2.83=9572.24 \text{ 万元}$$

4. PFI 融资和单纯贷款融资成本的比较

政府作为沅江四桥所提供的公共服务的唯一买方参与此大桥的运作，其所承担的唯一义务就是按合约行事，即每年按合约规定的影子收费结构支付费用。上述影子收费方

法中，政府负担的资本成本在4.66%～10.3%之间，见表3.4。为了清晰地比较影子收费的资本成本和单纯贷款的资本成本，首先，我们计算出影子收费方法中项目的期望资本成本，根据对沅江大桥年交通量统计分布状况的估算，赋予0～522万辆的交通量以0.2的概率权重，522万～713万辆的交通量以0.2的概率权重，713万～1866万辆的交通量以0.4的概率权重，1866万辆以上的交通量占0.2的概率权重，则经计算得项目的期望资本成本为7.65%。而对于单纯贷款的资本成本，若考虑本金的因素，经计算得项目的期望资本成本为8.05%。

表 3.4　资本成本测算

年交通量 t /万辆	日交通量 /万辆	项目加权资本成本（含折旧基金提存）/%	A投资者收益 /%	B投资者收益 /%	银行贷款 /%
0～522	0～1.43	4.66	0	0	5.76
522～713	1.43～1.95	4.66～6.6	0～5.0	0	5.76
713～1866	1.95～5.11	6.6～10.3	5.0～7.72	0～12	5.76
＞1866	＞5.11	10.3	7.72	12	5.76

复习思考题

3.1　简述工程项目投资的概念及构成。

3.2　试述工程项目的资金筹措方式。

3.3　简述工程项目投资控制的概念及原则。

3.4　工程项目投资控制的内容有哪些？

3.5　在工程项目投资控制中，主要有哪些技术与方法？

3.6　什么是项目融资？项目融资的特点有哪些？

3.7　项目融资的运作程序是什么？

3.8　简述BOT项目融资的概念、衍生方式及运作程序。

3.9　简述PFI项目融资的概念、特点及运作程序。

3.10　PFI融资模式与BOT融资模式有哪些不同？

3.11　项目融资的其他融资模式有哪些？

参考文献

胡振. 2002. PFI项目融资模式研究［D］. 西安建筑科技大学硕士学位论文.

简迎辉，杨建基. 2006. 工程项目管理融资理论与方法［M］. 北京：中国水利水电出版社.

乐嘉栋，彭胜林. 2004. 建设项目投资管理［M］. 上海：同济大学出版社.

李慧民. 2007. 工程项目管理［M］. 北京：中国建筑工业出版社.

李建伟，徐伟等. 2002. 土木工程项目管理［M］. 上海：同济大学出版社.

梁世连. 2004. 工程项目管理［M］. 北京：中国建材工业出版社.

刘亚臣，闫长俊. 2004. 工程项目融资［M］. 大连：大连理工大学出版社.

卢家仪，卢有杰. 1998. 项目融资［M］. 北京：清华大学出版社.
陆惠民，苏振民，王延树. 2002. 工程项目管理［M］. 南京：东南大学出版社.
任波，李世蓉. 2002. 公共项目私人融资新途径——PFI［J］. 重庆建筑大学学报.
王立国. 2002. 工程项目融资［M］. 北京：人民邮电出版社
王卓甫，简迎辉. 2006. 工程项目管理模式及其创新［M］. 北京：中国水利水电出版社.
王卓甫，杨高升. 2005. 工程项目管理原理与案例［M］. 北京：中国水利水电出版社.
王祖和等. 2007. 现代工程项目管理［M］. 北京：电子工业出版社.
谢晓红. 2004. 陕西实施 PFI 项目融资经济模式的制度安排与政策研究［D］. 西安建筑科技大学硕士学位论文.
赵华，苏卫国. 2004. 工程项目融资［M］. 北京：人民交通出版社.

第 4 章　土木工程项目风险管理

本章要求：

(1) 掌握风险和风险管理概念；

(2) 掌握工程项目风险识别的步骤、方法及结果；

(3) 熟悉工程项目风险分析过程、内容和方法；

(4) 熟悉风险应对的策略和一般方法；

(5) 了解工程保险和工程担保的理论、知识和方法。

4.1　工程项目风险识别

4.1.1　风险及风险管理

1. 风险的含义

风险（risk）是经济学中的一个基本概念，用来描述经济活动中一类非常普遍的现象：发生了某种不测事件，并因此带来损失。从风险的概念中可以看出，风险一般由三个基本要素构成：

1）风险具有不确定性。事物条件变化的不确定性是风险的基本成因。风险是机会和威胁的统一体，人们从事经济和社会活动既有可能获得预期的利益，也有可能蒙受意料不到的损失或损害。

2）风险是一种损失或损害，损失或损害的承受对象就是风险主体，是风险的物质承担者。

3）风险是预期与后果之间的差异。预期与后果的差异越大，风险也越大。

2. 风险的特点

(1) 风险具有客观性

风险是客观存在的，因而是无法回避的。人们常说的回避风险、消除风险只是相对的。只能通过种种经济的技术的手段转移和分散风险造成的损失，将风险发生的概率降至最低。

(2) 风险具有不确定性

风险的不确定性是指风险的发生是不确定的，风险的程度大小、风险由可能转变为现实的时间地点均不能肯定。这是由于人们对客观世界的认识受到各种条件的限制，不可能准确预测风险的发生。

(3) 风险是可变的

风险是相对的、变化的，在一定条件下可以转化。相对于不同的风险主体，在一定的时间、地点和条件下即在一定的风险环境中，风险的大小是不同的。风险的性质和风险后果是不断变化的，在一定条件下某些风险可能会消除，而新的风险又有可能产生。

(4) 风险是可预测、可管理和可防范的

风险具有不确定性的，但它和完全无法预测的无规则的随机即不确定性不同。它是可以定性或定量的方法进行估计的。运用科学的方法和手段对风险进行分析和预测，并进而对风险进行有效的管理和防范，能够将风险的损失降到最低程度。

3. 项目风险管理

项目风险管理是指通过风险识别、风险分析和风险评价去认识项目风险，并以此为基础合理地使用各种风险应对措施、管理方法、技术和手段对项目风险进行有效的控制，妥善处理风险事件造成的不利后果，以最少的成本保证项目总体目标的实现。高水平的风险管理不仅能使项目获得良好的经济效益，还能促使项目整体管理水平和竞争能力的提高。

4. 项目风险管理的步骤

(1) 风险识别

风险识别的目的是减少项目的不确定性。通过各种可能的手段了解、掌握、分析与工程相关的信息资料，以明察风险，及早防范和控制。作为风险主体的业主或承包商掌握的信息越多、越准确，就越能做出正确的、有把握的决策，也就越能控制和防范风险，降低由风险造成的损失；反之，风险就会加剧或失控。

(2) 风险估计

风险估计就是要估计风险的性质，估计工程实施过程中风险事件发生的概率及其后果的大小，以减少项目计算的不确定性。工程风险的估计可采用两种方式：①根据各种相关资料数据，应用合理的风险管理技术进行客观估计；②由具有丰富经验的工程技术人员进行经验判断。

(3) 风险评价

风险评价是指对风险事件后果的评价，并确定其严重程度顺序。其作用在于总结工程项目实施活动和工程风险管理的成果和经验。风险评价的内容包括：对风险的认识是否正确全面，是否有轻视风险的倾向；对风险的预测是否适当，是否有科学、足够的数据作为依据；提出处理风险的对策是否合理；对策的执行是否有益于工程项目的顺利进行。

(4) 风险规避

风险规避是事先预料风险产生的可能性程度，判断导致其实现的条件和因素，并在实际中尽可能避免它。风险规避是风险管理和控制的最彻底的方式，采取有效的风险规避措施可以完全消除某种特定的风险。

(5) 风险转移

风险主体承担工程中的全部风险往往是不经济的。通常，风险主体通过若干技术和经济手段将风险转移给他人，这样，能够缓解各方的压力，减少损失。

(6) 风险控制

风险控制是指采取各种措施降低风险概率及经济损失的程度。风险控制是业主在分析风险的基础上，实现风险防范的积极措施，既可以采用全面防御策略，又可在风险刚刚发生尚未造成损失时，采取前期控制策略。

(7) 风险分散

风险分散是采用多元化形式来增强风险主体自身对环境的适应性和应变能力，使风险在工程项目涉及到的领域内进行分散。减少工程参与各方所承担的风险，从而在整体上增强风险承担能力。

(8) 风险自留

风险自留指对一些无法避免和转移的风险采取现实的态度，在不影响自身根本利益的前提下将风险承担下来。

4.1.2 风险识别的步骤

1. 项目状态分析

这是一个将项目原始状态与可能状态进行比较及分析的过程。项目原始状态是指项目立项、可行性研究及建设计划中的预想状态，是一种比较理想化了的状态；可能状态则是基于现实、基于变化的一种估计。比较这两种状态下的项目目标值的变化，如果这种变化是恶化的，则为风险。

理解项目原始状态是识别项目风险的基础。只有深刻理解了项目的原始状态，才能正确认定项目执行过程中可能发生的状态变化，进而分析状态的变化可能导致的项目目标的不确定性。

2. 对项目进行结构分解

通过对项目的结构分解，可以使存在风险的环节和子项变得容易辨认。

3. 历史资料分析

通过对以前若干个相似项目情况的历史资料分析，有助于识别目前项目的潜在风险。

4. 确认不确定性的客观存在

风险管理者不仅要辨识所发现或推测的因素是否存在不确定性，而且要确认这种不确定性是客观存在的，只有符合这两个条件的因素才可以视作风险。

5. 建立风险清单

如果已经确认了是风险，就需将这些风险一一列出，建立一个关于本项目的风险清单。开列风险清单必须做到科学、客观、全面，尤其是不能遗漏主要风险。

6. 进行风险分类

（1）按风险产生的原因分类

1）政治风险。政治风险是一种完全主观的不确定事件，包括宏观和微观两个方面。宏观政治风险系指在一个国家内对所有经营都存在的风险。一旦发生这类风险，方方面面都可能受到影响，比如全局性政治事件。出现这类风险，该国的所有企业均受影响，无一例外。而微观风险则仅是局部受影响，一部分人受益而另一部分人受害，或仅有一部分行业受害而其他行业不受影响的风险。政治风险通常的表现为政局的不稳定性，战争状态、动乱、政变的可能性，国家的对外关系，政府信用和政府廉洁程度，政策及政策的稳定性，经济的开放程度或排外性，国有化的可能性、国内的民族矛盾、保护主义倾向等。

2）经济风险。经济风险系指承包市场所处的经济形势和项目发包国的经济实力及解决经济问题的能力等方面潜在的不确定因素构成的经济领域的可能后果。经济风险主要构成因素为：国家经济政策的变化，产业结构的调整，银根紧缩；项目的产品的市场变化；项目的工程承包市场、材料供应市场、劳动力市场的变动、工资的提高、物价上涨、通货膨胀速度加快、原材料进口风险、金融风险、外汇汇率的变化等。

3）法律风险。例如，法律不健全，有法不依、执法不严，相关法律的内容的变化，法律对项目的干预；可能对相关法律未能全面、正确理解工程中可能有触犯法律的行为等。

4）自然条件。地震、风暴、特殊的末预测到的地质条件，如泥石流、河塘、垃圾场、流砂、泉眼等，反常的恶劣的雨、雪天气、冰冻天气，恶劣的现场条件，周边存在对项目的干扰源，工程项目的建设可能造成对自然环境的破坏，不良的运输条件可能造成供应的中断。

5）社会风险，包括宗教信仰的影响和冲击、社会治安的稳定性、社会的禁忌、劳动者的文化素质，社会风气等。

（2）按风险产生的结果分类

1）工期风险，即造成局部的（工程活动、分项工程）或整个工程的工期延长，不能及时投产。

2）费用风险，包括财务风险、成本超支、投资追加、报价风险、收入减少、投资回收期延长或无法收回、回报率降低。

3）质量风险，包括材料、工艺、工程不能通过验收、工程试生产不合格、经过评价工程质未达标准。

4）生产能力风险。项目建成后达不到设计生产能力，可能是由于设计、设备问题，或生产原材料、能源、水、电供应问题。

5）市场风险。工程建成后产品未达到预期的市场份额，销售不足，没有销路，没有竞争。

6）信誉风险，即造成对企业形象，企业信誉的损害。

7）人员、设备风险，即人身伤亡，工程或设备的损坏。

8）法律风险。即可能被起诉或承担相应法律的或合同的处罚。

（3）按风险产生的阶段分类

1）高层战略风险，如指导方针、战略思想可能有错误而造成项目目标设计错误。

2）环境调查和预测的风险。

3）决策风险，如错误的选择、错误的投标决策、报价等。

4）项目策划风险。

5）技术设计风险。

6）计划风险，包括对目标（任务书，合同招标文件）理解错误，合同条款不准确、不严密、错误、二义性，过于苛刻的单方面约束性的、不完备的条款，方案错误、报价（预算）错误、施工组织措施错误。

7）实施控制中的风险。实施控制的风险有如下内容：合同风险、供应风险、新技术新工艺风险、分包风险、工程管理失误等。

8）运营管理风险，如准备不足，无法正常营运，销售渠道不畅，宣传不力等。

4.1.3　风险识别的方法

1. 头脑风暴法

头脑风暴法，是通过专家会议，发挥专家的创造性思维来获取未来信息的一种直观预测和识别方法。头脑风暴法通过主持专家会议的人在会议开始时的发言激起专家们的思维“灵感”，促使专家们感到急需回答会议提出的问题而激发创造性的思维，在专家们回答问题时产生信息交流，受到相互启发，从而诱发专家们产生“思维共振”，以达到互相补充并产生“组合效应”，获取更多的未来信息，使预测和识别的结果更准确。

2. 德尔菲法

德尔菲法又称专家调查法，是通过函询收集若干位与该项目相关领域的专家的意见，然后加以综合整理，再匿名反馈给各位专家，再次征询意见。这样反复经过四至五轮，逐步使专家的意见趋向一致，作为最后预测和识别的根据。应用德尔菲法应注意：

1）专家人数不宜太少，一般 10～50 人为宜。

2）对风险的分析往往受组织者、参加者的主观因素影响，因此有可能出现偏差。

3）预测分析的时间不宜过长，时间越长准确性越差。

3. 因果分析法

因果分析图因其图形像鱼刺，故也称鱼刺图分析法。图中主干是风险的后果，枝是风险因素和风险事件，分支为相应的小原因。用因果分析图来分析风险，可以从原因预见结果，也可以从可能的后果中找出将诱发结果的原因。

4. 情景分析法

情景分析法又称幕景分析法，是根据发展趋势的多样性，通过对系统内外相关问题的系统分析，设计出多种可能的未来前景，然后用类似于撰写电影剧本的手法，对系统发展态势作出自始至终的情景和画面的描述。

情景分析法是一种适用于对可变因素较多的项目进行风险预测和识别的系统技术，它在假定关键影响因素有可能发生的基础上，构造出多重情景，提出多种未来的可能结果，以便采取适当措施防患于未然。

5. 访谈法

访谈法是通过对资深项目经理活相关领域专家进行访谈来识别风险。负责访谈的人员首先要选择合适的访谈对象；其次，应向访谈对象提供项目内外部环境、假设条件和约束条件等信息。访谈对象根据自己丰富的经验、掌握的项目信息，对项目风险进行识别。

6. SWOT 技术

SWOT 技术是综合运用项目的优势和劣势、机会与威胁等方面，从多视角对项目风险进行识别。

4.1.4 风险识别的结果

1. 项目风险表

项目风险表又称项目风险清单，可将已识别出的项目风险列入表内。表的详细程度可根据工程项目的实际情况而定，表述可至 WBS（工作分解结构）的最底层。表中对风险的描述应该包括：

1）已识别项目风险发生概率大小的估计。

2）项目风险发生的可能时间、范围。

3）项目风险事件带来的损失。

4）项目风险可能影响的范围。

项目风险表还可以按照项目风险的紧迫程度、项目费用风险、进度风险和质量风险等类别单独做出风险排序和评价。

2. 划分风险等级

找出风险因素后，为了在采取控制措施时能分清轻重缓急，故需要给风险因素划定一个等级。通常按照事故发生后果的严重程度进行划分。可将风险等级划分为以下四级：

一级：后果小，可以忽略，可不采取措施。

二级：后果较小，暂时还不会造成人员伤亡和其他损失，应考虑采取控制措施。

三级：后果严重，会造成人员伤亡和其他损失，需要立刻采取有效措施。

四级：灾难性后果，必须立刻予以排除。

4.2　工程项目风险分析与评价

风险分析是指应用各种风险分析技术，用定性、定量或两者相结合的方式处理不确定性的过程。在项目生命周期的全过程中，会出现各种不确定性，这些不确定性将对项目目标的实现产生积极或消极影响。项目风险分析就是对将会出现的各种不确定性及其可能造成的各种影响和影响程度进行恰如其分的分析和评估。通过对那些不太明显的不确定性的关注，对风险影响的揭示，对潜在风险的分析和对自身能力的评估，采取相应的对策，从而达到降低风险的不利影响或减少其发生的可能性之目的。

4.2.1　风险分析的过程

1. 采集数据

首先必须采集与所要分析的风险相关的各种数据。这些数据可以从投资者或者承包商过去类似项目经验的历史记录中获得。所采集的数据必须是客观的、可统计的。某些情况下，直接的历史数据资料还不够充分，尚需主观评价，特别是哪些对投资者来讲在技术、商务和环境方面都比较新的项目，需要通过专家调查方法获得具有经验性和专业知识的主观评价。

2. 完成不确定性模型

以已经得到的有关风险的信息为基础，对风险发生的可能性和可能的结果给以明确的定量化。通常用概率来表示风险发生的可能性，可能的结果体现在项目现金流量表上，用货币表示。

3. 对风险影响进行评价

在不同风险事件的不确定性已经模型化后，紧接着就要评价这些风险的全面影响。通过评价把不确定性与可能结果结合起来。

4.2.2　风险分析的内容

1. 风险存在和发生的时间分析

风险存在和发生的时间分析即风险可能在项目的哪个阶段、哪个环节上发生。有许多风险有明显的阶段性，有的风险是直接与具体的工程活动相联系的。这个分析对风险的预警有很大的作用。

2. 风险的影响和损失分析

风险的影响是个非常复杂的问题，有的风险影响面较小，有的风险影响面很大，可能引起整个工程的中断或报废，而风险之间常常是有联系的。

经济形势的恶化不但会造成物价上涨，而且可能会引起业主支付能力的变化；通货膨胀引起了物价上涨，则不仅会影响后期的采购、工人工资及各种费用支出，而且会影响整个后期的工程费用。由于设计图纸提供不及时，不仅会造成工期拖延，而且会造成费用提高（如人工和设备闲置、管理费开支），还可能在按原计划可以避开的冬雨季施工，造成更大的拖延和费用增加。

3. 风险发生的可能性分析

风险发生的可能性分析，是研究风险自身的规律性，通常可用概率表示。

4. 风险级别

风险因素非常多，涉及各个方面，但人们并不是对所有的风险都予以十分重视。否则将大大增加管理费用，而且谨小慎微，反过来会干扰正常的决策过程。在二维坐标表示的风险预测图中，一个具体的风险所处点的位置可定出该风险的级别，如 A、B、C 分类法。

A 类，损失期望值很大的风险。通常发生的可能性很大，而且一旦发生损失也很大。

B 类，损失期望值一般的风险。通常发生的可能性不大，损失也不大的风险，或可能性很大但损失极小，或损失比较大但可能性极小的风险。

C 类，损失期望值极小的风险，即发生的可能性极小，即使发生损失也很小的风险。

在具体的风险管理中 A 类是重点，B 类要顾及到，C 类可以不考虑。

5. 风险的起因和可控性分析

对风险起因的研究是为风险预测、对策研究、责任分析服务的。

风险的可控性是指人对风险影响的可能性，如有的风险是人力（业主、项目管理者或承包商）可以控制的，而有的却不可控制。可控的，例如承包商对招标文件的理解风险，实施方案的安全性和效率风险，报价的正确性风险等；不可控制的，例如物价风险，反常的气候风险等。

4.2.3 风险分析的方法

1. 列举法

通过对同类已完工项目的环境、实施过程进行调查分析、研究，可以建立该类项目的基本风险结构体系，进而可以建立该类项目的风险知识库（经验库）。它包括该类项目常见的风险因素。在对新项目决策或用专家经验法进行风险分析时给出提示，列出所有可能的风险因素，以引起人们的重视，或作为进一步分析的引导。

2. 专家经验法

专家经验法（Delphi 法）不仅用于风险因素的罗列，而且用于对风险影响和发生可能性的分析，一般不要采用提问表的形式，而采用专家会议的方法。

1）组建有代表性的专家小组，一般以 4～8 人最好，专家应具有实践经验和代表性。

2）通过专家会议，对风险进行界定、量化。召集人应让专家尽可能多地了解项目目标、项目结构、环境及工程状况，详细地调查并提供信息，有可能时请专家进行实地考察。并对项目的实施、措施的构想做出说明，使大家对项目有一个共识，否则容易增加评价的离散程度。

3）召集人有目标地与专家合作，一起定义风险因素和结构，以及可能的成本范围，作为讨论的基础和引导。专家对风险进行讨论，按以下次序逐渐深入：①引导讨论各个风险的原因；②风险对实施过程的影响；③风险对具体工程的影响范围，如技术、工期、费用等；④将影响统一到对成本的影响上，估计影响量。

4）风险评价。各个专家对风险的程度（影响量）和出现的可能性，给出评价意见。在这个过程中，如果有不同的意见，可以提出讨论，但不能提出批评。为了获得真正的专家意见，可以采用匿名的形式发表意见，也可以采用争吵技术进行分析。

5）统计整理专家意见，得到评价结果。专家咨询得到的风险期望的各单个值（风险期望值为风险损失值与风险发生可能性的乘积），按统计方法进行信息处理。总风险期望值为各单个风险期望值之和，而各个风险期望值与各个风险影响值和出现的可能性有关。它们可分别由专家意见结合相加得到。

3. 其他分析方法

1）对历史资料进行统计分析的方法。

2）模拟方法即蒙特卡罗法。

3）决策树分析法。

4）敏感性分析。

5）因果关系分析。

6）头脑风暴法。

7）价值分析法。

8）变量分析法等。

风险分析结果必须用文字、图表进行表达说明，作为风险管理的文档，即以文字、表格的形式作出风险分析报告。这个结果表达不仅作为风险分析的成果，而且应作为人们风险管理的基本依据。

4.3　工程项目风险应对

4.3.1　风险管理的一般策略

1. 设法降低不利事件发生的概率，甚至彻底消除风险发生的可能性

这通常要由加强管理来实现。

2. 设法降低风险发生后所造成的损失

具体策略包括三个方面：

1）设立预防措施或替代方案。

2）降低该项风险行为对组织整体目标的影响。

3）减小风险暴露。

3. 不承担风险

行为人在既不能有效降低风险发生概率，又无法降低风险损失，更无法直接承担该风险时，只有采取回避的策略。具体讲就是行为人：

1）改变自己的目标或方向，如将经营方向从高技术领域转向常规技术领域。

2）放弃风险行为，如银行放弃某些高风险贷款项目。

3）转移或转嫁风险，如公司通过联合投资，将风险分散于多个投资主体，或通过期货、期权等风险交易工具将风险转嫁于他人等。

4.3.2 风险管理中常用的应对方法

1. 风险回避

风险回避就是在考虑到某项目的风险及其所致损失都很大时，主动放弃或终止该项目以避免与该项目相联系的风险及其所致损失的一种处置风险的方式。它是一种最彻底的风险处置技术，在风险事件发生之前将风险因素完全消除，从而完全消除了这些风险可能造成的各种损失。

风险回避是一种消极的风险处置方法，因为再大的风险也都只是一种可能成可能发生，也可能不发生。采取回避，当然是能彻底消除风险，但同时也失去了实施项目可能带来的收益，所以这种方法一般只在存在以下情况之一时才会采用：

1）某风险所致的损失频率和损失幅度都相当高。

2）应用其他风险管理方法的成本超过了其产生的效益时。

2. 风险控制

对损失小、概率大的风险，可采取控制措施来降低风险发生的概率，当风险事件已经发生则尽可能降低风险事件的损失，也就是风险降低。所以，风险控制就是为了最大限度地降低风险事故发生的概率和减小损失幅度而采取的风险处置技术。为了控制工程项目的风险，首先要对实施项目的人员进行风险教育以增强其风险意识，同时采取相应的技术措施。

1）根据风险因素的特性，采取一定措施使其发生的概率降至接近于零，从而预防风险因素的产生。

2）减少已存在的风险因素。

3）防止已存在的风险因素释放能量。

4）改善风险因素的空间分布从而限制其释放能量的速度。

5）在时间和空间上把风险因素与可能遭受损害的人、财、物隔离。

6）借助人为设置的物质障碍将风险因素与人、财、物隔离。

7）改变风险因素的基本性质，加强风险部门的防护能力。

8）做好救护受损人、物的准备。

9）制定严格的操作规程，减少错误的作业造成不必要的损失。

3. 风险转移

对损失大、概率小的风险，可通过保险或合同条款将责任转移。

风险转移是指借用合同或协议，在风险事件发生时将损失的一部分或全部移到有相互经济利益关系的另一方。风险转移主要有两种方式，即保险风险转移和非保险风险转移。

(1) 保险风险转移

保险是最重要的风险转嫁方式，是指通过购买保险的办法将风险转移给保险公司或保险机构。

(2) 非保险风险转移

非保险风险转移是指通过保险以外的其他手段将风险转移出去。非保险风险主要有：担保合同、租赁合同、委托合同、分包合同、责任约定、合资经营、实行股份制等。

4. 风险保留

对损失小、概率小的风险留给自己承担，这种方法通常在下列情况下采用：

1）处理风险的成本大于承担风险所付出的代价。

2）预计某一风险造成的最大损失项目可以安全承担。

3）当风险降低、风险控制、风险转移等风险控制方法均不可行时。

4）没有识别出风险，错过了采取积极措施处置的时机。

4.4　工程项目保险与担保

4.4.1　工程项目保险

1. 工程保险及其保障范围

工程保险承保的保障范围包括因保险责任范围内的自然灾害和意外事故及工人、技术人员的疏忽、过失等造成的保险工程项目物质财产损失及列明的费用，在工地施工期间内对第三者造成的财产损失或人身伤害而依法应由被保险人承担的经济赔偿责任。由于工程项目本身涉及多个利益方，凡是对工程保险标的具有可保利益者，都对工程项目承担不同程度的风险，均可以从工程保险单项下获得保险保障。本保险的保险金额可先按工程项目的合同价或概算拟定，工程竣工后再按工程决算数调整。

2. 工程保险的分类

(1) 按保险标的分类

工程保险按保险标的分可以分为建筑工程一切险、安装工程一切险、机器损失保险和船舶建造险。

(2) 按工程建设所涉及的险种分类

1) 建筑工程一切险：公路、桥梁、电站、港口、宾馆、住宅等工业建筑、民用建筑的土木建筑工程项目均可投保建筑工程一切险。

2) 安装工程一切险：机器设备安装、企业技术改造、设备更新等安装工程项目均可投保安装工程一切险。

3) 第三方责任险：该险种一般附加在建筑工程（安装工程）一切险中，承保的是施工造成的工程、永久性设备及承包商设备以外的财产和承包商雇员以外的人身损失或损害的赔偿责任。保险期为保险生效之日起到工程保修期结束。

4) 雇主责任险：是承包商为其雇员办理的保险，承保承包商应承担的其雇员在工程建设期间因与工作有关的意外事件导致伤害、疾病或死亡的经济赔偿责任。

5) 承包商设备险：承包商在现场所拥有的（包括租赁的）设备、设施、材料、商品等，只要没有列入工程一切险标的范围的都可以作为财产保险标的，投保财产险。这是承包商财产的保障，一般应由承包商承担保费。

6) 意外伤害险：是指被保险人在保险有效期间因遭遇非本意、外来的、突然的意外事故，致使其身体蒙受伤害而残疾或死亡时，由保险人依照保险合同规定付给保险金的保险。意外伤害险可以由雇主为雇员投保，也可以由雇员自己投保。

7) 执业责任险：是以设计人、咨询商（监理人）的设计、咨询错误或员工工作疏漏给业主或承包商造成的损失为保险标的险种。

(3) 按主动性、被动性分类

1) 强制性保险：是指根据国家法律法规和有关政策规定或投标人按招标文件要求必须投保的险种，如在工业发达国家和地区，强制性的工程保险主要有建筑工程一切险（附加第三者责任险）、安装工程一切险（附加第三者责任险）、社会保险（如人身意外险、雇主责任险和其他国家法令规定的强制保险）、机动车辆险、10 年责任险和 5 年责任险、专业责任险等。

2) 自愿保险：是由投保人完全自主决定投保的险种，如在国际上常被列为自愿保险的工程保险主要有国际货物运输险、境内货物运输险、财产险、责任险、政治风险保险、汇率保险等。

(4) 按单项、综合投保分类

1) 单项保险：是在一个工程项目的多个可保标的中对其中一个标的进行投保拟及对多个标的分别投保的方式。

2) CIP 保险，是英文 controlled insurance programs 的缩写，有人译为受控保险计划，也有人翻译为投保工程一切险，其实质是“一揽子保险”。CIP 保险的基本运行机制是在工程承包合同中明确规定，由业主或承包商统一购买“一揽子保险”，保障范围覆盖业主、承包商及所有分包商，内容包括了劳工赔偿、雇主责任险、一般责任险、建筑工程一切险、安装工程一切险。

3. 工程保险的投保

(1) 投保程序

1) 选择保险顾问或保险经纪人。

2) 确定投保方式和投保发包方式。

投保方式是指一揽子投保还是分别投保，是业主投保还是承包商投保，或者是各自投保。

投保发包方式是指通过招标投保还是直接询价投保。

3) 准备有关承保资料，提出保险要求，如果采取保险招标，则应准备招标文件。

① 承保资料。为了对项目风险进行准确的评估，保险人通常会需要投保人提供与工程有关的文件、图纸和资料，包括工程地质水文报告、地形图、工程设计文件和工程造价文件、工程合同、工程进度表以及有关业主的情况、投资额多少、资金来源、承包方式、施工单位的资料等。

② 保险要求，是指投保人对保险安排的设想，主要解决保什么，怎么保。保险人在对工程项目评估后就可根据投保人的保险要求设计保险方案。所以，保险方案是投保人的要求和保险人的承保计划的体现，主要包括：

- 保险责任范围。
- 建筑工程项目，各分项保险金额及总保额。
- 物质损失免赔额及特种危险的赔偿限额。
- 安装项目及其名称、价值和试车期。
- 是否投保施工、安装机具设备，其种类和重置价值。
- 是否投保场地清理费和现有建筑物及其保额。
- 是否加保保证期，其种类、期限。
- 是否投保第三者责任险，赔偿限额和免赔额。
- 其他特别附加条款。

③ 保险招标文件：当确定采用招标选择保险人时，招标文件编写就是选择保险人最关键的工作，主要的内容有：

- 保险标的（保险项目清单）及保险金额。
- 保险费的计算方法。
- 投标资格要求。
- 投保人要求。
- 评标标准与方法。
- 保险合同条款。一般都采用标准的文本。

4) 将有关资料发给国内保险公司并要求报价，如采取招标方式，发售招标文件。

5) 谈判或经过开标、评标选定保险人。

6) 填写投保申请表或投保单。

7) 就保单的一些细节进行最后商定。

8) 双方签署保险单。

4. 选择保险人应考虑的因素

1）保险人的资信、实力。
2）风险管理水平。
3）同类工程项目的管理经验。
4）保险服务。
5）技术水平。
6）费率水平及分保条件。

5. 保险合同的构成

（1）投保申请书或投保单

某些险种习惯于使用投保申请书，而有的险种习惯于使用投保单。投保申请书、投保单主要内容包括投保人、工程关系各方、被保险人、工程建设地点、建设工期、建设地的地质水文资料以及建设工程的详细情况、投保保险标的（清单）以及相应的投保金额、随申请附的资料等。由投保人如实和尽可能详尽地填写并签字后作为向保险公司投保建筑、安装工程险的依据。投保申请书（投保单）为工程保单的组成部分。投保申请书（投保单）在未经保险公司同意或未签发保险单之前不发生保险效力。

（2）保险单

保险单一般由保险公司提供标准格式，每个险种都有其相应的标准格式。主要内容是确认的投保人、被保险人和保险人，工程建设地点、建设工期、建设现状，保险险种、保险标的（清单）、保险金额、保险费，特殊保险内容的约定。

保险公司根据投保人投保申请书（投保单），在投保人缴付约定的保险费后，同意按保险单条款、附加条款及批单的规定以及明细表所列项目及条件承保约定的险种。投保申请书（投保单）为保险单的组成部分。

（3）保险条款

保险条款是规定保险合同双方权利义务的法律文件，一般使用标准文本。目前使用的保险条款是中国人民保险公司编制的，常用的有建筑工程一切险保险条款和安装工程一切险保险条款。

6. 保险合同的内容

1）投保人名称和住所。
2）投保人、被保险人名称和住所，以及人身保险的受益人的名称和住所。
3）保险标的。
4）保险责任和责任免除。
5）保险期间和保险责任开始时间。
6）保险价值。
7）保险金额。
8）保险费以及支付办法。

9）保险金赔偿或者给付办法。

10）违约责任和争议处理。

7. 工程保险的索赔管理

1）及时报损。一旦发生自然灾害或意外事故或被保险人获悉时，在尽可能短的时间内通知保险公司。

2）保护现场。在可能的情况下保留现场以便保险公司现场调查取证，并予以充分地协助。

3）填报出险通知书。出险通知书一般应在保险公司的协助下填写，这是索赔的第一份正式文件。

4）提供理算依据。按保险单的规定提供有关的凭证、账册、单据、证明等作为理算的依据。

5）协助收集理算依据。协助保险公司或理算人、独立的第三方进行处理理赔案所必需的资料收集工作。

6）达成受损财物处置意见。在进行受损财产修理或重建以前，被保险人和保险公司应当就由保险公司负责赔偿的受损财产的损失程度、数量、施救费用等达成统一意见，以避免争议。

7）修理费用。如受损财产由被保险人自行修理，应提供包括修理所用物料、耗费工时等事项的修理费用清单；如为外单位修理或重建，则应提供相关发票。

8）填制损失清单。一般应在保险公司的协助下填写。

9）第三方追赔。如损失是由第三方的原因造成，被保险人应及时向第三方提出追偿，但不应做出任何承诺，同时应将有关事项告知保险公司。经保险公司赔偿后的相应权益应签署权益转让书转让给保险公司，并协助保险公司追偿。

10）争取预付赔款。对属于保险责任内的大赔款，若金额一时难以确定，保险公司可在估损金额的一定比例（具体数值视当时情况而定）内单独先行预付赔款，以帮助受损公司及时恢复生产。损失金额一经最终确定，保险公司可在规定的时间内支付其余赔款。

11）签订赔偿协议。一旦索赔单证齐全，保险双方就赔款金额达成一致，保险公司即可支付赔款。

4.4.2　工程项目担保

1. 工程担保的基本概念

担保是指承担担保证义务的一方，即保证人（担保人）应债务人（被担保人）应对债权人（权利人）的某种义务向债权人做出的书面承诺，保证债务人按照合同规定条款履行义务和责任，或及时支付有关款项，保障债权人实现债权的信用工具。担保制度在国际上已有很长的历史，已经形成了比较完善的法规体系和成熟的运作方式。中国的担保制度的建设是以 1995 年颁布的《中华人民共和国担保法》为标志的，现在已经进入到一个快速发展阶段。

工程保证担保是合同当事人为了保证工程合同的切实履行，由保证人作为第三方对建设工程中一系列合同的履行进行监管并承担相应的责任，是一种采用市场经济手段和法律手段进行风险管理的机制。在工程建设中，权力人（债权人）为了避免因义务人（债务人）原因而造成的损失，往往要求由第三方为义务人提供保证，即通过保证人向权利人进行担保，倘若被保证人不能履行其对权利人的承诺和义务，以致权利人遭受损失，则由保证人代为履约或负责赔偿。工程保证担保制度在世界发达国家已有一百多年的发展历程，已成为一种国际惯例。《世界银行贷款项目招标文件范本》、国际咨询工程师联合会 FIDIC《土木工程施工合同条件》、英国土木工程师协会 ICE《新工程合同条件（NEC)》、美国建筑师协会 AIA《建筑工程标准合同》等对于工程担保均进行了具体的规定。

2. 担保的方式

(1) 保证

保证是指保证人和债权人约定当债务人不履行债务时，保证人按照约定履行债务或者承担责任的行为。

(2) 抵押

抵押是指债务人或者第三人不转移对所拥有财产的占有，将该财产作为债权的担保。债务人不履行债务时，债权人有权依法从将该财产折价或者拍卖、变卖的价款中优先受偿。

(3) 质押

质押是指债务人或者第三人将其质押物移交债权人占有 p 特该物作为债权的担保。债务人不履行债务时，债权人有权依法从将该物折价或者拍卖、变卖的价款中优先受偿。

(4) 留置

留置是指债权人按照合同约定占有债务人的动产，债务人不按照合同约定的期限履行债务的债权人有权依法留置该财产，从将该财产折价或者拍卖、变卖的价款中优先受偿。

(5) 定金

当事人可以约定一方向对方结付定金作为债权的担保。债务人履行债务后，定金应当抵作价款或者收回。给付定金的一方不履行约定的债务的，元权要求返还定金；收受定金的一方不履行约定的债务的，应当双倍返还定金。

(6) 反担保

第三人为债务人向债权人提供担保时，可以要求债务人提供反担保，也就是要求被担保人向担保人提供一份担保。反担保方式既可以是债务人提供的抵押或者质押，也可以是其他人提供的保证、抵押或者质押。

3. 工程担保的内容

(1) 投标担保

投标保证担保是在建设工程总包或分包的招投标过程中，保证人为具有合格的投标人向招标人提供的担保，保证投标人不在投标有效期内中途撤标；中标后与招标人签订施工合同并提供招标文件要求的履约以及预付款等保证担保。如果投标人违约，招标人可以没收其投标保画，要求保证人在保困额度内予以赔偿。

(2) 承包商履约担保

履约保证是指由于非业主的原因，承包商无法履行合同义务，保证机构应该接受该工程，并经业主同意由其他承包商继续完成工程建设，业主只按原合同支付工程款，保证机构须将保证金付给业主作为赔偿。履约保证充分保障了业主依照合同条件完成工程的合法权益。

(3) 承包商付款担保

付款担保是指若承包商没有根据工程进度按时支付工人工资以及分包商和材料设备供应商的相关费用，经调查确认后由保证机构予以代付。付款保证使得业主避免了不必要的法律纠纷和管理负担。

(4) 预付款担保

预付款担保是要求承包商提供的为保证工程预付款用于该工程项目，不准承包商挪作他用及卷款潜逃的担保。

(5) 维修担保

维修担保是为保障维修期内出现质量缺陷时，承包商负责维修而提供的担保。维修担保可以单列，也可以包含在履约担保内，也有采用扣留一定比例工程款作担保的。

(6) 业主付款担保

业主工程款支付保证是保证人为有支付能力的业主向承包商提供的担保，保证业主按施工合同的约定向承包商支付工程款。若业主违约，保证人在保函额内代为支付。

(7) 业主责任履行担保

业主责任保证是保证人为业主履行合同约定的义务和责任而向承包商提供的担保，保证业主按合同的约定履行义务，承担责任。

(8) 完工担保

完工担保是保证人为承包商按照承包合同约定的工期和质量完成工程向业主提供的担保。

4. 投标担保

(1) 担保方式

投标担保可以采用银行保函、担保公司担保书、同业担保书和投标定金担保方式，但一般都采用银行保函或定金担保的方式；具体方式由招标人在招标文件小规定。对未能按招标文件要求提交投标担保的投标，可视为不响应招标而予以拒绝。

(2) 投标担保的额度

投标担保额度为没标总价的 0.5%～5%，视工程大小及工程所在地区的经济状况，并参照当地的惯例，由招标文件规定。我国房屋和基础设施工程招标的投标保证金为投标价的 2%，但最高不超过 50 万元。

(3) 担保的有效期

投标担保的有效期应超出投标有效期的10～28天，但在确定中标人后3～10天以内返还未中标人保函、担保书或定金。不同的工程可以有不同的时间规定，这些都应该在招标文件中明确。

(4) 投标担保的解除

1) 招标文件应明确规定在确定中标人后多少天以内返还未中标人保函、担保书或定金。

2) 中标人的投标担保可以直接转为履约担保的一部分，或在其提交了恩约担保并签订了承包合同之后退还。

(5) 违约责任

1) 采用银行保函或者担保公司保证书的，除不可抗力外，投标人在开标后和投标有效期内撤回投标文件，或者中标后在规定时间内不与招标人签订工程合同的，由提供担保的银行或者担保公司按照担保合同承担赔偿责任。

如果是收取投标定金的，除不可抗力外，投标人在开标后的有效期内撤回投标文件，或者中标后在规定时间内不与招标人签订工程合同的，招标人可以没收其投标定金；实行合理低价中标的，还可以要求按照与第二标投标报价的差额进行赔偿。

2) 除不可抗拒因素外，招标人不与中标人签订工程合同的，招标人应当按照投标保证金的2倍退还中标人。给对方造成损失的，依法承担赔偿责任。

5. 承包商履约担保

(1) 担保方式

承包商履约担保可以采用银行保函、担保公司担保书和履约保证分的方式，也可以来用同业担保方式，由实力强、信誉好的承包商为其提供履约担保，还应当遵守国家有关企业之间提供担保的有关规定，不允许两家企业互相担保或者多家企业交叉互保。

(2) 担保额度

采用履约担保金方式（包括银行保函）的履约担保额度为5%～10%；采用担保书和同业担保方式的一般为合同价的10%～15%。

(3) 履约担保方式

采用银行保函担保的，当承包商由于非业主的原因而不履行合同义务时，一般都是由担保人在担保额度内对业主损失支付赔偿。采用担保公司或同业担保书担保的，当承包商由于非业主的原因而不愿履行合同义务时，应由担保人向承包商提供资金、设备或者技术援助，使其能继续履行合同义务；或直接接管该项工程，代位履行合同义务；或另觅经业主同意的其他承包商，继续履行合同义务；或按照合同约定，在担保额度范围内，对业主的损失支付赔偿。

采用履约保证金的，中标人不履行合同的，履约保证金不予退还，给招标人造成的损失超过履约保证金数额的，应当对超过部分予以赔偿；履约保证金可以是现金也可以是支票、银行汇票或银行保函。

（4）履约担保的有效期

承包商履约担保的有效期应当截止到承包商根据合同完成了工程施工并经竣工验收合格之日。业主应当按承包合同约定在承包商履约担保有效期截止日后若干天之内退还承包商的履约担保。

（5）履约担保的索取

为了防止业主恶意支取承包商的履约担保金，一般应在合同中规定在任何情况下，业主就承包商屉约担保向保证人提出索赔之前，应当书面通知承包商，说明导致索赔的违约性质，并得到项目总监理工程师及其监理单位对索赔理由的书面确认。

（6）履约担保的送补

承包商在业主就其屈约担保索赔了全部担保金额之后，应当向业主重新提交同等担保金额的履约担保，否则业主有权解除承包合同，由承包商承担违约责任。若剩余合同价值已不足原扭保金额，则承包商重新提交的履约担保的担保金额以不低于剩余合同价值为限。

6. 业主支付担保

（1）担保方式与额度

业主应当在签订工程承包合同时。向承包商提交支付担保，担保金额应当与承包商履约担保的金额相等，业主可以采用银行保函或者担保公司担保书的方式。小型工程项目也可以由业主依法实行抵押或者质押担保。

（2）担保有效期

业主支付担保的有效期应当截止到业主根据合同约定完成了除工程质量保修金以外的全部工程结算款项支付之日，承包商应当按合同约定在业主支付担保有效期截止日后若干天内退还业主的支付担保。

（3）担保的索付

在任何情况下，承包商就业主支付担保向保证人提出索赔之前，应当书面通知业主，说明导致索赔的原因。

（4）业主支付担保的递补

业主在承包商就其支付担保索赔了全部担保金额之后，应当及时向承包商重新提交同等担保金额的支付担保，否则承包商有权解除承包合同，由业主承担违约责任。总剩余合同价值已不足原担保金额，则业主重新提交的支付担保的担保金额以不低于剩余合同价值为限。

4.5 案例分析

案例1：BOT项目的风险管理

BOT投资方式是建立在风险确定与风险分担基础上的，对于业主政府或其公营机构和项目公司来说，都要承担项目建设和经营的风险。

1. BOT 项目的风险及其特性

BOT 项目的风险就是指 BOT 项目中损失发生的不确定性。每个 BOT 项目都会存在风险，这是由风险的绝对性性质决定的。对于项目各方面的管理所要解决的问题就是如何将这种损失发生的不确定性减至一个可以接受的程度，然后再将剩余不确定性的责任分散给最适合承担的一方。

风险管理首先要确定一个风险是否是可控制的，即在一个 BOT 项目中，由项目各方可以控制的风险能被清楚地确定和分散。然而，不可控的风险却是不能被轻易分散的，这就要求将风险和回报结合起来，如银行进入 BOT 项目的运作，贷款给项目原因就在于它为了取得利息而愿意承担不可控制的风险。

对于 BOT 项目来说，由于其期限长和项目的复杂性，随着项目的进展，有很多的已知风险是越来越可以控制的，但是在这个发展的过程中又会出现新的风险，所以项目风险的管理是一个持续不断的过程。

在一个 BOT 项目中，要求所有的参与者都应该明白什么是风险，哪些是可以控制的，而哪些是不可以控制的。只有在全员都了解的基础上才能更好地进行相互沟通，方便在工作中比较理智地解决问题。否则，没有合理的理解和沟通，项目风险的处理就会显得各有各的意见，导致互相理解错误而最终使项目失败。

在 BOT 项目的不同阶段，项目参与各方面临的风险不一样，也就是说，BOT 项目风险具有比较强的阶段性。对所有参与者来说，最大的风险出现在 BOT 项目的建设和初步运营阶段。这期间技术障碍是存在的主要问题。但是，承担风险时间最长的是项目发起人，他们在项目的最初确定阶段就开始投入资金。在随后的计划、融资、签约和建设阶段还要继续增加投人。由于产权回收和取得利润要依靠项目获得的收益，因此发起人所承担的风险会一直持续到项目的最后。债权人也有类似的风险形式，只不过风险时间比发起人要短一些；一旦签约动工，债务关系就开始生效。

2. BOT 项目风险的分类与管理

风险的分类中有一种比较重要的分类即可控制风险和不可控制风险。通常来说，可以控制的风险是指那些可以自行控制和处理的风险，包括投资人承诺、合作者信用状况、有效市场需求、竞争、项目准备、获准风险、完工风险、成本超支、技术失败、建设和运行期间产生的伤亡以及运行的性能质量等。而不可控制风险则一般与宏观市场环境有关，属于超出发起人控制范围的风险。不可控制风险包括不可抗力、财产没收、强迫收购、法规变化、违约、招标和谈判、利率变动、价格变化、通货膨胀、偿还期、货币风险等。

当然，这两者的划分也不是绝对不变的。不可控风险有时候也可以通过一定的手段予以减少，相反，可控风险也会因特定的时间和不同的人而出现无法避免的尴尬。随着信息交流程度的加深和现代金融市场的发展，有效控制各种风险的方法越来越多。各类风险呈现出越来越强的可控性。不可控风险与可控风险的划分也变得更加模糊。以下是一些典型的风险和风险管理方法。

(1) 不可抗风险

1) 不可抗力风险管理。

不可抗力这个概念提得比较多的就是保险领域，不过其实它是一个普遍存在的概念，很多领域都会用到它。不可抗力风险通常包括火灾、地震和洪水等引起的伤亡损失和由罢工、战争和动乱引起的非死亡损失。这些风险是项目参与者无法控制的。

对付不可抗力风险的主要方法是将风险货币化，通过投保将风险转移给第三方。许多国家的出口信贷机构可以提供保险，承保部分或全部不可抗力风险，承保范围包括没收、战争和民众滋事在内的政治风险；世界银行的多边投资担保机构也提供战争、动乱和没收保险。这些险别的保险成本可以成为项目成本的一部分。

2) 强制收购风险管理。

强制收购指没收风险、征收充公风险或国有化风险。在很多情况下，BOT 项目的外方发起人将这些风险视作不可抗力风险。管理这类风险的主要办法是投保，另外还可以整合 BOT 项目的产权布局，基本做法就是努力促使国内强大的合作者参与项目合作，或促使国际多边机构参与合作。这样一来，国家强制收购的风险就会大大降低。

当然除了这些做法外，还可以通过债务安排、政府部门担保等方式进行分散风险。

3) 法规变更风险管理。

这种风险比较容易发生在发展中国家或者是中小国家。法规变更可能会给项目造成增加成本、降低收入、影响工期或者导致项目资金短缺等问题。

项目公司在应对这种风险的时候最好能设法将这些风险转嫁给当地的合作伙伴或政府。例如，在购电协议中规定购电价格能够补偿不可预料法规变化而引起的成本超出，并通过提高电价延长特许期来予以补偿。

4) 利率变化风险管理。

利率变化风险是指在项目的经营过程中，由于利率变动直接或者间接造成项目收益损失的风险。采用浮动利率融资，利率上升会导致项目生产成本提高；采用固定利率融资，市场利率降低会造成项目机会成本的提高。

规避利率变化风险有多种办法：以多种货币向银行借款，不同货币各自利率水平不同，变化趋向也不尽一致，这样可以降低货币利率变化导致的风险；认真分析货币利率变化趋势，加强与银行的合作，指定合理的货币贷款组合，减低利率变动风险；利用金融市场机制进行利率掉期交易，降低利率变化带来的损失；如果当地货币利率相对稳定，则可以尽可能多地组织当地货币贷款，因为多数资金都必须在当地使用，使用利率相对稳定的当地货币既可以避免利率变化带来的损失，又可以减少汇率变化导致的损失。

5) 通货膨胀风险管理。

项目建设和营运的期限比较长，当地国家币值的变化会对项目的成本核定和投资回收产生巨大的影响，因此，通货膨胀风险的管理在国际项目中十分重要。规避通货膨胀风险的主要方法是与当地政府达成相应的协议，允许根据公认的通货膨胀率调整项目产品或产出的价格，或者延长特许期限。

6) 货币风险管理。

货币风险通常包括三个方面：东道国货币的自由兑换问题、经营收益的自由汇出问题以及汇率波动造成的货币贬值问题。

BOT 项目融资的各参与方都十分关心外汇风险问题。境外项目发起人希望将项目产生的利润以自己本国的货币汇回国内，并且不致使因为东道国货币贬值而蒙受损失。同样，贷款方也希望项目能以原来的货币偿还贷款。

项目收入的自由兑换和自由汇出问题主要靠境外投资者与东道国政府之间的协议来解决。东道国政府为吸引境外资金，一般不会拒绝境外投资者将收入兑换后汇出；有时候，投资者也可采用灵活的方式间接地达到将收入兑换出境的目的。

至于汇率的变动问题，并不是简单地通过一些金融工具就可以解决的，因为东道国既然有自由兑换风险，就说明它的货币不是国际硬通货，而掉期大都是在硬通货之间进行。在这种情况下，最好的办法当然还是同东道国政府或结算银行签订远期兑换合同，事先把汇率锁定在一个双方都可以接受的价位上。但是，实际上，东道国政府和银行一般都不愿意承担这样的风险。

（2）可控风险

1）市场风险管理。BOT 项目的投资收益取决于其产品在市场中的表现，除非项目公司在项目建成前就能在一个确定的价位上卖出其全部产品，否则它就必须直接面对市场风险。其实市场风险也很简单，就是供求的风险，价格的高低与供求的情况是我们在处理市场风险时候所必须面对的问题。只有把这些关系解决了，我们也就达到了控制市场风险的管理。

市场风险存在于整个产品链中，不管是上游的原材料，还是中游的生产，或者是下游的销售，都处处存在着市场风险，那么我们在处理时，就应该首先对市场进行调查研究，然后进行合理的组织生产，再进行必要的营销手段，以保证我们的损失达到最小，从而达到控制市场带来的风险。

2）建造和竣工风险管理。

项目是一个长期性的规模非常大的项目，其建造和竣工方面主要存在以下的一些风险：一是实际建造费用可能大大超过预测费用；二是竣工期长于既定的预测时间；三是不能完成该项目的建设，或者完成的项目达不到预期的设计标准等。

完工风险对项目公司来说就意味着利息支出的增加、贷款偿还期的延长和市场机会的错过。完工风险的大小取决于四个因素：项目设计技术要求、承建商的建设开发能力和资金运作能力、承建商所作承诺的法律效力以及其履行承诺的能力、政府节外生枝的干预。

一般来说，完工风险有承建商通过“一揽子承包”合同来承担。减少完工风险的首要措施是选好承包商，对承包商的背景、技术和财务能力作“尽职调查”。

上述风险在大多数 BOT 项目中都不同程度地存在，但项目所处行业、市场条件以及项目参与方的构成和能力不同，BOT 项目风险的具体情况也就不尽一致。在风险管理的过程中，可控制风险管理的有效性取决于有关合作各方对相关信息的了解程度和相互之间的沟通；可控制风险管理有效手段是合同的有效履行。因此，必须认真准备特许协议、购买协议、供应协议、承包合同、运营合同等合同文本，所有合同都应得到所有相关各方的全面理解，并达成一致认识。

BOT 项目涉及的领域非常广泛，各类关系十分复杂，涉及金融、法律、技术、程序等多方面的问题，政府在实施 BOT 融资计划过程中，应当努力寻求各类咨询专家和法律顾问的帮助，以便更有效地了解 BOT 项目中的风险，制定管理风险的策略。

案例 2：常用施工机具风险及风险管理

1. 施工机具风险源

(1) 质量原因

1) 设备在设计选型、制作加工和材料选用等方面的失误。

2) 设备制造中偷工减料或代料现象严重。

3) 设备使用了伪劣零件。

4) 设备无安全保护装置或装置不全。

(2) 安装原因

1) 没有专人指挥。

2) 不熟悉安装过程。

3) 参加安装工作的人员不能严格遵守安全技术规程。

4) 各种连接螺栓、销轴损坏后未能及时更新。

(3) 维护及操作原因

1) 设备超载或违章使用。

2) 贪图方便不执行各种安全措施。

3) 赶进度造成机械疲劳作业，未能及时检修。

4) 操作人员培训不够或素质太差。

(4) 自然原因

恶劣的气候，如大风、大雨、大雾、雷击，以及其他不利的自然因素。

(5) 振动对周围环境的影响

施工期作业产生振动的主要有打桩、大型挖土、混凝土搅拌、重型运输、回填夯实等。

2. 施工机具主要风险事故

(1) 机械设备损坏

1) 设备倒塌。

2) 部件损坏或倒塌。

(2) 人身安全伤害

1) 被碰撞是指处于固定位置的人受到机械设备的碰撞。

2) 碰撞是指人体碰到了机械设备。

3) 卷人是指人体被运行中的机械设备抓住，并带入其中。

4) 夹人是指人体被相互啮合并旋转的齿轮辊带进去，并夹在机械设备中间。

5) 机械设备的相互碰撞引起人身伤害。

6) 机械设备的超载引起事故并危及人身安全。

7) 触电。

3. 常用施工机具风险事故防范对策

(1) 挖掘机

风险事故防范对策：

1) 施工机械操作区内，严禁非工作人员停留。

2) 挖掘机装土时，运土的汽车驾驶室内不得留人，禁止用挖掘机越过运土汽车的驾驶室顶部卸土，应使挖土斗从车身后部向车厢卸土。

3) 挖掘机铲斗卸土时，应尽量放低，不得在高空卸土。

4) 用挖掘机挖土时，禁止将铲斗过深地切入土内，以免挖掘机履带后部离地，机身前倾。避免挖成下坡形式，造成运土工具重车上坡行驶。

5) 施工区内的水源、电源应统一规划设置，还应指定专人管理。

6) 工地上如有配合施工的民工，进场前应进行安全教育，并设专人经常进行安全施工的教育。

7) 作业后应将挖掘机停在坚实、平坦、安全的地方，将铲斗落地。

8) 挖土及推土机械的倾覆

挖土机及推土机在施工过程中，当土质较松软或离开基坑（或槽）的边太近，使坑边土体失稳时，或在前方挖土重力或推土土重作用下使机身向前倾斜，机身重心偏离支撑面而造成倾覆。

在施工时避免发生倾覆的对策：

1) 松软土或新填土未压实，使用前应先行压实，必要时还要铺设枕木。

2) 应该注意挖土机及推土机离土坑或基坑边的距离，不要靠得太近。

(2) 汽车式起重机

汽车式起重机风险事故防范对策：

1) 使用时，无论用支腿或不用支腿，依照起重机性能提升最大荷载时必须先将重物提升离地面20～50cm，试验离合器、制动器是否可靠，稳定性是否良好。

2) 在进行任何作业前，起重机司机必须事先发出信号。

3) 起重机不打支腿工作时，轮胎气压应为70N/cm^2。

4) 在正常工作条件下，起重机应处于水平位置。如在不平整的场地工作时，机架倾斜度不得超过3°，还应放下支腿，在支腿下方垫以方木。

5) 禁止吊拔埋在地下或其他物件压着的重物。

6) 负载起落起重时，只允许低速进行，同时其幅度及起重量不得超过规定范围。

(3) 塔式起重机

风险事故防范对策：

1) 司机应受过专业训练，熟悉机械构造和工作性能，并严格执行安全操作规程及保养规程。

2) 起重机应指定专人进行操作，非司机人员不得操纵，司机酒后和患病时，也不得进行操作。

3) 起重机的工作环境为－20～40℃，风速应低于6级。

4）新制或大修出厂及塔式起重机拆卸重新组装之后，均应进行规定试验。

5）起重机必须有可靠的接地，所有电气设备外壳均应与机体妥善连接。

6）起重机安装好后，应重新调整好各种安全保护装置和限位开关，如夜间作业，照明必须良好。

7）起重机行使道路内不得有障碍物和局部下沉现象，6 级以上大风和雷雨天，停止作业。

（4）龙门架、井字架

风险事故防范对策：

1）升降机应有专职机构和专职人员管理。

2）组装后应进行验收，并进行空载、动载和超载试验：

3）由专职司机操作。司机离开时，应降下吊篮并切断电源。

4）严禁载人。

5）禁止攀登架体和从架体下面穿越。

6）要设置灵敏可靠的联系信号装置。做到各操作层均可同司机联系，并且信号准确。

7）缆风绳不得随意拆除。凡需临时拆除的，应先行进行加固，待恢复缆风绳后，方可运行升降机；如要改变缆风绳的位置、重新埋设地锚，应待新缆风绳拴好后，原来的缆风绳方可拆除。

8）保养设备必须在停机后进行。禁止在设备运行中擦洗、注油等工作。重新在卷筒上缠绳时，必须两人操作，一人开机一人扶绳，相互配合。司机在操作中要经常注意传动机构的磨损，发现磨绳、滑轮磨偏等问题，要立即向有关人员报告，并及时解决。

9）架体及轨道发生变形必须及时纠正。

10）严禁超载运行。

（5）卷扬机

风险事故的防范对策：

1）安装位置要求视野良好。施工过程中的建筑物、脚手架以及现场堆放材料、构件等，都不能影响司机在操作范围内进行全过程的监视。

2）卷扬机司机应经专业培训持证上岗。作业时要精神集中，发现视线内有障碍物时，要及时清除；信号不清时，不得操作。

3）作业前，应先空转确认电气、制动以及环境情况良好才能操作，操作人员应详细了解当班作业的主要内容和工作量。

4）当被吊物没有完全落在地面时，司机不得离岗。休息时，必须将物件或吊笼降至地面。下班后，应切断电源，关好电闸箱。

5）使用单转卷扬机，必须用刹车控制下降速度，不能过快和突然急刹车，要缓缓落下。

6）留在卷筒上的钢丝绳最少应保留 3～5 圈。

7）司机应随时注意操作条件及钢丝绳的磨损情况。当荷载变化，第一次提升时，应先离地 0.5m 稍停，检查无问题后再继续上升。

8）禁止使用扳把型开关，防止发生碰撞误操作。

9）钢丝绳要定期涂抹黄油并要放在专用的槽道里，以防碾压倾轧，破坏钢丝绳的强度。

(6) 外用电梯

风险事故防范对策：

1) 电梯应单独安装接地保护和避雷装置。风力达 6 级以上应停止使用，并将梯笼降至底层。

2) 电梯底笼周围 2.5m 范围内，必须设置稳固的防护栏杆。各停靠层通道口处，应安装栏杆或安全门。

3) 电梯安装完毕正式投入使用之前，应在首层一定高度的地方架设防护棚。

4) 必须由经考核取证后的专职电梯司机操作。当电梯未切断总电源开关前，司机不能离开操作岗位。

5) 电梯每班首次运行时，应空载及满载试运行，将电梯笼升高地面 1m 左右停车，检查制动器灵敏性，确认正常后方可投入运行。

6) 梯笼乘人、载物时应使荷载均匀分布，严禁超载使用。

7) 电梯运行至最上层和最下层时仍要操纵按钮，严禁以行程位开关自动碰撞的方法停车。

8) 多层施工交叉作业，同时使用时，要明确联络信号。

9) 限速器、制动器等安全装置必须由专人管理，并按规定进行调试检查，保持灵敏可靠。

(7) 柴油打桩机

风险事故防范对策：

1) 桩基施工场地坡度按规定一般不大于 1%，地基承载力不小于 $85kN/m^2$ 按原机说明书检验轨道铺设情况。

2) 竖立桩机导杆前，要检查各连接件并卡紧轨钳，制动住行走及回转机构。导杆两侧和前方，必须设好缆风绳，以便随立起的角度，随时拉紧缆风绳，保证稳定立起。

3) 桩机使用前，要先进行空载试运转，确认卷扬机、钢丝绳及各部连接件无误，然后锁牢导杆下部的制动保险锁及防偏制动锁。

4) 桩锤应按施工规范要求选用。将锤运到桩架正前方，不能斜吊。

5) 吊桩时，必须在桩上栓好溜绳，将桩锤落到下部，以保持桩机的稳定。

6) 桩入土 3m 以上时，严禁用桩机行走、回转等动作纠正桩的垂直度。

7) 施工中桩机倾斜度不可过大。当桩存放在坡上，需要在下坡处进行打桩作业时，不得用桩机吊桩，以免造成桩架倾倒。

(8) 混凝土搅拌机

风险事故防范对策：

1) 新机使用前应按照混凝土搅拌机使用书的要求，对各系统和部件逐项进行检验及必要的试运转。空车运转，检查搅拌筒及搅拌叶的转动方向，各工作装置的操作、制动确认正常，方可作业。

2) 混凝土搅拌机启动后，应使搅拌筒达到正常转速后进行上料，上料后要及时加水；添加新料必须先将搅拌机内原有的混凝土全部卸出后才能进行。不得中途停机或在满荷载时起动搅拌机（反转出料者除外）。

3）在混凝土搅拌机使用中，切勿使砂石落入机器运转部分中去，以免使运转部件卡住损坏。

4）作业中，如发现故障仍能继续运转时，应立即切断电源，将搅拌筒内的混凝土清除干净，然后进行检修。

5）作业后，应对搅拌机进行全面清洗，操作人员如需要进入筒内清洗时，必须切断电源，设专人在外进行监护，或卸去熔断器并锁好电闸箱，然后方可进入。

6）上料斗的摇把，应用销子固定，以免人进到筒内清理时，身体碰触摇把使料斗提升，发生挤压事故。

7）作业后，应将料斗降落到料斗坑，如须升起则应用链条扣牢。

复习思考题

4.1　工程项目风险具有哪些特点？

4.2　什么是工程项目全面风险管理？

4.3　简述风险识别的步骤。

4.4　工程项目风险识别的常用方法有哪些？

4.5　风险分析应包含哪些内容？可以采用的方法有哪些？

4.6　什么是风险应对？在风险应对中可以采取哪些措施？

4.7　什么是工程项目保险？工程项目承保的保障范围包括哪些？

4.8　简述工程项目投标的程序。

4.9　如何进行工程保险的索赔？

参考文献

[美] 罗耶. 2005. 项目风险管理 [M]. 北京广联达厦中软件技术有限公司译. 北京：机械工业出版社.

《建设工程项目合同与风险管理》编委会. 2007. 建设工程项目合同与风险管理 [M]. 北京：中国计划出版社.

陈起俊. 2007. 工程项目风险分析与管理 [M]. 北京：中国建筑工业出版社.

陈伟珂. 2008. 工程项目风险管理 [M]. 北京：人民交通出版社.

成虎. 2004. 工程项目管理 [M]. 北京：中国建筑工业出版社.

郭波，龚时雨，谭云涛等. 2008. 项目风险管理 [M]. 北京：电子工业出版社.

国际咨询工程师联合会；中国工程咨询协会. 2001. 风险管理手册 [M]. 北京：中国计划出版社.

李慧民. 2002. 建筑工程经济与项目管理 [M]. 北京：冶金工业出版社.

李慧民. 2007. 工程项目管理 [M]. 北京：中国建筑工业出版社.

李启明. 2002. 土木工程合同管理 [M]. 南京：东南大学出版社.

刘钧. 2008. 风险管理概论 [M]. 北京：清华大学出版社.

沈建明. 2004. 项目风险管理 [M]. 北京：机械工业出版社.

王卓甫. 2005. 工程项目管理风险及其应对 [M]. 北京：中国水利水电出版社.

吴涛，丛培经. 2003. 中国工程项目管理知识体系 [M]. 北京：中国建筑工业出版社.

夏之宏. 2003. 国际工程承包风险与规避 [M]. 北京：中国建筑工业出版社.

第5章　土木工程项目组织管理

本章要求：

（1）掌握建设单位（业主）在实施工程项目管理过程中，可能采用的5种组织形式及组织所处环境对项目管理的影响，熟悉项目管理组织形式；

（2）熟悉工程项目组织结构的特征，灵活运用管理组织结构确定的依据和原则；

（3）了解项目沟通的概念、内容及作用，明确沟通的过程和渠道，了解沟通过程中的障碍；

（4）了解冲突的概念及作用效果，熟悉项目冲突的类型及解决方式，了解项目冲突管理的过程。

5.1　工程项目组织及其环境

5.1.1　工程项目组织的必要性

1）在建设的过程中，会产生许多的项目管理班子与企业部门、项目经理与设计方或施工方等交界面，这就决定了要有组织的工作。

2）在工程项目的建设中，甲方与乙方是一对必然的矛盾体，实际存在的矛盾只有通过有效的组织协调才能加以缓和。

3）工程项目建设过程中涉及施工人员的技能、知识等的合理搭配，涉及大量的物质流、大量的设备、大量的信息流，要合理有序地组织工作，必然要求有科学的组织。

5.1.2　工程项目组织形式

1. 建设单位自管

建设单位自己组建项目管理机构，负责建设资金的使用，办理前期手续，组织勘察设计、材料设备采购、工程施工的招标与管理及工程竣工验收等全部工作，有的建设单位还自行组织工程设计、施工等。其组织形式如图5.1所示。

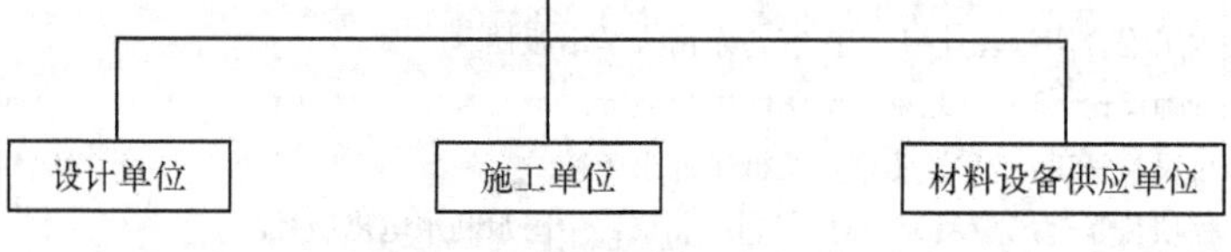

图5.1　建设单位自管形式

在建设单位自管形式中，项目管理与建设单位是一套班子，可以统一领导。但组织管理机构往往因其为临时机构都不健全，管理人员一般因是非专职从事项目管理人员而经验不足，不利于实现项目管理的专业化、社会化。这种方式主要适用于小规模的工程项目。

2. 工程指挥部

工程指挥部由参与工程项目建设有关各方的代表组成。它不是一个经济实体，通常与政府主管部门或建设单位实行投资（预算）包干。其组织形式如图 5.2 所示。

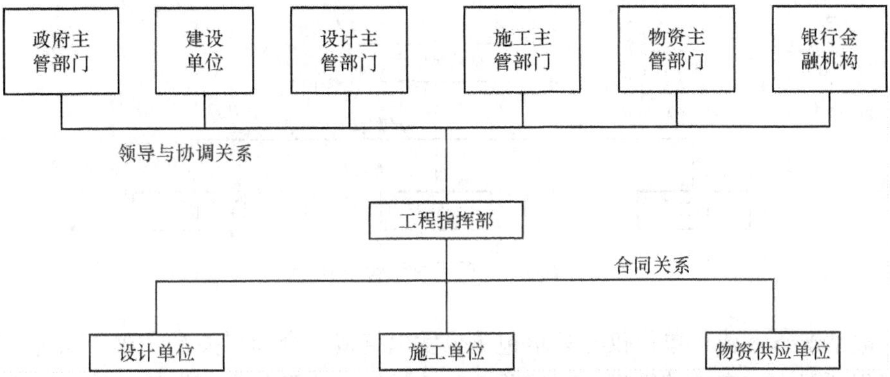

图 5.2　工程指挥部形式

工程指挥部形式可以较好地发挥参建各方的积极作用。但其机构松散、缺乏层次、责任不信息渠道不畅。常常用于重点工程或政府项目。

3. 项目总承包

建设单位与工程监理（咨询）单位签订委托合同，由监理（咨询）单位代表建设单位对项目建设实施管理。其组织形式如图 5.3 所示。

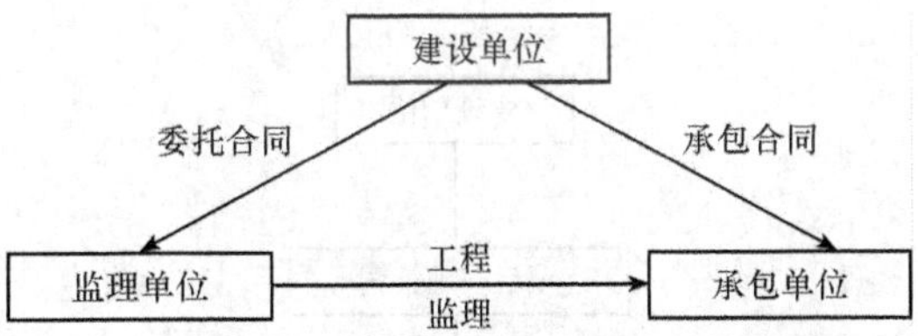

图 5.3　工程监理形式

工程监理（咨询）单位作为独立的第三方，接受建设单位的委托，对工程项目实施监督、管理、协调、控制。工程监理（咨询）形式实现了项目的所有权与管理权相分离，建设单位只需要对项目制定目标，提出要求，并负责最后的验收。它是国际工程中流行的项目管理形式之一。

4. 项目总承包

项目总承包，也称工程总承包，是由建设单位将工程项目的勘察设计、设备采购、工程施工等全部建设活动委托给一家具有相应资质的总承包单位负责组织实施，工程竣工验收合格后建设单位可以直接使用。其组织形式如图 5.4 所示。

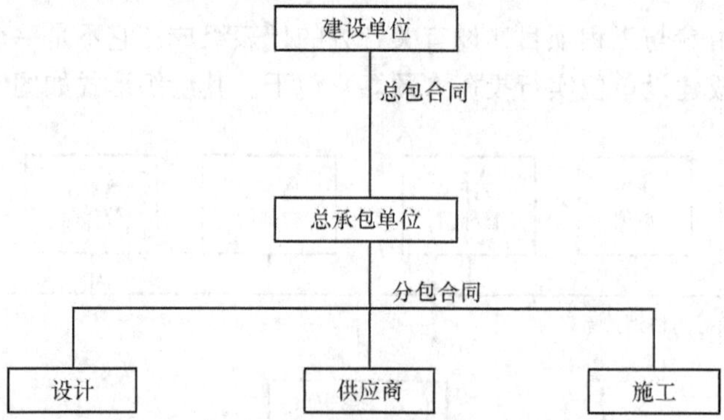

图 5.4 项目总承包形式

一般情况下，建设单位仅与总承包单位发生直接（合同）关系，双方职责明确，便于对工程项目实施有效的管理。项目总承包的具体方式又分为：设计、采购、施工总承包（EPC），交钥匙总承包，设计-施工总承包（D-B），设计-采购总承包（E-P），采购-施工总承包（P-C），特许经营总承包（BOT/PFI）等方式。

项目总承包是国内外建设工程中较为普遍的项目管理形式。

5. 项目托管

项目托管形式，又称工程项目代建制，是由建设单位将整个工程项目的全部工作（或者部分工作）委托给专门的项目管理公司，由项目管理公司代替业主从事工程项目建设管理。其组织形式如图 5.5 所示。

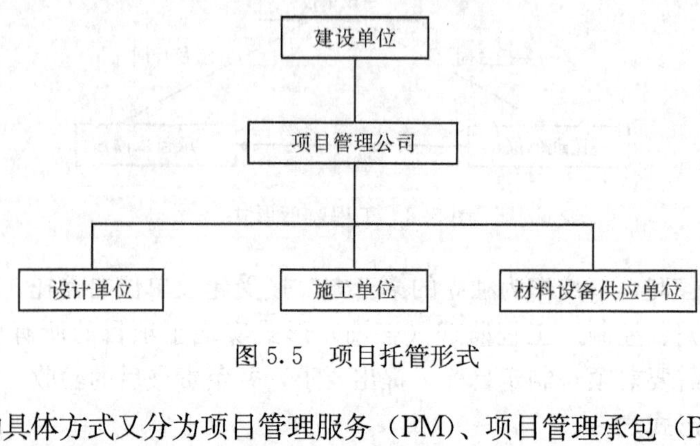

图 5.5 项目托管形式

项目托管的具体方式又分为项目管理服务（PM）、项目管理承包（PMC）等方式。

项目托管与工程监理（咨询）、项目总承包有些类似，但项目管理公司主要负责管理工作，而且工程设计、施工单位也可以把他们承担任务范围内的组织管理工作委托给专门的项目管理公司去做。这种管理组织形式较好地发挥了专门从事项目管理机构及其人员的作用，是国际上通行的项目管理方式之一。

5.1.3　组织所处环境对项目管理的影响

1）市场环境对项目管理的影响。市场因素是决定项目形成的根本因素，同时也影响着对项目的管理，市场对于项目所处行业的反应，影响着项目管理实现中的过程，当市场变化对项目所处行业有利时，就会有助于项目管理的实现，反之，会影响项目管理的实现。

2）地理环境对项目管理的影响。项目所处的地理环境决定着项目所缺少人才的可获得程度，同时也对项目管理的方式有所影响，不同的地理环境会有不同的人文条件，就会有不同的项目管理文化，也就影响着项目管理的具体形式。

3）政治环境对项目管理的影响。政治环境是项目管理成败的关键，不同的政治环境就会有不同的政策。

4）人事环境对项目管理的影响。人事环境最直接的影响就是对于项目经理的任命及项目组人员的选择上，项目管理的水平受项目团队管理及技术水平的影响是不言而喻的。同时，人事环境也影响着项目执行过程中的人事安排。更重要的因素是，人事环境决定着绩效考核的方式及项目组人员的薪酬水平。

5）办事程序及习惯对项目管理的影响。特定的组织文化会有特定的办事程序和习惯，比如对于人情方面的处理、关系网的认识，合同是以公开招标为主，还是以人情合同为主。还有就是项目管理者对于手中权力的认识，是一种责任，还是一种特权。

5.1.4　项目管理组织形式

1. 直线式的组织形式

直线式是早期采用的一种项目管理形式，来自于军事组织系统，其特点是权利系统自上而下形成直线控制，权责分明，如图 5.6 所示。

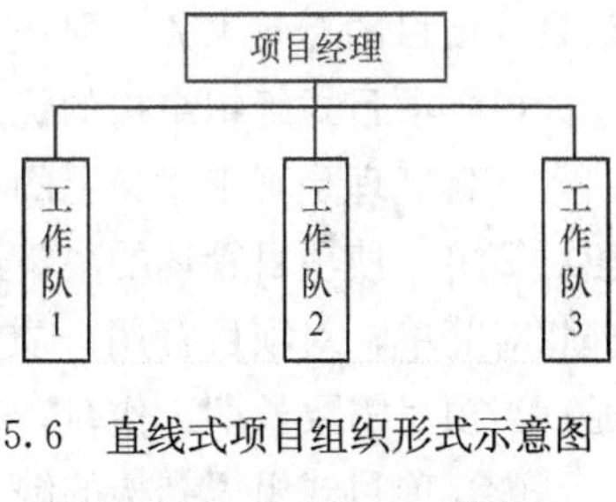

图 5.6　直线式项目组织形式示意图

通常独立的项目和单个中小型工程项目都采用直线式组织形式。这种组织结构形式与项目的结构分解图有较好的对应性，如一般中小型的建设工程项目组织采用。

（1）直线型项目组织的优点

具有独立的项目组织的优点。特别是，项目经理能直接控制资源，向客户负责；信息流通快，决策迅速，项目容易控制；项目任务分配明确，责权利关系清楚。

（2）直线型项目组织的缺点

当项目比较多、比较大时，每个项目对应一个组织，使企业资源不能达到合理利用；项目经理责任较大，一切决策信息都集中于他处，这要求他能力强、知识全面、经验丰富，否则决策较难、较慢，且容易出错；企业的各项目之间缺乏信息交流，项目之间的协调、企业的计划和控制比较困难；在直线式组织中，如果专业化分工太细，会造成多级分包，进而造成组织层次的增加。

2. 职能式的组织形式

职能式是目前国内咨询公司在咨询项目中应用最为广泛的一种模式，通常由公司按不同行业分成各项目部，项目部内又分成专业处，公司的咨询项目按专业不同分给相对应的专业部门和专业处来完成，如图 5.7 所示。

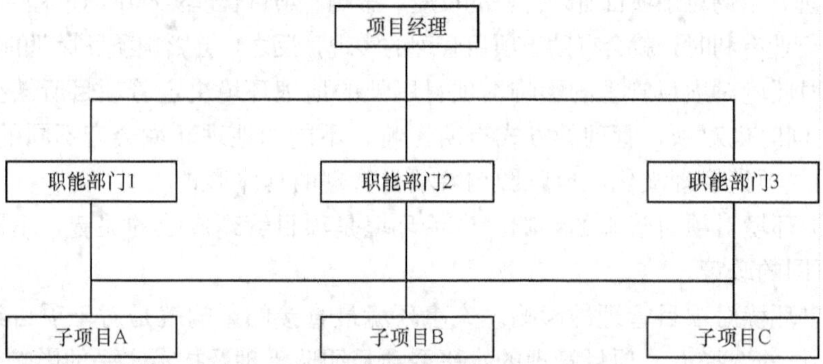

图 5.7 职能式项目组织形式示意图

职能式项目管理组织模式是在公司高级管理者的领导下，由各职能部门负责人构成项目协调层，由各职能部门负责人具体安排落实本部门内人员完成相关任务的项目管理组织形式。协调工作主要在各部门。分配到项目团体中的成员在职能部门内可能暂时是专职，也可能是兼职，但总体上看，没有专职人员从事项目工作。项目工作可能只工作一段时间，也可能持续下去，团队中的成员可能由各种职务的人组成。

3. 项目式的组织形式

项目式管理组织形式就是将项目的组织形式独立于公司职能部门之外，由项目组织自己独立负责其项目主要工作的一种组织管理模式。项目的具体工作则主要由项目团队负责。项目的行政事务、财务、人事等在公司规定的权限内进行管理。

(1) 项目式组织结构的优点

项目经理是真正意义上的项目负责人；团队成员工作目标比较单一；项目管理层次相对简单，使项目管理的决策速度响应速度变得快捷起来；项目管理指令一致；项目管理相对简单，对项目费用、质量及进度等的控制更加容易进行；项目团队内部容易沟通；当项目需要长期工作时，在项目团队的基础上容易形成一个新的职能部门。

(2) 项目式组织结构的缺点

容易出现配置重复、资源浪费的问题；项目组织成为一个相对封闭的组织，公司的管理与对策在项目管理组织中的贯彻可能遇到阻碍；项目团队成员在项目后期没有归属感；由于项目管理组织的独立性，使项目组织产生小团体观念，在人力资源与物资资源上出现“囤积”的思想，造成资源浪费；同时，各职能部门考虑其相对独立性，对其资源的支持会有所保留。

4. 矩阵式的组织形式

矩阵式组织是介于职能式与项目式组织结构之间的一种项目管理组织模式。矩阵式项目组织结构中，参加项目的人员由各职能部门负责人安排，而这些人员的工作在项目工作期间，项目工作内容上服从项目团队的安排，人员不独立于职能部门之外，是一种暂时的、半松散的组织形式，项目团队成员之间的沟通不需通过其职能部门领导，项目经理往往直接向公司领导汇报工作。根据项目团队中的情况，矩阵式项目组织结构又可分成弱矩阵式结构、强矩阵式结构和平衡矩阵式结构三种形式。

(1) 弱矩阵式项目管理组织结构

一般是指在项目团队中没有一个明确的项目经理，只有一个协调员负责协调工作。团队各成员之间按照各自职能部门所对应的任务，相互协调进行工作。实际上在这种模式下，相当多的项目经理的职能由部门负责人分担。

(2) 强矩阵式项目管理组织结构

这种模式下的主要特点是，有一个专职的项目经理负责项目的管理与运行工作，项目经理来自于公司的专门项目管理部门。项目经理与上级沟通往往是通过其所在的项目管理部门负责人进行的。

(3) 平衡矩阵式项目管理组织结构

这种组织结构形式是介于强矩阵式项目管理组织结构与弱矩阵式项目管理组织结构二者之间的一种形式。主要特点是项目经理是由一职能部门中的团队成员担任，其工作除项目的管理工作外，还可能负责本部门承担的相应的项目中的任务。此时的项目经理与上级沟通不得不在其职能部门的负责人与公司领导之间做出平衡与调整。

(4) 矩阵式组织结构的优点

团队的工作目标与任务较明确，有专人负责项目的工作；团队成员无后顾之忧；各职能部门可根据自己部门的资源与任务情况来调整、安排资源力量，提高资源利用率；提高了工作效率与反应速度，相对职能式结构来说，减少了工作层次与决策环节；相对于项目式组织结构来说，可在一定程度上避免资源的囤积与浪费；在强矩阵式模式中，由于项目经理来自于公司的项目经理部门，可使项目运行符合公司的有关规定，不易出现矛盾。

(5) 矩阵式组织结构的缺点

项目管理权力平衡困难；信息回路比较复杂；项目成员处于多头领导状态。

5.2　工程项目组织结构

5.2.1　工程项目的组织结构特征

1. 业主建立的工程建设项目组织结构具有针对性

对一个工程建设项目来说，其项目班子的成员往往来自不同的单位，业主需要建立起一个有效的组织结构，以便把该项目的所有参与方有机地联系起来。显然，由于工程建设项目的不同特征而使得项目的组织结构也有所不同。

2. 工程建设项目班子的组织结构具有多样性

建设项目的实施通常是由一个项目班子来进行的，这个项目班子是由项目的各参与方组成的，其中包括：

1）业主，包括代表业主利益的项目管理者。

2）设计班子，包括建筑师、结构、土木、机电工程师和其他专业的技术人员。

3）专业咨询，包括工料测量、计划、投资估算、规划、法律、评估、金融/租赁、保险、设计审核、健康安全和环境保护、物业管理、交通规划、施工管理和其他各类专业人员。

4）承包商和分包商。

在实践中，项目组织结构会因为项目的性质、发包方式、项目管理的方式（外部的或是内部的），尤其是业主的要求不同而有所变化，因而呈现多样性。

5.2.2　影响工程项目组织结构的因素

工程项目在组织与实施过程中，不可避免地将与项目内外的许多方面发生各种各样的联系或关系，因此，能否处理好这些关系，将直接影响到项目实施的效率及顺利完成。一般地，对工程项目组织结构有着影响的因素主要可分为两大类，即外部和内部因素。

（1）来自项目外部的因素

来自项目外部影响项目组织结构形式的因素主要有：国际通行的项目管理方法与惯例；国家宏观经济环境和与投资、项目相关的管理体制与政策；项目的经济合同关系与形式；项目管理的范围，项目的性质、种类、规模及对社会经济生活的影响程度；项目同外部各单位之间的工作关系。

（2）来自项目内部的因素

来自项目内部的因素包括公司的组织管理模式与制度、公司的项目管理方式、公司内领导层及各部门之间的运作方式和公司内对项目运作的理念与企业文化。

5.2.3　管理组织结构确定的依据

（1）项目自身的特点

每一个项目都有其各自的特性，不同的项目规模、项目目标、工作内容、完成时间、工作性质等决定着项目的组织结构。

（2）承担项目的公司的项目管理水平与管理要求

公司的管理水平与对项目管理的要求直接影响着项目组织结构的选择。例如，公司对项目采用组织结构的具体而明确的规定，对项目团队财务管理的规定等，都对项目管理组织结构的确定有着重要影响。

（3）委托方的要求

为了更好地完成项目任务，有时委托方对项目的具体工作提出了较为具体的要求，如指定要采用何种方式，要与哪些公司合作，希望有哪些人员参加等。这些要求的满足，在一定程度上加大了组织结构确定的约束性。

(4) 项目的资源情况

在工程项目中，为了实施与完成项目，必须要消耗一定种类与一定数量的资源。如对于一个已拥有较多信息资源、人力资源、时间资源，而资金资源相对不足的项目来说，采用职能式组织结构或矩阵式组织结构较为适宜；反之，则宜采用项目式组织结构。

(5) 国家的相关法规与政策

应该说，国家关于项目方面的管理规定、管理体制及政策有时也会对项目的组织结构形式有着一定的影响。

5.2.4 管理组织结构确定的原则

(1) 工作整体效率原则

项目组织形式是为项目整体运作而服务的，确定合适的组织结构形式的目的是为了能够优质高效地完成项目的整体任务与目标。

(2) 用户至上原则

用户至上原则要求在设计组织结构时，应充分考虑委托方在项目时间、质量、工作方式及内容等方面的要求。

(3) 权职一致原则

权职一致原则是指在项目组织结构设置时，各组织单元的职责与权力必须一致、对等。有职无权会使组织单元的工作任务无法完成，组织设立的目标无法实现；而有权无职也会使一些组织单元滥用职权，出现对项目过错与问题不负责任的现象。

(4) 协作与分工统一的原则

这一原则要求在项目组织的设立过程中，要考虑各组织单元之间的联系，它们之间是相互依存的，而不是孤立的，是既有分工又有协作。

(5) 跨度与层次合理的原则

跨度与层次是一对相互矛盾的统一体，如何使二者之间的关系合理化是组织设计时应考虑的一个重要问题。一般来说，管理跨度以 3～8 个、管理层次以不超过 6 个为宜。

(6) 具体灵活的原则

任何一种组织方式都不是一成不变的。不同的项目对应着不同的组织形式，即使是同一项目，由于情况发生变化，也可能出现在不同的时间段上采用不同的组织形式的情况。

5.3 项目经理与项目团队

5.3.1 项目经理

建设工程项目经理，简称项目经理，是指企业为建立以建设工程项目管理为核心的质量、安全、进度和成本的责任保证体系，全面提高工程项目管理水平而设立的重要管理岗位，是企业法定代表人在工程项目上的委托授权代理人。自从 1995 年建设部在全国推行建设工程施工项目经理负责制以来，已经在工程项目施工过程中建立了以项目经理为首的生产经营管理体系，确立了项目经理在工程项目施工中的中心地位。可以说，项目经理岗位是保证工程项目建设质量、安全、工期的重要岗位。

1. 项目经理的任务

项目经理的任务因项目管理目标责任书中的项目管理目标而异。但是，一般应当包括以下内容：

1）确定项目管理组织机构并配备相应人员，组建项目经理部。

2）制定岗位责任制等各项规章制度，以有序地组织项目、开展工作。

3）制定项目管理总目标、阶段性目标以及总体控制计划，并实施控制，保证项目管理目标的全面实现。

4）及时准确地作出项目管理决策，严格管理，保证合同的顺利实施。

5）协调项目组织内部及外部各方面关系，并代表企业法人在授权范围内进行有关签证。

6）建立完善的内部和外部信息管理系统，确保信息畅通无阻，工作高效进行。

2. 项目经理的能力要求

（1）班子组建能力

组建项目班子是项目经理的主要责任之一。班子组建内容包括选择不同的工作班子，将其纳入项目管理班子之中。

（2）领导能力

项目经理的领导能力是项目成功的重要前提之一，与项目经理的项目管理经验和组织结构形式等有关，一般应满足下列要求：

1）对项目的明确领导和指导。

2）平衡经济与人力间的矛盾。

3）善于启用新人，使新人与项目班子融洽相处。

4）解决人事纠纷。

5）代表项目班子与外界或公司打交道。

6）准确无误的沟通交流信息。

（3）冲突解决能力

纠纷、冲突和矛盾在项目管理中都是不可避免的。理解冲突产生的原因和冲突可能产生的危害，将对处理冲突非常有利。某些冲突如果处理得当，可能对项目管理有益，有利于提高项目管理班子竞争意识。

（4）技术能力

项目经理理解和掌握相关技术知识显得非常重要，在解决一些复杂项目时，一般会要求项目经理具有工程专业知识。项目经理应掌握和理解：项目所涉及的技术、工程机具及其技术、技术发展趋势和相关支持技术。

(5) 组织能力

组织能力在项目开始阶段尤为重要，它有助于将不同人员团结起来，组成一个高效的集体。这比设计组织形式图更复杂，至少需要确定项目的报告关系、责任分配、信息流程等。

(6) 管理能力

项目经理在熟悉计划、人员配备、预算和进度等技术的同时也必须认识到管理的重要性。项目经理必须运用管理手段，避免管理任务过细，将一些管理任务分派给项目班子其他成员。

(7) 计划能力

任何项目开始前必须做计划，项目的任何任务开始前也必须做计划，计划对项目管理绝对重要，项目计划表示项目开始到结束的全过程安排。

项目计划一般包括进度计划和预算安排、人员配备计划、关键员工安排、资源使用计划信息流程处理等。

不过，项目经理不能让计划执行过于苛刻，如果不加控制，计划执行结束后就会自动终止，计划上没有标明的工作改进可能就得不到有效执行。因此，项目经理应防止滥用计划与制度。

3. 项目经理应树立的意识

(1) 法律意识

作为项目经理就要有较强的法律意识，要知法、懂法、守法、用法，既要保证在工程施工、项目建设上合法经营，严格按照合同中规定的相关条款履行职责，而且要学会和善于运用法律武器来保护自身的合法权益不受侵害，保证工程施工建设的顺利进行，从而降低工程不必要的费用开支，以实现项目管理预期的经济效益。

(2) 质量意识

项目经理作为施工最前沿的组织管理者，应严格执行程序文件，规范细化工作过程，实施过程控制，全面提高施工质量。在重视质量的同时，还要善于妥善处理好质量与效益、质量与速度、质量与安全之间的关系，力争工程施工“优质、高效、低耗”，实现工程建设的质量目标和效益目标。

(3) 安全生产意识

施工项目经理必须树立安全生产意识，高度重视“安全第一，预防为主”的工作方针，要努力学习、了解、掌握、运用和执行安全生产的方针政策、法律法规、规范标准及基本知识和专业知识，增强安全生产管理能力，提高安全生产水平，不能只顾工期、进度和效益，而忽视了可控可防的安全因素，确保国家财产和工人的人身安全，实现施工项目管理的质量和安全双丰收。

(4) 创新意识和环境保护意识

施工项目经理应该重视改善施工现场的工作和生活环境，提高工作效率和员工的生活水平；合理利用新型、节能、环保的产品和技术，借鉴和吸收新的施工管理经验，这样可以减少工程施工费用开支，降低工程施工成本，从而达到“节能、降耗、增效”实现企业利润最大化的总体目标。

5.3.2　项目团队

项目团队是为适应项目的有效实施而建立的团队。项目团队的具体职责、组织结构、人员构成和人数配备等因项目性质、复杂程度、规模大小和持续时间长短而异。项目团队的一般职责是项目计划、组织、指挥、协调和控制。

项目团队一般包括项目经理、项目副经理、项目办公室人员、专业人员等。项目团队的组建可能既漫长又费时，特别是针对大型复杂项目时。项目团队的组建应非常谨慎。一般组建项目团队的主要过程如图 5.8 所示。

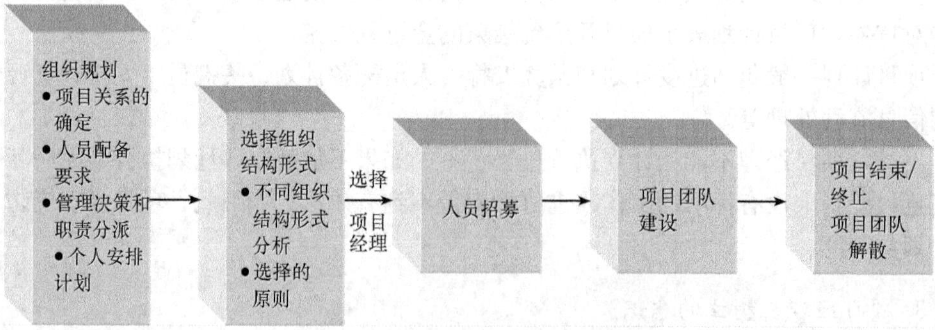

图 5.8　项目团队的组建过程

1. 项目团队的特征

(1) 共同的目标

对于一个项目，为使项目团队工作有成效，就必须明确目的和目标，并且对于要实现的项目目标，每个团队成员必须对此及其带来的收益有共同的思考。而任务的确定要以明确目标和了解相互关系为基础。

(2) 合理分工与协作

每个成员都该明确自己的角色、权力、任务和职责，在目标明确之后，必须明确各个成员之间的相互关系。项目团队在建立初期，在团队成员的参与下花一定的时间明确项目目标和成员间的相互关系，可以在以后项目执行过程中少花许多时间和精力去处理各种误解。

(3) 高度的凝聚力

凝聚力是指成员在项目内的团结与吸引力、向心力，也是维持项目团队正常运转的所有成员之间的相互吸引力。一个有成效的项目团队，必定是一个有高度凝聚力的团队，它能使团队成员积极热情地为项目成功付出必要的时间和努力。

(4) 团队成员相互信任

成功团队的另一个重要特征就是信任，一个团队的能力大小受到团队内部成员相互信任程度的影响。

(5) 有效的沟通

项目团队还需要具有高效沟通的能力，拥有全方位的、各种各样的、正式的和非正式的信息沟通渠道，能保证沟通直接、高效，无官僚习气，基本无滞延。

2. 项目团队的构建

项目团队能否顺利地达到目标，能否促进个人在实现目标过程中作出贡献，在很大程度上取决于结构的完善程度。因此，团队建设必须要明确其构建框架。

(1) 制定合理的目标

项目团队自成立开始起，就必须树立明确的目标，直至该团队完成的使命消亡为止。目标包括内部目标和外部目标。外部目标，就是能有效地将组织的经营发展战略分解为各个具体的、可衡量的分目标，并通过团队来达成，为组织创造和维持长久的竞争优势。内部目标，即制定所有成员个人发展计划。随着组织所处发展阶段的不同，团队目标也应及时调整。

(2) 明确团队的任务

项目团队的任务包括明确团队组织关系与沟通渠道、选择合适的项目组织形式、选拔项目经理及调动团队成员积极性等方面，主要表现在：

1) 明确团队定位。

2) 发挥项目经理的指导作用。

3) 明确团队沟通和协调的关系。

4) 激发团队成员的积极性。

3. 确定成员角色及规模

团队所包括的角色是由团队所担负的任务与希望达到的目标来决定，通常包括团队领导人、一般的团队成员、专题专家、内外联络人员等角色。团队成员的数量随着工程项目的进展而增加，并随着项目接近交付与收尾而减少。在项目的执行阶段，团队中较为普遍的成员是全体工作成员。

4. 明确岗位职责和权限

团队工作绩效很大程度上取决于成员的积极性和主动性，而影响成员工作积极性的主要因素就是责权利的合理配置问题。因此，团队的权限必须和它的定位、工作能力和所赋予的资源相一致。一般地，团队权限包括：

1) 团队决策权。

2) 资源使用权。

3) 参与组织重大事务的权限。

4) 信息共享及保密。

5.4　工程项目沟通与冲突管理

5.4.1　项目沟通简述

1. 项目沟通的内容

1）提供项目信息。无论是项目负责人还是项目团队成员，在项目运作中最重要的一个职能就是提供信息。项目信息的主要内容包括帮助项目组织或团队做出决定的信息、解决问题的信息；在项目组织或团队中分工授权的信息；激发激励项目团队成员的信息；向项目负责人报告工作进展情况的信息；对项目组织或团队负责人或成员的建议做出反馈的信息等。

2）做出项目指示。项目负责人给项目团队成员就某个子项目或任务做出指示，以便让团队成员获知去做什么。需要注意的问题：①要确信指示明确；②要逐步解释；③要提供相关文件，以便帮助解释复杂情况；④要明确最后期限；⑤要给对方提问的机会；⑥要确信如果有必要再次传递信息时，对方会合作；⑦如果对方需要帮助时，要确保对方知道如何求助；⑧要告知对方此项任务的目的及参与原因；⑨允许对方对执行指示做出某种形式的反馈。

3）说服。为了能够使项目团队成员能够理解所需要做的，项目负责人就要为了达到说服的目的而进行沟通。为了说服项目团队成员，项目负责人必须了解并满足项目团队成员的利益和需要，与其建立互利的关系。

4）反馈。项目沟通的主要目的之一就是能够从项目团队成员那里得到反馈信息，只有能够很快的得到清晰的反馈，沟通才是有效的。

2. 沟通过程与模式

沟通是一个双向、互动的过程，因此沟通不仅是发送者将信息通过渠道传递给接受者，同时接受者还要将他所理解的信息反馈给发送者。因此，沟通是一个反复循环的互动过程，图 5.9 描述了沟通的议案循环过程。这个模型中包括五个要素：发送者、接受

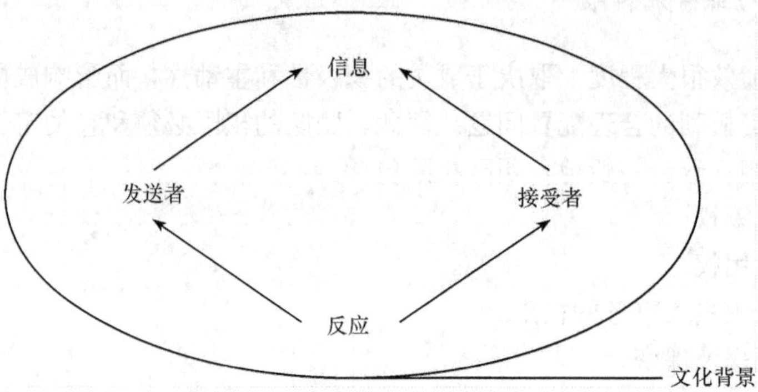

图 5.9　沟通的议案循环过程

者、信息、渠道和文化背景。有时也把噪声作为一个因素来考虑。同时沟通的一般过程中，还包括沟通双方的反应活动，这包括发送者的编码、接受者的编码和双方的反馈。

3. 项目沟通的渠道

(1) 人际沟通渠道和组织沟通渠道

人际沟通和组织沟通是项目沟通的两种基本渠道，如图 5.10 所示。人际沟通是指两个或两个以上项目团队成员之间的沟通。在人际沟通中项目信息一般是由一个人传递给另一个人或多个人，同时也包括人与人之间的相互理解，如项目负责人与团队成员之间、团队成员与团队成员之间的沟通。人际沟通主要是通过语言交流来实现，同时还包括情感和思想等的非语言交流，借助信息技术的交流等。

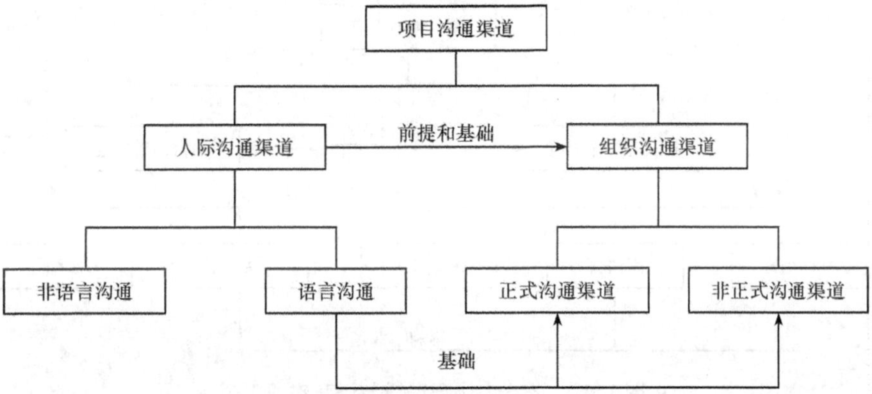

图 5.10 人际沟通与组织沟通

良好的人际沟通是进行组织沟通的前提和基础。组织沟通是指项目内部部门与部门之间的信息交流、传递和理解活动，一般包括正式沟通和非正式沟通两种渠道，如图 5.11所示。

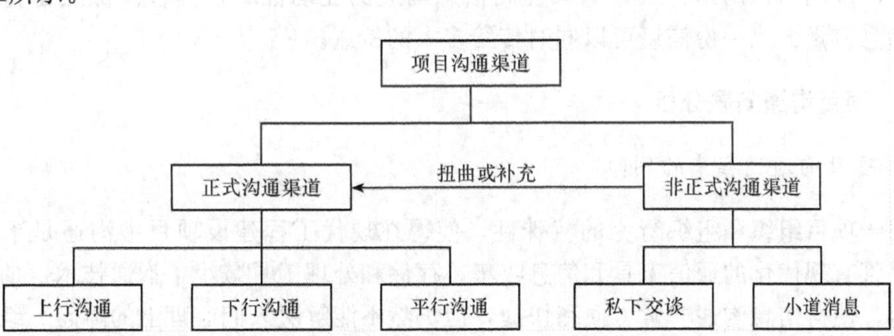

图 5.11 正式沟通渠道与非正式沟通渠道

(2) 正式沟通渠道和非正式沟通渠道

所谓正式沟通渠道是指依据项目团队正式规定的组织程序，按照权利等级链而建立起来的沟通渠道，如规定的会议制度、报告制度等。正式沟通的优点是信息可靠性强，有较强的约束力；缺点是信息的传递要通过多个层次，速度较慢。正式渠道通常包括上行沟通、下行沟通和平行沟通。

非正式沟通渠道是指不通过正式沟通渠道而进行的信息传递和交流。它是由于项目团队成员的感情和动机上的需要而形成的，这些需要可能是由于工作而产生，也可能是由于外部条件而产生。优点：沟通方便，且能够沟通一些在正式渠道中难以实现的信息；缺点：信息容易失真。

(3) 语言沟通渠道和非语言沟通渠道

语言沟通渠道是利用语言、文字、图画等进行信息的传递和交流而建立起来的，通常包括书面沟通和口头沟通两种形式。

非语言沟通渠道则是利用动作、表情、姿态等体态语言方面而建立起来的，通常包括身体语言沟通、副语言沟通和物体的操纵沟通三种形式，如图 5.12 所示。

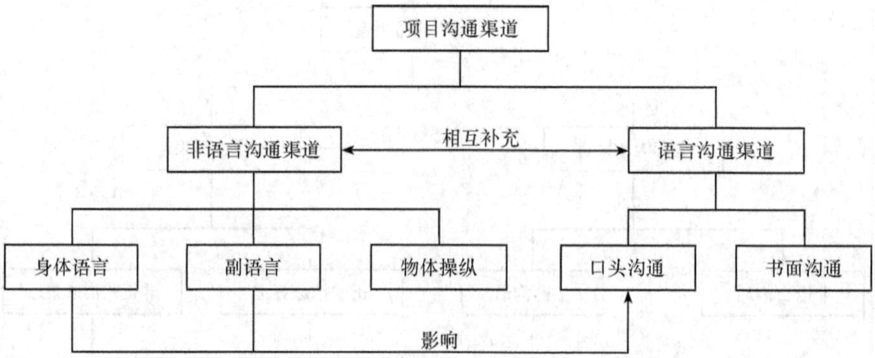

图 5.12 非语言沟通渠道与语言沟通渠道

(4) 应用信息技术的渠道沟通

随着项目组织的扩大以及信息复杂性的增加，许多项目为了把信息传递给更多甚至全部的项目团队成员，更倾向于应用信息技术，如多媒体、闭路电视、电子邮件、语音信箱、内部网络、网站、录像等来提高信息沟通的互动性和快捷性。优点是传递速度快、信息容量大、一份信息可以同时传给多人的特点。

5.4.2 项目沟通问题分析

1. 项目沟通过程中的困难

由于项目组织和组织行为的特殊性，使得在现代工程建设项目中沟通是十分困难的，尽管有现代化的通信工具和信息收集、存储和处理工具减小了沟通技术上的时间上的障碍，使得信息沟通非常方便和快捷，但仍然不能解决人们心理上的障碍。组织沟通的困难在于：

1) 现代工程建设项目规模大，参加单位多，造成每个参加者沟通面大，各人都存在着复杂的联系，需要复杂的沟通网络。

2) 现代工程建设项目技术复杂、新工艺的使用、专业化和社会化的分工，以及项目管理的综合性和人们专业化的矛盾增加了交流和沟通的难度。

3) 由于各参与者（如业主、项目经理、技术人员、承包商）有不同的利益、动机和兴趣，则有不同的出发点，对项目有不同的期望和要求；对目标和目的性的认识不同，则项目目标与他们的关联性各不相同，造成行为动机的不一致。作为项目经理在沟通过程中他不仅应强调总目标，而且要照顾的方面的利益，使各方面都满意，这就有很大的难度。

4）由于项目都是一次性的，项目组织都是新的成员、新的对象、新的任务，则项目的组织摩擦大。一个组织从新成立到正常运行都需要一个过程，都有许多不适应和摩擦。所以项目刚成立或一个单位刚进入项目，都会有沟通上的困难，容易产生争执。

5）反对变革的态度。项目是建立一个新的系统，它会对上层企业组织、外部周边组织、其他参与者组织产生影响，需要他们改变行为方式和习惯，适应并接受新的结构和过程。这必然对他们的行为心理产生影响，容易产生对抗。这种对抗常常会影响他们应提供的对项目的支持，甚至会造成对项目实施的干扰障碍。

6）人们的社会心理、文化、习惯、专业、语言对沟通产生的影响，特别在国际合作项目中，参加者来自不同的国度，他们适应不同的社会制度、文化、法律背景，使用不同的语言，因而产生了沟通的障碍。

7）在项目实施过程中，企业和项目的战略方针及政策应保持其稳定性，否则会造成协调的困难，造成人们行为的不一致。而在项目的生命周期中，这种稳定性是无法保证的。

2. 项目沟通的障碍

1）沟通工具障碍：由于语言和非语言的表达不清或使用不当而造成的理解上的困难或歧义。

2）沟通渠道的障碍。信息在传递过程中，渠道的选择和信息符号不匹配，会导致信息无法有效传递或传递失误。

3）沟通者的障碍。既包括信息发送者方面的障碍，也包括信息接受者方面的障碍。

4）沟通环境的障碍。这主要包括社会环境方面、组织结构方面及组织文化方面的障碍。

5.4.3　项目管理中的沟通体系的建立

1. 关于完整的沟通管理体系的内容

一个比较完整的沟通管理体系应该包括的内容有沟通计划编制、信息分发、绩效报告和管理收尾。

沟通计划决定项目干系人的信息沟通需求（谁需要什么信息，什么时候需要，怎样获得）。信息发布使需要的信息及时发送给项目干系人。

绩效报告收集和传播执行信息，包括状况报告、进度报告和预测。

项目或项目阶段在达到目标或因故终止后，需要进行收尾，管理收尾包含项目结果文档的形成，包括项目记录收集、对符合最终规范的保证、对项目的效果（成功或教训）进行的分析以及这些信息的存档（以备将来利用）。

2. 关于沟通载体和形式的选择

沟通的载体有口头、书面、肢体语言，包括面对面的、电话、通过网络、电视、广播等各种途径。沟通的形式通常有书面沟通、口头沟通、非言语沟通和电子媒介四种形式。

书面沟通一般在以下情况使用：项目团队中使用的内部备忘录，或者对客户和非公司成员使用报告的方式，如正式的项目报告、年报、非正式的个人记录、报事帖。

口头沟通包括会议、评审、私人接触、自由讨论等。口头沟通过程中应该避免由于文化背景、民族差异、用词表达等因素造成理解上的差异。

非言语沟通主要包含着体态语言和语调，体态语言包括了手势、面部表情和其他身体动作。任何非言语沟通是和口头沟通联合一起的。

3. 关于主动沟通、沟通的过滤和反馈

在项目管理中，提倡主动沟通，尤其是当已经明确了必须要去沟通的时候。当沟通是项目经理面对用户或上级、团队成员面对项目经理时，主动沟通不仅能建立紧密的联系，更能表明你对项目的重视和参与，会使沟通的另一方满意度大大提高，对整个项目非常有利。

在项目管理中，项目管理者还必须消除沟通中过滤信息的一些机制和障碍，以保持沟通渠道畅通。项目经理应在沟通管理计划中根据项目的实际明确双方认可的沟通渠道，比如与用户之间通过正式的报告沟通，与项目成员之间通过电子邮件沟通；建立沟通反馈机制，任何沟通都要保证到位，没有偏差，并且定期检查项目沟通情况，不断加以调整。

5.4.4　冲突管理

1. 冲突管理概述

(1) 冲突的含义

冲突就是项目中各因素在整合过程中出现了不协调的现象。冲突管理是项目管理者利用现有技术方法，对出现的不协调现象进行处置或对可能出现的不协调现象进行预防的过程。

(2) 冲突的表现方式

随着组织结构的不同，冲突的表现方式也有所不同。在项目的组织结构中，冲突是变革的一部分，是无法避免的，是由系统结构和各个组件之间的关系所确定的。

(3) 冲突产生的类型

在项目管理中最常见的冲突类型包括：人力资源、设备、基本建设费用、成本、技术见解和妥协、优先权、管理程序、时间规划、责任、个性冲突。

2. 冲突会产生的积极效果

1) 化解更严重的冲突：通过运用策略来控制效果的好坏。加强组织内部成员之间的关系是一种可产生积极行为的办法。

2）寻求尊重客观事实和解决方案：当相互的双方卷入争执之中，在这个过程中事实会得以澄清，从而得到解决冲突的方案。

3）增强队伍内部的凝聚力，提高业绩。

4）衡量双方的能力。

3. 冲突强度分析

上述的类型在项目的不同生命阶段，其表现的强度也是不一样的。在对150位美国工程项目经理的调查后，得出了如下结果：

1）在项目概念阶段，冲突强度的等级排列如下：①项目优先级；②管理流程；③进度；④人力；⑤成本；⑥技术；⑦个性。

项目形成阶段的独特之处在于某些特征不像其他阶段那么具有代表性。例如：项目经理必须在一个更大的"主办"单位中启动项目。冲突常常在已经为项目所确立的优先级之间产生，管理流程是第二位突出的冲突源，它与几个重要的管理事件有关。例如：应如何设计项目组织？项目经理的上级是谁？要采用什么样的报告和通讯渠道？

2）在项目的规划阶段，冲突强度等级如下：①项目优先级；②进度；③管理流程；④技术；⑤人力；⑥个性；⑦成本。

关于项目的优先级、进度和管理流程的争执仍然是导致冲突的主要原因。管理流程方面的冲突的影响开始减弱，技术方面的冲突问题变得更加突出。

3）在项目实施阶段，主要冲突源的强度等级如下：①进度；②技术；③人力；④项目优先级；⑤管理流程；⑥成本；⑦个性。

技术方面的冲突也是实施阶段最主要的冲突源之一。导致这一阶段高级冲突的原因看来主要有两个方面。首先实施阶段的一个特点就是第一次集成了不同的项目子系统，由于缺乏子系统集成的经验或者由于某子系统的性能不佳，进而影响到其他组件和子系统，冲突时常产生。其次，一个组件确实能够按照原性来设计，但并不一定就能确保消除所有的技术偏差。在极端情况下，在实施阶段，子系统甚至可能无法生成。

人力资源冲突排在第三位。在实施阶段，对人力的需求达到最高。如果职能团队同时还为其他项目提供人力，对可用人力的沉重压力与项目需求之间常常会产生冲突。

4）项目收尾阶段冲突源的强度等级排序情况为：①进度；②个性；③人力；④项目优先级；⑤成本；⑥技术；⑦管理流程。

4. 项目冲突的类型及由来

（1）人际冲突

项目人际冲突一般含有两个层面，即同一层级的个人之间的横向关系冲突和不同层级的个人之间的纵向关系冲突。其发生冲突的原因主要有：

1）由于个性差异造成的冲突：在同一项目团队内，各个团队成员具有各自不同的个性特征，由于他们解决问题的方式不同，就可能引起冲突。

2）由于个人价值观的不同造成的冲突：不同价值观的成员对同一事物或行为具有不

同的价值判断标准，这种差异极易引起成员相互之间主观判断的分歧和争议，发生冲突。

3）由于工作竞争而引起的冲突：一般来说，正常的竞争能够促进成员积极向上，但如果片面强调竞争，不注意处理好相互合作的关系，可能会引起成员间的冲突。

4）由于个人的本位主义思想造成的冲突：项目中的每个成员在处理问题上首先考虑的是本部门或本岗位的利益，而对项目整体利益或他人利益考虑较少，这样不同部门或岗位上的项目团队成员就可能发生冲突。

（2）群体或部门冲突

组织理论研究者卢森斯认为，组织中群体或部门间的冲突一般有四种情况：组织不同层次间的冲突、不同职能间的冲突、指挥系统与参谋系统的冲突及正式组织与非正式组织间的冲突。一般而言，群体或部门冲突的原因包括以下几个方面：

1）各群体或部门之间目标上的差异引起的冲突。每个部门或单位在项目执行过程中，常以本单位利益为中心，导致冲突发生。

2）群体价值观的差异引起的冲突。由于认识上的差异，会使两个部门或单位的意见和行为一时难以协调，有可能引起各部门或单位之间的冲突。

3）由于利益分配上的不信任和不合理的利益分配引起的冲突。项目资源及可分配的利益是有限的，不可能满足所有部门或单位需要，于是群体间争夺资源和利益的冲突便发生了。

4）职责或权限划分不清，组织结构上的功能缺陷引发的冲突。

5）项目沟通不畅引起的冲突。

（3）个人与群体或部门之间的冲突

不仅包括个人与正式组织部门的规章制度要求及目标取向等方面的不一致，也包括个人与非正式组织团体之间的利害冲突。成因有以下几个方面：

1）个人目标与群体目标的差异。在项目中群体由于过多强调共同目标或部门目标，而忽视或不能兼顾个人目标，造成个人与群体或部门之间的冲突。

2）个人文化和群体文化的不同。由于团队成员个人的文化与群体文化匹配不协调，使成员与部门之间的配合不默契和低效率，以致产生冲突。

3）个体利益和群体利益的差异。

（4）项目与外部环境的冲突

主要表现在项目与社会公众、政府部门、消费者之间的冲突。项目的组织行为与政府部门约束性的政策法规之间的不一致和抵触，项目与消费者之间发生的纠纷和冲突行为等都是项目与环境之间常见的冲突形态。

5. 冲突解决方式

项目经理依据经验来确定实际解决冲突的方式。面对面协商（confrontation）是最常见的方式。大约有70%的项目经理喜欢采用这种方式。其次是妥协（compromise）的方法。接下来是缓和（smoothing）的方式。强制（forcing）和退出（withdrawal）排在第四和第五位。

1）面对面协商（或协作）。这种解决问题的方法是冲突的各方面对面的会晤，尽力解决争端。这是协作与协同的方法。这一方法应当用于：当你和冲突的那一方都至少能够得到所需要的，甚至得到更多量；为了降低成本时；为了建立共同的权利基础时；为了攻击共同的对手时；当技术较为复杂时；当时间足够时；有信任时；当你相信他人的能力时；最终目标还有待于被认识时。

2）妥协。妥协是为了做交易，或者说为了寻求一种解决方案，使得各方在离开时都能得到一定程度的满足。妥协通常是面对面协商的最终结果。妥协的方法应用于：当你无法取胜的时候；当其他人的力量与你相当的时候；当你对自己是否正确没有把握的时候；如果你不这么做就什么也得不到的时候；为了避免给人一种好斗的印象。

3）缓和（或和解）。这种方法是指努力排除冲突中的不良情绪，它的实现要通过强调意见一致的方面，淡化意见不同的方面。缓和并不足以解决冲突，但却能够说服双方继续留在谈判桌上。该方法应用于：为了达到一个全局目标；为以后的折中先尽义务；当利害关系不明显时；当责任有限时；为了保持融洽；无论如何你都会失败时；为了赢得时间。

4）强制（或对抗、不合作、固执己见）。当一项决议在最低可能的水平上达成时，强制的方法最能奏效。冲突的越厉害就越容易采取强制的方式，其结果就是一种“赢—输”的局面。该方法应用于：当你是正确的时候；当处于一种生死存亡的局面；当利害关系很明显的时候；当基本原则受到威胁的时候；当你占上风的时候（绝不能在不能获胜的情况下挑起争端）；为了获得某个位置或某项权利；当需要尽快做出一项决策时。

5）规避（或退出）。规避常常被当作一种临时解决问题的方法。该方法应用于：当你无法获胜的时候；当利害关系不明显的时候；当利害关系很明显，但你尚未做好准备的时候；为了赢得时间；当你认为问题会自行解决的时候；当你通过拖延能够获胜的时候。

6）仲裁或裁决。在项目冲突无法界定的情况下，冲突双方可能争执不下，这时可以由领导或权威机构经过调查研究，判断孰是孰非，仲裁解决冲突；有时很难对冲突双方很难立即做出对错判断，但又急需解决冲突，这时一般需要专门的机构或者专家做出并不代表对错的裁决，但裁决者应承担起必要的责任。

7）发泄。上面我们提出的项目冲突管理的几种方式，在很大程度上并没有从根本上消除已有的冲突，只是得到一定程度上的缓解。针对以上解决冲突的不彻底性、消极看待和处理冲突的缺陷，德国社会学家齐美尔提出了“宣泄”理论，有利于我们较彻底地解决冲突。

表 5.1 给出了项目生命周期各个阶段的主要冲突源及降低冲突影响的建议。

表 5.1　项目各阶段的主要冲突源及建议

项目生命周期阶段	冲突源	建　议
概念阶段	优先级	制定清楚的规划，与相关各方共同做出决策
	流程	制定详细的管理运作程序，用于对项目进行指导；确保取得重要管理者的认可；制定不成文的规章
	进度	在项目开始前制定进度计划；对其他部门的优先级和对项目可能产生的影响进行预测

续表

项目生命周期阶段	冲突源	建　议
规划阶段	优先级	通过情况检查会，为支持区提供关于预计的项目计划和需求方面的有效的反馈信息
	进度	与职能小组协作，安排工作分解包（项目子单元）的时间
	流程	为关键的管理事项准备应变措施
实施阶段	进度	不断对工作进行监控；将情况通报给相关的各方；对问题进行预测，并考虑被选方案；识别出需要密切关注的“障碍点”
	技术	对于技术问题要尽早解决；与技术人员就进度和预算问题进行沟通；注重安排足够的技术测试；及早促成对最终设计的统一认识
	人力	及早对人手问题进行预测和沟通；与职能部门和人事部门一同确定人手需求和优先级
收尾阶段	进度	在项目生命周期对进度进行严密的监控；考虑为容易产生工期延误的关键项目区域重新调派可用的人手；对可能影响进度的技术问题要立即加以解决
	个性和人力	为项目结束制定重新安排人力的计划；与项目班子和支持小组保持融洽的关系；尽力使“高度”紧张的气氛得到缓解

5.5　案例分析

案例：呼和浩特白塔机场扩建工程项目组织管理

1. 呼和浩特白塔机场扩建工程简介

呼和浩特白塔机场扩建工程是内蒙古自治区重点建设工程，同时也是保障 2008 年北京奥运会的建设项目。工程总投资 14.5 亿元，由民航总局和自治区投资。工程分为飞行区与航站区两部分，飞行区工程包括新建一条长 3600m、全宽 75m 的跑道；将现有跑道加盖延长，改造为平行滑行道；新扩建停机坪 $1.76\times10^4 m^2$，配套建设供电、助航灯光、导航、气象等设施。扩建后的机场将成为首都机场的备降场，飞行区等级达到 4E 级，可供波音— 747 飞机起降，同时保障 A380 备降。航站区将新建 $5\times10^4 m^2$ 航站楼，可满足年吞吐旅客 300 万人次的使用要求，配套建设停车场、站前广场、消防、供电、供水、供暖等项目。

2. 呼和浩特白塔机场扩建工程组织结构体系

呼和浩特白塔机场扩建工程引入了工程专业化管理的模式，由民航某专业公司实行“项目管理总承包”。根据这一管理模式，构建了项目的组织结构体系。

总体来讲呼和浩特自塔机场扩建工程管理组织机构核心部分由四个单位组成：扩建工程领导小组；扩建工程指挥部；项目管理单位；施工监理单位。各组织结构之间关系如图 5.13 所示。

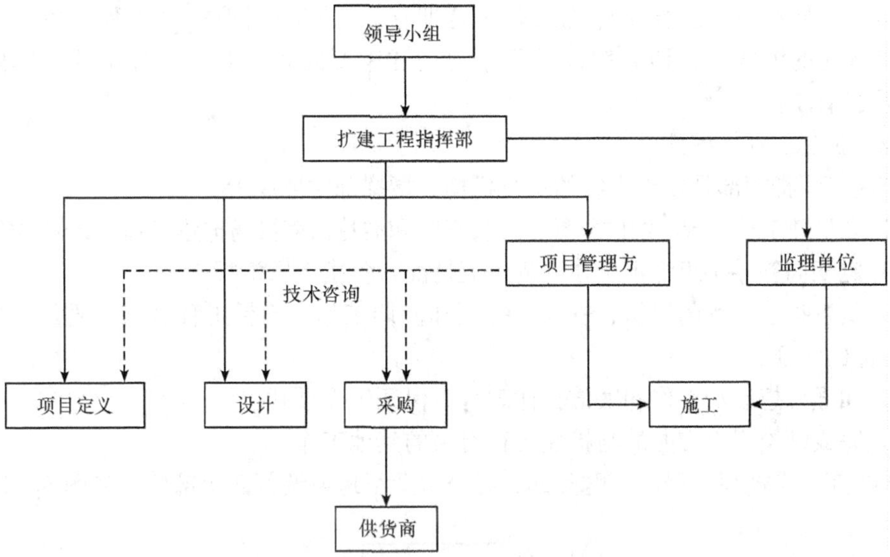

图 5.13　呼和浩特白塔机场扩建工程管理机构总体架构

各组织在设计、采购及施工阶段，各方合作关系如下：

1）在工程前期准备阶段，以指挥部为主开展有关工作，项目管理单位为指挥部提供技术咨询。

2）在设计阶段，由指挥部与设计单位签订合同并实施管理，项目管理单位提供技术咨询服务并参与设计修改、优化等工作。

3）在采购阶段，针对具体的采购项目，以指挥部为主、项目管理单位为辅组成采购班子开展工作，采购完成后，由供货商与指挥部签订购货合同。

4）在施工阶段，指挥部原则上不直接进行施工管理，而由项目管理单位和监理单位共同行使管理和监督职能。项目管理单位和监理单位双方均直接对指挥部负责，互无领导与被领导关系。

3. 工程项目管理机构

(1) 扩建工程领导小组

扩建工程领导小组是自治区政府及民航总局、华北局对扩建工程实施领导的临时性机构，成立于 2004 年 9 月。自治区政府某副主席担任领导小组组长，民航华北地区管理局及内蒙古民航机场集团公司负责人副组长。成员单位包括自治区发改委、建设厅、财政厅、交通厅、林业局、环保局等职能部门，呼和浩特市政府、赛罕区政府，民航华北地区管理局机场处、规划处等单位的负责人。

此机构的设置是我国政府机构对工程建设项目实施领导的常见方法。按照项目管理理论，可将其理解为临时项目组。该领导小组的主要职能包括两方面：一是对工程实施宏观管理；二是充分发挥各成员单位分管业务领域的优势，协助解决项目外围环境的有关事宜，如立项审批、征地、伐林、落实投资、环境影响评估、地震评估等。领导小组的主要工作方式是不定期召开会议，听取扩建工程指挥部关于工程进展情况的汇报，并研究解决工程中遇到的重要问题，对于工程中的具体操作性事宜不予干涉。

(2) 扩建工程指挥部

扩建工程指挥部是领导小组的执行机构。指挥部主要职责：

1) 在扩建工程领导小组的领导下，负责呼和浩特白塔机场扩建工程的具体实施工作。

2) 定期向领导小组汇报扩建工程进展情况，负责专题汇报。

3) 负责扩建工程的组织、管理、控制和协调工作，确保工程进度、质量、投资和安全目标的实现。

4) 加强思想政治工作和廉洁自律教育，保证工作顺利。

5) 完成领导小组交办的与扩建工程有关的其他工作。

指挥部下设规划工程部、财务部、办公室及征地协调部四个部门，如图 5.14 所示。

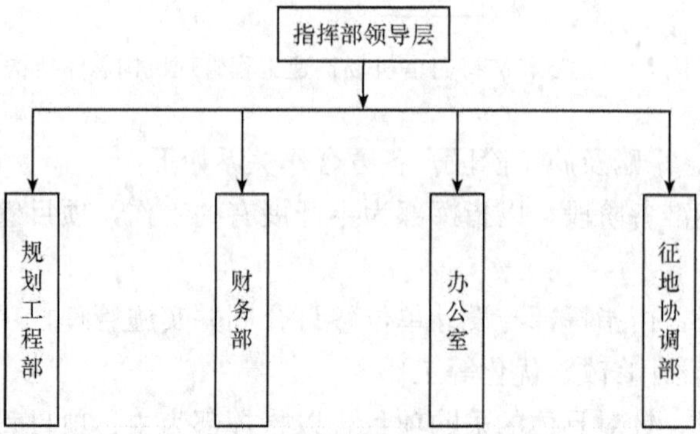

图 5.14 扩建工程指挥部内部结构

复习思考题

5.1 简述项目组织的环境因素。

5.2 项目经理应具备哪些素质？其核心素质是什么？

5.3 常用的组织结构形式有哪些？各有何优点和缺点？

5.4 某施工企业的某项目经理部承包了 50km 高级公路工程施工任务。该工程包括路基、路面、桥梁、隧道等施工内容，项目经理部分别将桥梁工程、隧道工程和路基路面工程分包给三个专业承包队。试选择该施工项目管理的组织形式，绘制出组织机构示意图，并确定各组织机构的工作职责。

5.5 哪里出了问题？

项目经理王晓东，正在跟他的系统工程师讨论系统联调测试事宜，突然接到总经理的电话，总经理要他马上去汇报项目的进展情况。王晓东拿起几份资料就直奔总经理的办公室，他已经习惯了总经理的工作方式——出其不意地招他去汇报项目的执行情况。

总经理的办公室还有另外一位项目经理李直，没想到还未等王晓东将发现的问题汇报完，总经理就向他们大发其火："为什么没有人向我汇报？你们是不是想把我蒙在鼓里？再出现这些问题之前，你们谁也没有告诉我项目进展得如何，我好像也从未听到过有什么问题！现在，我要求你们两个人制定出一种制度来，保证我能及时得到项目进展的信息，下星期一之前我要知道你们将如何做好这项工作。我要对高层负责，不能容忍把我和我需要知道的事情隔离开来。"

王晓东离开总经理的办公室后，转身对李直抱怨说："咱们头好像有点儿变了，以前他一直是随时地听我们的报告来了解项目的进展，并没有要求出现问题之前一定要向他汇报。再说，我的项目进展报告数据都在他旁边文件柜的报表架上，他随时看不就行了吗?"

参考文献

[美] 小塞缪尔·J·曼特尔等. 2002. 项目管理实践 [M]. 林树岚，邓士终译. 成都：电子工业出版社.

[美] 克里福特·格雷，里克·拉森. 2003. 项目管理教程 [M]. 黄涛，张会，徐涛等译. 北京：人民邮电出版社.

白思俊. 2003. 现代项目管理 [M]. 北京：机械工业出版社.

高霞，沈建荣. 2006. 项目目标不确定情况下的沟通管理 [J]. 管理科学文摘，11.

侯学良，贺全龙，金维兴. 2006. 建筑工程项目冲突事件的互适性研究 [J]. 重庆建筑大学学报，28 (6).

简德三. 2007. 工程项目管理 [M]. 上海：上海财经大学出版社.

李春海. 2006. 工程总承包及工程项目管理条件下的组织结构设计——以呼和浩特白塔机场扩建工程为例 [D]. 内蒙古大学工商管理硕士学位论文，4.

李海春. 2006. 工程总承包及工程项目管理条件下的组织结构设计——以呼和浩特白塔机场扩建工程为例 [D]. 内蒙古大学.

李世蓉，邓铁军. 2002. 工程建设项目管理 [M]. 武汉：武汉理工大学出版社.

梁世连. 2006. 工程项目管理 [M]. 北京：清华大学出版社，北方交通大学出版社.

马士林，林鸣. 2003. 工程项目管理实务——范式、方法与管理表格 [M]. 成都：电子工业出版社.

美 Lawrence Holpp. 2001. 管理团队 [M]. 林涛译. 北京：企业管理出版社.

齐宝库. 2007. 工程项目管理 [M]. 大连：大连理工大学出版社.

琼努特森，艾拉比茨. 1995. 怎样当好项目经理 [M]. 黄志强，张小眉译. 上海：上海人民出版社.

邱菀华，沈建明，杨爱华等. 2003. 现代项目管理导论 [M]. 北京：机械工业出版社.

盛天宝，陆明心，韩岗. 2005. 工程项目管理与案例 [M]. 北京：冶金工业出版社.

孙世谦，刘刚，许纯. 2002. 工程项目组织结构模式的探讨 [J]. 中国勘察设计，(8).

孙裕君，尤勤，刘玉国. 2005. 现代项目管理学 [M]. 北京：科学出版社.

王平华. 2008. 如何当好项目经理 [J]. 公路与汽运，(1).

王重明. 1988. 劳动人事心理学 [M]. 杭州：浙江教育出版社.

向华. 2007. 多项目管理中的项目组织、规划、沟通与冲突管理 [J]. 产业与科技论坛，(10).

闫玛丽. 2007. 论施工项目经理应具备的素质 [J]. 时代经贸，(5).

杨艳芳. 2004. 工程项目管理组织结构的基本形式概述 [J]. 山西建筑，(13).

于航. 2007. 浅谈项目团队中的冲突管理 [J]. 科学教育研究，(9).

赵长歌. 2006. 大型工程项目组织结构研究 [D]. 西安建筑科技大学.

邹平辉. 2005. 项目管理中的沟通艺术及案例分析 [J]. 科技创业月刊.

BENNE TPLIENTZ，Etc. 1998. Project management for the 21st century [J]. Journal of Management In Engineering, Issue 5.

DONG YUCHENG. 2005. The properties of consistency for the ag-gregation of individual reciprocal judgment Matrix [J]. Sys-tems Engineering-Theory &Practice, 25 (2).

HAROLD KERZNER. 1998. Project management [M]. Sixth Edition. New York, John Wiley & Sons, Inc.

VERZUH. E K, Building the problem solving machine. Pmi Globe Congress 2004 North American Proceeding.

第 6 章　土木工程项目采购管理

本章要求：

(1) 掌握工程项目采购的含义、方式及管理模式；

(2) 掌握工程项目招标投标的基本概念；

(3) 熟悉合同订立的条件及原则；

(4) 熟悉工程索赔的计算方法；

(5) 了解 FIDIC 合同条件；

(6) 了解工程项目投标决策和投标报价的策略。

6.1　工程项目采购

6.1.1　工程项目采购及采购的分类

1. 采购的定义

项目采购最初是从英文 Procurement 一词翻译而来，原意是努力获得，或设法搞到，或采办，其含义它不同于一般概念上的商品购买，它包含着以不同方式通过努力从系统外部获得货物、土建工程和服务的整个采办过程。

2. 采购的分类

(1) 货物采购

货物采购属于有形采购，是指购买项目建设所需的投入物，如机械、设备、建筑材料并包括与之相关的服务，如运输、安装、保险、调试、培训和初期维修等。

(2) 土建工程采购

土建工程采购也是有形采购，是指通过招标或其他商定的方式选择工程承包单位及其相关服务。土建工程采购包括选定合格的承包商承担项目工程的施工任务，如修建各类土建工程、高速公路、灌溉工程、污水处理工程等，并包括与之相关的服务，如人员培训、维修等。

(3) 咨询服务采购

咨询服务采购主要指聘请咨询公司或咨询专家，属于无形采购。咨询服务的范围很广，大致可分为四类：项目投资前期准备工作的咨询服务；工程设计和招标文件编制服务；项目管理、施工监理等执行性服务；技术援助和培训等服务。

咨询服务的采购通常按照 1997 年出版的《世界银行借款人使用咨询专家的指南》中规定的程序办理。

3. 采购的内容

一般而言，采购的主要工作内容包括：

1）确定所需要的采购目标，如货物、土建工程或咨询服务的规模、种类、规格、数量、合同或标段的划分等。

2）进行市场供求现状的调查分析。

3）确定采购的方式。采购方式可分为招标采购和非招标采购。

4）组成进行招标、评标、合同谈判并订立合同。（招标采购）

5）执行和监督合同的实施。

6）采取必要的行为或措施解决合同执行过程中出现的问题。

7）进行合同支付。

8）处理合同纠纷。

6.1.2 项目采购的主要过程

根据美国项目管理学会（Project Management Institute，PMI）的项目管理知识体系指南（A Guide to the Project Management Body of Knowledge，PMBOK），项目采购管理的主要过程如下。

1）编制采购计划。编制采购计划即决定何时采购何物。

2）编制询价计划：形成产品需求文档并确定可能的供方。

3）询价：获得报价单、投标、出价，或在适当的时候取得建议书。

4）供方选择：从可能的卖主中进行选择。

5）合同管理：管理与卖方的关系。

6）合同收尾：合同的完成和解决，包括任何未解决事项的决议。

6.1.3 项目采购的方式

1. 国际竞争性招标

国际竞争性招标（international competitive bidding，ICB）作为一种极好的采购方式。绝大部分世界银行贷款项目的采购都采用了这种方式。实践证明，采用这种方式进行采购，能够很好地达到采购的基本要求，并能取得如下效果：帮助借款者以最低价格取得符合要求的工程或货物；保证所有合格货源国的投标者有机会参加投标；确保根据事先确定的各方所知的准则，公正、公开地进行采购；避免贪污贿赂的行为；有利于促进发展中国家的承包商和制造商参加投标。ICB有一套完整的程序，世界银行贷款项目竞争性招标程序在《采购指南》中均有原则性的规定和要求。招标程序是为了保证世界银行成员国的供货商和承包商有一个公平参与投标竞争的机会，使世界银行的采购政策和原则得以贯彻执行。国际竞争性招标的基本程序一般分为10个步骤：刊登采购总公告（GPN）→资格预审→编制招标文件→刊登具体招标通知→发售招标文件→投标→开标→评标→授标→签订合同。

2. 有限国际招标

有限国际招标（limited international bidding，LIB）是一种直接邀请有关单位或组织投标的国际竞争性招标方式。按照世界银行的规定，有限国际招标方式适用于采购金额较小、有能力的承包商数量有限或有其他特殊原因不能按照国际竞争性招标方式进行采购的工程。

3. 国内竞争性招标

国内竞争性招标（national competitive bidding，NCB）方式是通过在国内刊登广告，并根据国内招标程序进行的。这种方式适用于下列情况：

1）合同金额小。

2）土建工程地点分散，而且施工时间可能很长。

3）劳动密集型的土建工程。

4）在国内能够采购到的货物或工程其价格低于国际市场价格。

5）若采用 ICB 所带来的行政或财务上的负担明显超过其优越性的工程。

6.1.4　工程项目采购管理模式

1. 传统的（通用的）工程项目采购管理模式

传统的（通用的）工程项目采购管理模式又称为设计—招标—建造（design-bid-build method），这种项目采购管理模式在国际工程界最为通用，世界银行、亚洲开发银行贷款项目和采用 FIDIC 的“土木工程施工合同条件”的项目均采用这种模式。这种采购管理模式的项目参与各方关系图如图 6.1 所示，其实施过程如图 6.2 所示。

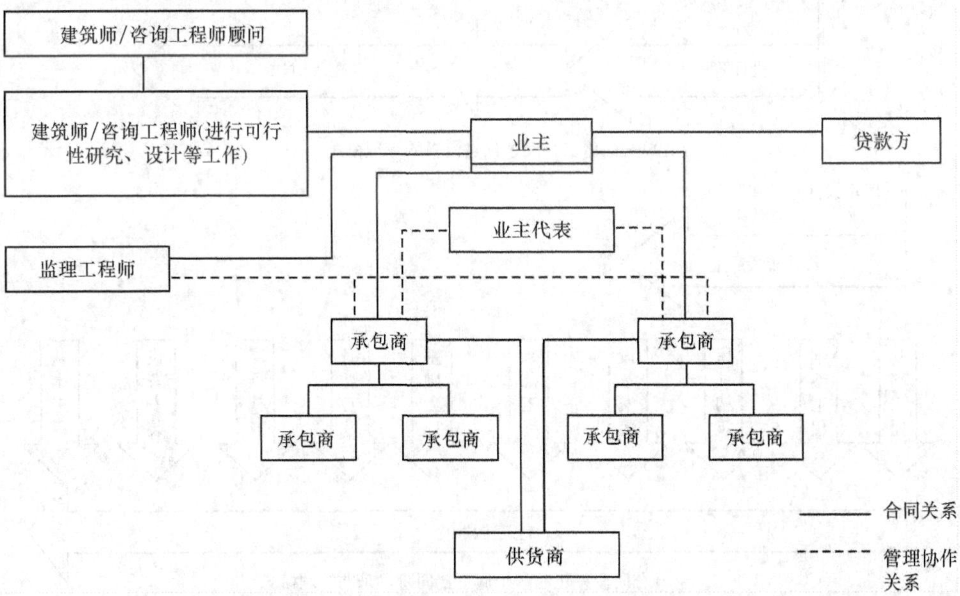

图 6.1　传统的工程项目采购管理模式

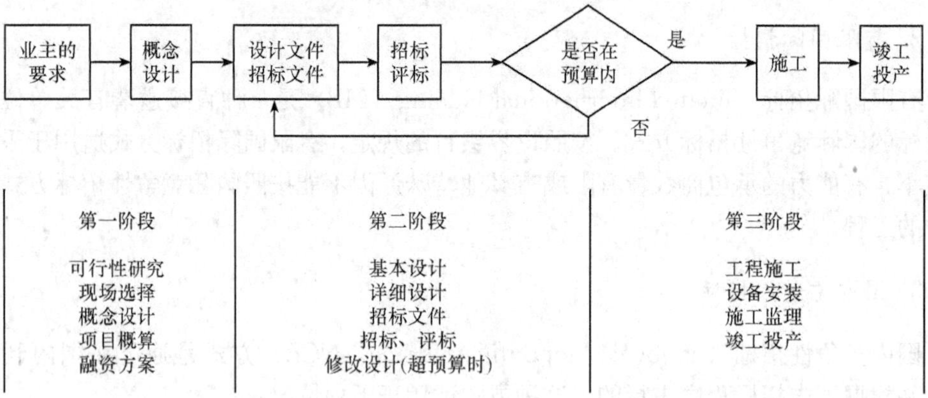

图 6.2　传统工程项目采购管理模式项目实施过程

传统工程项目采购管理模式的优点是：由于这种模式已长期、广泛地在世界各地采用，因而管理方法较成熟，各方都熟悉有关程序；业主可自由选择咨询和设计人员，对设计要求可以控制；可自由选择咨询工程师负责监理工程的施工；可采取各方均熟悉的标准合同文本，有利于合同管理和风险管理。

传统工程项目采购管理模式的缺点是：项目周期较长；业主管理费较高；前期投入较高；变更时容易引起较多索赔。

2. 建筑工程管理模式

建筑工程管理模式（construction management approach，CM 模式）又称为阶段发包方式或快速轨道方式，是近年来在国外比较流行的一种工程项目采购模式，这种模式与过去设计图纸全部完成之后再进行招标的传统连续建造模式不同，两者对比如图 6.3 所示。

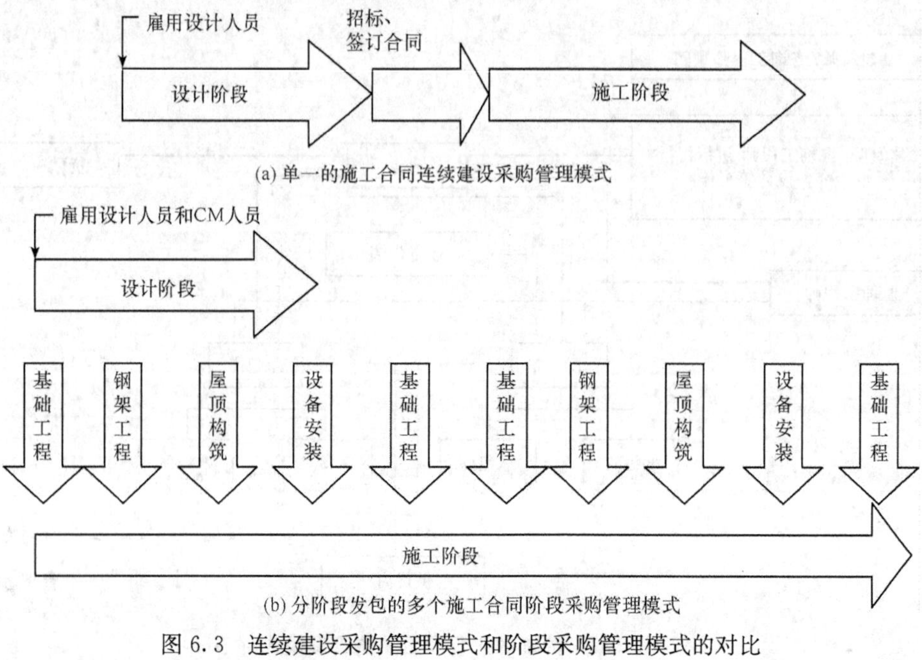

(a) 单一的施工合同连续建设采购管理模式

(b) 分阶段发包的多个施工合同阶段采购管理模式

图 6.3　连续建设采购管理模式和阶段采购管理模式的对比

6.2　工程项目招标投标

6.2.1　工程项目招标投标基本概念

1. 工程项目招标投标制度

工程建设项目招标投标是市场经济条件下进行工程建设项目发包与承包所采用的一种交易方式，是一种符合建设市场经济规律的管理模式。招标是建设项目业主选择实施者的过程，即将拟建设项目的全部或其中部分工作内容以招标文件的形式告知潜在的可能相应招标的有关单位、企业或组织，要求他们按照招标文件中所设定的主要内容（包括功能、质量、数量、期限及技术要求等），提出实施方案及价格，经过开标、评标、决标等环节，业主从中优选出信誉可靠、技术能力强、管理水平高的可信赖承包商，与之签订承包合同的一种经济活动。与业主签订合同的承包商要按照承包合同中的约束条件，在限定的投资范围内保质保量如期完成规定的任务，并获得相应的报酬。投标与招标是建设市场中一对相互依存的经济活动，是具有合法资质和能力的投标人在取得招标文件后，按要求响应招标，参加投标竞争的经济活动。

2. 招标方式

（1）公开招标

公开招标又称为无限竞争招标，是由招标单位通过报刊、广播、电视等方式发布招标广告，有意的承包商均可参加资格审查，合格的承包商可购买招标文件、参加投标的招标方式。

这种招标方式的优点是：投标的承包商多、范围广、竞争激烈，业主有较大的选择余地，有利于降低工程造价，提高工程质量和缩短工期；其缺点是：由于投标的承包商较多，招标工作量大，组织工作复杂，需投入较多的人力、物力，招标过程所需时间较长，因而此类招标方式主要适用于投资额度大，工艺、结构复杂的大型工程建设项目。

（2）邀请招标

邀请招标又称为有限竞争性招标。这种方式不发布广告，业主根据自己的经验和所掌握的各种信息资料，向右承担该项目施工能力的三个以上（含三个）承包商发出招标邀请函，收到邀请函的单位才有资格参加投标。

这种方式的优点是：目标集中，招标的组织工作较容易，工作量比较小；其缺点是：由于参加的投标单位较少，竞争性较差，使招标单位的选择余地较少，如果招标单位在选择邀请单位前掌握的信息资料不足，则会失去发现最合适承担该项目的承包商的机会。

公开招标和邀请招标都必须按规定的招投标程序进行，要制订统一的招标文件，投标者都必须按招标文件的规定进行投标。

3. 工程项目招标的程序

所谓招标程序是指各种招标活动的逻辑关系，不同的招标方式，具有不同的活动内容。

(1) 建设项目公开招标程序

公开招标的招标过程可分为三个阶段：招标准备阶段、招标阶段、决标成交阶段。其具体步骤如图 6.4 所示。

(2) 建设项目邀请招标程序

邀请招标是直接向适用于本工程的承包单位发出邀请，其程序与公开招标大致相同，其招标程序如图 6.5 所示。

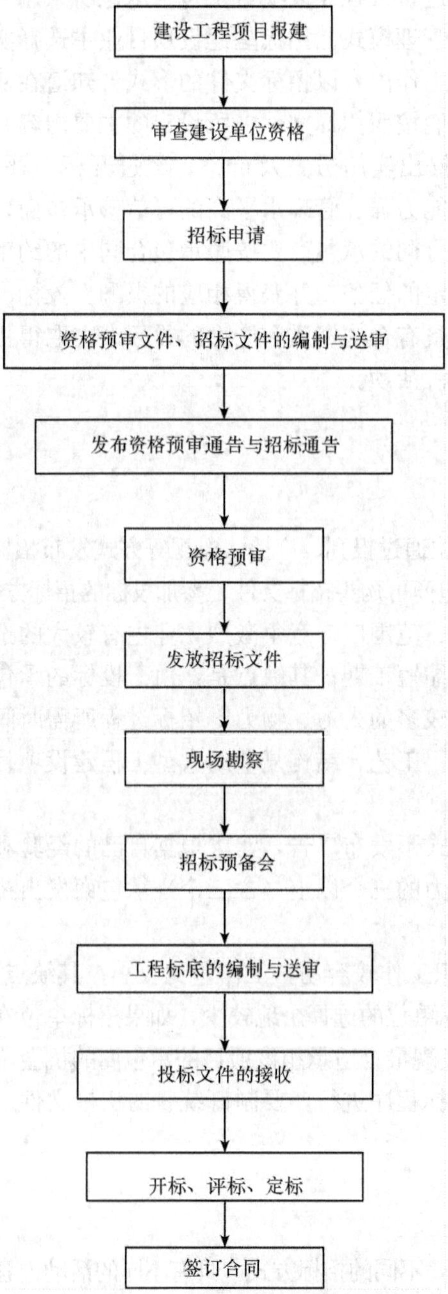

图 6.4　公开招标程序框图

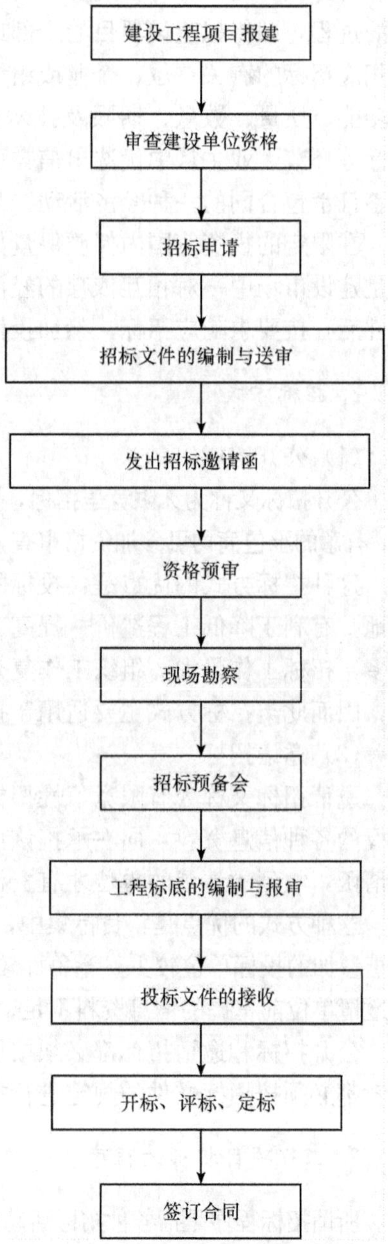

图 6.5　邀请招标程序框图

4. 招标前的准备工作

(1) 申请招标

工程项目招标必须经过建设主管部门的招投标管理机构批准后才能进行。向有关建设行政主管部门申请批准项目招标时，应满足建设法规规定的业主单位资质能力条件等条件。一般来说，必须具备的条件有以下几个方面：

1) 工程建设项目活计划已经批准。

工程建设项目已经获得主管部门批准，并已列入年度投资计划。建设项目的批准是基本建设程序的重要内容和重要环节，也是招标投标活动的前提条件。

2) 设计文件已经批准。

工程项目的设计文件包括初步设计、技术设计和施工图设计，按照项目的规模和等级的不同而定。其中初步设计已经批准是实行招标活动的必备条件之一，也是编写招标文件的起码条件。

3) 建设资金已经落实。

建设资金包括自有资金和银行贷款等，通常自有资金不应少于项目投资总额的30%，而银行贷款也必须已经落实。资金没有落实，不能进行招标，也不能进行资格预审。

4) 施工准备工作已经完成。

施工准备工作包括征地拆迁、移民安置、环保措施、临时道路、公共设施、通信设备等现场条件的准备。

(2) 资格审查

公开招标时，要预先对投标人的资格进行审查，即通常所说的资格预审，以便淘汰不合格的投标人。只有通过了资格预审的投标人，才可以购买招标文件，参与投标竞争。如为邀请招标，由于招标单位已经对邀请单位的资质条件有所了解，可不进行资格预审，但要在评标时进行资格后审，将其资质、信誉、能力作为评标考虑的因素之一。资格预审与资格后审的内容基本相同。资格预审的内容主要有资质审查、能力审查、经验审查等。

资格审查的目的是：

1) 了解投标人的财务状况、技术力量以及类似本工程的施工经验，为业主选择优秀的承包商打下良好的基础；

2) 事先淘汰不合格的投标人，排除将合同授予不合格投标人的风险；

3) 减少评标阶段的工作时间，节约评标费用；

4) 使不合格的投标人节约购买招标文件、现场踏勘和投标的费用。

6.2.2　工程项目投标

1. 工程项目投标的基本概念

工程项目投标，是经过招标单位审查获得投标资格的承包单位，按照招标文件的要求，在规定的时间内，向招标单位填报投标书并争取中标的活动。这是承包单位使用经济手段获得工程任务的竞争活动。承包单位投标是企业间在工程造价、工期、工程质量、技术、经验、实力和信誉等方面的竞争。

2. 投标程序

投标是招标的对称词，是承包商对业主的建设项目招标的响应。招标与投标构成以工程围标的物的买方与卖方经济活动相互依存不可分割的两个方面。投标程序是指从填写资格预审调查表开始，到将正式投标文件送交业主为止所进行的全部工作。

3. 投标决策

(1) 投标决策的含义

所谓投标决策，主要包括三方面内容：一是指针对特定项目投标或不投标；二是倘若去投标，是投什么性质的标；三是投标中如何采用以长制短、以优胜劣的策略和技巧。投标决策的正确与否，关系到能否中标和中标后的效益，关系到施工企业的发展前景和职工的经济效益。因此，必须充分认识到投标决策的重要意义。

(2) 投标的类型

1) 按性质进行分类主要有风险标和保险标。

风险标是指明知工程承包难度大、风险大，且技术、设备、资金上都有尚未解决的问题，但由于队伍窝工，或因为工程盈利丰厚，或为了开拓新技术领域而决定参加投标，同时设法解决存在的问题，即为风险标。投标后，如果问题解决得好，可取得较好的经济效益；可锻炼出一支好的施工队伍，使企业更上一层楼。否则，将导致企业亏损甚至破产。因此，投风险标必须审慎从事。

保险标是指对可以预见的情况从技术、设备、资金等重大问题都有了解决的对策之后再投标。企业经济实力较弱，经不起失误的打击，则往往投保险标。当前，我国施工企业多数都愿意投保险标，特别是在国际工程承包市场上去投保险标。

2) 按效益分类有盈利标、保本标和亏损标三种。

盈利标：如果招标工程既是本企业的强项，又是竞争对手的弱项；或建设单位意向明确；或本企业的任务饱满，利润丰厚，才考虑让企业超负荷运转，此种情况下的投标，称投盈利标。

保本标，当企业无后继工程，或已出现部分窝工，必须争取投标中标，但招标的工程项目对于本企业又无优势可言，竞争对手又是“强手如林”的局面，此时，宜投保本标，至多投薄利标，成为保本标。

亏损标是一种非常手段，一般是在下列情况下采用，即本企业已大量窝工，严重亏损，若中标后至少可以使部分工人、机械运转，减少亏损；或是为在对手林立的竞争中夺取头标，不惜血本压低标价；或是为了在本企业的垄断地盘中，挤垮企图插足的竞争对手；或是为了打入新的市场，取得拓宽市场的目的而压低标价。

(3) 影响投标决策的因素

影响投标决策的因素首先取决于投标单位的实力。其实力表现在以下几个方面。

1）技术方面的实力：有精通本行业的管理专家、各类技术人才和熟练工人组成的组织机构，由工程项目设计、施工专业特长、能解决技术难度大工程施工中所遇到的技术难题的能力。有与招标项目同类型的工程的施工经验，有一定的技术实力的合作伙伴。

2）经济方面的实力：具有垫付资金的能力。具有一定的固定资产和机具设备以及投入所需的资金，具有一定的资金周转用以支付施工用款和支付各种担保、税金与保险的能力，具有一定的程度不可抗力带来的风险的财力。

3）管理水平：拥有足够的管理人才、运转灵活的组织机构、各种完备的规章制度、完善的质量和进度保证体系等。

4）社会信誉：企业拥有良好的社会信誉，是获取承包合同的重要因素，而社会信誉的建立不是一朝一夕的事，要靠平时的保质保量、按期完成工程项目来逐步建立。

4. 投标文件的组成

投标文件一般由以下几部分组成：①投标书。②投标书附件。③投标保证金。④法定代表人资格证明书。⑤授权委托书。⑥具有标价的工程量与标价表。⑦施工规划。⑧辅助资料表。⑨资格审查表。对招标文件中的合同协议条款的确认和响应。⑩按招标文件规定提交的其他资料。

5. 投标报价

（1）投标文件的内容

投标文件应严格按照招标文件的各项要求来编制，一般包括下列内容：①投标函；②法定代表人证书及其签发的委托代理人授权委托书；③投标保证；④投标报价；⑤施工组织设计或者施工方案；⑥对招标文件中的合同协议条款内容的确认和响应；⑦招标文件要求提供的其他材料。

（2）投标文件编制的要点

1）要将招标文件研究透彻，重点是投标须知、合同条件、技术规范、工程量清单及图纸。

2）为编制好投标文件和投标报价，应收集现行定额标准、取费标准及各类标准图集，收集、掌握政策性调价文件以及材料和设备价格情况。

3）投标人首先应依据招标文件和工程技术规范要求，并结合施工现场情况编制施工方案或施工组织设计。

4）按照招标文件中规定的各种因素和依据计算报价，并仔细核对，确保准确，在此基础上正确运用报价技巧和策略，采用科学方法作出报价决策。

5）认真填写招标文件所附的各种投标表格，尤其是需要签章的，一定要按要求完成，否则有可能会因此而导致废标。

6）投标文件的封装。投标文件编写完成后要按招标文件要求的方式进行分装、贴封、签章。

（3）投标报价的策略

投标策略是指承包商在投标竞争中的指导思想与系统工作部署及其参与投标竞争的

方式和手段。投标策略作为投标取胜的方式、手段和艺术，贯穿于投标竞争的始终，内容十分丰富。在投标与否、投标项目的选择、投标报价等方面，无不包含投标策略。常见的有以下投标策略。

1）增加建议方案。

有时招标文件中规定，可以提一个建议方案，即可以修改原设计方案，提出投标者的方案。投标者应抓住这样的机会，组织一批有经验的设计和施工工程师，对原招标文件的设计和施工方案仔细研究，提出更为合理的方案以吸引业主，促成自己的方案中标。这种新建议方案或是可以降低总造价，或是缩短工期，或是改善工程的功能。建议方案不要写得太具体，要保留方案的技术关键，防止业主将此方案交给其他承包商。同时要强调的是，建议方案一定要比较成熟，有很好的操作性。另外，在编制建议方案的同时，还应组织好对原招标方案的报价。

2）多方案报价法。

对于一些招标文件，如果发现工程范围不明确，条款不清楚或不很公正，或技术规范要求过于苛刻时，则要在充分估计投标风险的基础上，按多方案报价法处理。即按原招标文件报一个价，然后再提出如某某条款作某些变动报价可降低多少，由此可报出一个较低的价。这样可以降低总价，吸引业主。

3）突然袭击法。

由于投标竞争激烈，为迷惑对方，有意泄漏一点假情报，如制造不打算参加投标，或准备投高价标，或因无利可图不想干的假象。然而，到投标截止之前，突然前往投标，并压低投标价，从而使对手措手不及而败北。

4）无利润算标。

缺乏竞争优势的承包商，在不得已的情况下，只能在算标中不考虑利润去夺标。这种办法一般是处于以下条件时采用：①有可能在得标后将大部分工程分包给索价较低的分包商；②对于分期建设的项目，先以低价获得首期工程，目标是创造后期工程的竞争优势，提高中标的可能性；③较长时期内承包商没有在建的工程项目，如果再不得标，就难以维持生存。因此，即使本工程无利可图，只要能维持公司的日常运转，保住队伍不散，就可承接，以图东山再起。

5）低价夺标法。

这是一种非常手段。如企业大量窝工，为减少亏损；或为打入某一建筑市场；或为挤走竞争对手保住自己的地盘，于是制定亏损标，力争夺标。

6.3 工程项目合同管理

6.3.1 合同与合同管理简述

1. 合同的概念

（1）合同的概念

合同是指平等主体的自然人、法人、其他组织之间设立、变更、终止民事权利义务关系的协议。合同的含义非常广泛。广义上的合同是指以确定权利、义务为内容的协议，除了包括民事合同外，还包括行政合同、劳动合同等。民法中的合同即民事合同是指确立、变更、终止民事权利义务关系的协议，它包括债权合同、身份合同等。

(2) 合同的法律特征

合同具有如下法律特征：

1) 合同是一种民事法律行为。

民事法律行为是指民事主体实施的能够设立、变更、终止民事权利义务关系的合法行为。民事法律行为以意思表示为核心，并且按照意思表示的内容产生法律后果。作为民事法律行为，合同应当是合法的，即只有在合同当事人所作出的意思表示符合法律要求，才能产生法律约束力，受到法律保护。如果当事人的意思表示违法，即使双方已经达成协议，也不能产生当事人预期的法律效果。

2) 合同是两个以上当事人意思表示一致的协议。

合同的成立必须有两个以上的当事人相互之间作出意思表示，并达成共识。

因此，只有当事人在平等自愿的基础上意思表示完全一致时，合同才能成立。

3) 合同以设立、变更、终止民事权利义务关系为目的。

当事人订立合同都有一定的目的，即设立、变更、终止民事权利义务关系。无论当事人订立合同是为了什么目的，只有当事人达成的协议生效以后，才能对当事人产生法律上的约束力。

(3) 合同法点

合同法有两层含义：广义上的合同法是指根据法律的实质内容，调整合同关系的所有的法律法规的总称；另外一种是基于法律的表现形式，即由立法机关制定的，以"合同法"命名的法律，在我国 1999 年 3 月 15 日通过了《中华人民共和国合同法》。本书所提及的，特指《中华人民共和国合同法》。

(4) 合同法的基本原则

1) 平等原则。在合同法律关系中，当事人之间的法律地位平等，任何一方都有权独立作出决定，一方不得将自己的意愿强加给另一方。

2) 合同自由原则，即只有在双方当事人经过协商，意思表示完全一致，合同才能成立。合同自由包括缔结合同自由、选择合同相对人自由、确定合同内容自由、选择合同形式自由、变更和解除合同自由。

3) 公平原则，即在合同的订立和履行过程中，公平、合理地调整合同当事人之间的权利义务关系。

4) 诚实信用原则，是指在合同的订立和履行过程中，合同当事人应当诚实守信，以善意的方式履行其义务，不得滥用权力及规避法律或合同规定的义务。同时，还应当维护当事人之间的利益及当事人利益与社会利益之间的平衡。

5) 遵守法律、尊重社会公德原则，即当事人订立、履行合同应当遵守法律、行政法规及尊重社会公认的道德规范。

6) 合同严守原则，即依法成立的合同在当事人之间具有相当于法律的效力，当事人必须严格遵守，不得擅自变更和解除合同，不得随意违反合同规定。

7）鼓励交易原则，即鼓励合法正当的交易。如果当事人之间的合同订立和履行符合法律及行政法规的规定，则当事人各方的行为应当受到鼓励和法律的保护。

2. 工程项目合同的种类

（1）从承发包的工程范围划分

按承发包的不同范围和数量进行划分，可以将建设工程合同分为建设工程总承包合同、建设工程承包合同、分包合同。发包人将工程建设的全过程发包给一个承包人的合同，即为建设工程总承包合同。发包人如果将建设工程的勘察、设计、施工等的每一项分别发包给一个承包人的合同，即为建设工程承包合同。经合同约定和发包人认可，从工程承包人承包的工程中承包部分工程而订立的合同，即为建设工程分包合同。

（2）从完成承包的内容划分

按完成承包的内容进行划分，建设工程合同可以分为建设工程勘察合同、建设工程设计合同和建设工程施工合同三类。

（3）从付款方式划分

按付款方式不同进行划分，建设工程合同可分为总价合同、单价合同和成本加酬金合同。

1）总价合同。总价合同是合同总价不变，或影响价格的关键因素固定的一种合同。采用这种合同，对业主支付款项来说比较简单，评标时易于按低价定标。业主按合同规定的进度方式付款，在施工中可集中精力控制质量和进度。

总价合同有固定总价、调值总价和估计工程量总价合同三种形式。

第一种为固定总价合同。承包商以初步设计的图纸（或施工设计图）为基础，报一个合同总价，在图纸及工程要求不变的情况下，其合同总价固定不变。对这种合同，承包商要考虑承担工程的全部风险，因此报价较高。

这种合同形式一般适用于风险不大、技术不太复杂、工期不长、工程施工图纸不变、工程要求十分明确的项目。如果施工图纸变更，工程要求较高，应考虑调整合同价。

第二种为调值总价合同。这种合同除了同固定总价合同一样外，所不同的是在合同中规定了由于通货膨胀引起的工料成本增到某一规定的限度时，合同总价应做相应的调整。这种合同业主承担了通货膨胀的风险因素，一般工期在一年以上时可采用这种形式。

第三种估计工程量总价合同。这种合同要求投标者在报价时，以根据图纸列出的工程量清单和相应的费率为基础计算出合同总价，据以签订合同。当改变设计或新增项目而引起工程量增加时，可按新增的工程量和合同中已确定的相应的费率来调整合同价格。这种合同一般只适用于工程量变化不大的项目。

2）单价合同。单价合同有估计工程量单价、纯单价和单价与包干混合式合同三种形式。

① 估计工程量单价合同。业主在准备此类合同招标文件时，应有工程量表，在表中列出每项工程量，承包商在工程量表中只填入相应的单价，据以计算出的投标报价作为合同总价。业主每月按承包商所完成的核定工程量支付工程款。待工程验收移交后，以竣工结算的价款为合同价。

② 估价工程量单价合同中应规定单价调整的条款。如果一个单项工程当实际工程量比招标文件中工程量表的工程量相差某一百分数时，应由合同双方讨论对单价的调整。这种合同，业主和承包商共同承担风险，是比较常见的一种合同形式。

③ 纯单价合同。这种合同在招标文件中只提出项目一览表，工程范围及工程要求的说明，而没有详细的图纸和工程量表。承包商在投标时只需列出各工程项目的单价，业主按承包商实际完成的工程量付款。此合同形式适用于来不及提供施工详细图就要开工的工程项目。

④ 单价与包干混合式合同。在有些项目中，有些子项目容易计算工程量，如挖土方。但有的子项目不容易计算工程量，如施工导流、小型设备的安装与调试。对于容易计算工程量的，可采用单价的形式；而对于不容易计算工程量的，应采用包干的形式。在工程施工中，业主分别按单价合同和总价合同的形式支付工程款。

3）成本加酬金合同：成本加酬金合同也称成本补偿合同或成本加费用合同，这是承包人要发包人偿付工程实际成本，另加一定酬金的合同。这种合同一般是在工程内容及其技术经济指标尚未完全确定而又急于建设的工程中采用，适用于改建、灾后恢复，或者是一个前所未有的崭新工程和施工风险很大的工程中采用。在采用这种合同时，工程成本费用可按实报实销的方式，或业主同承包商事先商定，估算出一个工程成本，在此基础上，按不同的方法业主向承包商支付一定的酬金。成本加酬金合同一般有以下三种。

① 成本加固定百分比酬金合同。

合同双方约定工程成本中的直接费用实报实销，然后按直接费用的某一百分比提取酬金。其表达式为

$$C = C_d(1 + P) \tag{6.1}$$

式中，C——工程总造价；

C_d——实际发生的直接工程成本；

P——某一固定百分数（酬金与成本之比）。

从这个表达式中可以看出，工程总造价 C 随实际发生的工程成本的增大而增大。这种合同简单易行，对承包商来说，不仅没有任何风险，而且成本愈高则酬金愈高。因此不利于鼓励承包商降低成本、缩短工期的积极性，容易导致总价难以控制的局面。

② 成本加固定酬金合同根据合同双方讨论约定的工程估算成本来确定一笔固定的酬金。其估算成本仅为确定酬金而用，而工程成本仍按实报实销的原则。其表达式为

$$C = C_d + F \tag{6.2}$$

式中，F——固定酬金；其余符号含义同前。从式（6.2）可以看出，这种合同形式避免了成本加固定百分比酬金合同中酬金水涨船高的现象，虽不能鼓励承包商降低成本，但可以鼓励承包商为尽快得到固定酬金而缩短工期。

③ 成本加浮动酬金合同。这种合同具有奖罚的性质，因此又称成本加奖罚金合同。这种合同是经合同双方确定工程的一个概算直接成本和一个固定的酬金，然后将实际发生的直接工程成本与概算的直接成本进行比较。若实际成本低于概算成本，就奖励某一固定的或节约成本的某一百分比的酬金；若实际成本高于概算成本，就罚某一固定的或增加成本的某一百分比的酬金。其表达公式为

$$C = C_d + P_1 C_0 + P_2 (C_0 + C_d) \tag{6.3}$$

式中，C_0——概算的直接工程成本（目标成本）；

P_1——基本酬金百分数；

P_2——奖罚酬金百分数；

其余符号含义同前。

此种合同，从理论上讲是比较合理的一种合同形式，对合同双方都无多大风险，能促进承包商既关心降低成本，又注意缩短工期。

4）按合同计价方式分类的合同的选用。

一项工程招标前，选用恰当的合同形式是建设单位编制招标文件、制定发包策略及发包计划的一项重要组成部分。对于按计价方式分类的合同的选用，与工程建设的设计深度和便于承包商投标报价有关，同时也涉及工程开工前的准备工作情况。一般来讲，如果一个工程仅达到可行性研究概念设计阶段，只要满足主要设备、材料的订货，项目总造价的控制，技术设计和施工方案设计文件的编制等要求，多采用成本加酬金合同。工程项目达到初步设计深度，能满足设计方案中的重大技术问题和试验要求及设备制造要求等，多采用单价合同。工程项目达到施工图设计阶段，能满足设备、材料的安排，非标准设备制造，施工图预算的编制，施工组织设计等，多采用总价合同。

3. 合同管理的概念

合同管理是项目采购管理的实现阶段，也是项目采购管理乃至项目管理的核心。合同管理关系到项目能否顺利实施，对于参与工程项目的各方而言，合同管理直接关系到其利益能否得到保护。

合同管理是指参与项目的各方均应在合同实施过程中自觉、认真、严格地遵守所签订合同的各项规定和要求，按照各自的责任行使各自的权利、履行各自的业务，发扬协作精神，处理好各方关系，做好各项管理工作，使项目目标得到完整的体系。

6.3.2 合同的订立

1. 订立合同的条件

1）初步设计已经批准。

2）工程项目已经列入年度建设计划。

3）有能够满足施工需要的设计文件和有关技术资料。

4）建设资金和主要建筑材料设备来源已经落实。

5）招标工程中标通知书已经下达。

2. 订立施工合同应当遵守的原则

(1) 遵守国家法律、法规和国家计划

订立施工合同，必须遵守国家法律、法规，也应遵守国家的建设计划和其他计划(如贷款计划等)。建设工程施工对经济发展、社会生活有多方面的影响，国家有许多强制性的管理规定，施工合同当事人都必须遵守。

（2）平等、自愿、公平

签订施工合同的当事人双方都具有平等的法律地位，任何一方都不得强迫对方接受不平等的合同条件。合同内容应当是双方当事人真实意愿的体现，应当是公平的，不能损害任一方的利益。对于显失公平的施工合同，当事人一方有权申请人民法院或者仲裁机构予以变更或者撤销。

（3）诚实信用

诚实信用原则简称诚信原则，是指合同当事人在行使权力、履行义务时，都应本着诚实、善意的态度，恪守信用，不得滥用权利，也不得规避法律或合同规定的义务，不得有欺诈行为。合同当事人应当如实将自身和工程情况介绍给对方。在履行合同时，施工合同当事人要严格履行合同。

3. 订立施工合同的程序

施工合同作为合同的一种，其订立也应经过要约和承诺两个阶段。其订立方式有两种：直接发包和指标发包。如果没有特殊情况，工程建设的施工都应通过招标投标来确定施工企业。

中标通知书发出后，中标的施工企业应当与建设单位及时签订合同。依据《招标投标法》的规定，在中标通知书发出 30 天内，中标单位应与建设单位依据招标文件、投标书等签订工程承发包合同（施工合同）。签订合同的承包方必须是中标的施工企业，投标书中已确定的合同条款在签订合同时不得更改，合同价应与中标价一致。如果中标施工企业拒绝与建设单位签订合同，建设单位将不再返还其投标保证金（如果是由银行等金融机构出具投标保函的，则投标保函出具者应当承担相应的保证责任），建设行政主管部门或其授权机构还可给予一定的行政处罚。

6.3.3　合同的履行

1. 实际履行原则

实际履行原则是指合同当事人按照合同规定的标的履行，也就是合同当事人必须按照合同规定的内容和范围实际履行，承包方应按期保质地交付工程，发包方则应及时予以接受。除非由于不可抗力，不得任意降低标的物的标准、变更标的物或以货币代替实物。

2. 全面履行原则

全面履行原则是指合同当事人必须按照合同规定的标的、质量和数量、履行地点、履行价格、履行时间和履行方式等全面地完成各自应当履行的义务，即当事人必须按照合同规定的所有条款完成工程建设任务。同时，对工程合同全面履行的检验，需经过工程竣工、验收和竣工决算三个步骤。

在合同执行过程中，承包商正确地履行义务是关键，也就是按照合同规定的条款，全面、实际地完成施工任务，建成工程项目。

合同签订之后，承包商要尽力做开工的准备工作，首先要选定称职的项目经理并组织项目经理部，集结施工力量，按合同规定期限进入施工现场，在施工过程中做好各项工作。

承包商必须依据施工合同的规定，积极地采购符合质量标准的施工材料、施工机械和设备，并按照施工进度计划组织材料、施工机械和设备进场。

保证工程质量是承包商的重要义务之一。因此，承包商必须要求施工组织者和施工人员严格按照设计、施工图纸和技术规范和标准的规定组织施工，以保证工程施工质量符合设计要求。

按期竣工是承包商必须履行的重要义务之一。依据施工合同的规定，按期将竣工的工程交付建设单位，从而为建设单位投资兴建工程的目的得以实现创造了前提。承包商按期交付竣工的工程项目，才能全部结算工程价款，从而实现经济利益并赢得良好的信誉。

6.3.4 FIDIC 合同条件

1. 国际咨询工程师联合会简介

FIDIC 是“国际咨询工程师联合会”（Fédération Internationale Des Ingénieurs-Conseils）的法语缩写，于 1913 年由欧洲 5 国独立的咨询工程师协会在比利时根特成立。该组织在每个国家或地区只吸收一个独立的咨询工程师协会作为团体会员，至今已有 60 多个发达国家和发展中国家或地区的成员，因此它是国际上最具有权威性的咨询工程师组织。FIDIC 所制定的工程建设项目管理的合同范本已被联合国有关组织和世行、泛美开发银行、亚行等绝大多数国际金融组织及其成员国普遍承认和采用，具有广泛而深刻的影响，是相关行业的国际规则。FIDIC 合同已成为工程招投标、工程咨询、工程项目管理和工程承包合同管理的重要依据。我国出台的建设工程施工合同（示范文本）分别参照、等同和等效采用了 FIDIC 合同的模式。1996 年中国工程咨询协会加入国际咨询工程师联合会（FIDIC），成为正式会员。

2. FIDIC 合同条件解读

为了规范国际工程咨询和承包活动，FIDIC 先后发表过很多重要的管理文件标准化的合同文件范本。FIDIC 合同条件第一版由国际咨询工程师联合会于 1957 年颁布，1963 年 FIDIC 合同条件第二版、1977 年 FIDIC 合同条件第三版、1987 年 FIDIC 合同条件第四版相继问世。目前作为惯例已成为国际工程界公认的标准化合同，格式有适用于工程咨询的《业主—咨询工程师标准服务协议书》；适用于施工承包的《土木工程施工合同条件》《电气与机械工程合同条件》、《设计—建造与交钥匙同条件》和《土木工程施工分包合同条件》。1999 年 9 月，FIDIC 又出版了新的《施工合同条件》、《工程设备与设计—建造合同条件》、《EPC 交钥匙合同条件》及合同简短格式。

目前使用的国际咨询工程师联合会（FIDIC）编制的《业主/咨询工程师标准服务协议书》（白皮书）、《设计－建造与交钥匙工程合同条件》、《电气与机械工程合同条件》、《土木工程施工合同条件》、《土木工程施工分包合同条件》一般分为协议书、通用（标准）条件和专用特殊条件等三大部分。

(1) FIDIC 业主/咨询工程师标准服务协议书条件（白皮书）

FIDIC 业主/咨询工程师标准服务协议书条件由协议书、标准条件（第一部分）、特殊应用条件（第二部分）等组成，计 44 条。并通过业主/咨询工程师标准服务协议书应用指南加以具体指导。

(2) FIDIC 设计——建造与交钥匙工程合同条件（橘皮书）

FIDIC 编制的设计——建造与交钥匙合同条件是适用于总承包的合同文本，承包工作内容包括设计、设备采购、施工、物资供应、安装、调试和保修。这种承包模式可以减少设计与施工之间的脱节或矛盾，而且有利于节约投资。该合同文本是基于不可调价的总价承包编制的合同条件。土建施工和设备安装部分的责任，基本上套用土木工程施工合同条件和电气与机械工程合同条件的相关约定。交钥匙合同条件既可以用于单一合同施工的项目，也可以用于作为多合同项目中的一个合同，如承包商负责提供各项设计、单项构筑物或整套设施的承包。

FIDIC 设计——建造与交钥匙工程合同条件包括：

1）第一部分——通用条件：合同，雇主，雇主代表，承包商，设计，职员与劳工，工程设备、材料和工艺，开工、延误和暂停，竣工检验，雇主的接收，竣工后的检验，缺陷责任，合同价格与支付，变更，承包商的违约，雇主的违约，风险和责任，保险，不可抗力，索赔、争端与仲裁。

2）第二部分——特殊应用条件编制指南、投标书与协议书格式等。

(3) FIDIC 电气与机械工程合同条件（黄皮书）

电气与机械工程合同条件适用于大型工程的设备提供和施工安装，承包工作范围包括设备的制造、运送、安装和保修几个阶段。这个合同条件是在土木工程施工合同条件基础上编制的，针对相同情况制定的条件完全照抄土木工程施工合同条件的规定。与土木工程施工合同条件的区别主要表现为：一是该合同涉及的不确定风险的因素较少，但实施阶段管理程序较为复杂，因此条目少、款数多；二是支付管理程序与责任划分基于总价合同。这个合同一般适用于大型项目中的安装工程。

FIDIC 电气与机械工程合同条件包括：

1）序言——序言对由第一部分通用条件的条款所要求的详细细节做了规定。

2）第一部分——通用条件：定义及解释，工程师和工程师代表，转让与分包，合同文件，概述，承包商的义务，业主的义务，劳务，工艺和材料，工程、运送或安装的暂停，竣工，竣工检验，验交，验交后的缺陷，变更，设备的所有权，证书与支付，索赔，外币和汇率，暂定金额，风险与责任，对工程的照管和风险的转移，财产损害和人员伤害，责任的限度，保险，不可抗力，违约，费用和法规的变更，关税，通知，争议与仲裁，法律及程序。

3）第二部分——专用条件：概述；A 项；B 项；投标保函；履约保函；变更命令；移交证书；缺陷责任证书；缺陷责任保函；最终支付证书等组成。

第二部分的 A 项用于说明在第一部分通用条件中规定的变通解决方法。除非第二部分的 A 项规定了变通解决方法，否则将采用通用条件中的规定。

在 A 项中还要涉及履约保证、有关图纸和设计的批准方法、支付以及仲裁规则等款项。

第二部分的B项可用于补充特别工程项目所需要的，而A项中尚未作出规定的任何进一步的专用条件。

(4) FIDIC土木工程施工合同条件（红皮书）

《土木工程施工合同条件》是FIDIC最早编制的合同文本，也是其他几个合同件的基础。该文本适用于业主（或业主委托第三人）提供设计的工程施工承包，单价合同为基础（也允许其中部分工作以总价合同承包），广泛用于土木建筑工施工、安装承包的标准化合同格式。土木工程施工合同条件的主要特点表现为，条款中责任的约定以招标选择承包商为前提，合同履行过程中建立以工程师为核心的管理模式。

FIDIC土木工程施工合同条件包括：

1）第一部分——合同协议书、通用条件：定义及解释，工程师及工程师代表；转让与分包，合同条件，一般义务，责任的分担和保险的义务，业主办理的保险，承包商的其他义务，劳务，材料、工程设备和工艺，暂时停工，开工和误期，缺陷责任，变更、增添和省略，索赔程序，承包商的设备、临时工程和材料，计量，暂定金额；指定的分包商，证书与支付，补救措施，特殊风险，解除履约，争端的解决，通知，费用和法规的变更；货币及汇率；可能使用的补充条款，投标书，附件。

2）第二部分——专用条件

(5) FIDIC土木工程施工分包合同条件

FIDIC编制的《土木工程施工分包合同条件》是与《土木工程施工合同条件》配套使用的分包合同文本。分包合同条件可用于承包商与其选定的分包商，或与业主选择的指定分包商签订的合同。分包合同条件的特点是，既要保持与主合同条件中分包工程部分规定的权利义务约定一致，又要区分负责实施分包工作当事人改变后两个合同之间的差异。

FIDIC土木工程施工分包合同条件包括：

1）第一部分——通用条件：定义及解释，一般义务，分包合同条件，主合同，临时工程、承包商的设备和（或）其他设施（如有时），现场工作和通道，开工和竣工，指示和决定，变更，变更的估价，通知和索赔，分包商的设备、临时工程和材料，保障，未完成的工作和缺陷，保险，支付，主合同的终止，分包商的违约，争端的解决，通知和指示，费用及法规的变更，货币及汇率。

2）第二部分——特殊应用条件编制指南（附报价书及协议书格式）。

FIDIC土木工程施工分包合同通用条件和特殊应用条件与对应的条款编号相联系，共同构成了决定分包合同各方权利和义务的分包合同条件。

6.4 工程索赔

6.4.1 工程索赔的涵义

1. 索赔的概念

索赔（claim）一般是指对某事\某物权利的一种主张、要求、坚持等。工程索赔通常是指在工程合同履行过程中，合同当事人一方因非自身责任或对方不履行或未履行合同而受到经济损失或权利损害时，通过合法程序向对方提出一定经济或时间上的补偿要求。索赔实质上是业主和承包商之间在分担合同风险方面进行责任的重新划分。

在国际工程项目中，工程索赔时一种经常发生的正常现象，承包人通过成功的索赔能使工程收入增加额达到工程造价的10%～20%，有些工程项目的索赔额甚至超过了合同价本身。但工程索赔及其管理是我国工程建设管理中一个相对薄弱的环节，业主和承包商双方对索赔管理的认识都不够全面、正确，对索赔的方法、程序及计算等，也不够科学、规范，施工合同管理、企业内部管理与索赔工作的要求还有相当的差距。在不同地区和部门，还不同程度地存在“不敢索赔”、“不会索赔”、“不能索赔”、“不让索赔”等现象。随着我国建设市场国际化进程的发展，应当加强对索赔理论和方法的研究，探索建立具有中国特色的工程索赔管理制度，全面提高我国工程索赔管理水平。

2. 索赔的特点

1）索赔是一种合法的正当权利要求，不是无理争利，是依据合同和法律的规定，向承担责任方索回不应该由自己承担的损失，是完全合理合法的。它是发包人、承包人、供应商之间一项正常的、大量发生而且普遍发生的合同管理业务，是一种以法律和合同为依据的合理行为。

2）索赔是双向的，合同的双方都可向对方提出索赔要求，被索赔方可以对索赔方提出异议，阻止对方的不合理的索赔要求。工程索赔的实践中，常用到索赔（claims）和反索赔（counter-claims）这两个概念。通常按索赔的对象来界定索赔与反索赔。

①承包商向业主提出的补偿要求称为“索赔”。根据FIDIC《施工合同条件》第20.1款，承包商索赔就是承包商依据合同条款和有关合同文件的规定，向业主要求工期延长和追加付款的一种权利主张。②业主对承包商提出的补偿要求称为“反索赔”。在J. J. Adrian著《施工索赔》一书中论述业主的反索赔时指出：“对承包商提出的损失索赔要求，业主采取的立场有两种可能的处理途径：第一，就（承包商）施工质量存在的问题和拖延工期，业主可以对承包商提出反要求，这就是业主通常向承包商提出的反索赔。此项反索赔就是要求承包商承担修理工程缺陷的费用或要求承包商赔付拖延工期而造成的经济损失。第二，业主也可以对承包商提出的损失索赔要求进行争辩，即按照双方认可的生产率、会计原则和索赔计算方法等事项，对索赔要求进行分析，这样能够减少索赔款的数量。对业主方面来说，成为一个比较合理的和可以接受的款额。”由此可见，业主对承包商的反索赔包括两个方面：一是对承包商在履约中的其他缺陷责任，如某部分工程质量达不到施工技术规程的要求，或拖期建成，独立地提出损失补偿要求。二是对承包商提出的索赔要求进行分析、评审和修正，否定其不合理的要求，接受其合理的要求。

3）索赔的依据是签订的合同和有关法律、法规。索赔成功的主要依据是合同和法律及与此有关的证据。没有合同和法律依据，没有依据合同和法律提出的各种证据，索赔不能成立。

4）只有实际发生了经济损失或权利损害，才能向对方提出索赔。工索赔的目的，在工程施工中，是补偿索赔方在经济和工期上的损失。所谓经济损失，是指发生了合同以外的额外支出，如人工费、材料费、机械费、管理费等额外开支；权利损害，是指虽然没有经济损失，但造成一方权利上的损害。

6.4.2 索赔的种类

1. 按索赔的目的分类

（1）工期索赔

工期索赔是指对施工过程中发生的非一方直接或间接责任事件造成计划工期延误后，向对方提出的赔偿要求。

（2）费用索赔

费用索赔是指对施工中发生的非一方直接或间接责任事件造成的合同价外费用支出，向对方提出的经济赔偿要求。

2. 按索赔的处理方式分类

（1）单项索赔

单项索赔是指某一事件发生对合同当事人一方造成工期延长或额外费用支出时，该方即可对这一事件的实际损失，在合同规定的索赔有效期内提出索赔。因此，单项索赔是对发生的事件而言。如业主发出设计变更指令，造成承包方成本增加，工期延长，承包方对此提出索赔要求。单项索赔必须在索赔有效期内提出索赔报告，经监理工程师审核后交业主批准。如果超过规定的索赔有效期，则该索赔无效。

单项索赔涉及的合同事件一般比较简单，责任分析和索赔值计算不太复杂，金额也不会太大，双方较容易达成协议。

（2）综合索赔

综合索赔又称总索赔、一揽子索赔，是指在工程竣工结算前，将施工过程中未得到解决的或对方答复不满意的单项索赔集中起来，综合提出一份索赔报告，双方进行谈判协商。综合索赔中涉及的事件一般都是单项索赔中遗留下来的、意见较大的难题。责任的划分、费用的计算等都各持己见，不容易立即解决。在处理综合索赔时，因许多干扰事件交织在一起，影响因素比较复杂，使索赔处理和谈判都很艰难，加上综合索赔的金额较大，往往较难解决。

因此，在进行工程索赔时，一定要掌握索赔的有利时机，力争单项索赔，使索赔一项一项地单独解决。对于实在不能单项解决、需要综合索赔的，也应力争在工程建成移交之前完成主要索赔的谈判与付款。

3. 按索赔发生的原因分类

（1）工程延期索赔

工程延期索赔是指由于发包人的原因不能按原定计划的时间进行施工，或由于设计图纸和规范的错误和遗漏，设计者不能及时提交审查或批准图纸所引起的索赔。

(2) 工程加速索赔

工程加速索赔经常是延期或工作范围变更引起的，有时也称为“赶工索赔”。如果发包人要求承包方比合同的工期提前，或者因工程前段的承包方的工程拖期，要求后一阶段的另一承包方弥补已损失的工期，使整个工程按期完工，这样，承包方可以因施工加速成本超过原计划的成本而提出索赔。

(3) 工程变更索赔

由于发包人或工程师指令增加或减少工程量或改变设计、变更施工顺序等，造成工程工期和费用的增加时，提出的索赔要求。

(4) 不可抗力或不可预见因素索赔

在工程实施过程中，因人力不可抗的自然灾害、特殊风险以及一个有经验的承包人不能后来预见的不利施工条件或客观障碍所引起的索赔。

(5) 其他索赔

造成这类索赔的原因有解除合同、物价调整、汇率变化、国家政策变化、法规变更等。

4. 按索赔的合同依据分类

(1) 合同内索赔

合同内索赔是指索赔所涉及的内容可以在履行的合同中找到条款依据，并可根据合同条款或协议预先规定的责任和义务划分责任，按违约规定和索赔费用、工期的计算办法提出索赔。一般情况下，合同内索赔的处理解决相对顺利些。

(2) 合同外索赔

合同外索赔与合同内索赔依据恰恰相反，即索赔所涉及的内容难于在合同条款及有关协议中找到依据，但可能来自民法、经济法或政府有关部门颁布的有关法规所赋予的权力。如在民事侵权行为、民事伤害行为中找到依据所提出的索赔，就属合同外索赔。

(3) 道义索赔

道义索亦称额外支付，是指无论在合同内或合同外都找不到索赔的依据，没有提出索赔的条件和理由。但合同履行中诚恳可信，为工程的质量、进度及配合上尽了最大的努力，在工程实施过程中估计失误确实造成了巨大的损失，恳求发包人尽力给予救助。此情况下，发包人在详细了解实际情况后，为了使自己的工程获得良好的进展，出于同情和信任，对合作的承包人予以补偿。

6.4.3　索赔的程序

索赔程序是指从索赔事件发生到最终处理全过程所包括的工作内容和步骤。要搞好索赔，不仅要善于发现和把握住索赔的机会，更重要的是要会处理索赔事宜。合同双方，如果要向对方索取补偿，就必须遵循索赔程序，否则将得不到任何补偿。索赔程序大致可划分为以下几个阶段：

（1）提出索赔意向通知

索赔意向通知是一种维护自身索赔权利的文件。凡是由于发包人或工程师方面的原因或是由于非承包人自身的原因，承包人发现索赔或意识到存在潜在的索赔机会后，要在合同规定的时间内将自己的索赔意向以书面形式及时通知发包人或工程师，要求或声明保留索赔的权利。索赔意向通知包括以下内容：

1）事件发生的时间和情况的简单描述。

2）合同依据的条款和理由。

3）有关后续资料的提供，包括及时记录和提供事件发展的动态。

4）对工程成本和工期产生的不利影响的严重程度，以引起工程师和发包人的注意。

我国《建设工程施工合同》条件和 FIDIC《土木工程施工合同条件》中均规定：承包人应在索赔事件发生后的 28 天内，将其索赔意向以正式函件通知工程师。如果承包人没有在合同规定的期限内提出索赔意向或通知，承包人将会丧失在索赔中的主动和有利地位，业主和工程师也有权拒绝承包人的索赔要求。因此，在实际工程中，承包人应避免合理的索赔要求由于未能遵守索赔时限的规定而导致无效。工程承包合同中对索赔意向提出的时间限制可能不同，只要双方经过协商达成一致并写入合同条款中即可。

（2）准备索赔资料

承包商在正式提出索赔文件之前的资料准备极为重要。准备索赔依据包括合同文件和有关的法规以及资料凭证。索赔的成功与否很大程度上取决于承包商对索赔做出的解释和真实可信的证明材料。准备索赔资料的主要工作包括：

1）跟踪和调查索赔事件，掌握事件发生的详细经过和前因后果。

2）分析事件产生的原因，划清各方的责任，并找出索赔的根据。

3）损失的调查和计算。通过对比实际与计划的施工进度和工程成本，分析经济损失或权利损害的范围和大小，并由此计算出工期索赔和费用索赔的数额。

4）收集证据。尽可能保留事件发生、持续到结束全过程的完整记录，这是索赔能否成功的重要条件。

（3）编写索赔文件

按照索赔文件的格式和要求，将所准备好的索赔资料系统地反映在索赔文件中。

（4）提交索赔文件

索赔文件编写完毕后，应及时提交工程师或业主，正式提出索赔。承包商必须在发出索赔意向通知 28 天内或经工程师同意的其他合同时间内，向工程师提交一份详细的索赔文件和有关资料。如果索赔事件具有连续性影响，承包商的上述报告将被认为是第一次临时险象报告，并每隔 28 天或按工程师要求的合理时间间隔提交进一步的临时险象报告，说明索赔的费用额和工期延长值，并提供相应的证明资料。承包商在索赔事件所产生的影响结束后 28 天内向工程师发出一份最终详细报告，说明索赔的总额、工期延长的天数和全部的索赔证据。

（5）索赔文件的评审

工程师收到承包商发出的索赔通知后，在不必承认业主责任的情况下，应马上审查承包商的同期记录，并要求承包商补充必要的资料。同时，工程师应论证索赔原因、索赔依据、索赔款额和应给予的工期延长，并与业主和承包商进行适当协商，尽快做出索赔事项的处理。对于有连续影响的索赔事件，工程师在收到承包商提交的临时详细报告后，应作出临时延期和临时支付索赔款的决定。在收到最终详细报告并经核实全部情况后，工程师应与业主和承包商协商，对该索赔事件所需延长的全部工期和应支付的费用作出最终决定。但最终决定的结果不应导致减少工程师已经决定给予的工期延长和费用索赔值。

在业主与承包人之间的索赔事件发生、处理和解决的过程中，工程师是个核心人物。工程师在接到承包人的索赔文件后，必须以完全独立的身份，站在客观公正的立场上审查索赔要求的正当性，必须对合同条件、协议条款等有详细的了解，以合同为依据来公平处理合同双方的利益纠纷。工程师应该建立自己的索赔档案，密切关注事件的影响和发展，有权检查承包人的有关同期记录材料，随时就记录内容提出他的不同意见或他认为应予以增加的记录项目。工程师根据业主的委托或授权，对承包人索赔的审核工作主要分为判定索赔事件是否成立和核查承包人的索赔计算是否正确合理两个方面，并可在业主授权的范围内作出自己独立的判断。

（6）争端的解决

对于一些索赔事件，业主与承包商之间不能通过谈判解决，即争议不能协商解决，则可按合同规定请仲裁机构仲裁。

索赔是涉及工程技术、经济、法律等多学科的综合性专业工作。从事索赔的工作人员应该具有丰富的施工管理经验，懂得施工技术、熟悉承包业务与建筑法规，并具有预算和财务会计业务知识，还要有严谨细致和实事求是的工作作风。在日常工作中，必须对承包合同具体内容十分清楚，经常掌握工程的动态，善于利用项目管理的信息系统，注意积累与索赔有关的资料，随时密切注视索赔事项的发生，作为索赔的准备工作，不失时机地提出索赔文件，要以认真负责、实事求是的作风和通情达理的态度博得对方的尊重和同情。

6.4.4　索赔的计算方法

1. 工期索赔的计算

工期索赔的目的是取得业主对于合理延长工期的合法性的确认。施工过程中，许多原因都可能导致工期拖延，但只有在某些情况下才能进行工期索赔，见表 6.1。

表 6.1　工期拖延与索赔处理

种　类	原因责任者	处　理
可原谅不补偿延期	责任不在任何一方	工期索赔
可原谅应补偿延期	业主违约，非关键线路上工程延期引起费用损失	费用索赔
	业主违约，导致整个工程延期	工期及费用索赔
不可原谅延期	承包商违约导致整个工程延期	承包商承担违约罚款并承担违约后业主要求加快施工或终止合同所引起一切经济损失

在工期索赔中，首先要确定索赔事件发生对施工活动的影响及引起的变化，然后再分析施工活动变化对总工期的影响。常用的计算索赔工期的方法有如下四种。

(1) 网络分析法

网络分析法是通过分析索赔事件发生前后网络计划工期的差异计算索赔工期的。这是一种科学合理的计算方法，适用于各类工期索赔。

(2) 对比分析法

对比分析法比较简单，适用于索赔事件仅影响单位工程，或分部分项工程的工期，需由此而计算对总工期的影响。计算公式为

$$\text{总工期索赔} = \text{原合同总工期} \times \frac{\text{额外或新增工程量价格}}{\text{原合同总价}} \tag{6.4}$$

(3) 劳动生产率降低计算法

在索赔事件干扰正常施工导致劳动生产率降低，而使工期拖延时，可按下式计算：

$$\text{索赔工期} = \text{计划工期} \times \left(\frac{\text{预期劳动生产率} - \text{实际劳动生产率}}{\text{预期劳动生产率}}\right) \tag{6.5}$$

(4) 其他

简单累加法在施工过程中，由于恶劣气候、停电、停水及意外风险造成全面停工而导致工期拖延时，可以一一列举各种原因引起的停工天数，累加结果，即可作为索赔天数。应该注意的是由多项索赔事件引起的总工期索赔，最好用网络分析法计算索赔工期。

2. 费用损失索赔的计算

(1) 费用损失索赔及其费用项目构成

费用损失索赔是施工索赔的主要内容。承包商通过费用损失索赔要求业主对索赔事件引起的直接损失和间接损失给予合理的经济补偿。费用项目构成、计算方法与合同报价中基本相同，但具体的费用构成内容却因索赔事件性质不同而有所不同。表 6.2 中列出了工期延长、业主指令工程加速、工程中断、工程量增加和附加工程等类型索赔事件的可能费用损失项目的构成及其示例。

表 6.2 索赔事件的费用项目构成示例表

索赔事件	可能的费用损失项目	示　例
工期延长	(1) 人工费增加 (2) 材料费增加 (3) 现场施工机械设备停置费 (4) 现场管理费增加 (5) 因工期延长和通货膨胀使原工程成本增加 (6) 相应保险费、保函费用增加 (7) 分包商索赔 (8) 总部管理费分摊 (9) 推迟支付引起的兑换率损失 (10) 银行手续费和利息支出	它包括工资上涨，现场停工、窝工，生产效率降低，不合理使用劳动力等损失 因工期延长，材料价格上涨 设备因延期所引起的折旧费、保养费或租赁费等 它包括现场管理人员的工资及其附加支出，生活补贴，现场办公设施支出，交通费用等 分包商因延期向承包商提出的费用索赔 因延期造成公司总部管理费增加 工程延期引起支付延迟

续表

索赔事件	可能的费用损失项目	示　例
业主指令工程加速	(1) 人工费增加 (2) 材料费增加 (3) 机械使用费增加 (4) 因加速增加现场管理人员的费用 (5) 总部管理费增加 (6) 资金成本增加	因业主指令工程加速造成增加劳动力投入，不经济地使用劳动力，生产率降低和损失等经济地使用材料，材料提前交货的费用补偿，材料运输费增加 增加机械投入，不经济地使用机械 费用增加和支出提前引起负现金流量所付的利息
工程中断	(1) 人工费 (2) 机械使用费 (3) 保函、保险费、银行手续费 (4) 贷款利息 (5) 总部管理费 (6) 其他额外费用	如留守人员工资，人员的遣返和重新招雇费，对工人的赔偿金等 如设备停置费，额外的进出场费，用损失等 如停工、复工所产生的额外费用，费用等租赁机械的费工地重新整理
工程量增加或附加工程	(1) 工程量增加所引起的索赔额，其构成与合同报价组成相似 (2) 附加工程的索赔额，其构成与合同报价组成相似	工程量增加小于合同总额的 5%，为合同规定的承包商应承担的风险，不予补偿 工程量增加超过合同规定的范围（如合同额的 15%～20%），承包商可要求调整单价，否则合同单价不变

(2) 费用损失索赔额的计算

1) 人工费索赔额的计算。在施工索赔额中的人工费是指额外劳务人员的雇用、加班工作、人员闲置和劳动生产率降低的工时所花费的费用。一般有以下两种情况。

① 由增加或损失工时计算索赔额：

$$额外劳务人员雇佣、加班人工费索赔额 = 增加工时 \times 投标时人工单价 \tag{6.6}$$

$$闲置人员人工费索赔额 = 闲置工时 \times 投标时人工单价 \times 折扣系数 \tag{6.7}$$

业主通常认为不应计算闲置人员奖金、福利等报酬，所以折扣系数一般为 0.75。

② 由劳动生产率降低额外支出人工费的索赔计算：

实际成本和预算成本比较法。这种方法就是对受干扰影响工作的实际成本和合同中的预算成本进行比较。这种方法需要有正确合理的估价体系和详细的施工记录。这种索赔，只要预算成本和实际成本计算合理，成本的增加确属业主的原因，其索赔成功的把握性是很大的。

正常施工期与受影响施工期比较法。这种方法是承包商的正常施工受干扰后导致生产率的降低的索赔。

2) 材料费索赔额计算。材料费用索赔主要包括因材料用量和材料价格的增加而增加的费用。材料单价提高的因素主要是材料采购费通常指手续费和关税等。运输费增加可能是运距加长，二次倒运等原因。仓储费增加可能是因为工作延误，使材料储存的时间延长导致费用增加。

3) 施工机械索赔额计算。通常有以下两种方法：

① 采用公布的行业标准的租赁费率。承包商采用租赁费率是基于以下两种考虑：一是如果承包商的自有设备不用于施工，他可将设备出租而获利；二是虽然设备是承包商自有，他却要为该设备的使用支出一笔费用，这费用应与租赁某种设备所付出的代价相等。因此在索赔计算中，施工机械的索赔费用的计算表达如下：

$$\text{机械索赔费} = \text{设备额外增加台班(包括闲置)} \times \text{设备租赁费率} \tag{6.8}$$

这种计算，业主往往会提出不同的意见，他认为承包商不应得到使用租赁费率中所得的附加利润。因此一般将租赁费率打折扣。

② 参考定额标准进行计算。在进行索赔计算中，采用标准定额中的费率或单价是一种能为双方所接受的方法。对于监理工程师指令实施的计日工作，应采用计日工作表中的机械设备单价进行计算。对于租赁的设备，均采用租赁费率。在处理设备闲置时的单价时，一般都建议对设备标准费率中的不变费用和可变费用分别扣除50%和25%。

4）管理费索赔额计算。管理费是无法直接计入某具体合同或某项具体工作中，只能按一定比例进行分摊的费用。管理费用包括现场管理费和公司管理费两种。

① 现场管理费索赔计算。一般用下式表达：

$$\text{现场管理费索赔值} = \text{索赔的直接成本费用} \times \text{现场管理费率} \tag{6.9}$$

现场管理费率的确定可选用下面的方法：

合同百分比法，即管理费比率在合同中规定。

行业平均水平法，即采用公开认可的行业标准费率。

原始估价法，即采用承包报价时确定的费率。

历史数据法，即采用以往相似工程的管理费率。

② 公司管理费索赔计算。目前在国外用来计算公司管理费索赔的方法是 Eichealy 公式。该公式可分为两种形式，一种是用于延期索赔计算的日费率分摊法，另一种是用于工作范围索赔的工程总直接费用分摊法。

日费率分摊法。在延期索赔中采用，计算公式如下：

$$\text{延期合同应分摊的管理费 } A = \frac{\text{延期合同额}}{\text{同时期公司所有合同额之和}} \times \text{同期公司计划管理费} \tag{6.10}$$

$$\text{单位时间(日或周)管理费率 } B = \frac{A}{\text{计划合同期(日或周)}} \tag{6.11}$$

$$\text{管理费索赔值 } C = B \times \text{延期时间(日或周)} \tag{6.12}$$

总直接费分摊法。在工作范围变更索赔中采用，计算公式为

$$\begin{array}{c}\text{被索赔合同}\\\text{应分摊的管理费}\end{array} A_1 = \frac{\text{被索赔合同原计划直接费}}{\text{同期公司所有合同直接费总和}} \times \begin{array}{c}\text{同期公司}\\\text{计划管理费总和}\end{array} \tag{6.13}$$

$$\text{每元直接费包含管理费率 } B_1 = \frac{A_1}{\text{被索赔合同原计划直接费}} \tag{6.14}$$

$$\text{应索赔的公司管理费 } C_1 = B_1 \times \text{工作范围变更索赔的直接费} \tag{6.15}$$

Eichealy 公式最适用的情况是：承包商应首先证明由于索赔事件出现确实引起管理费用的增加，在工程停工期间，确实无其他工程可干；对于工作范围索赔的额外工作的费用不包括管理费，只计算直接成本费。如果停工期间短，时间不长，工程变更的索赔

费用中已包括了管理费，Eichealy 公式将不再适用。

5）融资成本。融资成本又称资金成本，即取得和使用资金所付出的代价，其中最主要的是支付资金供应者利息。

由于承包商只能在索赔事件处理完结以后的一段时间内才能得到其索赔费用。所以承包商不得不从银行贷款或以自己的资金垫付。这就产生了融资成本问题，主要表现在额外贷款利息的支出和自有资金的机会损失。在以下凡种情况下，可以进行利息索赔：

①业主推迟支付工程款和保留金，这种金额的利息通常以合同申约定的利率计算；②承包商借款或动用自己的资金来弥补合法索赔事项所引起的现金流量缺口。在这种情况下，可以参照有关金融机构的利率标准；或者假定把这些资金用于其他工程承包可得到的收益来计算索赔费用，后者实际上是机会利润损失。

6.4.5　索赔的技巧

工程索赔是一门涉及面广，融技术、经济、法律为一体的边缘学科，它不仅是一门科学，又是一门艺术，要想获得好的索赔成果，必须要有强有力的、稳定的索赔班子，正确的索赔战略和机动灵活的索赔技巧。索赔的技巧是为索赔的战略和策略目标服务的，它是索赔策略的具体体现。索赔技巧应因人、因客观环境条件而异。

1. 要及早发现索赔机会

一个有经验的承包商，在投标报价时就应考虑到将来可能要发生索赔的问题，要仔细研究招标文件中的合同条款，仔细查勘施工现场，探索可能索赔的机会，在报价时要考虑索赔的需要。在进行单价分析时，应列入生产效率，把工程成本与投入资源的效率结合起来。这样，在施工过程中论证索赔原因时，可引用效率降低来论证索赔的根据。

在索赔谈判中，如果没有效率降低的资料，则很难说服监理工程师和业主，索赔无取胜可能。承包商应做好施工记录，记录好每天使用的设备工时、材料和人工数量，完成的工程量及施工申遇到的问题。

2. 商签好合同协议

在商签合同过程中，承包商应对明显把重大风险转嫁给承包商的合同条件提出修改的要求，对其达成修改的协议应以“谈判纪要”的形式写出，作为该合同文件的有效组成部分。特别要对业主开脱责任的条款特加注意，如合同申不列索赔条款；延期付款无时限，无利息；没有预付款的规定；没有调价公式；业主认为对某部分工程不够满意，即有权决定增减工程款；业主对不可预见的工程施工条件不承担责任等等。如果这些问题在签订合同协议时不谈判清楚，承包商就很难有索赔机会。

3. 对口头变更指令要得到确认

监理工程师常常乐于用口头指令工程变更，如果承包商不对监理工程师的口头指令予以书面确认，就进行变更工程的施工。此后，有的监理工程师矢口否认，拒绝承包商的索赔要求，使承包商有苦难言。

4. 及时发出“索赔通知书”

一般合同都规定，索赔事件发生后的一定时间内，承包商必须送出“索赔通知书”过期无效。

5. 索赔事由论证要充足

承包合同通常规定，承包商在发出“索赔通如书”后，每隔一定时间（28 天），应报送一次证据资料、在索赔事件结束后的 28 天内报送总结性的索赔计算及索赔论证，提交索赔报告。索赔报告一定要令人信服，经得起推敲。

6. 索赔计价方法和款额要适当

索赔计算时采用“附加成本法”容易被对方接受。因为这种办法只计算索赔事件引起的计划外的附加开支，计价项目具体，使经济索赔能较快得到解决。另外索赔计价不能过高，要价过高容易让对方发生反感，使索赔报告束之高阁，长期得不到解决。

7. 力争单项索赔，避免一揽子索赔

单项索赔事项简单，容易解决，而且能及时得到支付。一揽子索赔，问题复杂，金额大，不易解决，往往到工程结束后还得不到付款。

8. 坚持采用“清理账目法”

承包商往往只注意接受业主按月结算索赔款，而忽略了索赔款的不足部分，没有以文字的形式保留自己应获得不足部分款额的权利，等于同意并承认了业主对该项索赔的付款，以后再无权追索。

因为在索赔支付过程中，承包商和监理工程师对确定新单价和工程量方面经常存在不同意见。按合同规定，工程师有决定单价的权力，如果承包商认为工程师的决定不尽合理，而坚持自已的要求时，可同意接受工程师决定的“临时单价”，或按“临时价格”付款，先拿到一部分索赔款，对其余不足部分，则书面通知工程师和业主，作为索赔款的余额，保留自已的索赔权利，否则，将失去了将来要求付款的权利。

9. 力争友好解决，防止对立情绪

索赔争端是难免的，如果遇到争端不能理智地协商讨论问题，使一些本来可以解决的问题悬而未决。承包商尤其要头脑冷静，防止对立情绪，力争友好解决索赔争端。

10. 注意同监理工程师搞好关系

工程师是处理解决索赔问题的公正的第三方，注意同工程师搞好关系，争取工程师的公正裁决，竭力避免仲裁或诉讼。

6.5 案例分析

案例 1：美国的政府采购管理介绍

1. 美国政府采购管理的历史沿革

美国政府的采购制度起源于自由市场经济时期，完善发展于现代市场经济。1783 年美国宣布独立，其后 9 年内美国政府一直沿用自由采购制度，这种采购与其他组织的采购模式几乎是相同的，没有严格的法律约束，因而随着政府采购量的逐年提高，许多弊端和不适凸现出来，于是美国政府于 1792 年起开始逐步立法。比如 1792 年，美国通过立法将政府采购的责任赋予了首任财政部长，这是美国政府首次实现专人负责政府采购的全局事务。之后，美国政府不断扩展政府采购法规，1861 年制定了一项法案，要求每一项采购至少要有 3 个投标人；1868 年国会立法，确立公开开标和公开授予合同的程序；直到 1948 年，美国一直沿用各政府部门分散采购、由专人全局负责的采购形式，包括民用部门大宗采购都是由政府各个部门和行政机构分别进行的。尽管与自由采购制度相比，美国政府的政府采购的严密性和科学性有了重大的提高，但弊端处处可见。1949 年，胡佛委员会对美国政府采购状况进行了数年调查后，指出了美国政府分散采购存在的几大弊端：缺乏统一有效的采购组织，采购效率低；政府采购价格高于私营采购价格；多重采购，物资浪费；采购人员过剩，素质低，无法进行有效的监督和评价，该委员会提出了规范和统一采购行为的建议报告。正是由于这些弊端没有根除，1949 年美国政府决定放弃已经实行 150 年的采购模式，实行集中采购管理；1949 年美国国会通过了《联邦财产与行政服务法案》，赋予美国联邦事务服务总局为联邦政府的绝大多数民用部门组织集中采购的权力，统一了政府采购政策和方法，从而确立了美国政府集中采购的管理体制。

2. 现行的采购管理制度

美国国会和有关部门制定了大约 500 种政府采购法规，形成了以《联邦政府采办法案》和《联邦政府采购条例》为核心的法规体系。美国政府现在努力实现采购模式由集中采购向集中与分散相结合的系统化方向发展。目前，美国政府采购广泛使用采购信息系统，主要有政府采购电子公布系统、采购通知服务系统、采购计划资源系统、在线式采购商务系统、联邦供应服务的库存及配送程序、特别需求订购程序、联邦供应计划服务系统、基于政府采购卡的采购管理系统等。

3. 采购管理机构设置

美国政府采购分为联邦政府采购、州政府采购和地方政府（县、市、镇、学区政府）采购三部分。联邦政府采购机构由联邦事务服务总局（GCA）负责，联邦事务服务总局是联邦政府从事政府采购的专职机构，1949 年《联邦财产与行政服务法》授予 GCA 政府采购权力，负责除国防部、海岸卫队和国家航空航天局以外的所有联邦政府采购任务，是美国政府采购管理体制中最高层次的管理机构。联邦事务服务总局由总局和其下设的 11 个地区分局两个层次组成。总局编设 3 个处、10 个办公室和 1 个委员会。3 个处是：联邦供应服务处、联邦技术服务处和联邦房产管理处。10 个办公室是：政府政策办公室、主信息官办公室、主财务官办公室、总监察官办公室、国会和政府内部事务办公室、公共事务办公室、政府雇员就业机会均等办公室、企业发展办公室、法律顾问办公室以及企业规划与管理办公室。1 个委员会是合同上诉委员会。11 个地区分局分别是：新英格兰地区分局、东北和加勒比海地区分局、中大西洋地区分局、东南地区分局、太湖地区分局、中部地区分局、西南地区分局、落基山脉地区分局、太平洋地区分局、西北极地区分局以及首都地区分局。11 个地区分局由于所处的地理位置不同，担负的任务也有一定差别，因此它们的组织机构设置既有相同的部分，也有不同之处。一般来讲，各分局均设有联邦供应服务处、联邦技术服务处和联邦房产管理处。其中，联邦供应服务处通常设有合同管理科，房产管理处通常设有财产管理科、财产发展科、商务发展科以及联邦保护贸易服务科，技术服务处通常设有技术服务科和远程通讯服务科。

4. 采购程序

目前通行的政府采购模式大致有 3 种：集中采购模式、分散采购模式、半集中半分散采购模式。美国政府当前的采购模式是集中与分散相结合的采购模式，即中央政府的一个专职机构直接负责对部分货物、服务、工程的采购，部分特殊货物、项目或低价值货物则由各政府部门自行采购。比如采购工作只是按政府采购合同目录，代表政府签订采购合同，实施计划与宏观调控管理工作，购买环节工作则由政府各部门自己实施。从采购金额区分方面看，有关条例规定，价值 2500 美元以内的采购，由政府各部门直接订货；价值在 2500 美元以上的采购，通过 GCA 采购。从军事采购方面看，通用物资由国防后勤局组织三军集中采购，专用物资则由各军兵种自行组织采购。采购合同的签订一般包括两大阶段、10 个程序。在合同的形成阶段，要完成 6 项程序：确定采购需求、预测采购风险、选择采购方式、对供应商进行资格审查、执行采购方式、签订采购合同。合同管理阶段要完成 4 项程序：履行采购合同、对合同执行的阶段性结果和最终结果进行验收、结算、效益评估。

5. 资格管理制度

美国目前有一支业务素质较高的专业采购队伍，其拥有 30 000 名采购专家，15 000 名采购官员，并有一套完整的培训管理制度。美国政府采购人员有 3 种类型：一是合同官员，二是采购官员，三是采购经办人员。合同官员类型由合同官员、合同谈判官员、合同管理官员、合同终止官员、采购分析官员、成本分析官员、法律顾问等组成；采购官员和经办人员类型由采购、供应程序管理人员、市场及运行分析人员、质量管理人员、政府财产管理人员、财务人员、审计人员、法律人员、小型企业分析人员、运输管理人员、后勤管理人员等组成，这些人员必须具有专门知识、技术和能力。同企业的采购人员一样，这些人员也要经历严格的培训，比如负责大宗商品或具有高风险商品和服务的采购官员必须受过高等教育，要经中央政府培训。负责小额商品采购的官员由部门进行培训。通过培训，这些采购人员必须掌握以下系列知识才能通过资格认定：政府采购道德准则、国际国内市场运作、商业运行规则、经济学原理、政府采购内容的专业知识和供应管理知识、政府采购程序、政府采购法律、国际采购法规与惯例、国家经济宏观调控和政府采购政策、国际货币制度、政府采购技术、采购对象的价格构成和定价、社会公共关系知识、政府采购保障与安全知识。培训合格的官员，并通过资格认证、主管部门注册后才能上岗任职。美国政府采购人员资格认证称号有：专业公共采购员(P. P. B)、注册公共采购官员（C. P. P. O)、注册专业采购管理员（C. P. M)、注册专业合同官员、注册后勤师等。

案例 2：某工业建筑工程量清单计价招标

1. 工程概况

某钢铁企业建设装备研发制造基地，厂区规划用地面积 476 436m²，总建筑面积约 227 958m²，其中一期主要建设第一加工装配车间、第二加工装配车间、传动件车间、热处理车间、结构件车间、综合办公楼、综合站房、动力站房及相应的公辅配套设施等。一期新建建筑面积约 177 366m²，钢结构厂房建筑面积约 97 063m²，具体如表 6.3。

表 6.3　工程概况基本数据

标段号	标段内容	建筑面积/m^2	最大轨顶标高/m	建筑跨度/m	桩距/m	结构形式	最大吊车吨位/t
标段一	第一加工装配车间	37 640	16	24+24+37.6+24+30.6+30.3+24+25.2	12	钢管混凝土格构柱	100
标段二	第二加工装配车间	26 745	21	24+36+31.6+24+24+24	12	钢管混凝土格构柱	250
标段三	结构件车间	45 538	16	24+25.6+30.6+36+32+24+24+30.6	12	钢管混凝土格构柱	100
标段四	传动件和热处理车间	28 460	13	18+18+24	12	H 型构柱混凝土排架柱	32

项目总投资 234 560 万元，全部固定资产投资 140 320 万元，全部流动资金投资 96 455 万元。

一期新增总投资 110 000 万元，其中新增固定资产投资 86 000 万元，新增流动资金投资 36 000 万元，一期利用原有固定资产投资 10 000 万元。

厂房结构形式：主厂房为单层重钢结构，吊车吨位大于 50t（含 50t）的厂房立柱为钢管混凝土柱，小于 50t 的厂房立柱为实腹式 H 型钢立柱。

2. 工程量清单说明

1）本工程量清单系按分部分项工程提供的。

2）本工程量清单是依据《建设工程工程量清单计价规范》（GB50500—2003）、《陕西省建设工程工程量清单计价规则》和图纸编制的，为招标文件的组成部分，一经中标且签订合同，即成为合同的组成部分。

3）本工程量清单所列的工程量作为投标报价的基础；付款时以约定的形象进度为准，由承包人计量，招标人或由其授权委托的监理工程师核准的实际完成工程量为依据。

4）本工程量清单应与投标须知、合同条件、合同协议条款、工程规范和图纸一起使用。

5）清单中注明“甲供”的为甲方供应主材，报价时不报主材价格，只报其他材料和安装等费用。

6）清单中注明“甲自负”的为甲方自行承担，报价时不报任何费用，不考虑。

7）报价时请按清单提供的工程量计算，不允许调整。

3. 投标报价说明

1）工程量清单报价表中所填入的综合单价和合价均包括人工费、材料费、机械费、管理费、利润，以及本工程可能发生的风险费用等全部费用。由于本工程工期紧，投标人报价时要充分考虑施工顺序、交叉配合及招标人和管理单位根据现场情况应充分考虑有关的施工配合、赶工、垃圾清运出厂区、安全文明施工、确保质量等有关费用。

2）本工程实行固定总价合同，中标合同价即为完成招标范围内所有施工及配合等任务（含深化设计）的全部工程造价（设计变更、技术核定和现场签证除外）。投标报价时，投标单位应对招标方提供的工程量清单根据招标文件和设计图纸认真核对，并承担相应风险，若工程量清单数量不准、缺漏项或特征描述不全的，投标单位须及时提出，招标单位将根据情况进行答疑或补正，否则，招标单位将认为所提供的工程量清单是完整的，清单数量不准、缺漏项或特征描述不全的部分将视为隐含在提供的工程量清单的其他工程量内。

3）措施项目报价表中所填入的措施项目报价，包括为完成本工程项目施工必须采取的措施所发生的费用。

4）其他项目清单包括除分部分项清单项目和措施项目报价表以外的，为完成本工程项目施工必须发生的其他费用。其他项目清单中须包括但不限于下面所列项目，施工配合费等。施工单位按照有关规定，负责检查并整理所属单位工程的其他施工单位的施工技术资料，并达到工程竣工备案要求标准。所需费用应包含在投标报价中。

5）本工程量清单报价表中的每一单项均应填写单价和合价，对没有填写单价和合价的项目费用，视为已包括在工程量清单的其他单价或合价之中。

6）投标人应将投标报价需要说明的事项，用文字书写与投标报价表一并报送。

4. 工程量清单计价表（节选）

工程量清单计价表见表 6.4～表 6.9。

表 6.4　单位工程费汇总

工程名称：××装备研发制造基地第一加工装配车间

序　　号	项目名称	金额/元
1	分部分项工程量清单计价合计	
2	措施项目清单计价合计	
3	其他项目清单计价合计	
4	规费	
5	税金	
	合　计	

表 6.5　分部分项工程量清单

工程名称：××装备研发制造基地第一加工装配车间

序　　号	项目编码	项目名称	计量单位	工程数量
1	010101003001	挖基础土方 1. 土壤类别：二类土 2. 基础类型：条形基础 3. 挖土深度：1.5m	m^3	855.950
2	010401001001	带形基础 1. 垫层材料种类、厚度：2∶8 灰土 1000 厚 2. 混凝土强度等级：C15 3. 混凝土拌和料要求：碎石	m^3	211.190
3	010401002001	独立基础 1. 垫层材料种类、厚度：2∶8 灰土 1000 厚，C10 砼 100 厚 2. 混凝土强度等级：C30 3. 混凝土拌和料要求：碎石	m^3	55.690
4	010401004001	设备基础——YJ1-03 [特征项目] 1. 挖土6.5m^3 2. C20　5.9m^3 3. C25　0.27m^3 4. 螺栓孔 13 个 [工作内容] 挖土 混凝土制作、运输、浇捣、养护 地脚螺栓二次灌浆	m^3	6.170
……	……	……	……	……

表 6.6　措施项目清单

工程名称：××装备研发制造基地第一加工装配车间

序　　号	项目名称
1	环境保护
2	文明施工
3	安全施工
4	临时设施
5	大型机械设备进场及安拆
6	垂直运输机械
7	设备、管道施工安全、防冻和焊接保护措施
8	施工排水
……	……

表 6.7 其他项目清单

工程名称：××装备研发制造基地第一加工装配车间

序　号	项目名称
1	招标人部分 预留金 材料购置费 ……
2	投标人部分 零星工作项目费 总承包服务费 ……

表 6.8 零星工作项目

工程名称：××装备研发制造基地第一加工装配车间

序　号	项目名称
1	人工 ……
2	材料 ……
3	机械 ……

表 6.9 主要材料价格清单

序　号	材料编码	材料名称	规格、型号等特殊要求	单　位	单　价
……	……	……	……	……	

复习思考题

6.1 什么是工程建设施工招标？工程建设施工招标的方式有哪几种？

6.2 什么是投标决策？投标决策应包括哪些内容？

6.3 影响投标决策的因素有哪些？

6.4 在进行工程项目投标报价时，常用的报价策略有哪些？

6.5 什么是合同？它具有哪些法律特征？

6.6 建设工程合同按照付款方式的不同可划分为哪些类型？

6.7 合同订立的基本原则是什么？

6.8 简述工程项目索赔的基本程序。

6.9 常用的计算索赔工期的方法有哪些？

6.10 在合同管理中，要想获得好的索赔成果可采用有哪些索赔技巧？

参考文献

陈永强. 2003. 项目采购管理［M］. 北京：机械工业出版社.
成虎. 2000. 项目采购管理［M］. 北京：中国建筑工业出版社.
冯之楹，何永春等. 2000. 项目采购管理［M］. 北京：清华大学出版社.
何伯森. 1999. 国际工程合同与合同管理［M］. 北京：中国建筑工业出版社.
建设部《加入 WTO 对我国建设事业的影响及相关政策》课题组. 2003. 加入 WTO 对我国建设事业的影响及相关政策［M］. 北京：知识产权出版社.
李慧民. 2002. 建筑工程经济与项目管理［M］. 北京：冶金工业出版社.
李慧民. 2007. 工程项目管理［M］. 北京：中国建筑工业出版社.
李启明. 2002. 土木工程合同管理［M］. 南京：东南大学出版社.
梁槛. 2002. 国际工程施工索赔［M］. 北京：中国建筑工业出版社.
吴守荣. 2004. 项目采购管理［M］. 北京：机械工业出版社.
吴涛，丛培经. 2003. 中国工程项目管理知识体系［M］. 北京：中国建筑工业出版社.
张月娴，田以堂. 1998. 建设项目业主管理手册［M］. 北京：中国水利水电出版社.

第7章　土木工程项目质量管理

本章要求：

(1) 了解工程项目质量的工作体系和运转方式；

(2) 掌握几种常用的工程质量管理分析方法，并能运用于实际中；

(3) 熟悉质量控制中要重点控制的几点内容；

(4) 了解工程竣工后要验收的内容、注意的工程事项。

7.1　工程项目质量体系

7.1.1　质量与工程项目质量的定义及其内涵

质量有狭义和广义两种含义。狭义的质量是指产品本身所具有的特性。产品本身特性一般包含五个内容，即性能、寿命、可靠性、安全性和经济性。其中性能是指为达到产品的使用目的所提出的各项功能要求，即产品应达到的设计和使用要求；寿命是指在规定的条件下，能够工作的期限；可靠性指产品在规定的时间和条件下，完成规定工作的能力；安全性是指产品在使用过程中确保安全的程度；经济性是指产品在建造和使用过程中所支付费用的多少。

广义的质量除包括产品本身所具有的特性外，还包含形成产品过程和使用产品过程中的工作质量。工作质量是指企业的经营管理、技术、组织、服务等各项工作对于提高产品质量的保证程度。工作质量主要由信息工作质量、研究开发设计工作质量、组织生产工作质量、经营管理工作质量、技术工作质量、服务工作质量等组成。

工程项目质量就是工程项目固有特性满足工程项目相关方要求的程度。满足要求就是应满足明示的、隐含的或必须履行的需要和期望。对工程项目质量的要求来源与项目的各相关方，满足各方要求的程度反映出工程项目质量的好坏。

工程项目作为一种特殊的产品，除具有一般产品所共有的质量特性，如性能、寿命、可靠性、安全性、经济性等满足社会需要的价值及其属性外，还具有其特定的内涵。建设工程项目质量的特性主要表现在以下六个方面。

1. 适用性

工程项目的适用性是指工程项目满足使用的各种性能。包括：理化性能，如保温、隔热、隔音等物理性能，耐酸、防火等化学性能；结构性能，指地基基础牢固程度，在强度、刚度、稳定性等方面符合国家的强度标准和顾客的具体要求；使用性能，如民用住宅工程要能使居住者安居，工业厂房要能满足生产活动需要等；外观性能，如房屋的造型、室内外的装饰效果等。

2. 耐久性

工程项目的耐久性是指工程项目在规定的条件下，满足规定功能要求使用的年限，也就是工程竣工后的合理使用寿命。由于建筑物本身的结构类型不同、质量要求不同、施工方法不同、使用性能不同的个性特点，目前国家对建设工程的合理使用寿命周期没有统一的规定，仅在少数技术标准中，提出了明确的要求。大部分项目由于其一次性的特点，一般没有统一的耐久性指标。

3. 安全性

工程项目的安全性是指工程项目建成后在使用过程中保证结构安全、保证人身和环境免受危害的程度。

4. 可靠性

工程项目的可靠性是指工程项目在规定的时间和规定的条件下实现规定功能的能力。

5. 经济性

工程项目的经济性是指工程项目从规划、勘察、设计、施工到整个产品使用寿命周期内的成本和消耗的费用。可以通过分析比较、判断工程是否符合经济性要求。

6. 与环境的协调性

工程项目与环境的协调性是指工程项目与其周围生态环境协调，与所在地区经济环境协调以及与周围已建工程相协调，以适应可持续发展的要求。

对于工程建设项目而言，上述特性都是必须达到的基本要求。但对于不同门类不同专业的工程，如工业建筑、民用建筑、公共建筑、住宅建筑、道路建筑，可根据其所处的特定地区环境条件、技术经济条件的差异，有不同的侧重面。

7.1.2 质量管理的工作体系

1. 工作体系

质量管理工作体系是指企业以保证和提高产品质量为目标；动用系统的概念和方法，把企业各部门、各环节的质量管理职能组织起来，形成一个有明确任务、职责、权限，互相协调、互相促进的有机整体。通过质量管理工作体系，可以把分散在企业各部门的质量管理职能组成一个有机整体；可以把企业各环节的工作质量系统地联系起来；可以把企业内部质量活动和产品使用效果的质量反馈联系在一起；可以在个别工作质量发生问题时，及时控制并得到纠正；可以使质量管理工作制度化、标准化。质量管理工作体系大致分为三个部分：目标方针体系。就是自上而下地层层落实任务，把企业的质量总目标和总方针，分解落实到各部门、各岗位和个人。

质量保证体系。就是自下而上地在完成任务时，通过每个环节、每项工作的具体措施来保证质量目标的实现；

信息流通体系。就是上下左右地通报情况，反映问题，根据信息制定改进措施，保证质量目标的实现。

2. 工作体系的运转方式

质量管理工作的运转方式是 PDCA 循环。即质量管理工作体系按计划（plan）、实施（do）、检查（check）、处理（action）四个阶段，把企业管理工作开展起来。PDCA 循环是美国质量管理专家 W. E. Deming 根据质量管理工作经验总结出来的一种科学的质量管理工作方法和工作程序，因此 PDCA 循环也称戴明环，如图 7.1 所示。

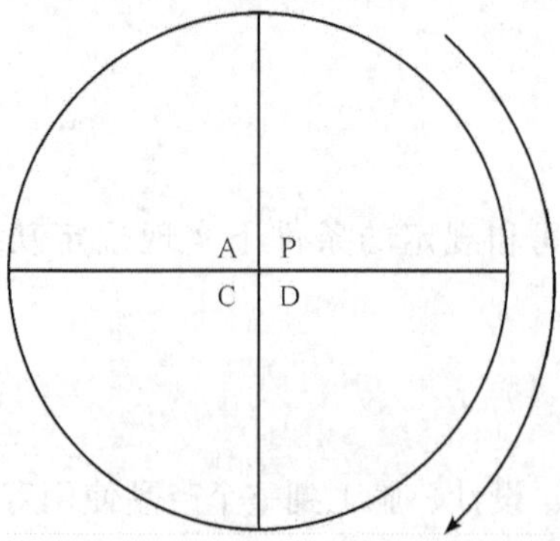

图 7.1　质量管理工作运行方式示意图

PDCA 循环的内容包括四个阶段、八个步骤。分述如下：

（1）计划阶段

明确提出质量管理方针目标、制定出改进措施计划。计划阶段包括四个步骤。

第一步：调查分析质量现状，找出存在的质量问题。

第二步：分析产生质量问题的各种原因或影响因素。

第三步：找出影响质量的主要原因或影响因素。

第四步：针对主要原因或影响因素制定改进措施计划。

（2）实施阶段

按制定的改进措施计划组织贯彻执行。实施阶段只有一个步骤，即第五步按计划组织实施。

（3）检查阶段

通过计划要求和实施结果的对比，检查计划是否得以实现。检查阶段只有一个步骤，即第六步，对照计划，检查实施结果。

（4）处理阶段

就是对检查结果好的，给以肯定；对检查结果差的，找出原因，准备改进。处理阶段有两个步骤。

第七步：总结成功经验，制定标准。

第八步：将遗留问题转入下一个 PDCA 循环中去。

作为质量管理工作体系运转方式的 PDCA 循环，有以下四个特点：

1）完整性。四个阶段八个步骤一个不少地做完，才算完成了一件工作，缺少任何一个内容，都不是 PDCA 循环。

2）程序性。四个阶段八个步骤必须按次序进行，既不能颠倒着做，又不能跳跃着做。

3）连续性与渐近性。计划、实施、检查、处理不间断地循环进行，这就是 PDCA 循环的连续性。每经过一个 PDCA 循环，都会使质量有所提高，即下一个 PDCA 循环是在上一个 PDCA 循环已经提高了的质量水平之上进行的。这样，PDCA 循环的连续运转，就使质量水平得到提高。这是 PDCA 循环的渐近性，如图 7.2（a）所示。

4）系统性。PDCA 循环作为一种科学工作程序，可应用于企业各方面的管理工作。企业有 PDCA 循环，项目经理部有 PDCA 循环，施工队、班组以及个人都有 PDCA 循环，并且下面的 PDCA 循环服从上面的 PDCA 循环，上面的 PDCA 循环指导约束下面的 PDCA 循环。企业上下形成一个大环套小环，小环保大环的 PDCA 循环系统，如图 7.2 所示。

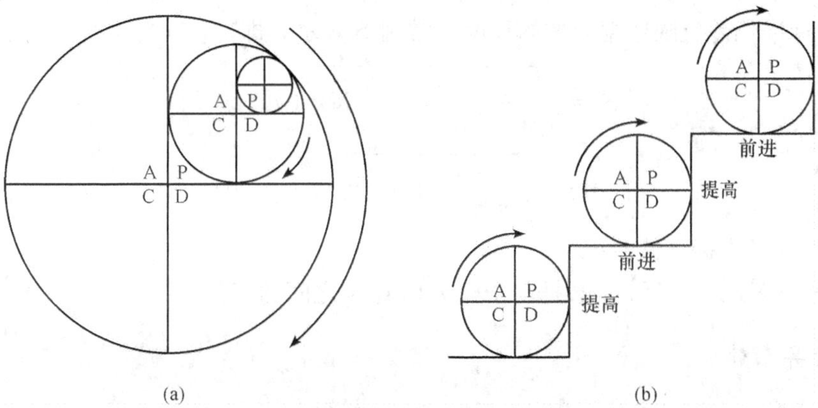

图 7.2　PDCA 循环示意图

7.2　工程项目质量管理分析方法

7.2.1　常用的数据

数据是进行质量管理的基础，“一切用数据说话”，才能做出科学的判断。通过收集、整理质量数据，可以帮助我们分析、发现质量问题，以便及时采取对策措施，纠正和预防质量事故。常用的数据有以下几种。

1. 子样平均值

子样平均值用来表示数据的集中位置，也称为子样的算术平均值，即

$$\overline{X} = \frac{1}{n}(X_1 + X_2 + \cdots + X_n) = \frac{1}{n}\sum_{i=1}^{n} X_i \qquad (7.1)$$

式中，$\overline{X}$——子样的算术平均值；

X_i——所测得的第 i 个数据；

n——子样的个数。

2. 中位数

中位数是指将收集到的质量数据按大小次序排列后处在中间位置的数据值，故又称为中值。它也表示数据的集中位置。当子样数 n 为奇数时，取中间一个数为中位数；n 为偶数时，则取中间 2 个数的平均值作为中位数。

3. 极差

一组数据中最大值与最小值之差，常用 R 表示，它表示数据分散的程度。

4. 子样标准偏差

子样标准偏差反映数据分散的程度，常用 S 表示，即

$$S=\sqrt{\frac{1}{n-1}\sum_{i=1}^{n}(X_i-\overline{X})^2}\ (n<30) \tag{7.2}$$

$$S=\sqrt{\frac{1}{n}\sum_{i=1}^{n}(X_i-\overline{X})^2}\ (n\geqslant 30) \tag{7.3}$$

式中，S——子样标准偏差；

$(X_i-\overline{X})$——第 i 个数据与子样平均值 X 之间的离差。

5. 变异系数

变异系数是用平均数的百分率表示标准偏差的一个系数，用以表示相对波动的大小，即

$$C_v=\frac{S}{X}\times 100\% \tag{7.4}$$

式中，C_v——变异系数；

S——子样标准偏差；

$\overline{X}$——子样平均值。

7.2.2 排列图

排列图法又叫巴氏图法或巴雷特图法，也叫主次因素分析图法。排列图有两个纵坐标，左侧纵坐标表示产品频数，即不合格产品件数；右侧纵坐标表示频率，即不合格产品累计百分数。图中横坐标表示影响产品质量的各个因素或项目，按影响质量程度的大小，从左到右依次排列。每个直方形的高度表示该因素影响的大小，图中曲线称为巴雷特曲线。在排列图上，通常把曲线的累计百分数分为三级，与此相对应的因素分三类。A 类因素对应于频率 0～80%，是影响产品质量的主要因素；B 类因素对应于频率 80%～90%，为次要因素；与频率 90%～100%相对应的为 C 类因素，属一般影响因素。运用排列图，便于找出主次矛盾，使错综复杂问题一目了然，有利于采取对策，加以改善。

【例 7.1】 现以砌砖工程为例，按有关规定对检查项目进行测试，检查结果按不合

格的大小次序排列，并计算出各自的频数以及累计频率，见表 7.1。试找出影响砌砖工程质量的主要因素。

表 7.1　砌砖工程不合格项目及频率汇总

序　号	实测项目	实测点数	超差点数（频数）	频　率/%	累计频率/%
1	门窗洞口	392	36	55.38	55.38
2	墙面垂直	1589	20	30.77	86.15
3	墙面子整	1589	7	10.77	96.92
4	砌砖厚度	36	2	3.08	100
合　计		3606	65	100%	

解　依表中数据绘制排列图，如图 7.3 所示。

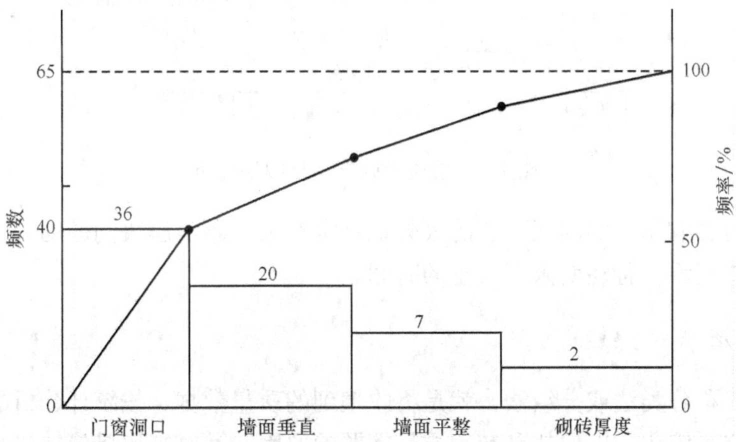

图 7.3　不合格项目大小次序排列

由图可知，影响砌砖质量的主要因素是门窗孔洞偏差和墙面的垂直度，二者累计频率达到了 86.15%。故应采取措施以确保工程质量。

7.2.3　因果分析图

因果分析图又叫特性要因图、鱼刺图、树枝图。这是一种逐步深入研究和讨论质量问题的图示方法。在工程实践中，任何一种质量问题的产生，往往是多种原因造成的。这些原因有大有小，把这些原因依照大小次序分别用主干、大枝、中枝和小枝图形表示出来，便可一目了然地系统观察出产生质量问题的原因。

运用因果分析图可以帮助我们制定对策，解决工程质量上存在的问题，从而达到控制质量的目的。

【例 7.2】　现以混凝土强度不足的质量问题为对象来阐明因果分析图的画法。

解　因果分析图的绘制步骤为：

1）确定特性。特性就是需要解决的质量问题，如混凝土强度不足放在主干箭头的前面。

2）确定影响质量特性的大枝。如影响混凝土强度不足的因素主要是人、材料、工艺、设备和环境等五个方面。

3）进一步画出中、小细枝，即找出中、小原因，如图 7.4 所示。

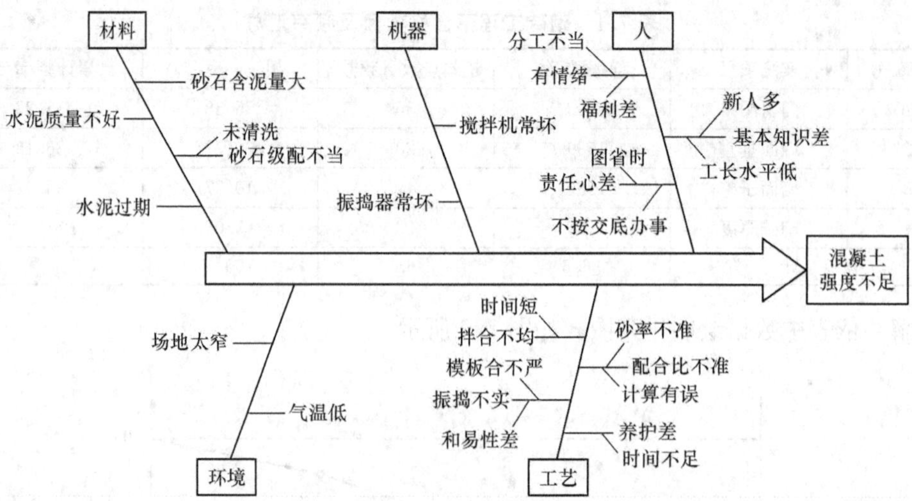

图 7.4　混凝土强度不足因果分析

最后针对影响质量的因素，有的放矢地制定对策，落实解决问题的人和时间，并以计划表的形式表示，且注明限期改正的时间。

7.2.4　分层法

分层法又称分类法或分组法，就是将收集到的质量数据，按统计分析的需要进行分类处理，使之系统化，以便找到产生质量问题的原因，及时采取措施加以预防。

分层方法多种多样，可按班次、日期分类；按操作者（男、女、新、老工人）或其工龄、技术、等级分类；按施工方法分类；按设备型号、生产组织分类；按材料成分、规格、供料单位及时间等分类。

【例 7.3】 现以钢筋焊接质量的调查数据为例，采用分层法进行统计分析。共调查钢筋焊接点 50 个，其中不合格的有 19 个，不合格率为$\frac{19}{50}\times100\%=38\%$。为了查清焊接不合格的原因，需要分层收集数据。据查该批钢筋由三个焊工操作，并采用两种不同型号的焊条。

解　分别按操作者分层和按供应焊条的工厂分层进行分析，结果如表 7.2 及表 7.3 所示。

表 7.2　按操作者分层

操作者	不合格	合格	不合格率/%
甲	6	13	32
乙	3	9	35
丙	10	9	53
合计	19	31	38

表 7.3　按供应焊条工厂分层

工厂	不合格	合格	不合格率/%
甲	9	14	39
乙	10	17	37
合计	19	31	38

从表中可以看出，操作工人甲的质量较好，用工厂乙的焊条质量较好。

若进一步分析，可提出综合分层表 7.4。综合分层结论是：用甲厂的焊条，采取工人乙的操作方法较好；用乙厂的焊条，应采用工人甲的操作方法。这样，可提高钢筋焊接质量。

表 7.4　综合分层焊接质量

操作者		甲厂	乙厂	合　计
甲	不合格	6	0	6
	合　格	2	11	13
乙	不合格	0	3	3
	合　格	5	4	9
丙	不合格	3	7	10
	合　格	7	2	9
合计	不合格	9	10	19
	合　格	14	17	31

7.2.5　频数分布直方图

频数分布直方图又称质量分布图或简称直方图，它是将所收集的质量数据按一定的规定进行整理、分析，然后画成长方形（长柱形）的统计图。由于这种图中的每一个长方形代表一定范围内实测数据出现的频数，所以该图称为频数分布直方图。

1. 直方图的绘制

下面以实例说明直方图的绘制方法。今从某工程公司混凝土构件预制厂连续抽取试块，测取某混凝土强度数据共计 200 个（一般情况数据应取 100 个左右）。其作图步骤归纳如下：

1）将收集的实测数据汇总列表，并从中找出最大值（$X_{max}=299$）与最小值（$X_{min}=271$）。例中数据见表 7.5，其中 $X_{max}=299$，$X_{min}=271$。

表 7.5　混凝土试块抗压强度数据

296	287	284	287	286	275	287	283	290	278	294	273	282	282	273	285	289	283	299	280
271	286	281	289	286	297	286	292	286	287	289	279	281	283	289	288	278	275	284	279
284	287	279	283	290	291	278	284	289	279	288	271	271	279	280	284	286	283	289	288
286	287	284	287	287	294	290	286	297	285	285	291	284	290	286	289	270	273	286	284
293	289	296	281	285	281	287	282	284	286	287	292	290	277	280	285	289	277	279	277
283	294	287	293	283	288	283	279	275	299	291	290	287	276	283	283	286	285	283	285
280	287	288	285	286	274	288	289	281	299	285	287	283	283	289	283	291	280	277	293
284	290	285	284	290	298	290	280	283	284	288	283	278	281	284	289	281	273	275	284
286	285	284	283	291	292	294	270	290	281	284	290	289	283	286	277	287	277	290	294
285	284	284	288	281	278	288	280	290	284	293	281	297	283	289	200	288	281	294	279

2）计算极差值 R

$$R = X_{\max} - X_{\min} = 299 - 271 = 28$$

3）确定组数 K。K 值可参考表 7.6 选用。

经验证明，组数太少，会掩盖各组内数据变动的情况；组数太多，会使组的高度参差齐，不易看出明显的规律。通常要使每组平均至少包含 4～5 个数据。本例取 $K=9$。

表 7.6 分组数参考表

数据总数	适当分组数 K	一般使用组数
50 个以下	7 组以下	10
50～100	6～10	
100～200	7～12	
200 个以上	10～20	

4）确定组距 h。组距 h 等于极差 R 除以 K，并取近似整数值，即

$$h = \frac{X_{\max} - X_{\min}}{K} = \frac{R}{K} \tag{7.5}$$

本例中 $h=\frac{299-271}{9}=3.11$ （取 3）

5）计算组界值。为了避免数据刚好落在分组的界线上，则分组的组界值应按下式计取。

第一组数据的组界值为

下界值 $X_{\min}-\frac{h}{2}$

上界值 $X_{\min}+\frac{h}{2}$

以第一组的上界值为第二组的下界值，第二组的下界值加上组距 h 即为第二组的上界值，依此类推。

例中第一组：上界值为 $X_{\min}+\frac{h}{2}=271+\frac{3}{2}=272.5$

下界值为 $X_{\min}-\frac{h}{2}=271-\frac{3}{2}=269.5$

第二组：上、下界值分别为 275.5 和 272.5

第三组：上、下界值分别为 278.5 和 275.5

其余各组组界值见表 7.7。

6）编制频数分布表。根据确定的组界值，统计频数和计算频数值，编制频数分布表。例中频数分布见表 7.7。

7）绘制频数分布直方图。以横坐标表示分组的组界值，纵坐标表示各组数据的频数。将频数分布表中数据绘制在图上，形成以组距为底边、频数为高度的若干直方形，构成频数分布直方图。

表 7.7　混凝土抗压强度频数分布统计

序　号	组界值	频数	频率
1	269.5～272.5	4	0.020
2	272.5～275.5	6	0.030
3	275.5～278.5	13	0.065
4	278.5～281.5	30	0.150
5	281.5～284.5	40	0.200
6	284.5～287.5	42	0.210
7	287.5～290.5	38	0.190
8	290.5～293.5	12	0.060
9	293.5～296.5	9	0.045
10	296.5～299.5	6	0.030
$\sum$		200	1.000

例中，混凝土强度分布直方图如图 7.5 所示。

8）最后，在直方图上要注明数据个数 n、平均值 $\overline{X}$、标准偏差 S、极差 R、测取数据的日期等。

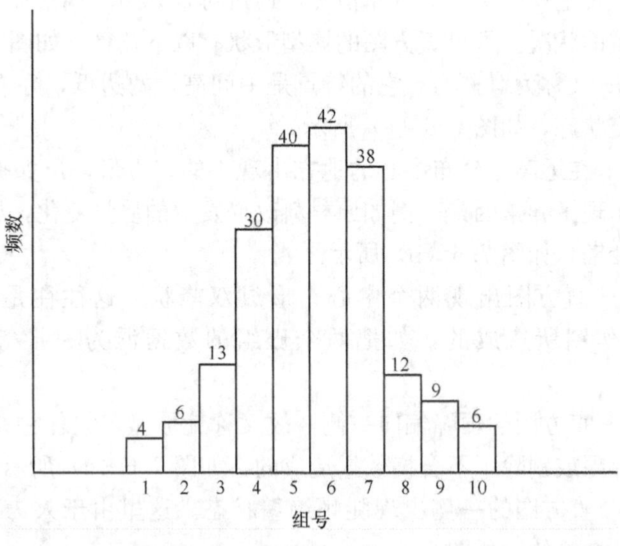

图 7.5　混凝土强度分布直方图

2. 直方图的定量表示

直方图的定量表示需要有一个定量的表达方式，以对直方图加以概括。一般情况下，质量分布应符合正态分布曲线，该曲线的分散和集中情况可用（算术平均值）来表示集中位置，用 R（极差）和 S（标准偏差）来表示分散程度，用 C（变异系数）来表示两组数据间的相对波动程度。

下面仍结合混凝土强度数据分析如下：

1）平均值 $\overline{X}$。平均值又称算术平均数，表示质量分布的集中位置与波动水平。当质量形成正态分布时，平均值 $\overline{X}$ 代表大部分质量数据所取得的数值的大小，也就是说，大部分质量数据密集在平均值的附近。例中：

$$\overline{X} = \frac{296 + 287 + \cdots}{200} = 285$$

2）极差 R。极差 R 是反映数据分散程度的参数，R 越小，说明工序越稳定。例中：

$$R = X_{\max} - X_{\min} = 299 - 271 = 28$$

3）标准偏差 S。标准偏差 S 反映各个数据对平均值又的偏离程度。例中：

$$S = \sqrt{\frac{1}{200}\sum_{i=1}^{200}(X_i - \overline{X})^2} = 5.7$$

4）变异系数 C_V，表示两组数据间的相对波动程度。例中，

$$C_V = \frac{S}{X} = \frac{5.7}{285} = 0.02$$

3. 直方图的分析

(1) 直方图图形分析

直方图形象直观地反映了数据分布情况，通过对直方图的观察和分析可以看出生产是否稳定及其质量的状况。常见直方图的典型形状有以下几种，如图 7.6 所示。

1）正常型——又称为对称型。它的特点是中间高，两边低，左右基本对称，说明相应工序处于稳定状态，如图 7.6（a）所示。

2）孤岛型——在远离主分布中心的地方出现小的直方形，形如孤岛。孤岛的存在表明生产过程中出现了异常因素。例如原材料改变发生的质量变化，或由于短期内操作不当发生的质量变动，如图 7.6（b）所示。

3）双峰型——直方图出现两个中心，形成双峰状。这往往是由于把两个总体的数据混在一起作图所造成的，如把两个班组的数据混为一批等，如图 7.6（c）所示。

4）偏向型——直方图的顶峰偏向一侧，故又称偏坡型，它往往是因为计数值或计量值只控制一侧界限或剔除了不合格数据造成的，如图 7.6（d）所示。

5）陡壁型——直方图的一侧出现陡峭绝壁状态。这里由于人为地剔除一些数据，进行不真实的统计造成的，如图 7.6（e）所示。

6）平顶型——在直方图顶部呈平顶状态。一般是由多个数据混在一起造成的，或者是在生产过程中有缓慢变化的因素在起作用所造成的，如图 7.6（f）所示。

7）锯齿型——直方图出现参差不齐的形状，即频数不是在相邻区间减少，而是隔区间减少，形成了锯齿状。造成这种现象的原因不是生产上的问题，而主要是绘制直方图时分组过多或测量仪器精度不够而造成的，如图 7.6（g）所示。

(2) 对照标准分析比较

当工序处于稳定状态（直方图为正常型）时，还需进一步将直方图与规格标准进行

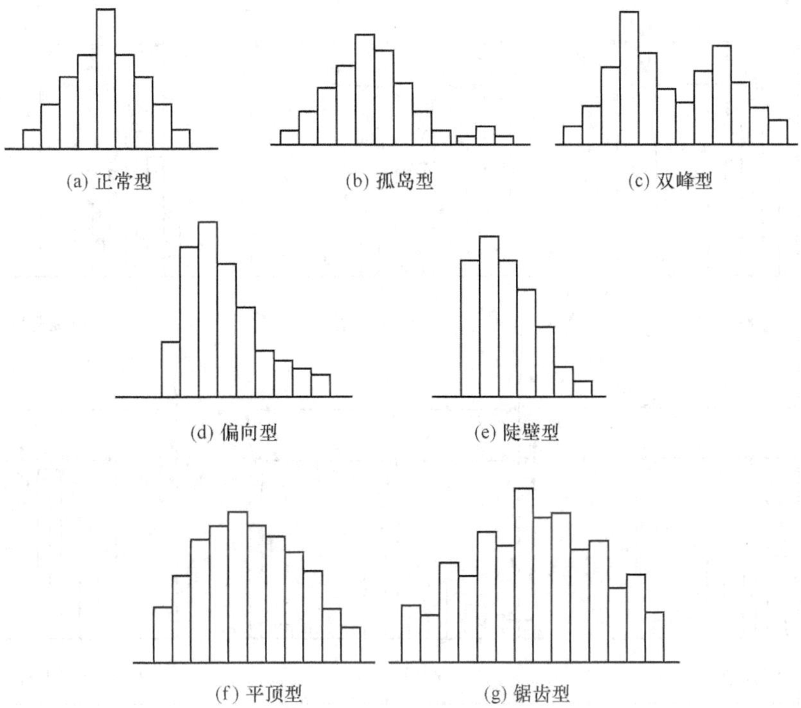

图 7.6 直方图的类型

对照，确定工序满足标准要求的程度。主要分析内容为：直方图的平均值 $\overline{X}$ 与质量标准中心重合程度，直方图的分布范围 B 同公差范围 T 的关系。在图 7.7 中标出了标准范围 T、标准上偏差 T_U、标准偏差 T_L 和实际尺寸范围 B。将实际产品质量分布的直方图与标准图形对比，找出存在的差异。常见的差异类型分析如下。

1）理想型——实际平均值 $\overline{X}$ 与规格标准中心 μ 重合，实际尺寸分布与标准范围两边有一定余量，约为 $T/8$，如图 7.7（a）所示。

2）偏向型——虽在标准范围之内，但分布中心偏向一边，说明存在系统偏差，必须采取措施，如图 7.7（b）所示。

3）陡壁型——此种图形反映数据分布过分地偏离规格中心，造成超差，出现不合格产品。这是由于工序控制不好造成的，应采取措施使数据中心与规格中心重合，如图 7.7（c）所示。

4）无富余型——又称双侧压线型。分布虽然落在规格范围之内，但两侧均无余地，稍有波动就会出现超差，出现废品，如图 7.7（d）所示。

5）能力不足型——又称双侧超越线型。此种图形实际尺寸超出标准线，已产生不合格产品，如图 7.7（e）所示。

6）能力富余型——又称过于集中型。实际尺寸分布与标准范围两边余量过大，属控制过严而不经济，如图 7.7（f）所示。

以上分析表明了满足标准公差范围的程度，也就是说，如果在施工的过程中能正确控制偏离标准的差异，就能稳定地生产出合格的产品。

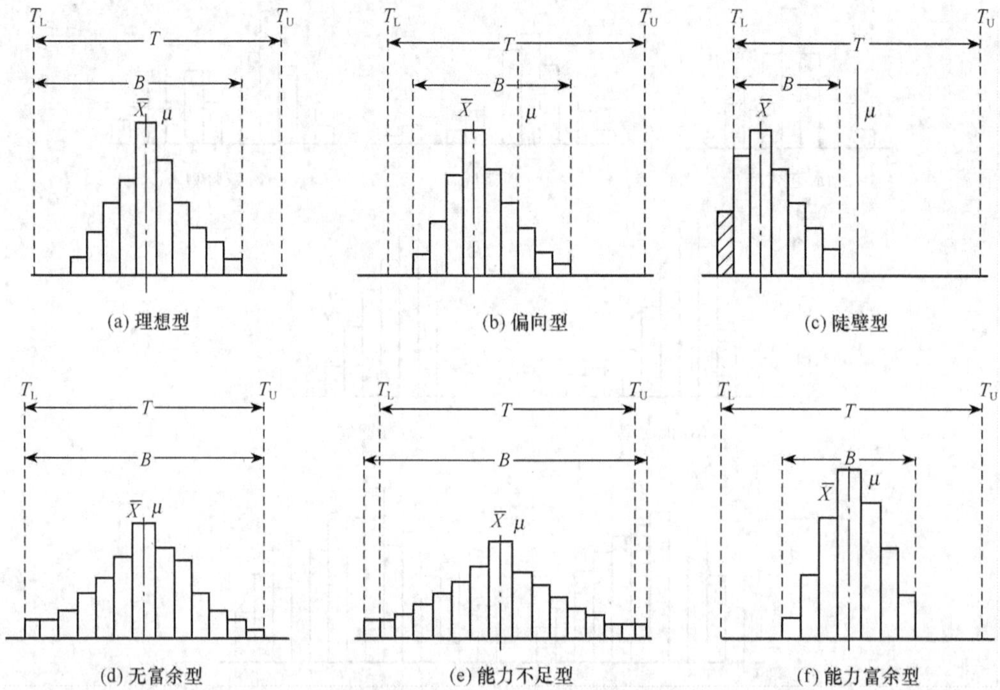

图 7.7　与标准对照的直方图

7.2.6　相关图

产品质量与影响质量的因素之间，常常有一定的依存关系，但它们之间不是一种严格的函数关系，即不能由一个变量的数值精确地求出另一个变量的数值。这种依存关系称为相关关系。相关图又叫散布图，就是把两个变量之间的相关关系用直角坐标系表示出来，借以观察判断两个质量特性之间的关系，通过控制容易测定的因素达到控制不易测定的因素的目的，以便对产品或工序进行有效的控制。相关图的形式有：

相关：当 X 增大时，Y 也增大；

负相关：当 X 增大时，Y 却减少；

非线性相关：两种因素之间不成直线关系；

无相关：Y 不随 X 的增减而变化。

分析中，除了绘制相关图之外，还必须计算相关系数，以确定两种因素之间关系的密切程度。相关系数计算公式为

$$r = \frac{S(XY)}{\sqrt{S(XX)S(YY)}} \tag{7.6}$$

式中，$S(XX) = \sum_{i=1}^{n}(X_i - \overline{X})^2 = \sum_{i=1}^{n} X_i^2 - \frac{\left(\sum_{i=1}^{n} X_i\right)^2}{n}$

$$S(YY) = \sum_{i=1}^{n}(Y_i - \overline{Y})^2 = \sum_{i=1}^{n} Y_i^2 - \frac{\left(\sum_{i=1}^{n} Y_i\right)^2}{n}$$

$$S(XY) = \sum_{i=1}^{n}(X_i - \overline{X})(Y_i - \overline{Y}) = \sum_{i=1}^{n} X_i Y_i - \frac{(\sum_{i=1}^{n} X_i \sum_{i=1}^{n} Y_i)}{n}$$

$$\overline{X} = \frac{1}{n}\sum_{i=1}^{n} X_i \qquad \overline{Y} = \frac{1}{n}\sum_{i=1}^{n} Y_i$$

相关系数值可以为正，也可以为负。正值表示正相关，负值表示负相关的绝对值总是在 0～1 之间，绝对值越大，表示相关关系越密切。

【例 7.4】 根据表 7.8 所列数据，计算相关系数，确定其相关关系。

解　$S(XX) = \sum_{i=1}^{n} X_i^2 - \frac{(\sum_{i=1}^{n} X_i)^2}{n} = 35\,875 - \frac{(495)^2}{11} = 13\,600$

$$S(YY) = \sum_{i=1}^{n} Y_i^2 - \frac{(\sum_{i=1}^{n} Y_i)^2}{n} = 5398 - \frac{(208)^2}{11} = 1465$$

$$S(XY) = \sum_{i=1}^{n} X_i Y_i - \frac{(\sum_{i=1}^{n} X_i \sum_{i=1}^{n} Y_i)}{n} = 13\,755 - \frac{(495 \times 208)}{11} = 4395$$

$$r = \frac{S(XY)}{S(XX)S(YY)} = \frac{4395}{\sqrt{13\,600 \times 1465}} = 0.98$$

由 r=0.98，则相关关系为正相关，且两因数 X、Y 关系密切。

表 7.8　数据汇总

序　号	1	2	3	4	5	6	7	8	9	10	11	合　计
X_i	5	5	16	20	30	40	50	60	65	90	120	495
Y_i	4	6	8	13	16	17	19	25	25	29	46	208
X_i^2	25	25	100	400	900	1600	2500	3600	4225	8100	14 400	35 875
Y_i^2	16	36	45	169	256	289	361	625	625	841	2116	5398
X_iY_i	20	30	80	260	480	680	950	1500	1625	2610	4520	13755

7.2.7　管理图

管理图又叫控制图，它是反映生产工序随时间变化而发生的质量波动的状态，即反映生产过程中各个阶段质量变动状态的图形。质量波动一般有两种情况：一种是偶然性因素引起的波动，称为正常波动；另一种是系统性因素引起的波动，则属异常波动。质量控制的目标就是要查找异常波动的因素并加以排除，使质量只受正常波动因素的影响，符合正态分布的规律。质量管理图就是利用上下控制界限，将产品质量特性控制在正常波动范围之内。质量管理图如图 7.8 所示。一旦有异常原因引起质量波动，通过管理图就可看出，能及时采取措施预防不合格产品的出现。

1. 管理图的分类

管理图分计量值管理图和计数值管理图两类，如图 7.9 所示。计量值管理图适用于质量管理中的计量数据，如长度、强度、湿度、温度等；计数值管理图则适用于计数数据，如不合格的点数、件数等。

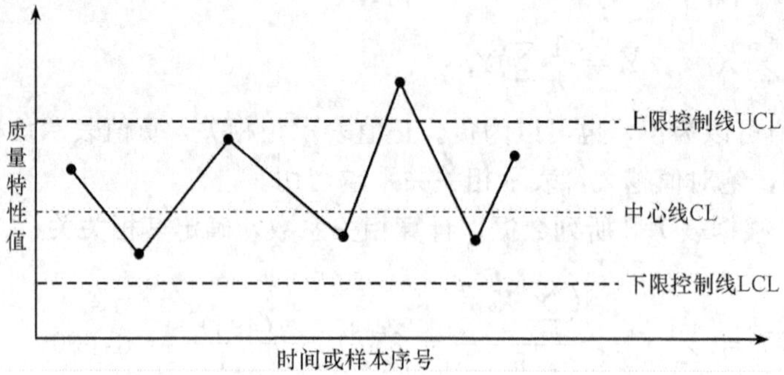

图 7.8　质量管理图

- 管理图
  - 计量值管理图
    - X 图（单值管理图）
    - $\overline{X}$-R（平均值和极差管理图）
    - $\overline{X}$-R（中位数和极差管理图）
    - $\overline{X}$-R_0（单值和移动极差管理图）
  - 计数值管理图
    - 计件值管理图
      - P_n 图（不良品数管理图）
      - P 图（不良品率管理图）
    - 计点值管理图
      - C 图（样品缺陷管理图）
      - u（单位产品缺陷数管理图）

图 7.9　管理图分类

2. 管理图的绘制

管理图的种类虽多，但其基本原理是相同的，现仅以常用的 $\overline{X}$-R 管理图为例，阐明作图的步骤。X-R 管理图的作图步骤如下：

(1) 收集数据归纳列表

例如，表 7.9 所示其中每组样本有三个数据，分别为 X_1、X_2、X_3。

表 7.9　$\overline{X}$-R管理圈数据

样本组数	X_1	X_2	X_3	X	R
1	155	166	178	166	23
2	169	161	164	165	8
3	147	152	135	145	17
4	168	155	151	155	17
⋮	⋮	⋮	⋮	⋮	⋮
24	140	165	167	157	27
25	175	169	175	173	6
26	163	171	171	168	8
合　计				4195	407

（2）计算样本的平均值

$$\overline{X}_j = \frac{\sum_{i=1}^{n} X_i}{n}$$

例中第一个样本平均值为

$$\overline{X}_1 = \frac{155+166+178}{3} = 166$$

其余类推，计算值列于表 7.9 中。

（3）计算样本极差值 $R = X_{\max} - X_{\min}$

例中第一个样本极差值为

$$R_1 = 178 - 155 = 23$$

其余类推，计算值列于表 7.9 中。

（4）计算样本总平均值

$$\overline{\overline{X}} = \frac{\sum_{J=1}^{N} \overline{X}_j}{N} = \frac{4195}{26} = 161$$

式中，N——样本组数。

（5）计算极差平均值

$$\overline{R} = \frac{\sum_{J=1}^{N} R_j}{N}$$

例中

$$\overline{R} = \frac{407}{26} = 16$$

（6）计算控制界限

1）$\overline{X}$ 管理图控制界限

中心线　　$CL = \overline{\overline{X}}$

上控制界限　　$UCL = \overline{\overline{X}} + A_2\overline{R}$

下控制界限　　$LCL = \overline{\overline{X}} - A_2\overline{R}$

上式中，A_2 为 $\overline{X}$ 管理图系数，参照表 7.10 取值（表中 N 为数据个数）。

表 7.10　管理系数

N	A_2	M_3A_2	D_3	D_4	E_2	d_3
2	1.880	1.880	—	3.267	2.660	0.853
3	1.023	1.187	—	2.575	1.772	0.888
4	0.729	0.796	—	2.282	1.457	0.880
5	0.577	0.691	—	2.115	1.290	0.864
6	0.483	0.549	—	2.004	1.184	0.848
7	0.419	0.509	0.076	1.924	1.109	0.833
8	0.373	0.342	0.136	1.864	1.054	0.820
9	0.337	0.412	0.184	1.816	1.010	0.080
10	0.308	0.363	0.223	1.727	1.975	0.797

例中，CL、UCL、LCL 分别为

$$CL = 161$$

$$UCL = 161 + 1.023 \times 16 = 177$$

$$LCL = 161 - 1.023 \times 16 = 145$$

2）R 管理图的控制界限：

中心线　　$CL = \overline{R}$

控制界限　　$UCL = D_4\overline{R}$

下控制界限　　$LCL = D_3\overline{R}$

式中，D_3、D_4 均为 R 管理图控制界限系数，参照表 7.10 取值。

例中 $D_3 = 0$，$D_4 = 2575$，代入上式得 CL、UCL、LCL 值分别为 16、41、0。

（7）绘制 $\overline{X}$-R 管理图

以横坐标为样本序号或取样时间，纵坐标为所要控制的质量特性值，按计算结果绘出中心线和上下控制界限。

用例中数据绘制的 $\overline{X}$-R 管理图如图 7.10 所示。其他各种管理图的作图步骤与 $\overline{X}$-R 管理图相同，控制界限的计算公式可参见表 7.11。

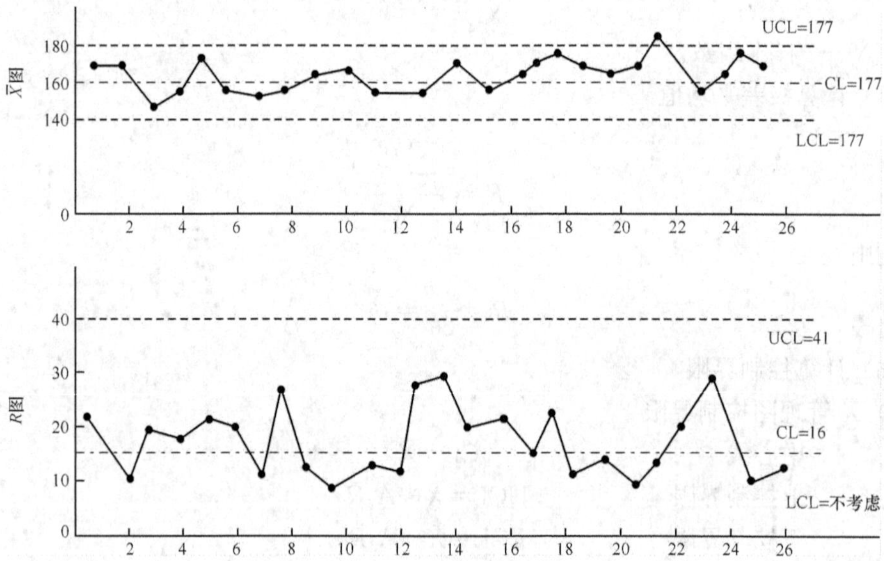

图 7.10　$\overline{X}$-R 管理图

表 7.11　管理控制界计算公式

分　类	图　名	中心线	上下控制界限	管理特征
计算值管理图	$\overline{X}$ 图	$\overline{\overline{X}}$	$\overline{\overline{X}} \pm A_2\overline{R}$	用于观察分析平均值的变化
	R 图	$\overline{R}$	$\dfrac{D_4\overline{R}}{D_3\overline{R}}$	用于观察分析分布的宽度和分散变化的情况
	$\widetilde{X}$ 图	$\overline{\widetilde{X}}$	$\overline{\widetilde{X}} \pm M_3A_2\overline{R}$	$\widetilde{X}$ 代 $\overline{X}$ 图，可以不计算平均值
	X 图	$\overline{X}$	$\overline{X} \pm E_2\overline{R}$	观察分析单个产品质量特征的变化
	R_0 图	$\overline{R}_0$	$D_4\overline{R}_0$	同 R 图，适用于不能同时取得数据的工序

续表

分类		图名	中心线	上下控制界限	管理特征
计算值管理图	计件值管理图	P 图	$\bar{P}$	$\bar{P}_n \pm \sqrt{P_n(1-P)}$	用不良品率来管理工序
		P_n 图	$\bar{P}_n$	$\bar{P}_n \pm \sqrt{\frac{\bar{P}_n(1-\bar{P})}{n}}$	用不良品数来管理工序
	计点值管理图	C 图	$\bar{C}$	$\bar{C} \pm \sqrt{\bar{C}}$	对一个样本的缺陷进行管理
		U 图	$\bar{U}$	$\bar{U} \pm \sqrt{\frac{\bar{U}}{n}}$	对每一个给定单位产品中的缺陷数进行控制

3. 管理图的观察分析

正常管理图的判断规则是：图上的点在控制上下限之间围绕中心作无规律波动。连续 35 个点中，仅有一点超出控制界限线；连续 100 个点中，仅有两点超出控制界限线。

异常管理图的判断如图 7.11 所示。其判断规则为：

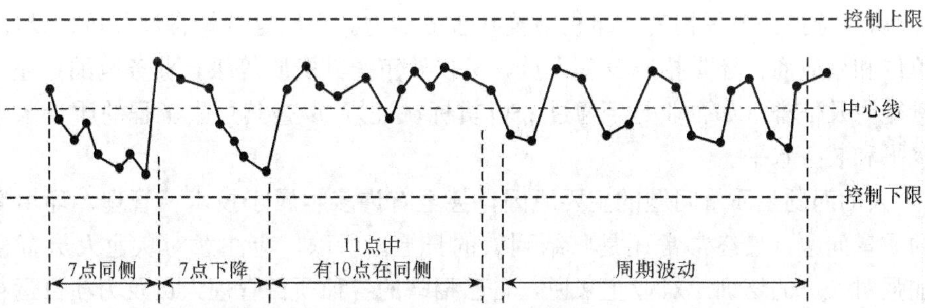

图 7.11　异常管理图的判断

1）连续 7 个点在中心线的同侧。

2）有连续 7 个点上升或下降。

3）连续 11 个点中，有 10 个点在中心线的同一侧；连续 14 个点中，有 12 个点在中心线的同一侧；连续 17 个点中，有 14 个点在中心线的同一侧；连续 20 个点中，有 16 个点在中心点子围绕某一中心线作周期波动。

在观察管理图发生异常后，要分析找出产生问题的原因，然后采取措施，使管理图所控制的工序恢复正常。

7.3　工程项目质量控制

质量控制的工作内容包括了作业技术和活动，即包括专业技术和管理技术两方面。质量控制应以贯彻预防为主与检验把关相结合的原则，在项目形成的每一个阶段和环节，即质量循环的每一阶段，都应对影响其工作质量的人、机、料、法、环（4M1E）

因素进行控制，并对质量活动的成功进行分阶段验证，以便及时发现问题，查明原因，采取措施，防止类似问题重复发生，并使问题在早期得到解决，减少经济损失。为使每项质量活动都能有效，质量控制对干什么、为何干、如何干、由谁干、何时干等问题应做出规定，并对实际质量活动进行监控。项目的进行是一个动态过程，所以，围绕项目的质量控制也具有动态性。为了掌握项目随着时间变化而变化的状态，应采用动态控制的方法和技术进行质量控制工作。

7.3.1 工程项目质量影响因素的控制

1. 人的控制

在工程建设中，领导者的素质、人的理论技术水平、人的生理状况、人的心理行为、人的错误行为和人的违纪违章等都是属于人对工程质量的影响因素。

工程建设是通过各个项目参加单位的参与进行的，质量控制必须重视对人及对人的工作过程的控制，加强人的质量意识。由于项目参加者来自不同的单位，通过合同确定各自的责任权利关系，各有其不同的经济利益和目标，这会影响质量管理的能力和积极性。所以，应做到：

1）认真选择任务承担者，重视被委托者的能力。无论是选择咨询公司、设计单位、施工单位和供应商，还是招聘管理人员，不仅要审查其资质等级，业务范围，还要审查其质量能力及信誉（如企业是否通过 ISO 贯标认证），审查其过去工程的质量水平以及技术水平和装备水平。

2）人的问题是质量问题的主要原因，甚至有许多本属于技术、管理、环境等原因造成的质量问题，最终常常还是归结到人的身上。所以，应注意对从业人员资格的要求，加强对人员的培训。对业主来说，自己招聘的各种项目管理人员及为项目运行招聘的各种操作和管理人员，都应进行培训。有时还要对承包商或分包商的人员进行培训或为其培训提供帮助。对承包商来说，各种操作人员、管理人员的上岗培训是质量保证的前提。通过培训增加项目管理和技术知识，以防止出现施工、操作、保养、维修方面的问题。

3）正确的引导。通过合同、责任制、经济奖罚等手段激发人们对质量控制的积极性。

2. 材料、构配件的质量控制

材料（包括原材料、成品、半成品、构配件）是工程施工的物质条件，没有材料就无法施工；材料质量是工程质量的基础，材料质量不符合要求，工程质量也就不可能符合标准。所以，加强材料的质量控制，是提高工程质量的重要保证；是创造正常施工条件，实现投资控制和进度控制的前提。

材料质量控制措施有：

1）采购前必须将项目所需材料的质量要求（包括品种、规格、规范、标准等）、用途、投入时间、数量说明清楚，做出材料计划表并在采购合同中明确规定这些内容。

2）采购选择。供应商通常是很多的，对各种供应的质量应有深入的了解，多收集一些说明书、产品介绍方面的信息。

3）入库和使用前的检查。检查供应的质量，并做出评价，不合格的材料不得进入工地，更不得使用。

3. 机械设备的控制

机械设备的控制，包括生产机械设备控制和施工机械设备控制。

生产机械设备的控制，在工程项目设计阶段，主要是控制设备的选型和配套；在工程项目施工阶段，主要是控制设备的购置、设备的检查验收、设备的安装质量和设备的试车运转。要求按生产工艺、配套投产、充分发挥效能来确定设备类型；按设计选型购置设备；设备进场时，要按设备的名称、型号、规格、数量的清单逐一检查验收；设备安装要符合有关设备的技术要求和质量标准；试车运行正常，要能配套投产。

施工机械设备的控制，在项目施工阶段，必须综合考虑施工现场条件、建筑结构型式、机械设备性能、施工工艺和方法、施工组织与管理、建筑技术经济等各种因素，制定出合理的机械化施工方案，使之合理装备、配套使用、有机联系，以充分发挥建筑机械的效能，力求获得较好的综合经济效益。

施工机械设备是实现施工机械化的重要物质基础，是现代化工程建设中必不可少的设施，对工程项目的施工进度和质量均有直接影响。从保证工程项目施工质量角度出发，应着重从机械设备的选型、机械设备的主要性能参数和机械设备的使用操作要求等三方面予以控制。

4. 方法的控制

方法控制是指对在工程项目整个建设周期内所采取的技术方案、工艺流程、组织措施、检测手段、施工组织设计等的控制。

其中，施工方案的正确与否，是直接影响工程项目的进度控制、质量控制、投资控制三大目标能否顺利实现的关键。往往由于施工方案考虑不周而拖延进度，影响质量，增加投资。为此，在制定和审核施工方案时，必须结合工程实际，从技术、组织、管理、工艺、操作、经济等方面进行全面分析，综合考虑，力求方案技术可行、经济合理、工艺先进、措施得力、操作方便，有利于提高质量、加快进度、降低成本。

5. 环境因素的控制

影响工程项目质量的环境因素较多，有工程技术环境，如工程地质、水文、气象等，工程管理环境，如质量保证体系、质量管理制度等，劳动环境，如劳动组合、劳动工具、工作面等。环境因素对工程质量的影响，具有复杂而多变的特点，如气象条件就变化万千，温度、湿度、大风、暴雨、酷暑、严寒都直接影响工程质量，往往前一工序就是后一工序的环境，前一分项、分部工程也就是后一分项、分部工程的环境。因此，根据工程特点和具体条件，应对影响质量的环境因素，采取有效的措施严加控制。对环境因素的控制，与施工方案和技术措施紧密相关。如在寒冬、雨季、风季、炎热季节施工中，应针对工程的特点，尤其是对混凝土工程、土方工程、深基础工程、水下工程及高空作业等，必须拟定季节性施工保证质量和安全的有效措施，以免工程质量受到冻害、干裂、冲刷、坍塌的危害。同时，要不断改善施工现场的环境和作业环境；要加强对自然环境和文物的保护；要尽可能减少施工所产生的危害对环境的污染；要健全施工现场管理制度，合理地布置，使施工现场秩序化、标准化、规范化，实现文明施工。

7.3.2 项目策划阶段的质量控制

1. 质量成本

质量成本主要包括：

1）实施单位为了保证和提高产品质量、满足用户需要而支出的费用，包括在技术改进方面的投入（如使用高质量的材料、工艺、设备）和管理方面的投入（即质量管理的成本，包括人员费用、检测费用，以及工程检查验收损失的费用）。

2）因未达到质量标准而产生的一切损失费用，如维修费用、赔偿费用等。

2. 质量策划

在进行质量策划时应注意以下一些方面：

1）对于工程项目，现在业主一般都要求减少运营费用，增加运营的可靠性、安全性，而对于一些特殊项目，如①高费用的设备，如高科技的、尖端的设备；②保养维修比较困难的，甚至不可能的设备，如航天空间站、大型水电工程。

不允许出现质量问题的工程（如果出现会造成极大的损害），如航天飞机、火箭、核工业工程，必须一次运行成功，人们在决策时通常要求高的可用度，尽管其成本很高。

从另一个方面来说，对一个工程评标，不能一味追求低的报价或将任务委托给报价过低的承包商。工程实践已经证明，报价过低，很难取得高质量的工程。

2）要减少重复的质量管理工作。具体的分部工程（工作包的任务）由承包商、实施负责人完成，这些企业或部门中应有专门从事生产和技术管理的人员，他们应有具体的质量管理工作。这些企业有完备的质量管理系统，它属于企业内部的领导、协调、计划、培训和组织工作。这属于合同内的工作，而项目管理者不必再具体地重复这些工作（除了发现重大问题），但他必须监督各参加单位在他们负责的范围内用适当的措施、工具和方法来解决质量保证问题。当然，也包括对实施中的质量管理工作提供帮助、解答，并积极介入，但如果存在质量问题仍应由实施者负责。实践证明，在许多大项目，特别是多层次承（分）包的项目中，质量管理的重复工作现象是普遍存在的，这将导致管理人员浪费、费用增加、时间延长和信息泛滥。

3）不同种类的项目，不同的工程部分，质量控制的深度不一样。例如：①对飞机和宇航工程、核工业工程、大型水力发电工程，质量重于一切。质量控制对于项目管理者来说比成本控制还重要，项目管理中必须设置专门的质量保证措施和组织。②对一些项目中的特殊部分，如超平地面、超洁净车间，则应有细致严密地质量控制。③有些项目，特别是国家项目，政府部门要介入质量管理，则项目管理必须提供协调，如安排并协助检查、整理并提交报告等。在这里项目管理常常要为质量保证服务。④对一些新的开发型研究项目，没有或很少有现存的质量标准和管理方法，则项目管理者必须寻找新的质量管理方法，自己必须直接参与具体的质量管理工作。

4）质量管理是一项综合性的管理工作，除了工程项目的各个管理过程以外还需要一个良好的社会质量环境，最主要的有：①行业和企业的基础管理工作，如标准化工作、质量管理教育、员工技能培训、质量意识的培养、信息工作等；②整个社会的价值观念、国民素质的影响。在一个浮躁、急功近利、不讲信用的社会里是不可能产生高质量的工程的。

5）注意合同对质量管理的决定作用。工程项目是应业主的要求进行的，不同的业主有着不同的质量要求，它已反映在承包合同中。因此，合同是进行项目质量管理的主要依据。一方面要利用合同达到对质量进行有效的控制，同时又要在合同范围内进行质量管理，超过合同范围的质量要求和管理措施则会导致赔偿问题。

6）质量问题大多是技术性的，如设计、实施方案、采购等工作，甚至许多书中介绍的质量统计方法、检测方法、分析方法实质上在很大程度上属于技术和技术管理问题。项目质量管理的技术性很强，但它又不同于技术性工作。长期以来人们过于注重质量技术方面的问题，而忽视管理方面的问题。质量控制应着眼于质量保证体系的建立，质量控制程序的建立，质量、工期、成本目标的协调和平衡，以及工作监督、检查、跟踪、诊断，以保证技术工作的有效性和完备性。

7）质量控制的目标不是发现质量问题，而是应提前避免质量问题的发生。在各项工作之前应有明确的质量要求，在工作中应有质量保证体系。

8）注意过去同类项目的经验和反面教训，特别是过去的业主、设计单位、施工单位反映出来的对技术、质量有重大影响的关键性问题。

7.3.3　设计过程中的质量控制

1. 设计质量确定

依据工程项目的设计任务书和总体规范，进行设计质量控制。

各部分的详细技术设计工作。项目早期质量的定义是粗略的，只有通过技术设计才能使之具体化、细化。在项目设计阶段，必须根据前期策划阶段确定的质量目标进行分解。

在现代工程中各种专业设计都有相应的技术规范，这些规范作为通用规范，是设计的依据。由于通用规范经常有标准的生产工艺、标准的成品（半成品），供应商、承包商都熟悉，所以能降低施工和供应的费用。按照工程的特点、环境的特点还必须进行工程的特殊技术设计，做出图纸和特殊的（专用）规范，以及各方面详细的技术说明文件。

对设计质量标准重要的影响因素之一是投资的限额及其分配。项目任务书批准并下达后，就确定了投资总额，人们常常将它按各个子功能（分厂、各个建筑或各个工程子项目）进行切块分解，作为各部分设计的依据，则总体的以及各部分的工程质量标准就由这个投资分解确定。

在相应的设计文件中还要指出达到质量目标的途径和方法，同时指明项目竣工验收时质量验收评定的范围、标准与依据。

2. 设计单位的选择

设计单位对设计的质量负责。设计单位的选择对设计质量有根本性的影响，然而许多业主和项目管理者在项目初期对它没有引起足够的重视，有时为了方便、省钱或其他原因（如关系）将工程委托给不合格的设计单位甚至委托给业余设计者，结果造成很大经济损失，甚至责任事故。

设计工作属于高智力型的、技术与艺术相关的工作，其成果评价比较困难。设计方案以及整个设计工作的合理性、经济性、新颖性等不能从设计文件，如图纸、规范、模型的表面反映出来。所以，设计质量很难控制。这就要对设计单位的选择予以特别的重视。设计单位必须具有与项目相符合的资质等级证书，而且本项目的设计在其业务范围内。有本项目设计所需的成熟技能和成功经验。

7.3.4 施工过程中的质量控制

1. 工程项目施工质量管理人员的选择

为业主提供工程项目质量监督管理工作的人员，在我国被称为监理工程师；在英国等国则被称为咨询工程师。在有些国家建筑师也可以从事工程项目质量监督管理工作。

（1）工程项目质量监督管理人员资质规定

合格的工程质量监督管理人员必须具有符合项目所在地规定的相关证书。各个国家好多地区对工程质量监督管理人员的从业资格都有严格的规定。

我国《监理工程师资格考试和注册试行办法》规定：经监理工程师资格考试合格者，方能获得由监理工程师注册机关核发的《监理工程师资格证书》。拥有资格证书者还必须通过工程建设监理单位统一向本地区或本部门的监理工程师注册机关提出申请。监理工程师注册机关收到申请后，依照上述试行办法的规定进行审查。对符合条件的，根据全国监理工程师注册管理激光批注的注册计划择优予以注册，颁发《监理工程师岗位证书》，并全国监理工程师注册管理机关备案。获得了上述两种证书并被批准注册者才能正式以监理工程师的名义从事工程建设监理业务。而且已经注册的监理工程师，不得以个人名义私自承接工程建设监理业务。

（2）工程质量监督管理人员选择的方法和程序

为了选定符合要求的咨询工程师，业主应采用适当的方法和程序。在美国最常用的资质评审法值得借鉴。

资质评审法实质就是把资质因素作为选定咨询工程师的首要原则。它分为三个阶段进行：第一阶段为选择，这一阶段的任务是根据初步的工作范围及具体的项目评审原则确定由3～5家公司或个人组成的短名单；第二阶段为确定，邀请第一阶段排名第一的公司进入第二阶段，这一阶段的目的是理解业主的需要和期望，共同确定工程范围、所需要的服务及合同形式；第三阶段为定价，在选定了最具资质的公司并确定了相应的工作范围之后，应开始定价谈判。

2. 施工阶段质量管理过程划分

（1）按施工阶段工程实体形成过程中物质形态的转化划分

其可分为对投入的物质、资源质量的管理；施工及安装生产过程质量管理，即在使投入的物质资源转化为工程产品的过程中，对影响产品质量的各因素、各环节及中间产品的质量进行控制；对完成的工程产出品质量的控制与验收。

（2）按工程项目施工层次结构划分

工程项目施工质量管理过程为：工序质量管理、分项工程质量管理、分部工程质量管理、单位工程质量管理、单项工程质量管理。其中单位工程质量管理与单项工程质量管理包括建筑施工质量管理、安装施工质量管理与材料设备质量管理。

（3）按工程实体质量形成过程的时间阶段划分

在工程项目实施阶段的不同环节，其质量控制的工作内容不同。根据项目实施的不同时间阶段，可以将工程项目实施阶段的质量控制分为事前控制、事中控制和事后控制。

3. 施工前准备阶段的质量控制

施工合同签订后，项目经理部建立完善的工程项目管理机构和严密的质量保证体系以及质量责任制。抓住质量计划指定，质量计划实施和质量计划（目标）实现三个环节。要求各部门都应担负起质量管理责任。以各自的工作质量来保证整体工程质量。

工程测量控制是事前质量控制的一项基础工程，它也是施工准备阶段的一项重要内容，因此要做好基准点、基准线、标高、施工测量控制网复核、复测工作、并填报抄测记录，进行图纸会审。为了在施工前能发现和减少图纸的差错，能事先消灭图纸中的质量隐患。在项目质量计划编制前，由项目经理、技术负责人主持熟悉图纸并进行图纸会审工作。审核出图纸中存在问题后，应与设计人和发包人进行讨论、协商解决并做好图纸会审记录。

项目经理必须使分包工程及采购工作处于受控状态并有计划地进行。为此，项目经理应评价和选择合格的分包人和供应人，可通过招标慎重选择分包人和材料、设备供应人。项目经理部应对全体施工人员进行质量知识、专业知识、管理知识和技能的教育和培训。

4. 施工过程中的质量控制

业主委托监理工程师在此阶段主要执行以下质量管理工作：

1）对自检系统与工序的质量控制，对施工承包商的质量控制工作的监控。

2）在施工过程中对承包商各项工程活动进行质量跟踪监控，严格工序间交接检查，建立施工质量跟踪档案等。

3）审查并组织有关各方对工程变更或图纸修改进行研究。

4）对工序产品的检查和验收，以及对重要工程部位和工序专业工程等进行试验、技术复核等。

5）处理已发生的质量问题或质量事故。

6）下达停工指令、控制施工质量等。

7.4 工程项目质量验收

7.4.1 工程项目质量验收的基本知识

1. 质量验收基本知识

(1) 术语

1）抽样检验：按照规定的抽样方案，随机地从进场的材料、构配件、设备或建筑工程检验项目中，按检验批抽取一定数量的样本所进行的检验。

2）抽样方案：根据检验项目的特性所确定的抽样数量和方法。

3）检验批：按同一的生产条件或按规定的方式汇总起来供检验用的，由一定数量样本组成的检验体。

4）检验：对检验项目中的性能进行量测、检查、试验等，并将结果与标准规定要求进行比较，以确定每项性能是否合格所进行的活动。

5）见证取样检测：在监理单位或建设单位监督下，由施工单位有关人员现场取样，并送至具备相应资质的检测单位所进行的检测。

6）交接检验：由施工的承接方与完成方经双方检查并对可否继续施工做出确认的活动。

7）主控项目：建筑工程中的对安全、卫生、环境保护和公众利益起决定性作用的检验项目。

8）一般项目：除主控项目以外的检验项目。

9）计数检验：在抽样的样本中，记录每一个体有某种属性或计算每一个体中的缺陷数目的检查方法。

10）计量检验：在抽样检验的样本中，对每一个体测量其某个定量特性的检查方法。

11）观感质量：通过观察和必要的量测所反映的工程外在质量。

(2) 抽检特性曲线

应用验收规则去判断具有不合格率 p（%）的检验批的质量，将该检验批判为合格，而接收的可能性称为接收概率 L（%）。检验批的不合格率 p 愈小，接收概率 Lp 则愈大；反之 p 愈大，则 L_p 愈小，不同的抽样检验方案（对产品进行检查并做出判断的规则），其 L_p 与 p 具有不同的函数关系。对某一个抽检方案来说，当给定若干个不同的 p，就可算出相应的 L_p，以 L_p 为纵坐标、p 为横坐标所绘得的曲线，称为抽样检验特性曲线（operating characteristic curve），即 OC 曲线，如图 7.12 所示。

判断产品的质量是否合格，应规定一个质量水平，如规定不合格率 $p \leqslant p_A$，实际质量达到这个水平的为合格产品，否则为不合格产品。一个理想的抽检方案应满足：当 $p \leqslant p_A$，$L_p = 1$；当 $p > p_A$ 时，$L_p = 0$，如图中虚线所示，但实际上这种理想的抽检方案是不存在的，我们只能选取一个比较接近理想的抽检方案。一个好的抽检方案应满足当产品质量较好时，以高概率接受这批产品；当产品质量变坏时，接受概率迅速减小，当产品质量坏到某一程度时以高概率拒收。因此，必须从工程的要求出发，规定两个质量水平：一个是处于功能要求的最低质量水平，称为拒收质量水平（RQL）或极限质量水平（LQ）；另一个是既符合经济目的又满足高质量要求的合格质量水平，称为可接受质量水平（AQL）。

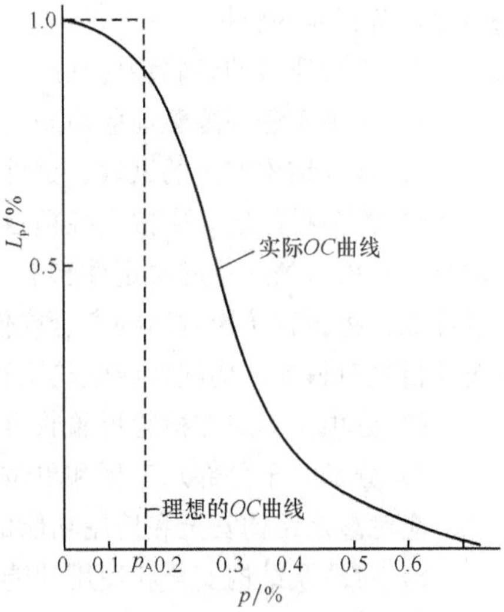

图 7.12　抽样检验特性曲线

（3）两种错判概率

达到任何较高质量水平的检验批，都存在着少量的不合格产品，按某个指定的抽样检验方案进行抽检时，如果抽到这些不合格产品，则整批产品将被判为不合格而予以拒收，对一批达到合格质量水平（AQL）的检验批，这个被判为不合格而予以拒收的概率，称为“第一种错判概率”或“错判概率”，用 a 表示，它反映了把质量合格批判为不合格批的可能性的大小。

错判概率使生产者（厂方）承担着一定的风险，一个合理的抽样检验方案不应使该风险过大，一般应把 a 限于 5%～10%以内，有些国家混凝土强度质量验收标准就是根据厂方风险来规定的。例如，日本建设学会 JASS 就是按生产厂风险 $a=10\%$ 来规定合格条件。同样，在拒收质量水平（RQL）的验收批中也有存在着少量高质量产品，如果检验中抽到这些产品，整批产品将被误判为合格而予以接收，这种错判的概率称为“第二类错判概率”或“漏判概率”，用 β 表示，它反映把质量不合格批错判为合格批的可能性大小。由于 β 的存在使使用者（用户）也承担着一定的风险，显然这种风险随着质量水平的下降而减少。错判概率 α 愈大，对生产者方面不利；漏判概率 β 愈大，对使用者方面不利。两者愈小愈使双方有利。但实际的抽检方案中，往往 α 的缩小会带来 β 的增大，反之亦然。若要同时减小 α 和 β，将会带来每批取样数量增大的矛盾。由于取样数量不能盲目增加，因此在相互意义上说，α 与 β 值只能由生产者方面与使用者方面协商规定，不存在绝对合理标准。

2. 验收要求

1）参加工程施工质量验收的各方人员应具备规定的资格工程质量验收的程序按检验批、分项、分部（子分部）、单位（子单位）工程进行，每个程序参加验收的人员，均应具备相应的资格。

2）工程质量的验收均应在施工单位自行检查评定的基础上进行。

3）隐蔽工程在隐蔽前应由施工单位通知有关单位进行验收，并应形成验收文件。

4）涉及结构安全的试块、试件以及有关材料，应按规定进行见证取样检测。

5）检验批的质量应按主控项目和一般项目验收：①主控项目是对材料、构配件或建筑工程项目的质量起决定性影响的检验项目，也就是这些检验项目如不符合规定的质量标准，将会直接影响结构安全或使用功能，影响到工程的合理使用年限的要求；②一般项目是对材料、构配件或建筑工程项目的质量不起决定性作用的检验项目。

6）分项工程应在检验批验收合格的基础上进行验收。

7）分部（子分部）工程和单位（子单位）工程的验收，在分项工程通过验收的基础上应对涉及结构安全和使用功能的重要部位进行抽样检验，必要时应进行抽样检测。

8）对涉及结构安全和使用功能的重要分部工程应进行抽样检测。

9）承担见证取样检测及有关结构安全检测的单位应具有相应资质。

10）工程的观感质量应由验收人员通过现场检查，并应共同确认。

7.4.2 工程项目质量验收标准

1. 评定验收的依据

1）国家和部门颁发的工程质量评定标准。

2）国家和部门颁发的工程项目验收规程。

3）有关部门颁发的施工规范、规程，施工操作规程。

4）工程承包合同中有关质量的规定和要求。

5）工程的设计文件、设计变更、施工图纸等。

6）施工组织设计、施工技术措施等文件。

7）原材料、成品、半成品、构配件的质量验收标准。

8）设备制造厂家的产品、安装说明书和有关的技术规定。

2. 验收标准

2002 年 1 月 1 日起实行的《建筑工程施工质量验收统一标准》（GB50300—2001），为加强工程质量管理，统一建筑工程施工质量的验收，保证工程质量提供了标准。其主要内容如下：

（1）基本规定

1）施工现场质量管理应有相应的施工技术标准，健全的质量管理体系，施工质量检验制度和综合施工质量水平评定考核制度。

2）建筑工程应按下列规定进行施工质量控制：①建筑工程采用的主要材料、半成品、成品、建筑构配件、器具和设备应进行现场验收。凡涉及安全、功能的有关产品，应按各专业工程质量验收规范规定进行复验，并应经监理工程师（建设单位技术负责人）检查认可。②各工序应按施工技术标准进行质量控制，每道工序完成后，应进行检查。③相关各专业工种之间，应进行交接检验，并形成记录。未经监理工程师（建设单位技术负责人）检查认可，不得进行下道工序施工。

3）建筑工程施工质量应按下列要求进行验收：①建筑工程施工质量应符合本标准和相关专业验收规范的规定；②建筑工程施工应符合工程勘察、设计文件的要求；③参加工程施工质量验收的各方人员应具备规定的资格；④工程质量的验收均应在施工单位自行检查评定的基础上进行；⑤隐蔽工程在隐蔽前应由施工单位通知有关单位进行验收，并应形成验收文件；⑥涉及结构安全的试块、试件及有关材料，应按规定进行见证取样检测；⑦检验批的质量应按主控项目和一般项目验收；⑧对涉及结构安全和使用功能的重要分部工程应进行抽样检测；⑨承担见证取样检测及有关结构安全检测的单位应具有相应资质；⑩工程的观感质量应由验收人员通过现场检查共同确认。

4）检验批的质量检验，应根据检验项目的特点在下列抽样方案中进行选择：①计量、计数或计量—计数等抽样方案；②一次、二次或多次抽样方案；③根据生产连续性和生产控制稳定性情况，可采用调整型抽样方案；④对重要的检验项目当可采用简易快速的检验方法时，可选用全数检验方案；⑤经实践检验有效的抽样方案。

5）在制定检验批的抽样方案时，对生产方风险（或错判概率 a）和使用方风险（或漏判概率）可按下列规定采取：①主控项目：对应于合格质量水平的 a 和月均不宜超过 5%；②一般项目：对应于合格质量水平的 a 不宜超过 5%，月均不宜超过 10%。

（2）建筑工程质量验收的划分

1）建筑工程质量验收应划分为单位工程、分部工程、分项工程和检验批。

2）单位工程的划分应按下列原形确定：①具备独立施工条件并能形成独立使用功能的建筑物及构筑物为一个单位工程；②建筑规模较大的单位工程，可将其能形成独立使用功能的部分为一个子单位工程。

3）分部工程的划分应按下列原则确定：①分部工程的划分应按专业性质、建筑部位确定；②当分部工程较大或较复杂时，可按材料种类、施工特点、施工程序、专业系统及类别等划分为若干子分部工程。

4）分项工程应按主要工种、材料、施工工艺、设备类别等进行划分。

5）分项工程可由一个或若干个检验批组成，检验批可根据施工及质量控制和专业验收需要按楼层、施工段、变形缝等进行划分。

6）室外工程可根据专业类别和工程规模划分单位（子单位）工程。

（3）建筑工程质量验收

1）检验批合格质量应符合下列规定：①主控项目和一般项目的质量经抽样检验合格；②具有完整的施工操作依据、质量检查记录。

2）分项工程质量验收合格应符合下列规定：①分项工程所含的检验批均应符合合格质量的规定；②分项工程所含的检验批的质量验收记录应完整。

3）分部（子分部）工程质量验收合格应符合下列规定：①分部（子分部）工程所含分项工程的质量均应验收合格；②质量控制资料完整；③地基与基础、主体结构和设备安装等分部工程有关安全及功能的检验和抽样检测结果应符合有关规定；④观感质量验收应符合要求。

4）单位（子单位）工程质量验收合格应符合下列规定：①单位（子单位）工程所含分部（子分部）工程的质量均应验收合格；②质量控制资料完整；③单位（子单位）工程所含分部工程有关安全和功能的检测资料应完整；④主要功能项目的抽查结果应符合相关专业质量验收规范的规定；⑤观感质量验收应符合要求。

5）建筑工程质量验收进行记录时，检验批质量验收、分项工程质量验收、分部（子分部）工程质量验收、单位（子单位）工程质量验收、质量控制资料核查、安全和功能检验资料核查及主要功能抽查记录，均应按规定内容和表示进行。

6）当建筑工程质量不符合要求时，应按下列规定进行处理：①经返工重做或更换器具、设备的检验批，应重新进行验收；②经有资质的检测单位检测鉴定能够达到设计要求的检验批，应予以验收；③经有资质的检测单位检测鉴定达不到设计要求，但经原设计单位核算认可能够满足结构安全和使用功能的检验批，可予以验收；④经返修或加固处理的分项、分部工程，虽然改变外形尺寸但仍能满足安全使用要求，可按技术处理方案和协商文件予以验收。

7）通过返修或加固处理仍不能满足安全使用要求的分部工程、单位（子单位）工程，严禁验收。

（4）建筑工程质量验收程序和组织

1）检验批及分项工程应由监理工程师（建设单位项目技术负责人）组织施工单位项目专业质量（技术）负责人等进行验收。

2）分部工程应由总监理工程师（建设单位项目负责人）组织施工单位项目负责人和技术、质量负责人等进行验收；地基与基础、主体结构分部工程应由设计单位工程项目负责人和施工单位技术、质量部门负责人参加验收。

3）单位工程完工后，施工单位应自行组织有关人员进行检查评定，并向建设单位提交工程验收报告。

4）建设单位收到工程验收报告后，应由建设单位（项目）负责人组织施工（含分包单位）、设计、监理等单位（项目）负责人进行单位（子单位）工程验收。

5）单位工程有分包单位施工时，分包单位对所承包的工程项目应按本标准规定的程序检查评定，总包单位应派人参加。分包工程完成后，应将工程有关资料交给总包单位。

6）当参加验收各方对工程质量验收意见不一致时，可请当地建设行政主管部门或工程质量监督机构协调处理。

7）单位工程质量验收合格后，建设单位应在规定时间内将工程竣工验收报告和有关文件，报建设行政管理部门备案。

7.4.3 工程项目竣工验收

1. 工程项目竣工验收的概念

工程项目按照批准的设计图纸和文件的内容全部建成，达到使用条件或住人的标准，叫做工程竣工。凡列入固定资产投资计划的建设项目或单项工程，按照批准的设计文件和合同规定的内容建成，具备投产和使用条件，不论新建、改建、扩建或迁建性质，都要及时组织验收，交付使用，并办理固定资产移交手续。对住宅小区的验收还应验收土地使用情况，单项工程、市政、绿化及公用设施等配套设施项目等。

一个工程项目如果已经全部完成，但由于外部原因（如缺少或暂时缺少电力、煤气、燃料等）不能投产使用或不能全部投产使用，也应该视为竣工，要及时组织竣工验收，因为这些外部原因和条件，不是工程本身的问题。

有的建设项目基本达到竣工验收标准，只有零星土建工程和少数非主要设备未能按设计规定的内容全部完成，但不影响正常生产，亦应办理竣工验收手续。对剩余工程，应按设计留足资金，限期完成。有的项目在投产初期一时不能达到设计能力所规定的产量，不能因此而拖延办理验收和移交固定资产手续。

有些建设项目和单位工程，已形成部分生产能力或实际上生产方面已经使用，近期不能按原设计规模续建的，应从实际出发，可缩小规模，报主管部门批准后，对已完的工程和设备尽快组织验收，移交固定资产。

对引进设备的项目，按合同建成，完成负荷试车，设备考核合格后，组织竣工验收。已建成具备生产能力的项目和工程，一般应在具备竣工验收条件三个月内组织验收。

建筑工程竣工是指单项工程而言。单项工程的含义是：具有独立的设计文件，可以独立施工，建成后能独立发挥使用功能或效益的工程。单项工程的人工费、材料费、各种加工预制品费、管理费、施工机械费以及其他费用，都应该分别进行核算，工程完成后，单独进行工程质量的评定，并专门组织竣工验收。

2. 工程项目竣工验收的主要工作

工程项目竣工验收是基本建设程序的最后一个阶段。工程项目经过竣工验收，由承包单位交付建设单位使用并办理了各项工程移交手续，标志着这个工程项目的结束，也就是建设资金转化为使用价值。

这个阶段工作的特点是：大量的施工任务已经完成，小的修补任务却十分零碎；在人力和物力方面，主要力量已经转移到新的工程项目上去，只保留少量的力量进行工程的扫尾和清理；在业务和技术人员方面，施工技术指导工作已经不多，却有大量的资料综合、整理工作要做。因此，在这个时期，项目经理必须把各项收尾、竣工准备细致地抓好。

(1) 项目本身的收尾工作

项目经理要组织有关人员逐层、逐段、逐部位、逐房间地进行查项，检查施工中有无丢项、漏项，一旦发现，必须立即确定专人定期解决，并在事后按期进行检查。

有计划地拆除施工现场的各种临时设施和暂设工程，拆除各种临时管线，清扫施工现场，组织清运垃圾和杂物。

有步骤地组织材料、工具以及各种物资的回收、退库，向其他施工现场转移和进行处理工作。

做好电气线路和各种管线的交工前检查，进行电气工程的全负荷试验。

有生产工艺设备的工程项目，要进行设备的单体试车、无负荷联动试车和有负荷联动试车。

(2) 各项竣工验收的准备工作

组织工程技术人员绘制竣工图，清理和准备各项需向建设单位移交的工程档案资料，并编制工程档案资料移交清单。

组织以预算人员为主，生产、管理、技术、财务、材料、劳资等人员参加或提供资料，编制竣工结算。

准备工程竣工通知书、工程竣工报告、工程竣工验收证明书、工程保修证书等。

组织好工程自验（或自检），报请上级领导部门进行竣工验收检查，对检查出的问题，及时进行处理和修补。

准备好工程质量评定的各项资料，准备申报建设工程竣工质量核定的有关资料。主要按结构性能、使用功能、外观效果等方面，对工程的地基基础、结构、装修以及水、暖、电、卫、设备安装等各个施工阶段所有质量检查资料，进行系统的整理，包括：分项工程质量检验评定；分部工程质量检验评定、单位工程质量检验评定、隐蔽工程验收记录、生产工艺设备调试及运转记录、吊装及试压记录以及工程质量事故发生情况和处理结果等方面的资料，为正式评定工程质量提供资料和依据，亦为技术档案资料移交归档做准备。

(3) 建筑工程竣工验收的依据

1) 上级主管部门的有关工程竣工的文件和规定。

2) 建设单位同施工单位签订的工程承包合同。

3) 工程设计文件（包括：施工图纸、设计说明书、设计变更洽商记录、各种设备说明书)。

4) 国家现行的施工验收规范。

5) 建筑安装工程统计规定。

6) 凡属从国外引进的新技术或成套设备的工程项目，除上述文件外，还应按照双方签订的合同书和国外提供的设计文件进行验收。

(4) 建设工程竣工质量核定

建设工程竣工质量核定，是政府对竣工工程进行质量监督的一种带有法律性的手段，是保证工程质量、保证工程结构安全和使用功能的一种带有法律性的行为，也是竣工工程验收交付使用必须办理的手续。

竣工工程质量核定的范围包括新建、扩建、改建的工业与民用建筑、设备安装工程、市政工程等。一般由城市建设机关的工程质量监督部门承监，竣工工程的质量等级，以承监工程的质量监督机构核定的结果为准，并发给《建设工程质量合格证书》。

(5) 工程项目的竣工验收的组织

为了把竣工验收工作做得比较顺利，一般地可分为两个步骤进行。一是由施工单位（房屋承包单位）先进行自验；二是正式验收，即由施工单位同建设单位和监理单位共同验收，有的大工程或重要工程，还要上级领导单位或地方政府派员参加，共同进行验收，验收合格后，即可将工程正式移交建设单位使用。

1）竣工自验，亦称竣工预验，是施工单位内部先自我检验，为正式验收做好准备。

①自验的标准应与正式验收一样，主要依据是：国家（或地方政府主管部门）规定的竣工标准和竣工口径；工程完成情况是否符合施工图纸和设计的使用要求；工程质量是否符合国家和地方政府规定的标准和要求；工程是否达到合同规定的要求和标准等。②参加自验的人员，应由施工单位项目经理组织生产、技术、质量、合同、预算以及有关的施工工长（或施工员、工号负责人）等共同参加。③自验的方式，应分层分段、分房间地由上述人员按照自己主管的内容逐一进行检查。在检查中要做好记录。对不符合要求的部位和项目，确定修补措施和标准，并指定专人负责，定期修理完毕。④复验。在基层施工单位自我检查的基础上，并对查出的问题全部修补完毕以后，项目经理应提请上级（如果项目经理是施工企业的施工队长级或工区主任级者，应提请公司或总公司一级）进行复验（按一般习惯，国家重点工程、省市级重点工程，都应提请总公司级的上级单位复验）。通过复验，要解决全部遗留问题，为正式验收做好充分的准备。

2）正式验收。在自验的基础上，确认工程全部符合竣工验收标准，具备了交付使用的条件后，即可开始正式竣工验收工作。

①发出《竣工验收通知书》。施工单位应于正式竣工验收之日的前 10 天，向建设单位和工程监理单位发送《竣工验收通知书》。②组织验收工作。工程竣工验收工作由建设单位邀请设计单位及有关方面参加，同施工单位一起进行检查验收。列为国家重点工程的大型建设项目，往往由国家有关部委，邀请有关方面参加，组成工程验收委员会，进行验收。③签发《竣工验收证明书》并办理工程移交。在建设单位验收完毕并确认工程符合竣工标准和合同条款规定要求以后，即应向施工单位签发《竣工验收证明书》。④进行工程质量核定。⑤办理工程档案资料移交。⑥办理工程移交手续。在对工程检查验收完毕后，施工单位要向建设单位逐项办理工程移交手续和其他固定资产移交手续，并应签认交接验收证书，办理工程结算手续。工程结算由施工单位提出，送建设单位审查无误以后，由双方共同办理结算签认手续。工程结算手续一旦办理完毕，合同双方除施工单位承担工程保修工作（一般保修期为 1 年）以外，建设单位同施工单位双方（即甲、乙双方）的经济关系和法律责任，即予解除。

（6）建筑工程的回访保修制度

1）概念。运行初期的质量保证在很大程度上仍属于承包商的责任，一般工程承包合同都有保修期的规定，为了保证承包商对工程的缺陷责任，常常尚有一笔保修金作为维修的保证。建筑工程的回访保修制度是建筑工程在竣工验收交付使用后，在一定的期限内（1 年左右的时间）由施工单位主动定期到建设单位或用户进行回访，对工程发生的确实是由于施工单位施工责任造成的建筑物使用功能不良或无法使用的问题，由施工单位负责修理，直至达到正常使用的标准。

在 2000 年国务院颁布的《建设工程质量管理条例》中对建设工程的质量责任、保修期年限、保修办法都有明确的规定。

在保修阶段一定要进行工程质量跟踪，及时找出运营中的问题，并且精心描述问题、分析责任。有许多问题的解决和质量问题原因的分析，要重新研究过去的工程资料和文件，有的甚至要请专家进行技术鉴定。

2）建筑工程的保修。

① 保修的范围和时间。

按照回访保修制度的要求，各种类型的建筑工程以及建筑工程的各个部位，都应该实行保修，主要是指那些由于施工单位的责任，特别是由于施工质量不良而造成的问题。就过去已发生的情况分析，一般应包括以下几个方面：

屋面、地下室、外墙、阳台、厕所、浴室以及厨房等处渗水、漏水者。

各种通水管道（包括自来水、热水、污水、雨水等）漏水者，各种气体管道漏气以及通气孔和烟道不通者。

水泥地面有较大面积的空鼓、裂缝或起砂者。

内墙抹灰有较大面积起泡，乃至空鼓脱落或墙面浆活起碱脱皮者；室内墙面地面的瓷砖、马赛克、通体砖，地板等等各种饰面在使用保修期内自行脱落者；外墙饰面在保修期内自行脱落者等。

暖气管线安装不良，跑漏水、气或局部不热者；燃气管线漏气者；管线接口处及卫生瓷活接口处不严造成漏水者。

电气线路接触不良，错接线路以及跑电漏电等。

其他由于施工不良而造成无法使用或使用功能不能正常发挥的工程部位。

② 不属于保修的方面。

由于用户在使用过程中损坏或使用不当而造成建筑物功能不良者。

由于设计原因造成建筑物功能不良者。

工业产品项目发生问题者。

以上三种情况应由建设单位自行组织修理乃至重新变更设计进行返工。如需原施工单位施工，亦应重新签订协议或合同。

③ 工程保修的步骤。

发送保修证书（或称《房屋保修卡》)。

在工程竣工验收的同时（最迟不应超过 3 天到 1 周)，由施工单位向建设单位发送《建筑安装工程保修证书》。保修证书目前在国内没有统一的格式或规定，应由施工单位拟定并统一印制。例如，北京建工集团总公司即统一印制，并由其所属各个施工企业统一执行。保修证书一般的主要内容包括：工程简况；房屋使用管理要求；保修范围和内容；保修时间；保修说明；保修情况记录。此外，保修证书还应附有保修单位（即施工单位）的名称、详细地址、电话、联系接待部门（如科、室）和联系人，以便于建设单位联系。

3）工程回访。

① 回访的方式。回访工程的方式一般有三种：一是季节性回访。大多数是雨季回访屋面、墙面的防水情况，冬季回访锅炉房及采暖系统的情况。发现问题采取有效措施，及时加以解决。二是技术性的回访。主要了解在工程施工过程中所采用的新材料、新技术、新工艺、新设备等的技术性能和使用后的效果，发现问题及时加以补救和解决；同时也便于总结经验，获取科学依据，不断改进与完善，并为进一步推广创造条件。这种回访一般是在保修期即将届满之前，进行回访，既可以解决出现的问题，又标志着保修期即将结束，使建设单位注意建筑物的维护和使用。

② 回访的方法。应由施工单位的领导组织生产、技术、质量、水电（也可以包括合同、预算）等有关方面的人员进行回访，必要时还可以邀请科研方面的人员参加。回访时，由建设单位组织座谈会或意见听取会，并察看建筑物和设备的运转情况等。回访必须认真，必须解决问题，并应做出回访记录；必要时应写出回访纪要。不能把回访当成形式或走过场。

③ 回访与保修相结合，在成片或城市小区建设地点设立保修站。如北京建工集团总公司的一些施工企业，在承建的规模较大的小区，设立保修站（或房屋维修站），负责其所建工程的维修任务，既大大方便了用户，可随叫随到，同时又可向用户介绍房屋使用的知识，密切了施工企业与用户的关系，树立了良好的企业形象。这种做法是可取的。

7.5 案例分析

案例 1：影响质量的因素分析

1. 背景

某安装公司承接一高层住宅楼工程设备安装工程的施工任务，为了降低成本，项目经理通过关系购进廉价暖气管道，并隐瞒了工地甲方和监理人员，工程完工后，通过验收交付使用单位使用，过了保修期后的某一冬季，大批用户暖气漏水。

2. 问题

1）为避免出现质量问题，施工单位应事前对哪些因素进行控制？

2）该工程出现质量问题的主要原因是项目经理组织使用不合格材料，为了防止质量问题的发生，应如何对参与施工人员进行控制？

3）该工程暖气漏水时，已过保修期，施工单位是否对该质量问题负责，为什么？

3. 分析与答案

1）影响施工项目的质量因素主要有五个方面，即 4M1E，指人、材料、机械、方法和环境。

2）人，作为控制对象，是要避免产生错误；作为控制的动力，是要充分调动人的积极性，发挥人的主导作用。为了避免人的失误，调动人的主观能动性，增强人的责任感和质量观，应从领导者的素质、人的理论和技术水平、人的生理缺陷、人的心理行为、人的错误行为和人的违纪违章等六个方面来考虑人对质量的影响。在使用人的问题上，应从政治素质、思想素质、业务素质和身体素质等方面综合考虑，全面控制。

3）虽然已过保修期，但施工单位仍要对该质量问题负责。原因是：该质量问题的发生是由于施工单位采用不合格材料造成，是施工过程中造成的质量隐患，不属于保修的范围，因此不存在过了保修期的说法。

产品的保修是指生产和销售单位对其生产和销售的产品在使用合格的材料，采用合理的生产工艺，经过规定的检验试验程序检验试验合格的产品中允许一定比例不合格产品在使用过程中出现的对消费者的危害的补偿。该案例是由于使用不合格的暖气管道发生的质量事故，在暖气管道的合理使用年限内，都应由该暖气管道的施工单位对质量问题负责。

案例 2：施工工序质量控制的要点

1. 背景

某建筑公司承接了该市洪湖娱乐城工程，该工程地处闹市区，紧邻城市主要干道，施工场地狭窄，主体地上 22 层，地下 3 层，建筑面积 47 800m^2，基础开挖深度 11.5m，低于地下水。为了达到“以预防为主”的目的，施工单位加强了施工工序的质量控制。

2. 问题

1）该娱乐城项目工序质量控制的内容有哪些？
2）针对该工程的工序质量检验包括哪些内容？
3）如何确定该工程的质量控制点？
4）试述施工工序质量控制的步骤。
5）试针对该工程的模板工程编制质量预控措施。

3. 分析与答案

由于施工过程是由一系列相互联系和制约的工序所构成，工序是人、材料、机械设备、施工方法和环境等因素对工程质量综合起作用的过程，所以对施工过程的质量控制，必须以工序质量控制为基础和核心。

（1）工序质量控制的内容

1）严格遵守工艺规程。

2）主动控制工序活动条件的质量，就是要使工序活动能在良好的条件下进行，以确保工序产品的质量。主要是在工序施工前，对影响工序质量的人、材、机、法、环等因素的准备情况作主动控制。

3）及时检查工序活动效果的质量，主要是指对工序活动的产品采取诸如实测、分析、判断、纠正和认可等手段，判断该工序活动的质量（效果），从而实现对工序质量的控制；

4）设置工序质量控制点。可作为质量控制点重点控制的对象有：人的行为、物的状态、材料的质量和性能、关键的操作、施工技术参数、施工顺序、技术间歇、质量通病等。

（2）工序质量检验的内容

内容包括标准具体化、度量、比较、判定、处理、记录。

（3）质量控制点设置的原则

该原则是根据工程的重要程度，即质量特性值对整个工程质量的影响程度来确定。

设置质量控制点时，首先要对施工的工程对象进行全面分析、比较，以明确质量控制点；尔后进一步分析所设置的质量控制点在施工中可能出现的质量问题、或造成质量隐患的原因，针对隐患的原因，相应地提出对策措施用以预防。质量控制点也就是施工质量控制的重点，主要有：关键工序和环节以及隐蔽工程，施工中的薄弱环节或质量不稳定的工序，对后续工序的质量和安全有重大影响的工序，采用三新的部位和环节，施工无足够把握、施工条件困难或技术难度大的工序和环节。

(4) 施工工序质量控制步骤

步骤包括实测、分析、判断、纠正和认可。主要是指对工序活动的产品采取一定的检测手段进行检验，根据检验的结果进行整理、分析，根据数据分析的结果判断该工序产品是否达到了规定的质量标准，达到则认可，达不到则纠正，从而实现对工序质量的控制。

(5) 质量预控措施

1) 绘制关键性轴线控制图，每层复查轴线标高一次，垂直度以经纬仪检查控制。

2) 绘制预留、预埋图，在自检基础上进行抽查，看预留、预埋是否符合要求。

3) 回填土分层夯实，支撑面下应根据荷载大小进行地基验算、加设垫块。

4) 重要模板要经过设计计算，保证有足够的强度和刚度。

5) 模板尺寸偏差按规范要求检查验收。

复习思考题

7.1　质量的概念是什么？建设工程质量的特性主要表现在哪几个方面？

7.2　影响质量控制的因素是什么？

7.3　常用的工程质量分析方法有哪些？

7.4　设计阶段的质量控制分几个阶段？

7.5　工程质量验收的基本标准的内容是什么？

7.6　施工现场制作混凝土预制构件，在检查的项目中发现不合格点 138 个，如下表所示。试利用排列图法确定有影响混凝土预制构件质量的主要因素、次要因素和一般因素。

不合格点数据

不合格项目	不合格构件
表面有麻面	30
局部有漏筋	15
振捣不密实	10
养护不良早期脱水	5
构件强度不足	78
合计	138

7.7 某工地浇筑C20混凝土时，先后共抽取了60个混凝土抗压强度数据报告单(每个数据是3个试块抗压强度平均值)，整理如下表所示。试绘制混凝土强度频数分布直方图，并分析其分布状态。

混凝土抗压强度数据

序 号	试块抗压强度数据/MPa					
1	21.2	21.5	16.5	17.3	18.2	22.1
2	20.9	20.9	19.8	21.3	21.7	20.2
3	19.6	19.5	22.3	23.5	16.2	19.7
4	14.0	18.6	27.2	29.0	23.4	21.7
5	19.6	27.3	23.8	24.2	16.2	20.5
6	18.0	24.1	23.8	23.4	15.2	25.9
7	21.2	19.8	21.6	22.0	27.0	27.7
8	23.4	26.7	22.4	24.3	24.9	21.3
9	25.4	22.8	20.9	27.2	25.2	17.9
10	21.7	19.1	17.9	15.5	17.6	15.3

参 考 文 献

成虎. 2007. 工程项目管理［M］. 北京：中国建筑工业出版社.

杜嘉伟，郑煌，梁兴国. 2001. 哈佛模式——项目管理［M］. 北京：人民出版社.

建筑工程施工质量验收统一标准.（GB 50300—2001）.［M］. 北京：中国建筑工业出版社，2001.

李慧民. 2007. 工程项目管理［M］. 北京：中国建筑工业出版社.

石振英. 2005. 建设项目管理［M］. 北京：科学出版社.

田元福. 2005. 建设工程项目管理［M］. 北京：清华大学出版社.

王卓甫，杨高升. 2005. 工程项目管理原理与案例［M］. 北京：中国水利水电出版社.

周建国. 2007. 工程项目管理基础［M］. 北京：人民交通出版社.

第 8 章　土木工程项目进度管理

本章要求：

(1) 了解进度、进度管理的概念及进度指标；

(2) 了解进度管理的过程、措施和计划系统；

(3) 掌握工程项目进度计划的实施控制方法；

(4) 掌握工程项目进度的分析和调整方法；

(5) 掌握工期优化的方法；

(6) 了解工期调整中应注意的问题。

8.1　工程项目进度管理的概念

工程项目进度管理是工程项目管理中最重要的“三大目标”之一。一个工程项目能否在预定的时间内交付使用，直接关系到投资效益的发挥，尤其对生产性投资来说更是如此。因此，对工程项目进度进行有效地管理，使其顺利达到预定的目标，是业主、监理工程师和承包商进行项目管理的中心任务和项目实施过程中的一项必不可少的重要环节。

8.1.1　进度

1. 进度的概念

进度通常是指工程项目实施结果的进展情况，在工程项目实施过程中要消耗时间（工期）、劳动力、材料、成本等才能完成项目的任务。当然，项目实施结果应该以项目任务的完成情况，主要是项目的可交付成果数量来表达。但由于工程项目对象系统（技术系统）的复杂性，常常很难选定一个恰当的、统一的指标来全面反映工程的进度。

在现代工程项目管理中，人们已赋予进度以综合的含义，它将工程项目任务、工期、成本有机地结合起来，形成一个综合的指标，能全面反映项目的实施状况。进度控制已不仅仅是传统意义上的工期控制，它还将工期与实物工程量、成本、劳动消耗、资源等统一起来。

2. 进度指标

进度控制的基本对象是项目范围内的工作活动，它包括项目结构图上各个层次的单元，上至整个项目，下至各个工作包，有时直到最低层次网络上的工程活动。项目进度状况通常是通过各工程活动完成程度（百分比）逐层统计汇总计算得到的。进度指标的确定对进度的表达、计算、控制有很大影响。由于一个工程有不同的子项目、工作包，它们的工作内容和性质不同，必须挑选一个共同的、对所有工程活动都适用的计量单位。

(1) 持续时间

持续时间（工程活动的或整个项目的）是进度的重要指标。人们常用已经使用的工期与工程的计划工期相比较以描述工程完成程度。例如，计划工期 2 年，现已经进行了 1 年，则工期已达 50%；一个工程活动，计划持续时间为 30d，现已经进行了 15d，则已完成 50%。但通常还不能说工程进度已达 50%，因为工期与人们通常概念上的进度是不完全一致的。工程的效率和速度不是一个直线，如通常工程项目开始时工作效率很低，进度慢，到工程项目中期投入最大，进度最快，而后期投入又较少。所以，工期已达一半，并不能表示进度达到了一半，何况在已进行的工期中还存在各种停工、窝工、干扰作用，实际效率往往低于计划的工作效率。

(2) 按工程活动完成的可交付成果数量描述

这主要针对专门的领域，其生产对象简单、工程活动简单。例如：

1) 对设计工作按资料数量（图纸、规范等）计。

2) 混凝土工程按体积（对墙、基础、柱）计。

3) 设备安装按照吨位计。

4) 管道、道路的铺设按照长度计。

5) 预制件的数量，或重量、体积。

6) 运输量以 t·km 计。

7) 土石方以体积或运载量计等。

特别当项目的任务仅为完成这些分部工程时，以它们作指标比较能够反映实际情况。

(3) 已完成工程的价值量

已完成工程的价值量即用已经完成的工作量与相应的合同价格（单价），或预算价格计算。它将不同种类的分项工程统一起来，能够较好地反映工程的进度状况。这是常用的进度指标。

(4) 资源消耗指标

最常用的有劳动工时、机械台班、成本的消耗等。它们有统一性和较好的可比性，即各个工程活动直到整个项目都可用它们作为指标，这样可以统一分析尺度。但在实际工程中要注意如下三个方面的问题。

1) 投入资源数量和进度有时会有背离，会产生误导。例如，某活动计划需 100 工时，现已用了 60 工时，则进度已达 60%。这仅是偶然的，计划劳动效率和实际效率不会完全相等。

2) 由于实际工作量和计划经常有差别，即计划 100 工时，由于工程变更，工作难度增加，工作条件变化，应该需要 120 工时。现完成 60 工时，实质上仅完成了工作量 50%，而不是 60%。所以，只有当计划正确，并按预定的效率施工时才得到正确的结果。

3) 用成本反映工程进度是经常的，但这里有以下因素要剔除。

①不正常原因造成的成本损失，如返工、窝工、工程停工；②由于价格原因（如材料涨价、工资提高）造成成本的增加；③实际工程量、工程（工作）范围的变化造成的影响。

8.1.2　进度管理

1. 进度管理概念

土木工程项目的进度管理是指根据进度目标的要求，对工程项目各阶段的工作内容、工作程序、持续时间和衔接关系编制计划，将该计划付诸实施，在实施的过程中经常检查实际进度是否按计划要求进行，对出现的偏差分析原因，采取补救措施或调整、修改原计划，直至工程竣工，交付使用。进度管理的最终目的是确保项目工期目标的实现。

进度控制与质量控制、投资控制是土木工程项目建设中的三大目标。它们之间有着密切的相互依赖和制约关系；通常，进度加快，需要增加投资，但工程能提前使用就可以提高投资效益；进度加快有可能影响工程质量，而质量控制严格，则有可能影响进度，但如因质量的严格控制而不致返工，又会加快进度。因此，项目管理者在实施进度管理工作中要对三个目标全面系统地加以考虑，正确处理好进度、质量和投资的关系，提高工程建设的综合效益。

2. 进度管理过程

土木工程项目进度管理工作程序可以概括为：确定进度目标，编制进度计划→实施进度计划→进度状况检查→分析、处理四个基本过程。

(1) 确定目标，制定进度计划

由于工程项目受多种因素的影响，建设管理者需要收集环境资料，对影响进度的各种因素进行调查、分析，预测它们对进度可能产生的影响，确定科学、合理的进度总目标。根据进度总目标和资源优化配置原则，编制可行的进度计划。该进度计划应包括各种不同层次的进度计划，例如从项目进程角度，需要有项目整体性计划及各种不同阶段的进度计划；从管理角度，要有控制性进度计划、实施性进度计划等。在此基础上制定进度保证措施。最后还需对这些计划进行优化，以提高进度计划的合理性。

(2) 项目进度实施

首先应建立以项目负责人为首的进度计划管理组织机构，将项目进度目标落实到人。其次，要建立完善的进度考核管理制度。由于现实工程项目实施环境中会存在大量的干扰因素，因而在实施阶段要对影响进度的可能的风险事件进行识别，制定和采取必要的预控措施，这样才能减少实际与计划的偏差，把控制重点放在事前和事中。

(3) 项目进度状况检查

定期对项目进度计划在实施过程中的状况进行检查和测量，将得到的资料数据进行归类、汇总和分析，将其与计划进度进行比较，并及时进行趋势预测。项目进度管理中，在项目进度监测阶段的主要工作为：收集进度情况数据、资料；偏差分析（实际结果与进度计划的比较）；趋势分析及预测。只有对偏差的及时识别及对发展趋势的有效预测，才能为后续的进度调整提供可靠的依据。提高项目进度控制的敏感度和精度。

（4）项目进度分析、处理

项目进度计划在实施过程中，由于外界的干扰因素众多，产生偏差是很自然的事情，因而调整才显得更加重要。有时需要采取一定的措施，而这个过程有时是个非常复杂的过程。项目进度管理进度分析、处理阶段的主要工作为：一是偏差分析，分析产生进度偏差的前因后果；二是动态调整，寻求进度调整的约束条件和可行方案；三是优化控制，对调整措施和新计划进行优化并做出评审。偏差分析、动态调整和优化控制是项目进度管理过程中最困难、最关键的环节。

3. 进度管理措施

（1）组织措施

组织是目标能否实现的决定性因素。系统的组织包括组织结构模式和组织分工，以及工作流程。因而组织措施应主要包括：

1）健全组织体系。设置项目管理组织体系结构，组织结构设计要体现任务目标原则，分工协作原则；命令统一原则；管理幅度原则；高效精干原则；责权利对应的原则；在项目组织体系中应有专门的工作部门和符合进度控制岗位资格的专人负责进度控制工作。

2）进度管理的主要工作。进度管理的主要工作环节包括：进度目标的分析和论证、编制进度计划、定期跟踪计划的执行情况、采取纠偏措施、进度计划的调整。这些工作任务和相应的管理职能应在项目管理组织设计的任务分工表和管理职能分工表中表示并落实。

3）编制进度控制工作流程。进度控制工作流程图反映项目管理组织进行进度管理各工作之间的逻辑关系，工作流程图可视需要逐层细化。进度控制工作流程图包括：①定义进度计划系统的组成工作程序；②各类进度计划的编制程序、审批程序和计划调整程序等。

4）会议设计制度。进度控制工作包含了大量的组织和协调工作，会议是组织和协调的重要手段，高效率的会议能够促进整体工作的顺利开展，而冗长的会议不仅起不到预期的作用，相反会浪费大量的会议成本。所以应进行有关进度控制会议的组织设计，以明确会议的类型、各类会议的主持人及参加单位和人员、各类会议的召开时间、各类会议文件的分发、整理、确认和归档等，从而提高会议效率，降低会议成本。

5）建立健全必要的管理制度。

建立健全必要的规章制度是对进度进行有效管理的基础保证，进度管理制度主要包括：①建立进度报告制度和进度信息沟通网络；②建立进度协调会议制度；③建立进度计划审核制度；④建立进度控制检查制度和调度制度；⑤建立进度控制分析制度；⑥建立图纸审查、及时办理工程变更和设计变更手续的措施。

（2）管理措施（包括合同措施）

1）进度管理的思想观念。针对目前我国土木工程项目进度管理中存在的某些错误观念，我们认为应注重加强如下几方面观念的建立：①进度计划系统的观念，在编制进度计划时，要设计一套相互联系，协调的进度计划体系，而不是分别编制各种相互独立不联系的计划；②动态控制的观念，不只重视计划的编制，而且更要重视及时地进行计划的动态调整；③应树立对编制的进度计划进行多方案比较和选优的观念，合理的进度计划应体现资源的合理使用、工作面的合理安排、有利于提高建设质量、有利于文明施工和有利于合理地缩短建设周期。

2）科学地使用工程网络计划对进度计划进行分析。用工程网络计划的方法编制进度计划，必须很严谨地分析和考虑工作之间的逻辑关系。通过工程网络的计算可发现关键工作和关键路线，也可知道非关键工作可使用的时差，工程网络计划的方法有利于实现进度控制的科学化。

3）承发包模式的选择。土木工程项目所选择的承发包模式直接关系到工程实施的组织和协调。为了实现进度目标，应选择合理的合同结构，如 DB 总承包模式、EPC 模式等，均可以有效地减少合同界面，以避免过多的合同交界面而影响工程的进展。工程物资的采购模式对进度也有直接的影响，对此应作比较分析。

4）加强进度风险管理为实现进度目标，不但应进行进度控制，还应注意分析影响工程进度的风险。应从组织风险、管理风险、合同风险、资源（人力、物力和财力）风险、技术风险等方面对工程项目风险进行全面的识别、分析和量化，并在此基础上采取风险防范措施，以减少进度失控的风险量。

5）重视信息技术（包括相应的软件、局域网、互联网以及数据处理设备）在进度控制中的应用。虽然信息技术对进度控制而言只是一种管理手段，但它的应用有利于提高进度信息处理的效率、有利于提高进度信息的透明度，有利于促进进度信息的交流和项目各参与方的协同工作。

（3）经济措施

土木工程项目进度控制的经济措施涉及资金需求计划、资金供应的条件和经济激励措施等。

1）资源计划。为确保进度目标的实现，应编制与进度计划相适应的资源需求计划（资源进度计划），包括资金需求计划和其他资源（人力和材料、机械等资源）需求计划，以反映工程实施的各时段所需要的资源。通过资源需求的分析。可发现所编制的进度计划实现的可能性，若资源条件不具备，则应调整进度计划。资金需求计划也是工程融资的重要依据。

2）落实实现进度目标的保证资金。在工程预算中应考虑加快工程进度所需要的资金，其中包括为实现进度目标将要采取的经济激励措施所需要的费用。

3）签订并实施关于工期和进度的经济承包责任制。

4）调动积极性，建立并实施关于工期和进度的奖惩制度。

5）加强索赔管理。

（4）技术措施

1）设计技术措施。

不同的设计理念、设计技术路线、设计方案会对工程进度产生不同的影响，在设计工作的前期。特别是在设计方案评审和选用时，应对设计技术与工程进度的关系作分析比较。在施工进度受阻时，应分析是否存在设计技术的问题，为实现进度目标有无设计变更的必要。

2）施工技术措施。

施工方案对进度有直接的影响，尽可能采用先进施工技术、方法和新材料、新工艺、新技术。在方案的选择时，不仅要考虑其技术的先进性、经济性的合理性，还应考虑其对进度的影响。尽量选用积极、可靠的技术方案。

4. 进度管理计划系统

（1）影响进度管理的因素

土木工程项目进度控制是一个动态过程，影响因素多，风险大，应认真分析和预测，合理采取措施，在动态管理中实现进度目标。影响工程项目进度控制的因素有以下几方面。

1）业主。业主提出的建设工期目标的合理性、业主在资金及材料等方面的供应进度、业主各项准备工作的进度和业主项目管理的有效性等均影响着建设项目进度控制。

2）勘察设计单位。其影响因素包括：勘察设计目标的确定、可投入的力量及其工作效率、各专业设计的配合，以及业主和设计单位的配合等。

3）承包人。其影响因素包括：施工进度目标的确定、施工组织设计编制、投入的人力及施工设备的规模，以及施工管理水平等。

4）建设环境。其影响因素包括：建筑市场状况、国家财政经济形势、建设管理体制、当地施工条件（气象、水文、地形、地质、交通、建筑材料供应）等。

（2）进度管理周期

进度管理周期是指工程项目进度控制的全过程。一个建设项目要经过可行性研究、设计、施工和竣工验收等阶段。每一阶段均与进度控制密切相关。

可行性研究阶段对项目建议进度进行论证，并具体化，提出实施进度（工期）的建议。它是对工程项目进行评估的时间依据，是对项目进行决策的依据之一。

设计阶段对实施进度作具体规划，实施设计进度控制，并对设计方案和施工进度做出预测，将可行性研究报告的建设工期和实施进度进行对比，对设计文件做出评价。

施工阶段是进度管理的“操作过程”，要严格按计划进度实施，对造成计划偏离的各种干扰因素予以排除，保证进度目标的实现。

（3）工程项目进度计划系统

进度管理首先是编制进度计划，参与工程建设的每一个单位均要编制与自己任务相适应的进度计划。土木工程项目进度计划系统是由多个相互关联的进度计划组成的系统，它是项目进度控制的依据。由于各种进度计划编制所需要的必要资料是在项目进展过程中逐步形成的，因此项目进度计划系统的建立和完善也有一个过程，它是逐步形成的。图 8.1 是一个土木工程项目进度计划系统的示例，这个计划系统有 4 个计划层次。

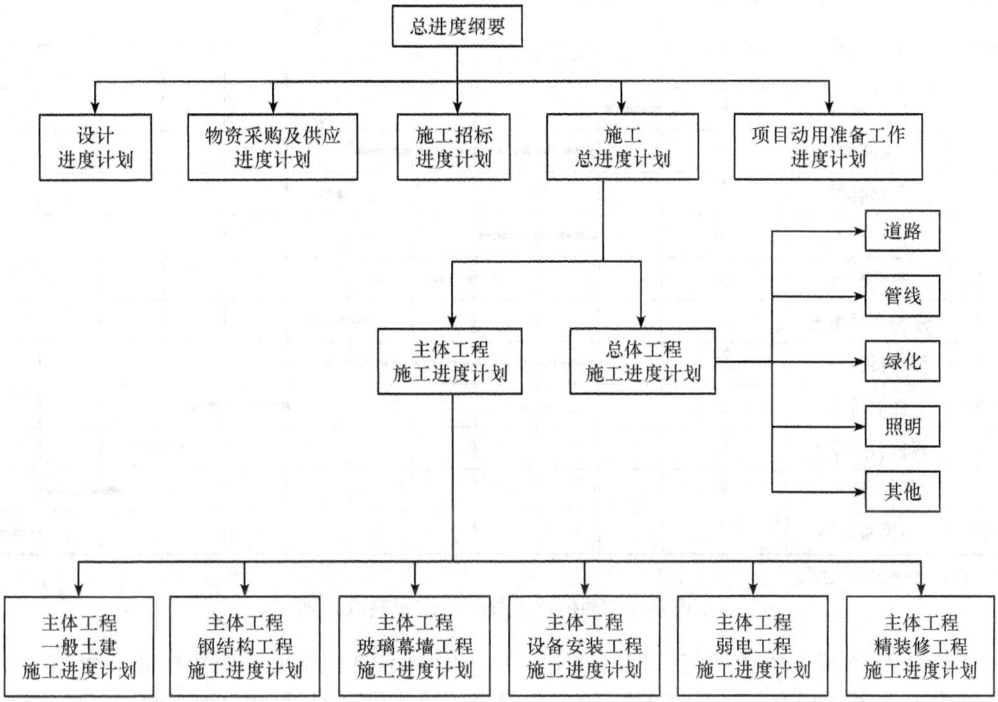

图 8.1　工程项目进度计划系统示例

(4) 工程项目进度计划的种类

工程项目进度计划的表示方法有多种。常用的有横道图、里程碑图和网络图三种表示方法。

1) 横道图，也称甘特图。是美国人甘特在 1917 年提出的。由于其形象、直观，且易于编制和理解。因而长期以来被广泛应用于工程项目进度控制之中，如图 8.2 所示。

用横道图表示的工程项目进度计划，一般包括两个基本部分，即左侧的工作名称及工作的持续时间等基本数据部分和右侧的横道线部分。图 8.2 所示即为用横道图表示的某桥梁工程施工进度计划。该计划明确地表示出各项工作的划分、工作的开始时间和完成时间、工作的持续时间、工作之间的相互搭接关系，以及整个工程项目的开工时间、完工时间和总工期。

利用横道图表示工程进度计划，存在下列缺点：

a. 不能明确地反映出各项工作之间错综复杂的相互关系，因而在计划执行过程中，当某些工作的进度由于某种原因提前或拖延时，不便于分析其对其他工作及总工期的影响程度。不利于土木工程进度的动态控制。

b. 不能明确地反映出影响工期的关键工作和关键线路，也就无法反映出整个工程项目的关键所在，因而不便于进度控制人员抓住主要矛盾。

c. 不能反映出工作所具有的机动时间，看不到计划的潜力所在，无法进行最合理的组织和指挥。

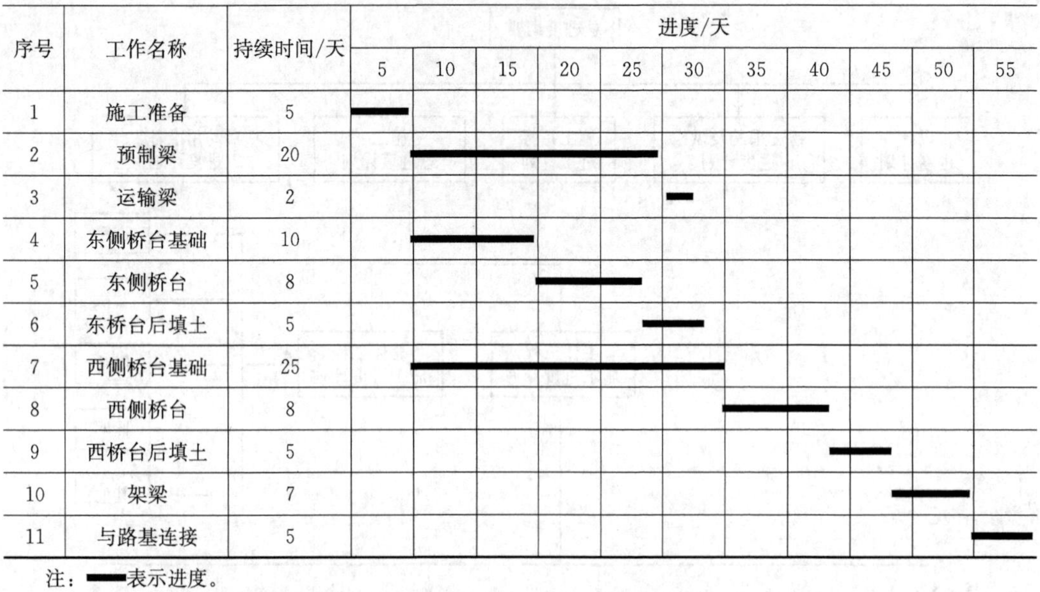

图 8.2　某桥梁工程施工进度横道计划

d. 不能反映工程费用与工期之间的关系，因而不便于缩短工期和降低工程成本。

由于横道计划存在上述不足，给工程项目进度控制工作带来很大不便。即使进度控制人员在编制计划时已充分考虑了各方面的问题，在横道图上也不能全面地反映出来，特别是当工程项目规模大、工艺关系复杂时，横道图就很难充分暴露矛盾。在横道计划的执行过程中，对其进行调整也是十分繁琐和费时的。由此可见。利用横道计划控制工程项目进度有较大的局限性。

2）里程碑图是以工程项目中某些重要事件的完成或开始时间作为基准所形成的计划，是一个战略计划或项目框架，以中间产品或可实现的结果为依据。它显示了工程项目为达到最终目标必须经过的条件或状态序列，描述了工程项目在每一阶段应达到的状态，而不是如何达到。图 8.3 是里程碑图的一个例子。

项目名称	1月	2月	3月	4月	5月	6月
里程碑事件	上中下	上中下	上中下	上中下	上中下	上中下
技术方案确定	30/1▲					
研究试验				15/4▲		
技术设计					15/5▲	
制作组装						15/6▲

图 8.3　里程碑图

3）网络图。

工程项目进度计划用网络图来表示，可以使工程项目进度得到有效控制。国内外实践证明，网络计划技术是用于控制工程项目进度的最有效工具。无论是工程项目设计阶段的进度控制，还是施工阶段的进度控制，均可使用网络计划技术。作为工程项目管理人员，必须掌握和应用网络计划技术。

① 网络计划的种类。网络计划技术自 20 世纪 50 年代末诞生以来，已得到迅速发展和广泛应用，其种类也越来越多。但总的说来，网络计划可分为确定型和非确定型两类。如果网络计划中各项工作及其持续时间和各工作之间的相互关系都是确定的，就是确定型网络计划，否则属于非确定型网络计划，如计划评审技术（PERT）、图示评审技术（GERT）、风险评审技术（VERT）、决策关键线路法（DN）等均属于非确定型网络计划。在一般情况下，工程项目进度控制主要应用确定型网络计划。

对于确定型网络计划来说，除了普通的双代号网络计划和单代号网络计划以外，还根据工程实际的需要，派生出下列几种网络计划：

时标网络计划。时标网络计划是以时间坐标为尺度表示工作进度安排的网络计划，其主要特点是计划时间直观明了。

搭接网络计划。搭接网络计划是可以表示计划中各项工作之间搭接关系的网络计划，其主要特点是计划图形简单。常用的搭接网络计划是单代号搭接网络计划。

有时限的网络计划。有时限的网络计划是指能够体现由于外界因素的影响而对工作计划时间安排有限制的网络计划。

多级网络计划。多级网络计划是一个由若干个处于不同层次且相互间有关联的网络计划组成的系统，它主要适用于大中型工程建设项目，用来解决工程进度中的综合平衡问题。

除上述网络计划外，还有用于表示工作之间流水作业关系的流水网络计划和具有多个工期目标的多目标网络计划等。

② 网络计划的特点。利用网络计划控制工程项目进度，可以弥补横道图计划的许多不足。与横道图计划相比。网络计划具有以下主要特点：

网络计划能够明确表达各项工作之间的逻辑关系。所谓逻辑关系，是指各项工作之间的先后顺序关系。网络计划能够明确地表达各项工作之间的逻辑关系，对于分析各项工作之间的相互影响及处理它们之间的协作关系具有非常重要的意义，同时也是网络计划比横道计划先进的主要特征。

通过网络计划时间参数的计算，可以找出关键线路和关键工作。在关键线路法（CPM）中，关键线路是指在网络计划中从起点节点开始，沿箭线方向通过一系列箭线与节点，最后到达终点节点为止所形成的通路上所有工作持续时间总和最大的线路。关键线路上各项工作持续时间总和即为网络计划的工期。关键线路上的工作就是关键工作。关键工作的进度将直接影响到网络计划的工期。通过时间参数的计算，能够明确网络计划中的关键线路和关键工作，也就明确了工程进度控制中的工作重点，这对提高工程项目进度控制的效果具有非常重要的意义。

通过网络计划时间参数的计算，可以明确各项工作的机动时间。所谓工作的机动时间，是指在执行进度计划时除完成任务所必需的时间外尚剩余的、可供利用的富余时间，亦称“时差”。在一般情况下，除关键工作外，其他各项工作均有富余时间。这种富余时间可视为一种“潜力”，既可以用来支援关键工作，也可以用来优化网络计划，降低单位时间资源需求量。

网络计划可以利用电子计算机进行计算、优化和调整。对进度计划进行优化和调整是工程进度控制工作中的一项重要内容。如果仅靠手工进行计算、优化和调整是非常困难的，必须借助于电子计算机。而且由于影响建设工程进度的因素有很多，只有利用电子计算机进行进度计划的优化和调整，才能适应实际变化的要求。网络计划就是这样一种模型，它能使进度控制人员利用电子计算机对工程进度计划进行计算、优化和调整。正是由于网络计划的这一特点，使其成为最有效的进度控制方法。从而受到普遍重视。

当然，网络计划也有其不足之处，如不像横道图计划直观明了等，但这可以通过绘制时标网络计划得到弥补。

8.2 工程项目进度计划的实施控制方法

工程项目进度控制一般主要指施工阶段，其主要环节有进度检查、进度分析和进度的调整等。

8.2.1 工程项目进度的检查

1. 进度计划执行中的跟踪检查

(1) 定期收集进度报表资料

进度报表是反映工程实际进度的主要方式之一。进度计划执行单位应按照进度监督制度规定的时间和报表内容，定期填写进度报表。项目管理人员通过收集进度报表资料掌握工程实际进展情况。

(2) 现场实地检查工程进展情况

派管理人员常驻现场，随时检查进度计划的实际执行情况，这样可以加强进度监测工作，掌握工程实际进度的第一手资料，使获取的数据更加及时、准确。

(3) 定期召开现场会议

定期召开现场会议，项目管理人员通过与进度计划执行单位的有关人员面对面的交谈，既可以了解工程实际进度情况，同时也可以协调有关方面的进度关系。

2. 实际进度数据的加工处理

为了进行实际进度与计划的比较，必须对收集到的实际进度数据进行加工处理，形成与计划进度具有可比性的数据。例如，对检查时段实际完成工作量的进度数据进行整理、统计和分析，确定本期累计完成的工作量、本期已完成的工作量占计划总工作量的百分比等。

8.2.2 实际进度与计划进度的比较分析方法

1. 横道图比较法

横道图比较法是指将项目实施过程中检查实际进度时收集到的数据，经加工整理后直接用横道线平行绘于原计划的横道线处，进行实际进度与计划进度的比较方法。采用横道图比较法，可以形象、直观地反映实际进度与计划进度的比较情况。

例如，某工程项目基础工程的计划进度和截止到第 9 周末的实际进度如图 8.4 所示，其中双线条表示该工程计划进度，粗实线表示实际进度。从图中实际进度与计划进度的比较可以看出，到第 9 周末进行实际进度检查时，挖土方和做垫层两项工作已经完成；支模板按计划也应该完成，但实际只完成 75%，任务量拖欠 25%；绑扎钢筋按计划应该完成 60%，而实际只完成 20%，任务量拖欠 40%。

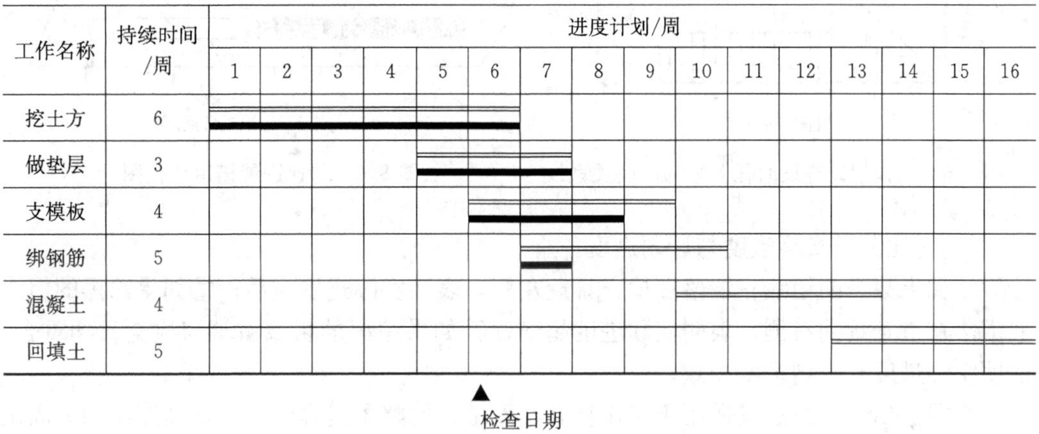

图 8.4　某工程项目基础工程的计划进度

═══ 计划进度；——— 实际进度

根据各项工作的进度偏差，进度控制者可以采取相应的纠偏措施对进度计划进行调整，以确保该工程按期完成。

图 8.4 所表达的比较方法仅适用于工程项目中的各项工作都是均匀进展的情况，即每项工作在单位时间内完成的任务量都相等的情况。事实上，工程项目中各项工作的进展不一定是匀速的。根据工程项目中各项工作的进展是否匀速，可分别试用以下两种方法进行实际进度与计划进度的比较。

(1) 匀速进展横道图比较法

匀速进展是指在工程项目中，每项工作在单位时间内完成的任务量都是相等的，即工作的进展速度是均匀的。此时，每项工作累计完成的任务量与时间呈线性关系，如图 8.5 所示。完成的任务量可以用实物工程量、劳动消耗量或费用支出表示。为了便于比较，通常用上述物理量的百分比表示。

采用匀速进展横道图比较法时，其步骤如下：

1) 编制横道图进度计划。

2) 在进度计划上标出检查日期。

3) 将检查收集到的实际进度数据经加工整理后按比例用涂黑的粗线标于计划进度的下方，如图 8.6 所示。

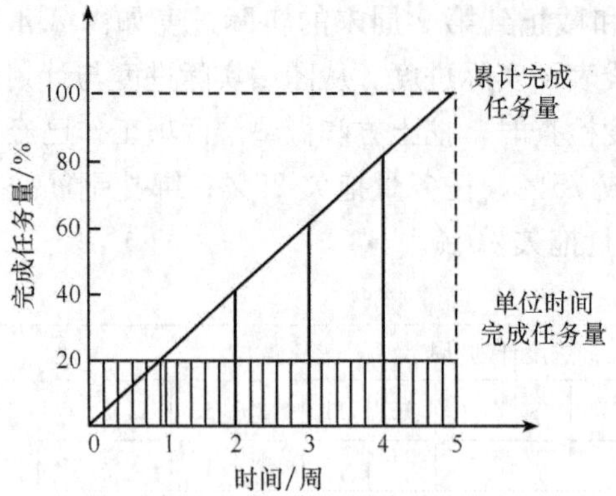

图 8.5 工作匀速进展时任务量与时间关系线

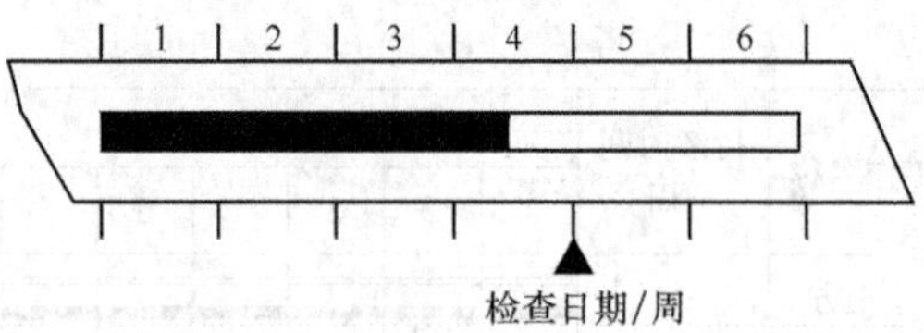

图 8.6 匀速进展横道比较图

4）对比分析实际进度与计划进度。

①如果涂黑的粗线右端落在检查日期左侧，表明实际进度拖后；②如果涂黑的粗线右端落在检查日期右侧，表明实际进度超前；③如果涂黑的粗线右端与检查日期重合，表明实际进度与计划进度一致。

必须指出，该方法仅适用于工作从开始到结束的整个过程中，其进展速度均为固定不变的情况。如果工作的进展速度是变化的，则不能采取这种方法进行实际进度与计划进度的比较，否则，会得出错误的结论。

（2）非匀速进展横道图比较法

当工作在不同单位时间里的进展速度不相等时，累计完成的任务量与时间的关系就不可能是线性关系。此时，应采用非匀速进展横道图比较法进行工作实际进度与计划进度的比较。

非匀速进展横道图比较法在用涂黑粗线表示工作实际进度的同时，还要标出其对应时刻完成任务量的累计百分比，并将该百分比与其同时刻计划完成任务量的累计百分比相比较，判断工作实际进度与计划进度之间的关系。

采用非匀速进展横道图比较法时，其步骤如下：①编制横道图进度计划；②在横道线上方标出各主要时间工作的计划完成任务量累计百分比；③在横道线下方标出相应时间工作的实际完成任务量累计百分比；④用涂黑粗线标出工作的实际进度，从开始之日标起，同时反映出该工作在实施过程中的连续与间断情况。

通过比较同一时刻实际完成任务量累计百分比和计划完成任务量累计百分比，判断工作实际进度与计划进度之间的关系。

1）如果同一时刻横道线上方累计百分比大于横道线下方累计百分比，表明实际进度拖后，拖欠的任务量为二者之差。

2）如果同一时刻横道线上方累计百分比小于横道线下方累计百分比，表明实际进度超前，超前的任务量为二者之差。

3）如果同一时刻横道线上下方两个累计百分比相等，表明实际进度与计划进度一致。

可以看出，由于工作进展速度是变化的，因此，在图中的横道线，无论是计划的还是实际的，只能表示工作的开始时间、完成时间和持续时间，并不表示计划完成的任务量和实际完成的任务量。此外，采用非匀速进展横道图比较法，不仅可以进行某一时刻（如检查日期）实际进度与计划进度的比较，而且还能进行某一时间段实际进度与计划进度的比较。当然，这需要实施部门按规定的时间记录当时的任务完成情况。

【例 8.1】 某工程项目中的基槽开挖工作按施工进度计划安排需要 7 周完成，每周计划完成的任务量百分比如图 8.7 所示。

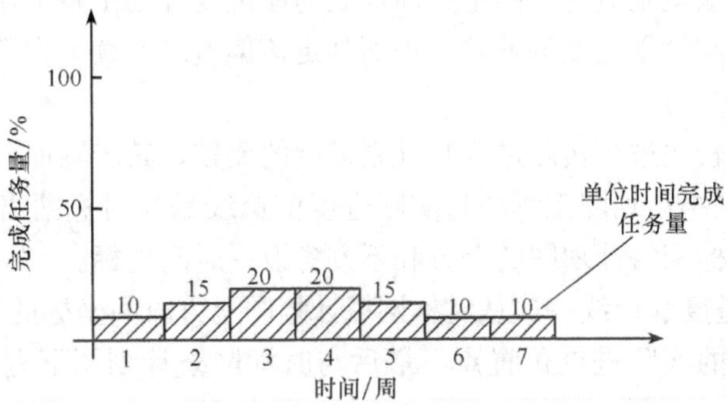

图 8.7　某基槽开挖工作进展时间与完成任务量关系图

解　1）编制横道图进度计划，如图 8.8 所示。

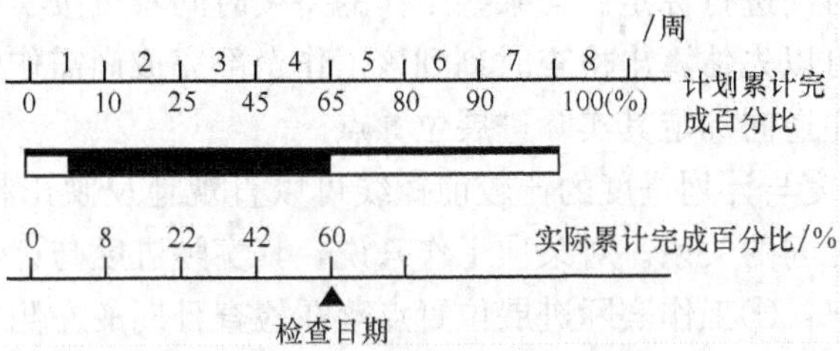

图 8.8　非匀速进展横道图比较图

2）在横道线上方标出基槽开挖工作每周计划累计完成任务量的百分比，分别 10%、25%、45%、65%、80%、90%、100%。

3）在横道线下方标出第 1 周至检查日期（第 4 周）每周实际累计完成任务量的百分比，分别为 8%、22%、42%、60%。

4）用涂黑粗线标出实际投入的时间。图 8.8 表明，该工作实际开始时间晚于计划开始时间，在开始后连续工作，没有中断。

5）比较实际进度与计划进度。从下图中可以看出，该工作在第一周实际进度比计划进度拖后 2%以后各周末累计拖后分别为 3%和 5%。

横道图比较法虽有记录和比较简单、形象直观、易于掌握、使用方便等优点，但由于其以横道计划为基础，因而带有不可克服的局限性。在横道计划中，各项工作之间的逻辑关系表达不明确，关键工作和关键线路无法确定。一旦某些工作实际进度出现偏差时，难以预测其对后续工作和工程总工期的影响，也就难以确定相应的进度计划调整方法。因此，横道图比较法主要用于工程项目中某些工作实际进度与计划进度的局部比较。

2. 前锋线比较法

前锋线比较法是通过绘制某检查时刻工程项目实际进度前锋线，进行工程实际进度与计划进度比较的方法，它主要适用于时标网络计划。所谓前锋线，是指在原时标网络计划上，从检查时刻的时标出发，用点划线依次将各项工作实际进展位置点连接而成的折线。前锋线比较法就是通过实际进度前锋线与原进度计划中各工作箭线交点的位置来判断工作实际进度与计划进度的偏差，进而判定该偏差对后续工作及总工期影响程度的一种方法。

采用前锋线比较法进行实际进度与计划进度的比较，其步骤如下：

1）绘制时标网络计划图工程项目实际进度前锋线是在时标网络计划图上标示，为清楚起见，可在时标网络计划图的上方和下方各设一时间坐标。

2）绘制实际进度前锋线一般从时标网络计划图上方时间坐标的检查日期开始绘制，依次连接相邻工作的实际进展位置点，最后与时标网络计划图下方坐标的检查日期相连接。

工作实际进展位置点的标定方法有两种：①按该工作已完成任务量比例进行标定。假设工程项目中各项工作均为匀速进展，根据实际进度检查时刻该工作已完任务量占其计划完成总任务量的比例，在工作箭线上从左至右按相同的比例标定其实际进展位置点；②按尚需作业时间进行标定。当某些工作的持续时间难以按实物工程量来计算而只能凭经验估算时，可以先估算出检查时刻到该工作全部完成尚需作业的时间，然后在该工作箭线上从右向左逆向标定其实际进展位置点。

3）进行实际进度与计划进度的比较前锋线可以直观地反映出检查日期有关工作实际进度与计划进度之间的关系。对某项工作来说，其实际进度与计划进度之间的关系可能存在以下三种情况：①工作实际进展位置点落在检查日期的左侧，表明该工作实际进度拖后，拖后的时间为二者之差；②工作实际进展位置点与检查日期重合，表明该工作实际进度与计划进度一致；③工作实际进展位置点落在检查日期的右侧，表明该工作实际进度超前，超前的时间为二者之差。

4）预测进度偏差对后续工作及总工期的影响

通过实际进度与计划进度的比较确定进度偏差后，还可根据工作的自由时差和总时差预测该进度偏差对后续工作及项目总工期的影响。由此可见，前锋线比较法既适用于工作实际进度与计划进度之间的局部比较，又可用来分析和预测工程项目整体进度状况。

值得注意的是，以上比较是针对匀速进展的工作。对于非匀速进展的工作，比较方法较复杂，这里不赘述。

3. 列表比较法

当工程项目进度计划用非时标网络图表示时，可以采用列表比较法进行实际进度与计划进度的比较。这种方法是记录检查日期应该进行的工作名称及其已经作业的时间，然后列表计算有关时间参数，并根据工作总时差进行实际进度与计划进度比较的方法。

采用列表比较法进行实际进度与计划进度的比较，其步骤如下：

1）对于实际进度检查日期应该进行的工作，根据已经作业的时间，确定其尚需作业时间。

2）根据原进度计划计算检查日期应该进行的工作从检查日期到原计划最迟完成时尚余时间。

3）计算工作尚有总时差，其值等于工作从检查日期到原计划最迟完成时间尚余时间与该工作尚需作业时间之差。

4）比较实际进度与计划进度，可能有以下几种情况：①如果工作尚有总时差与原有总时差相等，说明该工作实际进度与计划进度一致；②如果工作尚有总时差大于原有总时差，说明该工作实际进度超前，超前的时间为二者之差；③如果工作尚有总时差小于原有总时差，且仍为非负值，说明该工作实际进度拖后，拖后的时间为二者之差，但不影响总工期；④如果工作尚有总时差小于原有总时差，且为负值，说明该工作实际进度拖后，拖后的时间为二者之差，此时工作实际进度偏差将影响总工期。

4. S 曲线比较法

S 曲线比较法是以横坐标表示时间，纵坐标表示累计完成任务量，绘制一条按计划时间累计完成任务量的 S 曲线；然后将工程项目实施过程中各检查时间实际累计完成任务量的 S 曲线也绘制在同一坐标系中，进行实际进度与计划进度比较的一种方法。

从整个工程项目实际进展全过程看，单位时间投入的资源量一般是开始和结束时较少，中间阶段较多。与其相对应，单位时间完成的任务量也呈同样变化规律，如图 8.9（a)所示。而随工程进展累计完成的任务量则应呈 S 形变化，如图 8.9（b）所示。由于其形似英文字母“S”，S 曲线因此而得名。

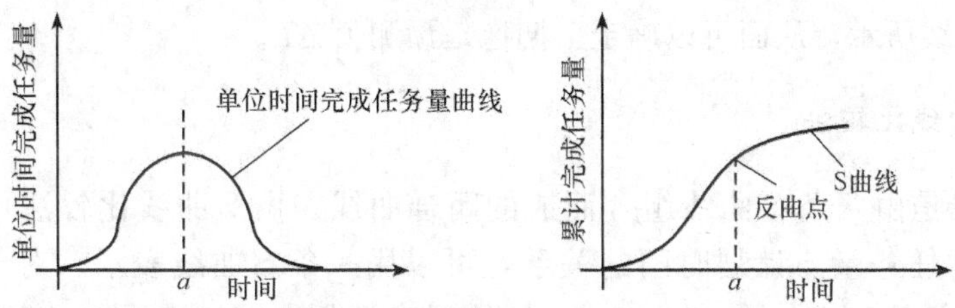

(a) 单位时间完成的任务量随时间的变化　(b) 累计完成任务量随时间的变化

图 8.9　时间与完成任务量关系

同横道图比较法一样，S 曲线比较法也是在图上进行工程项目实际进度与计划进度的直观比较。在工程项目实施过程中，按照规定时间将检查时收集到的实际累计完成任务量绘制在原计划 S 曲线图上，即可得到实际进度 S 曲线，如图 8.10 所示。通过比较实际进度 S 曲线和计划进度 S 曲线，可以获得如下信息：

1）工程项目实际进展情况如果工程实际进展点落在计划 S 曲线左侧，表明此时实际进度比计划进度超前，如图中的 a 点；如果工程实际进展点落在计划 S 曲线右侧，表明此时实际进度拖后，如图中的 b 点；如果工程实际进展点正好落在计划S曲线上，则表明此时实际进度与计划进度一致。

2）工程项目实际进度超前或拖后的时间在S曲线比较图中可以直接读出实际进度比计划进度超前或拖后的时间。如图 8.10 所示，ΔT_a 表示 T_a 实际进度超前的时间；$\triangle T_b$ 表示 T_b 时刻实际进度拖后的时间。

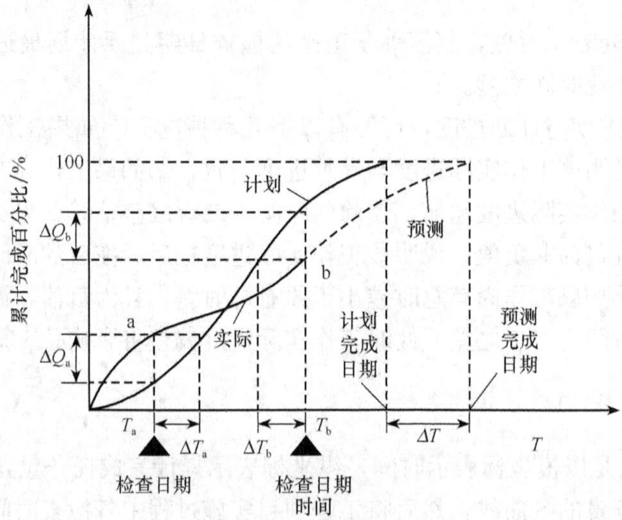

图 8.10　S曲线比较图

3）工程项目实际超额或拖欠的任务量在S曲线比较图中也可直接读出实际进度比计划进度超额或拖欠的任务量。如图 8.10 所示，ΔQ_a 表示 T_a 时刻超额完成的任务量，ΔQ_b 表示 T_b 时刻拖欠的任务量。

4）后期工程进度预测如果后期工程按原计划速度进行，则可做出后期工程计划S曲线如图中虚线所示，从而可以确定工期拖延预测值 ΔT。

5. 香蕉曲线比较法

香蕉曲线是由两条S曲线组合而成的闭合曲线。由S曲线比较法可知，工程项目累计完成的任务量与计划时间的关系，可以用一条S曲线表示。对于一个工程项目的网络计划来说，如果以其中各项工作的最早开始时间安排进度而绘制S曲线，称为ES曲线；如果以其中各项工作的最迟开始时间安排进度而绘制S曲线，称为LS曲线。两条S曲线具有相同的起点和终点，因此，两条曲线是闭合的。在一般情况下，ES曲线上的其余各点均落在LS曲线的相应点左侧。由于该闭合曲线形似“香蕉”，故称为香蕉曲线，如图 8.11 所示。

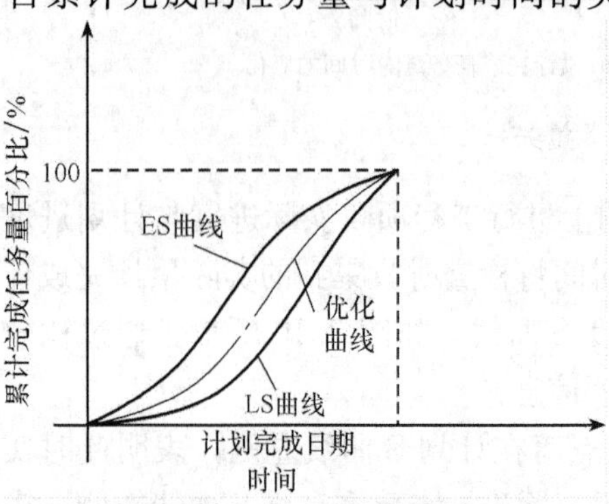

图 8.11　香蕉曲线比较图

(1) 香蕉曲线比较法的作用

香蕉曲线比较法能直观地反映工程项目的实际进展情况，并可以获得比 S 曲线更多的信息。其主要作用有：

1) 合理安排工程项目进度计划。如果工程项目中各项工作均按其最早开始时间安排进度，将导致项目投资的加大；而如果各项工作都按其最迟开始时间安排进度，则一旦受到进度影响因素的干扰，又将导致工期拖延，使工程进度风险加大。因此，一个科学合理的进度计划优化曲线应处于香蕉曲线所包络的区域之内，如图中的点划线所示。

2) 定期比较工程项目的实际进度与计划进度。在工程项目的实施过程中，根据每次检查收集到的实际完成任务量，绘制出实际进度 S 曲线，便可以与计划进度进行比较。工程项目实施进度的理想状态是任一时刻工程实际进展点应落在香蕉线图的范围之内。如果工程实际进展点落在 ES 曲线左侧，表明此刻实际进度比各项工作按其最早开始时间安排的计划进度超前；如果工程实际进展点落在 LS 曲线的右侧，则表明此刻实际进度比各项工作按其最迟开始时间安排的计划进度拖后。

3) 预测后期工程进展趋势。利用香蕉曲线可以对后期工程的进展情况进行预测。例如，在图 8.12 中，该工程项目在检查时，实际进度超前，检查日期之后的后期工程进度安排如图中虚线所示，预计该工程项目将提前完成。

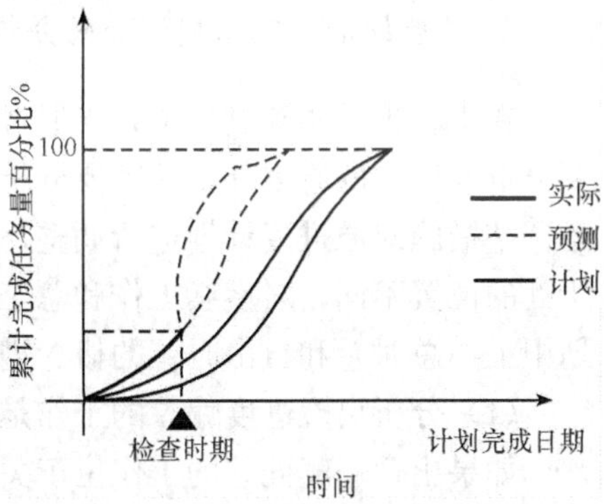

图 8.12　工程进展趋势预测图

(2) 香蕉曲线的绘制方法

香蕉曲线的绘制方法与 S 曲线的绘制方法基本相同，所不同之处在于香蕉曲线是以工作按最早开始时间安排进度和按最迟开始时间安排进度分别绘制的两条 S 曲线组合而成。其绘制步骤如下：

1) 以工程项目的网络计划为基础，计算各项工作的最早开始时间和最迟开始时间。

2) 确定各项工作在各单位时间的计划完成任务量。分别按以下几种情况考虑：①根据各项工作按最早开始时间安排的进度计划，确定各项工作在各单位时间的计划完成任务量；②根据各项工作按最迟开始时间安排的进度计划，确定各项工作在各单位时间的计划完成任务量；③计算工程项目总任务量，即对所有工作在各单位时间计划完成的任务量累加求和；④分别根据各项工作按最早开始时间、最迟开始时间安排的进度计划，确定工程项目在各单位时间计划完成的任务量，即将各项工作在某一单位时间内计划完成的任务量求和；⑤分别根据各项工作按最早开始时间、最迟开始时间安排的进度计划，确定不同时间累计完成的任务量或任务量的百分比；⑥分别根据各项工作按最早开始时间、最迟开始时间安排的进度计划而确定的累计完成任务量或任务量的百分比描绘各点，并连接各点得到 ES 曲线和 LS 曲线，由 ES 曲线和 LS 曲线组成香蕉曲线。

在工程项目实施过程中，根据检查得到的实际累计完成任务量，按同样的方法在原计划香蕉曲线图上绘出实际进度曲线，便可以进行实际进度与计划进度的比较。

8.3 工程项目进度计划的调整与优化

8.3.1 工程项目进度分析

1. 进度偏差原因分析

引起进度偏差的原因是多方面的。例如，材料供应跟不上、设计图纸不及时、施工组织措施不当、施工机械的生产能力不能满足要求、不利的施工条件等原因均可能拖后施工进度。在合同环境下，施工进度偏差的影响因素就更多。例如，业主没有按时支付进度款、业主提供的施工条件不满足合同要求、监理工程师指令的差错等原因也会导致进度的延误。为正确分析进度偏差的原因，进度控制者应深入现场调查研究，查明各种可能的原因，并从中找出主要原因。然后依据主次原因采取措施，依次排除障碍，或调整进度计划。

2. 对后续活动及工期影响的分析

在工程项目实施过程中，当通过实际进度与计划进度的比较发现有进度偏差时，除要分析其产生的原因外，还需要分析该偏差对后续工作及总工期的影响，从而采取相应的调整措施对原进度计划进行调整，以确保工期目标的顺利实现。进度偏差的大小及其所处的位置不同，对后续工作和总工期的影响程度也是不同的，分析时需要利用网络计划中工作总时差和自由时差的概念进行判断。分析步骤如下：

(1) 分析出现进度偏差的工作是否为关键工作

如果出现进度偏差的工作位于关键线路上，即该工作为关键工作，则无论其偏差有多大，都将对后续工作和总工期产生影响，必须采取相应的调整措施；如果出现偏差的工作是非关键工作，则需要根据进度偏差值与总时差和自由时差的关系进一步分析。

(2) 分析进度偏差是否超过总时差

如果工作的进度偏差大于该工作的总时差，则此进度偏差必将影响其后续工作和总工期，必须采取相应的调整措施；如果工作的进度偏差未超过该工作的总时差，则此进度偏差不影响总工期。至于对后续工作的影响程度，还需要根据偏差值与其自由时差的关系做进一步分析。

(3) 分析进度偏差是否超过自由时差

如果工作的进度偏差大于该工作的自由时差，则此进度偏差将对其后续工作产生影响，此时应根据后续工作的限制条件确定调整方法；如果工作的进度偏差未超过该工作的自由时差，则此进度偏差不影响后续工作，因此，可以不调整原进度计划，只是在分析其产生原因的基础上采取有效措施，解决矛盾，排除障碍，继续执行原进度计划。如果经过努力，确实不能按原计划实现时，再考虑对原计划进行必要的调整。即适当延长工期，或改变施工速度。计划的调整一般是不可避免的，但应当慎重，尽量减少变更计划性的调整。

通过对进度偏差的分析，进度控制人员可以根据进度偏差的影响程度，制定相应的纠偏措施进行调整，以获得符合实际进度情况和计划目标的新进度计划。

8.3.2 工程项目进度计划的调整

当实际进度偏差影响到后续工作、总工期而需要调整进度计划时，其调整方法主要有两种：一是通过组织搭接作业或平行作业来缩短工期；二是通过压缩关键工作持续时间来缩短工期。在实际工作中应根据具体情况选用上述方法进行进度计划调整。

1. 改变某些工作间的逻辑关系

当工程项目实施过程中产生的进度偏差影响到总工期，且有关工作的逻辑关系允许改变时，可以改变关键线路和超过计划工期的非关键线路上的有关工作之间的逻辑关系，达到缩短工期的目的。例如，将顺序进行的工作改为平行作业、搭接作业及分段组织流水作业等，都可以有效地缩短工期。

对于大型工程项目，由于其单位工程较多且相互间的制约比较小，可调整的幅度比较大，所以容易采用平行作业的方法来调整施工进度计划。而对于单位工程项目，由于受工作之间工艺关系的限制，可调整的幅度比较小，所以通常采用搭接作业的方法来调整施工进度计划。但不管是搭接作业还是平行作业，工程项目在单位时间内的资源需求量将会增加。除了分别采用上述两种方法来缩短工期外，有时由于工期拖延得太多，当采用某种方法进行调整，其可调整的幅度又受到限制时，还可以同时利用这两种方法对同一施工进度计划进行调整，以满足工期目标的要求。

此外，在实施搭接施工时，常会出现施工干扰，必须做好协调工作。

2. 缩短某些工作的持续时间

这种方法是不改变工程项目中各项工作之间的逻辑关系，而通过采取增加资源投入、提高劳动效率等措施来缩短某些工作的持续时间，使工程速度加快，以保证按计划工期完成该工程项目。这些被压缩持续时间的工作是位于关键线路和超过计划工期的非关键线路上的工作。同时，这些工作又是其持续时间可被压缩的工作。这种调整方法通常可以在网络图上直接进行。其调整方法根据限制条件及对其后续工作的影响程度不同而有所区别，一般可以分为以下三种情况：

1）网络计划中某项工作进度拖延的时间已超过其自由时差但未超过其总时差。如前所述，此时该工作的实际进度不会影响总工期，而只对其后续工作产生影响。因此，在进行调整前，需要确定其后续工作允许拖延的时间限制，并以此作为进度调整的限制条件。该限制条件的确定常常较复杂，尤其是当后续工作由多个平行的承包单位负责实施时更是如此。后续工作如不能按原计划进行，在时间上产生的任何变化都可能使合同不能正常履行，而导致蒙受损失的一方提出索赔。因此，寻求合理的调整方案，把进度拖延对后续工作的影响减少到最低程度，是工程项目管理人员的一项重要工作。

2）网络计划中某项工作进度拖延的时间超过其总时差。如果网络计划中某项工作进度拖延的时间超过其总时差，则无论该工作是否为关键工作，其实际进度都将对后续工作和总工期产生影响。此时，进度计划的调整方法又可分为以下三种情况：

项目总工期不允许拖延。如果工程必须按照原计划工期完成，则只能采取缩短关键线路上后续工作持续时间的方法来达到调整计划的目的。这种方法实质上就是工期优化的方法。

项目总工期允许拖延。如果项目总工期允许拖延，则此时只需以实际数据取代原计划数据，并重新绘制实际进度检查日期之后的简化网络计划即可。

项目总工期允许拖延的时间有限。如果项目总工期允许拖延，但允许拖延的时间有限。则当实际进度拖延的时间超过此限制时，也需要对网络计划进行调整，以便满足要求。

具体的调整方法是以总工期的限制时间作为规定工期，对检查日期之后尚未实施的网络计划进行工期优化，即通过缩短关键线路上后续工作持续时间的方法来使总工期满足规定工期的要求。

以上三种情况均是以总工期为限制条件调整进度计划的。值得注意的是，当某项工作实际进度拖延的时间超过其总时差而需要对进度计划进行调整时，除需考虑总工期的限制条件外，还应考虑网络计划中后续工作的限制条件，特别是对总进度计划的控制更应注意这一点。因为在这类网络计划中，后续工作也许就是一些独立的合同段。时间上的任何变化，都会带来协调上的麻烦或者引起索赔。因此，当网络计划中某些后续工作对时间的拖延有限制时，同样需要以此为条件，按前述方法进行调整。

3）网络计划中某项工作进度超前。项目管理人员对工程项目实施进度控制的任务就是在工程进度计划的执行过程中，采取必要的组织协调和控制措施，以保证建设工程按期完成。在建设工程计划阶段所确定的工期目标，往往是综合考虑了各方面因素而确定的合理工期。因此，时间上的任何变化，无论是进度拖延还是超前，都可能造成其他目标的失控。例如，在一个建设工程施工总进度计划中，由于某项工作的进度超前，致使资源的需求发生变化，而打乱了原计划对人、材、物等资源的合理安排，亦将影响资金计划的使用和安排；特别是当多个平行的承包单位进行施工时，由此引起后续工作时间安排的变化，势必给项目管理人员的协调工作带来许多麻烦。因此，如果工程项目实施过程中出现进度超前的情况，进度控制人员必须综合分析进度超前对后续工作产生的影响，并同承包单位协商，提出合理的进度调整方案，以确保工期总目标的顺利实现。

8.3.3　工程项目进度计划的优化

1. 工期优化方法

网络计划工期优化的基本方法是在不改变网络计划中各项工作之间逻辑关系的前提下，通过压缩关键工作的持续时间来达到优化目标。在工期优化过程中，按照经济合理的原则，不能将关键工作压缩成非关键工作。此外，当工期优化过程中出现多条关键线路时，必须将各条关键线路的总持续时间压缩相同数值；否则，不能有效地缩短工期。

网络计划的工期优化可按下列步骤进行：

1）确定初始网络计划的计算工期和关键线路。

2）按要求工期计算应压缩的时间 ΔT，即

$$\Delta T = T_c - T_r$$

式中，T_c——网络计划的计算工期；

T_r——要求工期。

3）选择应缩短持续时间的关键工作。选择压缩对象时宜在关键工作中考虑下列因素：①缩短持续时间对质量和安全影响不大的工作；②有充足备用资源的工作；③缩短持续时间所需增加的费用最少的工作。

4）将所选定的关键工作的持续时间压缩至最短，并重新确定计算工期和关键线路。若被压缩的工作变成非关键工作，则应延长其持续时间，使之仍为关键工作。

5）当计算工期仍超过要求工期时，则重复上述（2）～（4），直至计算工期满足要求工期或计算工期已不能再缩短为止。

6）当所有关键工作的持续时间都已达到其能缩短的极限而寻求不到继续缩短工期的方案，但网络计划的计算工期仍不能满足要求工期时，应对网络计划的原技术方案和组织方案进行调整，或对要求工期重新审定。

2. 工期优化示例

【例 8.2】 某工程双代号网络计划如图 8.13 所示，图中箭线下方括号外数字为工作的正常持续时间，括号内数字为工作的最短持续时间；箭线上方括号内数字为优选系数，该系数综合考虑质量、安全和费用增加情况而确定。选择关键工作压缩其持续时间时，应选择优选系数最小的关键工作。若同时压缩多个关键工作的持续时间时，则它们的优选系数之和（组合优选系数）最小者应优先作为压缩对象。现假设要求工期为 12，试对其进行工期优化。

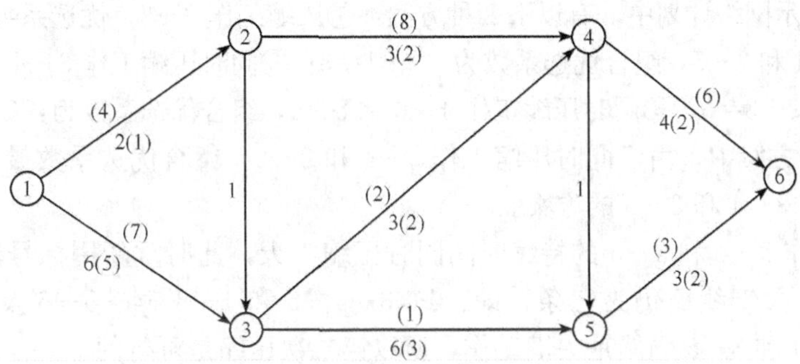

图 8.13　初始网络计划

解　该网络计划的工期优化可按以下步骤进行：

1）根据各项工作的正常持续时间，用标号法找出初始网络计划的计算工期和关键线路，如图 8.14 所示。T_c=15 天，关键线路为①—③—⑤—⑥。

2）计算应压缩的时间：T_r=12 天，故应压缩的工期为 $\Delta T=T_c-T_r=15-12=3$ 天。

3）在关键工作 1—3，3—5，5—6 当中，3—5 工作的优选系数最小，应优先压缩。

4）将关键工作 3—5 的持续时间由 6 天压缩成 3 天，这时的关键线路为 1—3—4—6，不经过 1—3—5—6，故关键工作 3—5 被压缩成非关键工作，这是不合理的。将 3—5 的持续时间压缩到 4 天，这时关键线路有三条，分别为 1—3—5—6，1—3—4—5—6 和 1—3—4—6，如图 8.15 所示，这时关键工作 3—5 仍然为关键工作，所以是可行的。

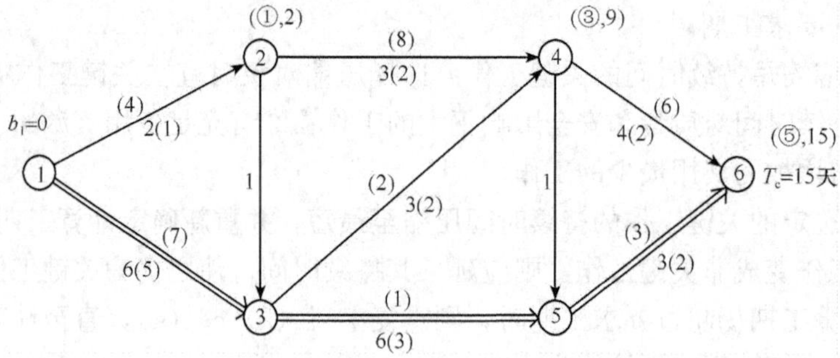

图 8.14　初始网络计划中的关键线路

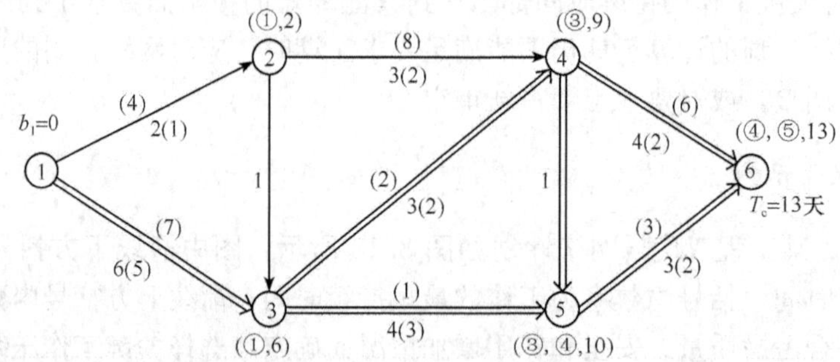

图 8.15　第一次压缩后的网络计划

5）第一次压缩后，计算工期 T_c＝13 天，仍然大于要求工期 T_r，故需要继续压缩。此时，网络图中有三条关键线路，要想有效缩短工期，必须在每条关键线路上压缩相同数值。在上图所示网络计划中，有以下四种方案：①压缩工作 1—3，优选系数为 7；②同时压缩工作 3—4 和 3—5，组合优选系数为：2＋1＝3；③同时压缩工作 3—4 和 5—6，组合优选系数为：2＋3＝5；④同时压缩工作 4—6 和 5—6，组合优选系数为：6＋3＝9。

上述四种方案中，由于同时压缩工作 3—4 和 3—5，组合优选系数最小，故应选择同时压缩工作 3—4 和 3—5 的方案。

6）将工作 3—4 和 3—5 的持续时间同时压缩 1 天，此时重新用标号法计算网络计划时间参数，关键线路仍为三条，即：1—3—4—6 和 1—3—4—5—6 及 1—3—5—6，关键工作 3—4 和 3—5 仍然是关键工作，所以第二次压缩是可行的。

7）经第二次压缩后，网络计划如图 8.16 所示，此时计算工期 T_c＝12 天，满足要求工期 T_r。故经过两次压缩达到了工期优化的目标。

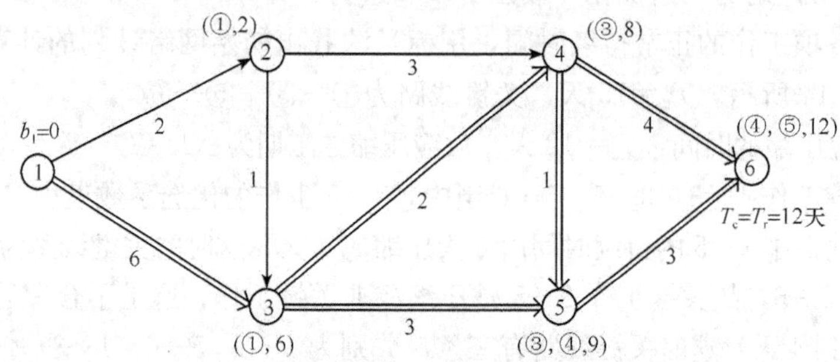

图 8.16　第二次压缩后的网络计划

8.3.4　工程项目进度计划调整中应注意的问题

（1）在选择措施时，要考虑的因素

1）赶工应符合项目的总目标与总策略。

2）措施应是有效地、可以实现的。

3）花费比较省。

4）对项目的实施、承包商、供应商的影响面小。

（2）在制订后续工作计划时，这些措施应与项目的其他过程协调

（3）在实际工作中，人们常常采用许多事先认为有效地措施，但实际效果却很小，达不到预期缩短工期的效果

这是由于：

1）这些新的计划是在无正常计划期状态下进行的，常常是不周全的。

2）缺少协调，没有将加速的要求、措施、新的计划。可能引起的问题通知相关各方，如其他分包商、供应商、运输单位、设计单位。

3）人们对以前造成拖延的问题的影响认识不清。例如，由于外界干扰，到目前为止已造成两周的拖延，实质上，这些影响是有惯性的，还会继续扩大。所以，即使现在采取措施，在一段时间内，其效果也很小，拖延仍会继续扩大。

4. 此外，合理的选择压缩对象也是很重要的

压缩对象，即被压缩工程活动的选择，是工期压缩的又一个复杂问题。当然，只有直接压缩关键线路上活动（或时差小于 0 的活动）的持续时间，才能压缩总工期（或消除负时差）。

压缩对象的选择一般考虑如下因素：

1）一般首先选择持续时间相对长的活动。因为相同的压缩量，对持续时间长的活动相对压缩比小，则通常影响较小。

2）选择压缩成本低的活动。工程活动持续时间的变化会引起该活动资源投入和劳动效率的变化，则最终会引起该活动成本的变化，而某活动压缩单位时间所需增加的成本称为该活动的压缩成本。通常由于原来的持续时间是经过优化的，所以一般压缩都会造成成本的增加，而且同一活动，如果继续压缩，其压缩成本会不断上升。这种成本的高速增加有十分复杂的原因，最主要的原因是资源投入的增加和劳动效率的降低。

例如，B 和 J 的劳动力投入量都是 10 人，则 B 压缩 2 周，由 12 周变为 10 周，须增加的劳动力为

$$\Delta L=10\text{ 人}\times 12\text{ 周}/10\text{ 周}-10\text{ 人}=2\text{ 人}$$

而 J 压缩 2 周须增加劳动力为

$$\Delta L=10\text{ 人}\times 4\text{ 周}/2\text{ 周}-10\text{ 人}=10\text{ 人}$$

显然，在劳动力费用方面 J 的压缩成本要高于 B。例如，再将 B 由 10 周压缩到 8 周，即使假定劳动效率没有变化，则需要投入的人数为

$$\Delta L=12\text{ 人}\times 10\text{ 周}/8\text{ 周}-12\text{ 人}=3\text{ 人}$$

即 B 第一次压缩 2 周需增加投入 2 人，而第二次压缩 2 周需增加投入 3 人。而且，在实际工程中，第二次压缩会造成劳动效率大幅度降低，需增加的人数超过 3 人。

3）压缩所引起资源的变化，如资源的增加量以及需增加的资源种数范围、可获得性。尽量不要造成大型设备数量的变化，不要增加难以采购的材料（如进口材料），同时不要造成对计划过大的修改。

4）可压缩性。无论一个工程项目的总工期，还是一个活动的持续时间都存在可压缩性问题或工期弹性。有些活动由于技术规范的要求、资源的限制，是不可压缩的，或经过压缩（优化）以后渐渐变成不可压缩，它的工期弹性越来越小，接近最短工期限制。

5）考虑其他方面的影响。例如，在定义优先级时，对需要较长前期准备时间的活动、持续时间长的活动、关键活动赋予较高的优先级。又如，在工程中选择压缩（调整）对象时，经常会遇到这个问题：选择前期（近期）活动还是选择后期活动。①选择项目前期活动压缩则以后工期需要再作调整（压缩）时仍有余地，但近期活动的压缩影响面较大，这可以从网络上看出来。项目初期活动的变化，影响的活动较多，即后面许多活动都要提前，则与这些活动相关的供应计划、劳动力安排、分包合同等都要变动。②选择后期（远期）的活动（如结束节点）压缩则影响面较小，但以后如果再要压缩工期就很困难，因为活动持续时间的可压缩性是有限的。

一般在计划期，由于工程活动都未作明确的安排（如尚未签订合同和订购材料），可以考虑压缩前期活动；而在实施中尽量考虑压缩后期活动，以减小影响面。

8.4 案例分析

案例：某分析邮电通信大楼工程项目进度计划与控制

1. 进度计划的编制

首先，在明确项目目标的基础上，对整个项目进行了工作分解，确定了工程所有可能包含的分项工程，如图 8.17 所示；其次，按照项目的要求及各项约束条件，用 PMIS 软件等绘制项目进度计划的横道图如图 8.18 所示，网络图如图 8.19 和图 8.20 所示，同时确定各项资源的需求和使用计划，绘制资源负荷图和累积图（略）。

2. 计划的控制

实施阶段项目计划的控制分形象进度计划控制和阶段进度控制两个方面，下面分别对两个方面进行说明：

（1）形象计划控制工作流程

1）三月流动计划。总承包商现场办公室根据项目总体计划（MCS）及现场实际情况制定详细计划，每月初做出三月滚动计划，每月作一次，每次作三个月，第一个月为实施计划，后两个月为预期计划。

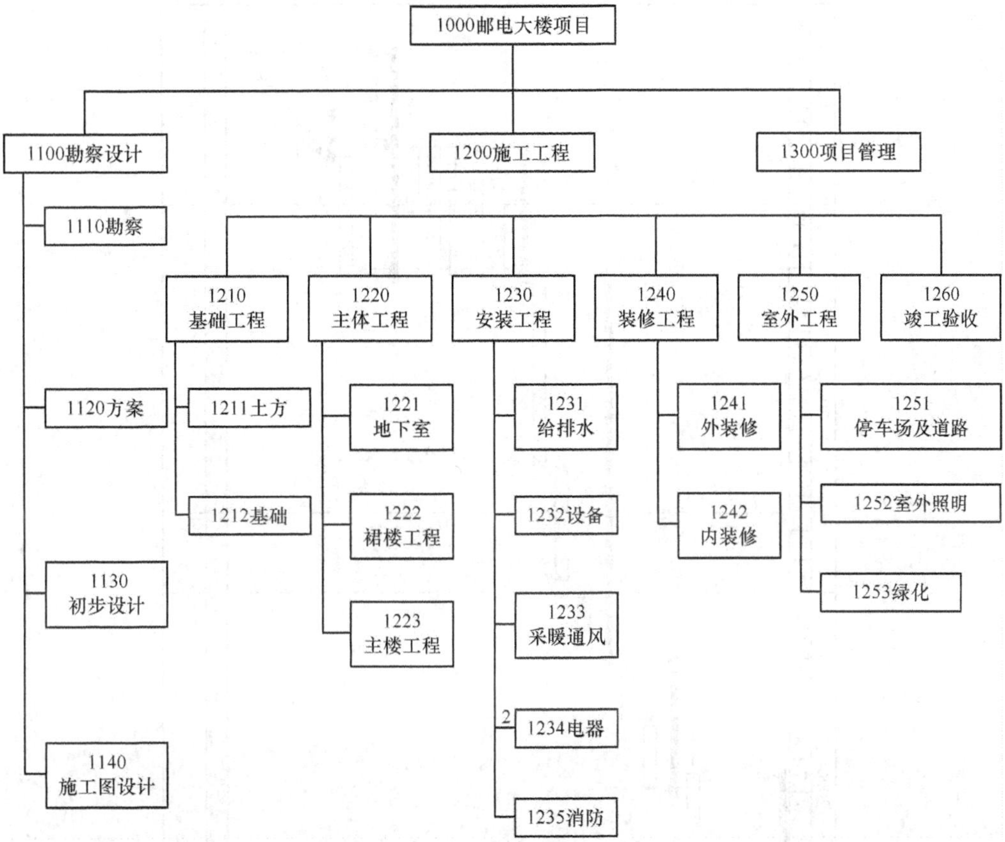

图 8.17　某邮电大厦结构分解图

三月滚动计划是现场的承包商应该遵循的总计划。每月初的第一次周计划会上由总承包商书面提出，交各承包商讨论。对于不合适的地方，承包商可以在会上提出修改意见，最后由总承包商在会上裁决。会后第二天总承包商发送修改后的三月计划，这个滚动的三月计划各承包商都必须严格执行。

2）三周滚动计划。承包商根据 MCS 及三月滚动计划。每周四须编制好三周滚动计划，书面一式八份，参加由总承包商主持，建设单位参加的周计划会。三周滚动计划每周排一次，每次排四周，第一周为上周计划完成情况，第二周为本周执行计划，第三、第四周为预期计划。

每周四的周计划会，由建设单位、总承包商及各承包商的工程计划部门参加，会上对承包商的三周滚动计划进行详细讨论和审查，确认上周计划完成情况。对上周未按计划完成的项目，承包商要作出解释并提出补救措施。

将周计划会上的重要决定或争议写成会议纪要，称为周计划会议。此会议连同修改后的三周滚动计划交每周六高级计划会讨论确认。

高级计划会每周六举行，由总承包商施工经理主持，建设单位施工经理参加，各承包商项目经理和施工经理参加。会上各承包商宣读自已的三周滚动计划，由总承包商和建设单位质疑审查，并在各承包商间进行协调。这个会议确认的三周滚动计划作为实施计划。

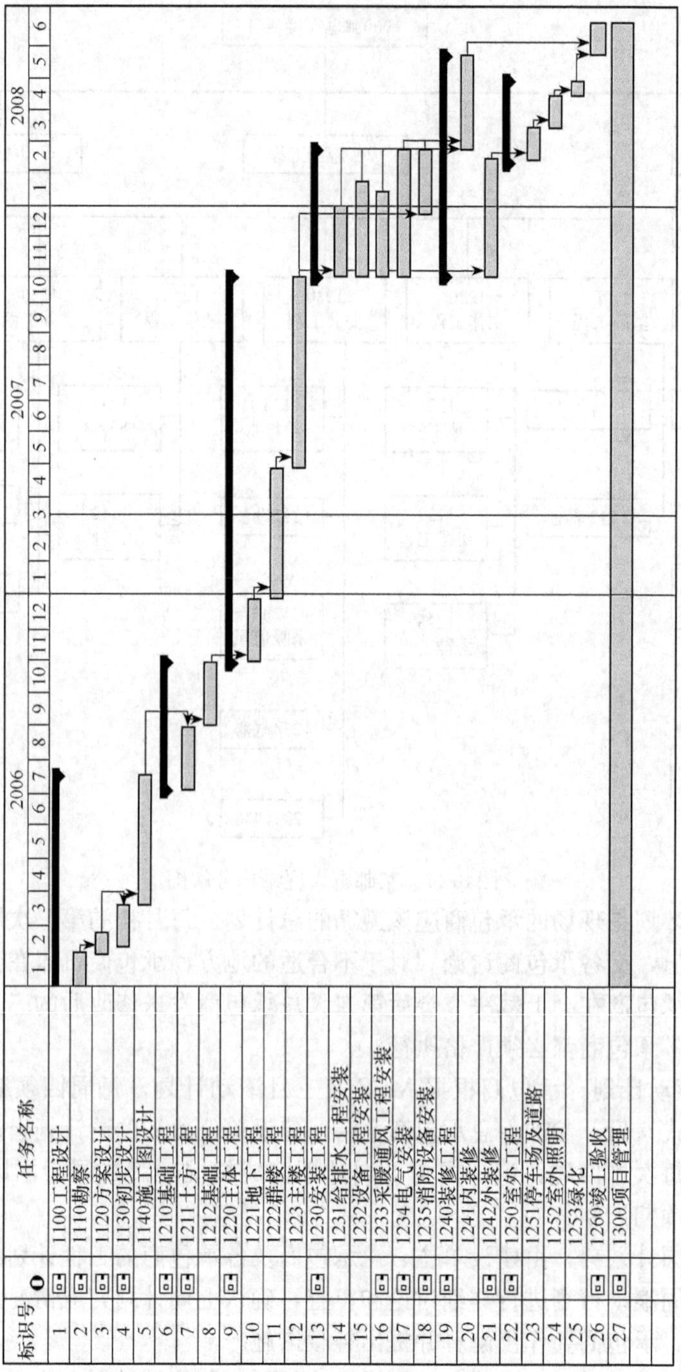

图 8.18　某邮电大厦工程进度横道图

3）专题计划。形象计划控制除三月滚动计划、三周滚动计划外，还要求时部分项目作出专题计划。专题计划附在项目的开工报告之后，包括施工平面布置图、施工时间计划、人力动员计划及机具动员计划。

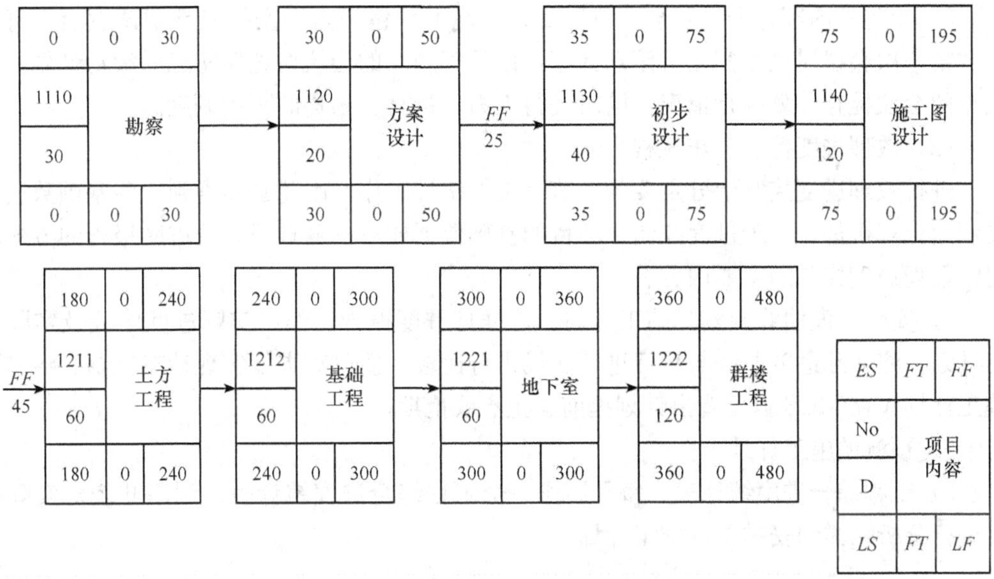

图 8.19　某邮电通信大厦建设项目网络计划

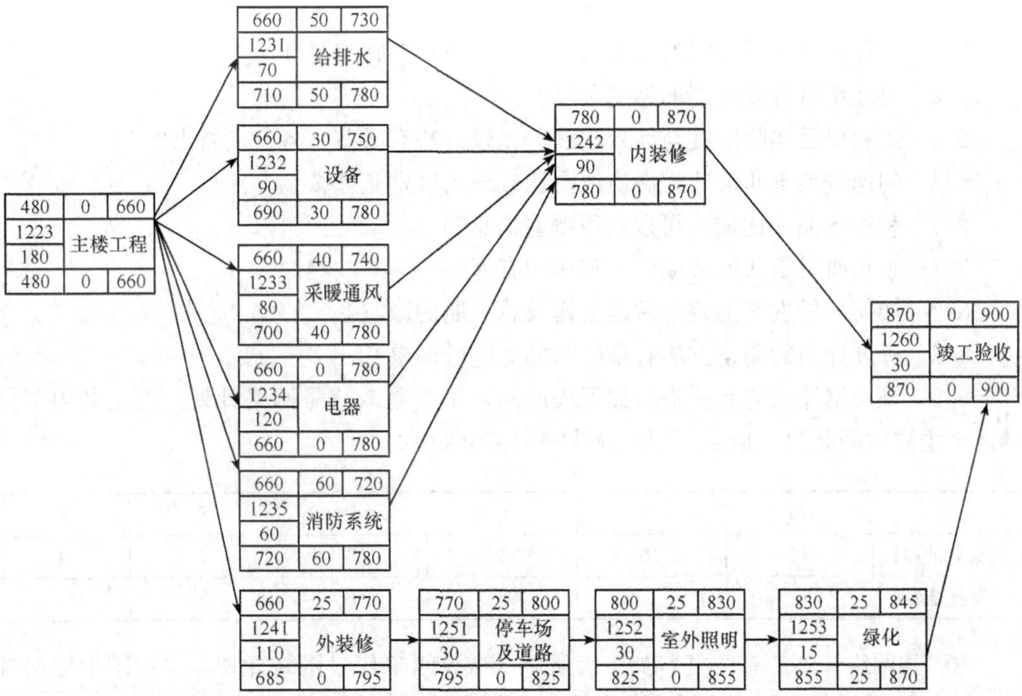

图 8.20　某邮电通信大厦建设项目网络计划

4）专题协调计划。遇有比较重要的施工活动，或者是对进度要求很紧，或者是问题比较多，或者这一施工活动牵涉到多个承包商同时施工。在这些情况下，总承包商的协调员将对此施工活动作出专题协调计划，以统一目标，统一计划进度，同时解决交叉作业中存在的问题。

5）承包商内部计划调度会。每周二、五晚上承包商内部安排有计划调度会。每月初的第一次会议讨论落实三月滚动计划，以后每周二的会议讨论落实三周滚动计划，每周五的会议检查计划执行情况，同时进行人力、机具及物资的平衡调度。

（2）数理进度控制工作流程

进行数理进度控制十分重要的环节是进度统计工作，因此必须得到一些基础数据才能利用计算机进行数理进度控制。项目的基础数据通过进度日报、月进度报告的方式获得。数理进度控制的主要内容有：

1）实际进度曲线及实际施工计划。根据月进度报告，作出实际进度曲线及实际施工计划。将实际进度曲线与目标进度曲线进行比较，便可对进度实现动态控制。将实际施工计划作在 MCS 上可看出计划提前、正点或拖期。

2）预测的施工计划。

3）工程综合进度统计表。每月制作一个工程综合进度统计表。利用此表对实际进度进行分析，详细安排下月施工计划。

复习思考题

8.1　工程项目进度计划的常用表示方法？各自的特点是什么？

8.2　工程项目进度计划的编制程序？

8.3　工程项目实际进度与计划进度的比较方法有哪些？各有何特点？

8.4　匀速进展与非匀速进展横道图比较法的区别是什么？

8.5　利用 S 曲线比较法可以获得哪些信息？

8.6　香蕉曲线是如何形成的？其作用有哪些？

8.7　如何分析进度偏差对后续工作及总工期的影响？

8.8　进度计划的调整方法有哪些？如何进行调整？

8.9　某网络计划的有关资料如下表所示，试绘制双代号网络计划，判定各项工作的六个主要时间参数。最后，用双箭线表明关键线路。

工作	A	B	C	D	E	F
持续时间/周	12	10	5	7	6	4
紧前工作				B	B	C、D

10. 某网络计划的有关资料如下表所示，试绘制单代号网络计划，并在图中标出各项工作的六个时间参数及相邻两项工作之间的时间间隔。最后，用双箭线标出关键线路。

工作	A	B	C	D	E	G	H	I	J	K
持续时间/周	2	3	4	5	6	3	4	7	2	3
紧前工作	—	A	A	A	B	C、D	D	B	E、H、G	G

参 考 文 献

李慧民. 2002. 建筑工程经济与项目管理 [M]. 北京：冶金工业出版社.
李慧民. 2006. 工程项目管理案例分析 [M]. 北京：中国建筑工业出版社.
卢向南. 2004. 项目计划与控制 [M]. 北京：机械工业出版社.
石振英. 2005. 建设项目管理 [M]. 北京：科学出版社.
田元福. 2005. 建设工程项目管理 [M]. 北京：清华大学出版社.
王卓甫，杨高升. 2005. 工程项目管理原理与案例 [M]. 北京：中国水利水电出版社.
徐悦. 2005. 建筑施工组织 [M]. 北京：机械工业出版社.
赵仲琪. 2005. 建筑施工组织 [M]. 北京：冶金工业出版社.
中国建设监理协会. 2003. 建设工程进度控制 [M]. 北京：中国建筑工业出版社.
周建国. 2007. 工程项目管理基础 [M]. 北京：人民交通出版社.

第9章　土木工程项目安全与环境管理

本章要点：

（1）了解土木工程项目安全与环境管理的基本概念；

（2）熟悉工程项目安全管理与环境管理的内容；

（3）掌握工程项目安全事故分析及工程项目健康、安全与环境管理体系。

9.1　工程项目安全管理

9.1.1　项目组织管理体系

1. 项目组织保证体系

（1）企业专职安全生产管理人员配置

企业专职安全生产管理人员人数至少为：

1）集团公司，1人/1 000 000m^2·年（生产能力）或10亿施工总产值·年，且不少于4人。

2）工程公司（分公司、区域公司），1人/100 000m^2·年（生产能力）或亿施工总产值·年，且不少于3人。

3）专业公司，1人/100 000m^2·年（生产能力）或亿施工总产值·年，且不少于3人。

4）劳务公司，1人/50名施工人员，且不少于2人。

（2）施工项目现场管理机构安全生产管理人员配置

施工项目现场管理机构专职安全生产管理人员的配置要求如下。

1）建筑工程、装修工程按照建筑面积：10 000m^{2}及以下的工程至少1人；10 000～50 000m^{2}的工程至少2人；50 000m^{2}以上的工程至少3人，应当设置安全主管，按土建、机电设备等专业设置专职安全生产管理人员。

2）土木工程、线路管道、设备工程按照安装总造价：5000万元以下的工程至少1人；5000万～1亿元的工程至少2人；1亿元以上的工程至少3人，应当设置安全主管，按土建、机电设备等专业设置专职安全生产管理人员。

2. 安全生产责任制

（1）企业各级人员安全生产职责

1）企业法人代表。

企业法人代表对本企业安全生产负全面领导责任。具体包括：①贯彻执行国家、地方有关安全生产的方针政策和法规、规范；②建立健全企业各项安全生产管理制度和奖惩办法；③主持制定年度、特殊时期安全工作实施计划；④建立健全安全生产保证体系，保证安全技术措施经费的落实；⑤领导并支持安全管理人员或部门的监督检查工作；⑥在事故调查组的指导下，领导、组织本企业有关部门或人员，做好特大、重大伤亡事故上报、调查处理具体工作，监督制定和落实防范措施。

2）企业主管生产负责人。

企业主管生产负责人对本企业安全生产工作负直接领导责任。具体包括：①协助法定代表人贯彻执行安全生产的方针政策和法规、规范，落实企业各项安全生产管理制度；②组织实施企业中长期、年度、特殊时期安全工作规划、目标及实施计划，组织落实安全生产责任制；③制定施工生产中安全技术措施经费的使用计划；④领导组织企业安全生产宣传教育工作，确定安全生产考核指标；⑤领导企业定期和不定期的安全生产检查，及时解决施工中的安全隐患问题；⑥在事故调查组的指导下，组织特大、重大伤亡事故的调查、分析及处理中的具体工作。

3）企业技术负责人。

企业技术负责人对企业施工安全生产负技术领导责任。具体包括：①贯彻执行国家、地方有关安全生产方针、政策，协助法定代表人（总经理）做好安全方面的技术领导工作；②组织编制和审批施工组织设计、特殊复杂工程项目或专业性工程项目施工方案时，应严格审查是否具备安全技术措施及其可行性，并提出决定性意见；③领导安全技术攻关活动，并组织鉴定验收；④组织审查“四新”技术使用和实施过程中的安全性，组织编制或审定相应的操作规程；⑤参加重大伤亡事故的调查，从技术上分析事故原因，制定防范措施。

4）项目经理。

施工项目经理对项目施工生产经营全过程中的安全负全面领导责任。具体包括：①贯彻落实国家、政府有关安全生产的方针、政策、法规、制度，落实企业安全生产各项规章制度，结合工程项目特点及施工性质，制定有针对性的各项安全生产管理办法和实施细则，并主持监督其实施；②认真执行企业安全生产管理目标，确保项目安全管理达标；③负责建立和完善项目安全生产组织保证体系，成立安全生产领导小组，并领导其有效运行；④贯彻落实施工组织设计、施工方案中的安全要求，严格执行安全技术措施审批制度、施工项目安全交底制度及设施设备交接验收使用制度；⑤定期明安全施工管理，贯彻落实当地文明安全施工管理标准、国家有关环境保护、卫生防疫工作的规定。

5）项目生产经理。

施工项目生产经理对项目的安全生产负直接领导责任。具体包括：①协助项目经理认真贯彻执行国家安全生产方针、政策、法规，落实各项安全生产规范、标准和工程项目的各项安全生产管理制度；②组织实施工程项目总体和施工各阶段安全生产工作规划以及各项安全技术措施、方案，组织落实工程项目各级人员的安全生产责任制；③组织领导工程项目安全生产的宣传教育工作，并制定工程项目安全培训实施办法，确定安全生产考核指标，制定实施措施方案，并负责组织实施，负责外协施工队伍各类人员的安全教育、培训和考核审查的组织领导工作；④配合工程项目经理组织定期安全生产检查，负责工程项目各种形式的安全生产检查的组织、督促工作和安全生产隐患整改“三落实”的实施工作，及时解决施工中的安全生产问题；⑤负责工程项目安全生产管理机构的领导工作，认真听取、采纳安全生产的合理化建议，支持安全生产管理人员的业务工作，保证工程项目安全生产保证体系的正常运转；⑥对工程项目安全生产管理、安全防护的到位率，及由于安全生产管理失控、安全防护不到位而发生的伤亡事故负直接领导责任；⑦工地发生伤亡事故时，负责事故现场保护、职工教育、防范措施落实，并协助做好事故调查分析的具体组织工作。

6）项目技术负责人。

施工项目技术负责人对工程项目生产经营活动中的安全生产工作负技术领导责任。具体包括：①参加或组织编制施工组织设计、专项工程施工方案及季节性施工方案时，要制定或审查安全技术措施，保证其有可行性和针对性，对确定后的方案（特别是方案中相应的安全技术措施）如有变更，应及时修订，并随时检查监督落实，及时解决执行中发现的问题；②认真贯彻安全生产方针、政策，严格执行安全技术规程、规范、标准。结合工程特点，主持安全技术方案交底；③应用新材料、新技术、新工艺要及时上报，经批准后方可实施，同时组织对上岗人员进行安全技术培训、教育，认真执行相应的安全技术措施与安全操作工艺要求，预防施工中因化学药品引起的火灾、中毒或在新工艺实施中可能造成的事故；④主持安全防护设施和设备的验收。严格控制不符合标准要求的防护设备、设施投入使用；使用中的设施、设备要组织定期检查，发现问题及时处理；⑤参加安全生产定期检查，对施工中存在的事故隐患和不安全因素，从技术上提出整改意见和消除办法；⑥参与因工伤亡或重大未遂事故的调查，从技术上分析事故发生的原因，施和整改意见。

7）项目安全总监。

施工项目安全总监在项目经理的直接领导下履行项目安全生产工作的管理与监督职责。具体包括：① 宣传贯彻安全生产方针政策、规章制度，推动项目安全生产组织保证体系的运行，并结合工程特点编制项目安全管理策划；② 制定项目安全生产工作计划，针对工程项目特点，制定安全生产管理办法实施细则，并负责贯彻实施；③ 对项目各项安全生产管理制度的贯彻与落实情况进行检查与具体指导；及时发现负责工程薄弱环节或失控部位，及时提出整改意见，并跟踪复查；④ 组织项目安全员与分包单位专兼职安全人员开展安全监督与检查工作，项目安全生产管理分为机构及人员的业务领导和组织工作；⑤ 查处违章指挥、违章操作、违反劳动纪律的行为和人员，对重大事故隐患采取有效的控制措施，必要时可采取局部停产的非常措施；⑥ 参加施工组织设计、施工方案的会审，参加工程项目生产会，参加企业召开的安全生产例会，建立工程项目安全生产例会制度，并负责组织实施；⑦ 实施项目安全生产管理评价，促进项目实现安全管理达标；⑧ 负责监督检查工程项目劳动保护用品的采购、使用和管理；⑨ 参与因工伤亡事故的调查，对伤亡事故和重大未遂事故进行统计分析，目经理做好“四不放过”的统筹工作。

8）班组长。

施工班组长的安全生产职责包括：①认真执行安全生产规章制度及安全操作规程员在生产中对本班组人的安全和健康负责，协助工程项目合理安排班组人员工作；②经常组织班组人员学习安全操作规程，监督班组人员正确使用个人劳保用品，不断提高自我保护能力；③认真落实安全技术交底，做好班前讲话，不违章指挥、冒险蛮干；④经常检查班组作业现场安全生产状况，发现问题及时解决并上报有关领导，认真做好新工人的岗前教育；⑤发生因工伤亡或未遂事故，保护好现场，立即上报有关领导。

9）施工人员。

施工人员作为施工生产的直接操作者，其安全生产职责包括：①认真学习，严格执行安全操作规程，模范遵守安全生产规章制度；②积极参加各项安全生产活动，认真执行安全技术交底要求，不违章作业，虚心服从安全生产管理人员的监督、指导，不违反劳动纪律；③发扬团结友爱精神，在安全生产方面做到互相帮助，互相监督，维护一切安全设施、设备，做到正确使用，不准随意拆改，对新工人有传、带、帮的责任；④对不安全的作业环境和要求要提出意见，有权拒绝违章指令；⑤发生因工伤亡事故，要保护好事故现场并立即上报；⑥在作业时要严格做到“眼观六面、安全定位、措施得当、安全操作”。

（2）企业各职能部门安全生产职责

1）企业工程管理部门的安全生产职责：①组织均衡生产，保障安全工作与生产任务协调一致；②检查生产计划实施情况的同时检查安全措施项目的执行情况；③坚持按合理施工顺序组织生产，在生产任务与安全保障发生矛盾时解决安全工作的实施。

2）企业技术部门的安全生产职责：①认真贯彻执行国家、行业、地方、企业有关安全技术规程和标准，负责编制本企业的安全技术标准；②编制审查施工组织设计和施工方案每个环节中安全技术措施并检查落实；③对“四新”技术制定相应的安全技术措施和安全操作规程；④参加重大事故中技术性问题的调查，分析事故原因，并提出整改和防范事故的技术措施。

3）企业人事部门的安全生产职责：①根据国家与地方政府有关安全生产的方针、政策、法规，合理配备本企业安全管理人员；②组织对新调入职工进行安全生产培训教育工作；③将安全教育纳入职工培训教育计划，负责组织职工的安全技术培训和教育；④参与因工伤亡事故的调查与处理。

3. 安全生产技术保证体系

（1）施工安全技术措施

施工安全技术措施是具体安排和指导工程安全施工的安全管理与技术文件。它是工程施工中安全生产的指令性文件，是施工组织设计的重要组成部分。

施工安全技术措施应主要包括以下内容：①进入施工现场的安全规定；②地面及深槽作业的防护；③高处及立体交叉作业的防护；④施工用电安全；⑤施工机械设备的安全使用；⑥在采用“四新”技术时，有针对性的专门安全技术措施；⑦针对自然灾害预防的安全技术措施（如台风、雷击、冬施、雨施、高温等）；⑧预防有毒、有害、易燃、易爆等作业造成危害的安全技术措施；⑨现场消防措施。

安全技术措施中必须包含施工总平面图，在图中必须对危险的油库、易燃材料库、变电设备、材料和构配件的堆放位置、塔式起重机、物料提升机（井字架、龙门架）、搅拌台的位置等按照施工需要和安全规程的要求明确定位，并提出具体要求。

(2) 安全技术交底

工程项目必须实行逐级安全技术交底制度。安全技术交底必须具体、明确，针对性强。内容必须针对分部分项工程中施工给作业人员带来的潜在危险因素而编写。各级安全技术交底必须有交底时间、内容、交底人和被交底人签字。

安全技术交底的主要内容包括：①本工程项目施工作业的特点和危险点；②针对危险点的具体预防措施；③应注意的安全事项；④相应的安全操作规程和标准；⑤发生事故后的应采取的应急措施。

4. 安全生产教育

(1) 建筑企业安全教育的对象、内容和目标

建筑企业安全教育的对象、内容和目标见表 9.1。

表 9.1 建筑企业安全教育的对象、内容和目标

安全教育对象	安全教育主要内容	安全教育主要目标
企业主要负责人	(1) 安全生产法规、规章和制度 (2) 安全管理能力 (3) 安全思想 (4) 安全道德	在思想意识上树立以下安全生产管理 (1) “安全第一”的哲学观 (2) 尊重人的情感观 (3) 安全就是效益的经济观 (4) 预防为主的科学观
企业管理层	(1) 安全生产法规、规章和制度 (2) 安全技术知识 (3) 安全系统理论、现代安全管理、安全决策技术 (4) 班组长的安全教育主要是安全技术技能和安全操作技能	(1) 树立“安全第一，预防为主”的观念 (2) 安全责任感 (3) 有适应安全工作所需要的组织协调、调查研究能力、分析判断能力、说服教育能力
装置安全管理人员	(1) 安全生产法规、规章和制度 (2) 安全基础科学 (3) 安全技术科学 (4) 安全工程技术 (5) 专业安全知识	(1) 熟知安全法规、规章和制度 (2) 安全相关学科技术 (3) 应用现代安全管理理论和技术处理解答有关安全问题
普通员工	(1) 安全生产法规、规章和制度 (2) 一般安全生产技术知识，包括： ①场地内危险源及安全防护基本知识 ②电气设备、起重机械的基本安全知识 ③消防知识 ④发生事故时紧急救护和自救技术措施、方法 ⑤个人防护用品正确使用等 (3) 专业安全生产技术知识 (4) 安全生产技能	(1) 较高的个人安全需求 (2) 较多的安全技术知识和安全操作规程 (3) 较熟练的安全操作技能 (4) 自觉遵守有关的安全生产法规制度和劳动纪律

（2）建筑企业职工安全培训的基本要求

公司安全培训教育的主要内容是：国家和地方有关安全生产的方针、政策、法规、标准、规范、规程和企业的安全规章制度等。培训教育的时间不得少于 15 学时。

项目安全培训教育的主要内容是：工地安全制度、施工现场环境、工程施工特点及可能存在的不安全因素等。

班组安全培训教育的主要内容是：本工种的安全操作规程、事故案例剖析、劳动纪律和岗位讲评等。

5. 安全生产检查

安全检查的内容主要包括：查思想、查管理、查隐患、查整改、查伤亡事故处理等。安全检查的重点是检查“三违”和安全责任制的落实。检查后应编写安全检查报告。

对查出的安全隐患，不能立即整改的要制定整改计划，定人、定措施、定经费、定完成日期，在未消除安全隐患前，必须采取可靠的防范措施，如有危及人身安全的紧急险情，应立即停工。应按照“登记－整改－复查－销案”的程序处理安全隐患。

6. 安全生产投入保证体系

安全生产投入是确保施工生产安全的物质基础。建立安全投入保证体系是安全资金支付、安全投入有效发挥作用的重要保证。安全作业环境及安全施工措施所需费用主要用于施工安全防护用具及设施的采购和更新、安全施工措施的落实、安全生产条件的改善。

9.1.2　土木工程施工安全管理

1. 施工现场安全管理一般规定

1）施工现场应当设置施工标志牌、现场平面布置图和安全生产、消防保卫、环境保护、文明施工制度牌。在施工场区有高处坠落、触电、物体打击等危险部位应悬挂安全标志牌。

2）施工现场四周用硬质材料进行围挡封闭，施工现场道路、上下水及采暖管道、电气线路、材料堆放、临时和附属设施等的平面布置，都要符合相关安全规定和施工总平面团的布置。

3）施工现场的孔、洞、口、沟、坎、井，易燃易爆场所，以及变压器的周围，要指定专人设置围栏或盖板和安全标志，夜间要设红灯示意。

4）脚手架、物料提升机（井字架、龙门架）等应按照标准进行设计，采取符合规定的工具和器具，按专项方案搭设，搭设完成后必须经过验收合格，方可使用。使用期间要指定专人维护。

5）进入施工现场必须佩戴安全帽；高处作业配挂安全带。

6）混凝土搅拌站、木工车间、沥青加工点及喷漆作业场所等，要采取措施，使得尘土浓度符合规定要求。

7）施工现场、木材加工车间和贮存易燃易爆器材的仓库，要建立防火制度，备足防火设施和灭火器材。

2. 施工现场安全控制基本要求

1）取得安全行政主管部门颁发的“安全生产许可证”后方可施工。

2）各类人员必须具备相应的执业资格方可上岗。

3）建立健全安全管理保障制度，确定安全管理目标。

4）施工现场安全设施齐全，符合国家和地方有关规定。

5）特种作业人员持证上岗，并严格按规定定期进行复查。

6）事故隐患及时彻底整改。

7）把好安全生产教育关、措施关、交底关、防护关、文明关、验收关、检查关。

3. 各施工阶段安全管理重点

1）基础施工阶段包括：挖土机械作业安全，边坡防护安全，降水设备与临时用电安全，防水施工时的防火、防毒，人工挖孔桩的安全。

2）结构施工阶段包括：临时用电安全，内外架及洞口防护，作业面交叉施工及临边防护，大模板和现场堆料防倒塌，机械设备的使用安全。

3）装修阶段包括：室内外多工种、多工序的立体交叉防护，外墙面装饰防坠落，做防水和油漆的防火、防毒；临电、照明及电动工具的使用安全，季节性施工，雨期防雷电、防沉陷坍塌、防大风，临时用电安全，高温季节防中暑、中毒，冬期施工防冻、防滑、防火、防爆、防煤气中毒、防大风雪、防大雾，临时用电安全。

4. 施工现场安全管理要点

1）安全管理包括：安全生产组织管理、安全生产责任制、安全技术管理、安全教育、特种作业管理、奖罚措施、劳动保护管理、工伤事故管理、安全生产检查、资格认证、安全管理资料。

2）安全防护管理包括：土方工程安全防护、脚手架工程安全防护、模板工程安全防护网钢筋工程安全防护、混凝土工程安全防护、施工机械安全防护、电器设备安全防护、高处作业安全防护。

3）临时用电管理包括：外电防护、接地与防雷 3 配电室与配电线路、电动机械、照明管理、现场维护。

4）机械管理包括：动力与电气装置、起重吊装机械、钢筋加工机械、装修机械、铆焊设备。

5）消防保卫管理包括：土石方机械、垂直运输机械、混凝土机械、电气机械设备、焊接明火作业、料具仓库、食堂宿舍、季节防火。

5. 项目安全管理程序

项目安全管理程序如图 9.1 所示。

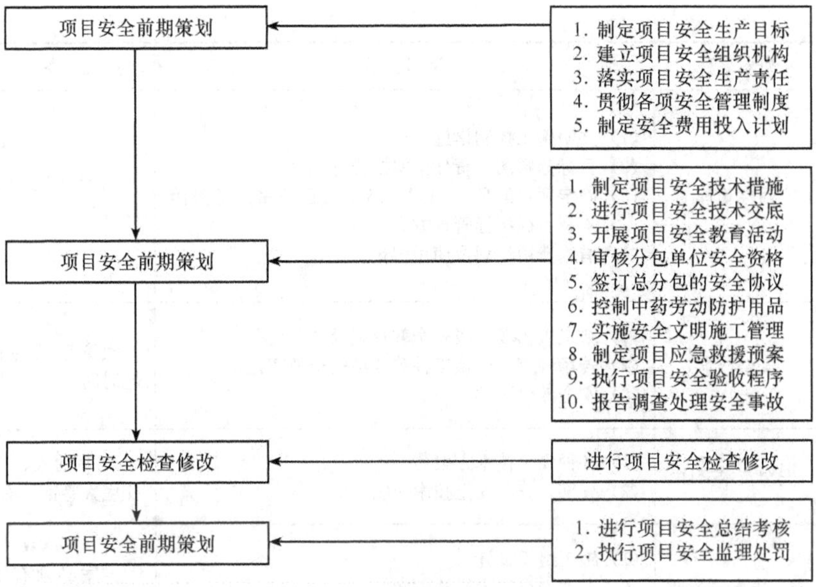

图 9.1　项目安全管理程序

6. 项目安全资料管理

项目安全资料是在工程建设过程中形成的有关施工安全的各种形式的信息记录。项目安全资料应随工程进度同步收集、整理，并保存到项目结束。施工总承包单位负责施工单位施工现场安全资料的管理，同时应督促检查各分包单位编制施工现场安全资料。分包单位应负责其分包范围内施工现场安全资料的编制、收集和整理，向总包单位提供备案。施工现场安全资料应保证真实、完整和有效。对施工现场安全管理档案资料的收集、整理、归档，目前国家没有统一的规定，存在档案管理不规范的现象。主要表现在：

1）档案资料不齐全。

2）资料填写不及时，弄虚作假。

这样就造成安全管理档案资料不能真实反映安全生产情况，事故的发生。施工安全管理主要资料清单参见表 9.2。

表 9.2　安全管理主要资料清单

序　号	资料名称	资料目录	备　注
1	安全生产组织机构及责任制	(1) 安全生产保证体系图 (2) 经理及专职安全生产管理人员的岗位证书 (3) 各类人员的安全生产责任制，并逐级签订安全生产责任书 (4) 生产协议书 (5) 单位的素质、营业执照、安全生产许可证复印件	须本人签字

续表

序　号	资料名称	资料目录	备　注
2	目标管理	(1) 文明施工控制措施 (2) 目标分解图、责任落实措施计划分 (3) 确定项目的危险因素，确定项目的重大危险因素及目标指标管理方案 (4) 措施费用计划及使用记录	需定期进行考核（按季或月）
3	安全教育	(1) 新工人入场三级安全教育记录及花名册 (2) 转场教育、变换工种等各项安全教育记录 (3) 安全教育试卷	教育考试要有成绩、答题时间
4	安全技术交底	(1) 各种安全技术方案 (2) 分部、分项安全技术交底	由审批人、交底人、被交底人签字，有针对性
5	施工方案与验收	(1) 施工组织设计 (2) 专项安全技术措施方案 (3) 各类架子验收及相关实验材料	方案必须有审批表、会签表；验收项目要量化
6	安全检查	(1) 安全检查隐患整改通知单 (2) 安全人员检查记录 (3) 现场文明施工检查评分表 (4) 安全奖励与处罚登记表	检查、复查记录要定人、定措施、定整改时间、落实复查人、复查时间
7	安全活动	(1) 安全例会会议记录 (2) 周一安全活动记录 (3) 班主安全活动记录 (4) 项目安全值班记录	
8	特种作业	(1) 按工种登记花名册和证件复印件 (2) 特种作业教育记录、试卷	证件必须有效
9	生产安全事故报告处理及应急响应	(1) 生产安全事故应急救援方案 (2) 演练记录（如灭火演习） (3) 伤亡事故登记表 (4) 工伤事故月报 (5) 意外伤害保险证明	成立应急救援小组；重伤以上事故上报公司
10	安全标志及重要劳动防护用品	(1) 安全标志平面布置图 (2) 安全标志、标牌登记 (3) 重要劳动防护用品登记表 (4) 重要劳动防护用品使用的证明材料和观测资料报告等	安全标志平面图的分阶段，分部位布置

续表

序　号	资料名称	资料目录	备　注
11	临电安全管理	(1) 项目安全用电管理制度 (2) 临时用电管理协议书 (3) 临时用电施工组织设计及变更资料 (4) 临时用电安全技术交底 (5) 电器设备测试记录 (6) 接地电阻检测记录 (7) 电工操作、维修、控资记录 (8) 临电器材合格证 (9) 电工花名册及操作证复印件 (10) 临电平面布置图（分阶段）	
12	机械安全管理	(1) 各类机械操作规程和岗位责任制 (2) 机械设备租赁合同及安全管理协议书 (3) 机械出租及安装单位资质复印件 (4) 大型机械设备（如塔吊、施工升降机、吊篮）施工方案 (5) 机械设备平面图 (6) 机械设备台账 (7) 各种机械设备验收费 (8) 对机械使用或操作人员进行安全技术交底 (9) 操作人员的登记表及证件复印件 (10) 机械检查评分表和记录	合同、安全管理协议书、安全技术交底、验收均应签字

9.2　工程项目安全事故分析

9.2.1　职业健康安全隐患控制

1. 职业健康安全隐患的概念

职业健康安全事故隐患是指可能导致职业健康安全事故的缺陷和问题，包括安全设施、过程和行为等诸方面的缺陷问题，因此，对检查和检验中发现的事故隐患，应采取必要的措施及时处理和化解，以确保不合格设施不使用、不合格过程不通过、不安全行为不放过，并通过事故隐患的适当处理，防止职业健康安全事故的发生。

2. 职业健康安全隐患的分类

1）按危害程度分类。一般隐患（危险性较低，事故影响或损失较小的隐患）；重大隐患（危险性较大，事故影响或损失较大的隐患）；特别重大隐患（危险性大，事故影响或损失大的隐患），如发生事故可能造成死亡 10 人以上，或直接经济损失 500 万元以上的。

2）按危害类型分类。火灾隐患（占 32.2%）；爆炸隐患（占 30.2%）；危房隐患（占 13.1%）；坍塌和倒塌隐患（占 5.25%）；滑坡隐患（占 2.28%）；交通隐患（占

2.71%）；泄漏隐患（占2.01%）；中毒隐患（占1%～88%）（以上依据来源于1995年原劳动部安管局组织调查结果）；

3）按表现形式分类。人的隐患（认识隐患、行为隐患）；机器的状态隐患；环境隐患；管理隐患。

3. 职业健康安全隐患的控制要求

（1）项目部对各类事故隐患应确定相应的处理部门和人员，规定其职责和权限，要求一般问题当天解决，重大问题限期解决

（2）处理方式

①对性质严重的隐患应停止使用、封存；②指定专人进行整改，以达到规定的要求；③进行返工，以达到规定的要求；④对有不安全行为的人员先停止其作业或指挥，纠正违章行为，然后进行批评教育，情节严重的给予必要的处罚；⑤对不安全生产的过程重新组织等。

（3）隐患处理后的复查验证

1）对存在隐患的职业健康安全设施、职业健康安全防护用品的整改措施落实情况，必要时由项目部职业健康安全部门组织有关专业人员对其进行复查验证，并做好记录。只有当险情排除，采取了可靠措施后方可恢复使用或施工。

2）上级或政府行业主管部门提出的事故隐患通知，由项目部及时报告企业主管部门，同时制定措施、实施整改，自查合格报企业主管部门复查后，再报有关上级或政府行业主管部门消项。

（4）事故隐患的控制要按规定表式和内容填写并保存有关记录

4. 职业健康安全隐患的整改和处理

1）对检查出来的职业健康安全隐患和问题仔细分门别类的进行登记。登记的目的是为了积累信息资料，并作为整改的备查依据，以便对施工职业健康安全进行动态管理。

2）查清产生职业健康安全隐患的原因。对职业健康安全隐患要进行细致分析，并对各个项目工程施工存在的问题进行横向和纵向的比较，找出“通病”和个例，发现“顽固症”，具体问题具体对待，分析原因，制定对策。

3）发出职业健康安全隐患整改通知单（表9.3）。对各个项目工程存在的职业健康安全隐患发出整改通知单，以便引起整改单位重视。对容易造成事故重大的职业健康安全隐患，检查人员应责令停工，被查单位必须立即整改。整改时，要做到“四定”，即定整改责任人、定整改措施、定整改完成时间、定整改验收人。

4）进行责任处理。对造成隐患的责任人要进行处理，特别是对负有领导责任的经理等要严肃查处。对于违章操作、违章作业行为，必须进行批评指正。

5）整改复查。各项目工程施工职业健康安全隐患整改完成后要及时通知有关部门，有关部门应立即派人进行复查，经复查整改合格后，进行销案。

表 9.3　职业健康安全检查隐患整改通知单

<table>
<tr><td>项目名称</td><td colspan="3"></td><td>检查时间</td><td colspan="2">年　月　日</td></tr>
<tr><td>序号</td><td>查出的隐患</td><td>整改措施</td><td>整改人</td><td>整改日期</td><td>复查人</td><td>复查结果及时间</td></tr>
<tr><td></td><td></td><td></td><td></td><td></td><td></td><td></td></tr>
<tr><td></td><td></td><td></td><td></td><td></td><td></td><td></td></tr>
<tr><td></td><td></td><td></td><td></td><td></td><td></td><td></td></tr>
<tr><td></td><td></td><td></td><td></td><td></td><td></td><td></td></tr>
<tr><td colspan="4">签发部门及签发人：
年　月　日</td><td colspan="3">整改单位及签认人：
年　月　日</td></tr>
</table>

9.2.2　职业健康安全事故的概念与特点

安全事故是指人们在进行有目的的活动过程中，发生了违背人们意愿的不幸事件，使其有目的的行动暂时或永久地停止。对业主来说，安全事故不仅造成业主的经济损失，而且还会因为人员伤亡等意外事故承担相应的法律责任，影响工程的进程。因此，业主也与施工企业一样对安全事故的概念与特点要有详细的了解和认识。

施工项目职业健康安全事故指在建设工程施工现场发生的安全事故，一般会造成人身伤亡或伤害且伤害要求包括急救在内的医疗救护，或造成财产、设备、工艺等损失。

重大安全事故，系指在施工过程中由于责任过失造成工程倒塌或废弃，机械设备破坏和安全设施失当造成人身伤亡或重大经济损失的事故。

特别重大事故，也称为特大事故，是指造成特别重大人身伤亡或者巨大经济损失以及性质特别严重，产生重大影响的事故。

施工项目职业健康安全事故具有以下特点。

(1) 严重性

建设工程发生安全事故，其影响往往较大，会直接导致人员伤亡或财产的损失，给广大人民生命和财产带来巨大损失，重大安全事故往往会导致群死群伤或巨大财产损失。近年来，安全事故死亡人数和事故起数仅次于交通、矿山，成为人民关注的热点问题之一。因此，对建设工程安全事故隐患决不能掉以轻心，一旦发生安全事故，其造成的损失将无法挽回。

(2) 复杂性

建设工程施工生产的特点，决定了影响建设工程安全生产的因素很多，造成工程安全事故的原因错综复杂，即使是同一类安全事故，其发生原因可能多种多样。这样，带来了对安全事故进行分析时，增加了判断其性质、原因（直接原因、间接原因、主要原因）等的复杂性。

(3) 可变性

许多建设工程施工中出现安全事故隐患，其安全事故隐患并非静止的，而是有可能随着时间而不断地发展、恶化，若不及时整改和处理，往往可能发展成为严重或重大安全事故。因此，在分析与处理工程安全事故隐患时，要重视安全事故隐患的可变性，应及时采取有效措施，进行纠正、消除，杜绝其发展恶化为安全事故。

（4）多发性

建设工程中的安全事故，往往在建设工程某部位或工序或作业活动经常发生，如物体打击事故、触电事故、高处坠落事故、坍塌事故、起重机械事故、中毒事故等。因此，对多发性安全事故，应注意吸取教训，总结经验，采用有效预防措施，加强事前预控，事中控制。

9.2.3 职业健康安全事故的分类

1. 职业健康安全事故等级

根据国务院75号令《企业职工伤亡事故报告和处理规定》，按照事故的严重程度，职业健康安全事故分为：轻伤、重伤、死亡、重大死亡事故、急性中毒事故。

1）轻伤和轻伤事故。轻伤是指造成职工肢体伤残，或某些器官功能性或器质性轻度损伤，表现为劳动能力轻度或暂时丧失的伤害。一般指受伤职工歇工在一个工作日以上、但够不上重伤者。

轻伤事故是指一次事故中只发生轻伤的事故。

2）重伤和重伤事故。重伤是指造成职工肢体残缺或视觉、听觉等器官受到严重损伤，一般能引起人体长期存在功能障碍，或劳动能力有重大损失的伤害。

重伤事故是指一次事故中发生重伤（包括伴有轻伤）、无死亡的事故。

3）死亡事故，指一次死亡1～2人的事故。

4）重大死亡事故，指一次死亡3人以上（含3人）的事故。

5）急性中毒事故。急性中毒事故指生产性毒物一次或短期内通过人的呼吸道、皮肤或消化道大量进入体内，使人体在短时间内发生病变，导致职工立即中断工作，并须进行急救或死亡的事故。

急性中毒的特点是发病快，一般不超过一个工作日，有的毒物因毒性有一定的潜伏期，可在下班后数小时发病。

住房与城乡建设部对工程建设过程中职业健康安全事故伤亡和损失程度的不同，把工程建设重大事故分为四个等级：

1）一级重大事故，死亡30人以上或直接经济损失1000万元以上的。

2）二级重大事故，死亡10人以上，29人以下或直接经济损失100万元以上，1000万元以下的。

3）三级重大事故，死亡3人以上，9人以下，重伤10人以上或直接经济损失50万元以上，不满100万元的。

4）四级重大事故，死亡1人以上、2人以下，重伤3～9人或直接经济损失10万元及其以上、50万元以下的。

2. 职业健康安全事故类别

按照直接致使职工受到伤害的原因（即伤害方式）分类：

1）物体打击，指落物、滚石、锤击、碎裂崩块、碰伤等伤害，包括因爆炸而引起的物体打击。

2）提升、车辆伤害，包括挤、压、撞、倾覆等。

3）机械伤害，包括绞、碾、碰、割、戳等。

4）起重伤害，指起重设备或操作过程中所引起的伤害。

5）触电，包括雷击伤害。

6）淹溺。

7）灼烫。

8）火灾。

9）高处坠落，包括从架子、屋顶上坠落以及从平地坠入地坑等。

10）坍塌，包括建筑物、堆置物、土石方倒塌等。

11）冒顶片帮。

12）透水。

13）放炮。

14）火药爆炸，指生产、运输、储藏过程中发生的爆炸。

15）瓦斯煤尘爆炸，包括煤粉爆炸。

16）其他爆炸，包括锅炉爆炸、容器爆炸、化学爆炸，炉膛、钢水包爆炸等。

17）煤与瓦斯突出。

18）中毒和窒息，指煤气、油气、沥青、化学、一氧化碳中毒等。

19）其他伤害，如扭伤、跌伤、野兽咬伤等。

9.2.4 职业健康安全事故的现场保护及报告

1. 伤亡事故的急救与保护事故现场

1）急救伤员，排除险情，制止事故蔓延扩大。抢救伤员时，要采取正确的救助方法，避免二次伤害；同时遵循救护的科学性和实效性，防止抢救阻碍或事故蔓延；对于伤员救治医院的选择要迅速、准确，减少不必要的转院，贻误治疗时机。

2）保护好事故现场。由于事故现场是提供有关物证的主要场所，是调查事故原因不可缺少的客观条件，要求现场各种物件的位置、颜色、形状及其物理、化学性质等尽可能保持事故结束时的原来状态。因此，在事故排险、伤员抢救过程中，要保护好事故现场，确因抢救伤员或为防止事故继续扩大而必须移动现场设备、设施时，施工现场项目负责人应组织现场人员查清现场情况，做出标志和记明数据，绘出现场示意图，任何单位和个人不得以抢救伤员等名义故意破坏或者伪造事故现场。必须采取一切可能的措施，防止人为或自然因素的破坏。

2. 伤亡事故的报告

（1）伤亡事故报告程序

施工项目发生伤亡事故，负伤者或者事故现场有关人员应立即直接或逐级报告：

1）轻伤事故，立即报告施工现场项目经理，项目经理报告企业主管部门和企业负责人。

2）重伤事故、急性中毒事故、死亡事故，立即报告项目经理和企业主管部门、企业负责人，并由企业负责人立即以最快速的方式报告企业上级主管部门、政府安全生产管理部门、政府建设行政主管部门，以及项目所在地的公安部门。

3）重大事故由企业上级主管部门逐级上报。

涉及两个以上单位的伤亡事故，由伤亡人员所在单位报告，相关单位也应向其主管部门报告。工程实施总承包的，由施工总承包单位负责上报事故。

事故报告要以最快捷的方式立即报告，报告时限不得超过政府主管部门的规定时限。对于特大事故发生后，按《特别重大事故调查程序暂行规定》（国务院第 34 号）、《企业职工伤亡事故报告和处理规定》（国务院令第 75 号）规定，施工企业必须做到：

1）立即将发生特大事故的情况，报告上级归口管理部门和工程所在地地方政府，并报告所在地的省、自治区、直辖市人民政府和国务院归口管理部门。

2）在 24 小时内写出事故报告，报上述所列部门。

（2）伤亡事故报告内容

伤亡事故的报告内容应包括如下内容：①事故发生（或发现）的时间、详细地点、工程项目名称及所属企业名称；②事故的类别、事故严重程度；③事故的简要经过、伤亡人数和直接经济损失的初步估计；④事故发生原因的初步判断；⑤抢救措施及事故控制情况；⑥报告人情况和联系电话等。

9.2.5 职业健康安全事故的调查处理

1. 组织事故调查组

1）轻伤事故。由项目经理牵头，项目经理部生产、技术、职业健康安全、人事、保卫、工会等有关部门的成员组成事故调查组。

2）重伤事故。由企业负责人或其指定人员牵头，企业生产、技术、职业健康安全、人事、保卫、工会、监察等有关部门的成员，会同上级主管部门负责人组成事故调查组。

3）死亡事故。由企业负责人或其指定人员牵头，企业生产、技术、职业健康安全、人事、保卫、工会、监察等有关部门的成员，会同上级主管部门负责人、政府职业健康安全监察部门、行业主管部门、公安部门、工会组织组成事故调查组。

4）重大死亡事故，按照企业的隶属关系，由省、自治区、直辖市企业主管部门或者国务院有关主管部门会同同级行政职业健康安全管理部门、公安部门、监察部门、工会组成事故调查组，进行调查。重大死亡事故调查组应邀请人民检察院参加，还可邀请有关专业技术人员参加。

5）事故调查组成员应符合下列条件：①与所发生事故没有直接利害关系；②具有事故调查所需要的某一方面业务的专长；③满足事故调查中涉及企业管理范围的需要。

2. 现场勘察

(1) 现场作业笔录

1) 发生事故的时间、地点、气象等。

2) 现场勘察人员姓名、单位、职务。

3) 现场勘察起止时间、勘察过程。

4) 能量失散所造成的破坏情况、状态、程度等。

5) 设备损坏或异常情况及事故前后的位置。

6) 事故发生前劳动组合、现场人员的位置和行动。

7) 散落情况。

8) 重要物证的特征、位置及检验情况等。

(2) 现场拍照或摄像

1) 方位拍照，能反映事故现场在周围环境中的位置。

2) 全面拍照，能反映事故现场各部分之间的联系。

3) 中心拍照，反映事故现场中心情况。

4) 细目拍照，提示事故直接原因的痕迹物、致害物等。

5) 人体拍照，反映伤亡者主要受伤和造成死亡的伤害部位。

(3) 绘制现场绘图

据事故类别和规模以及调查工作的需要应绘出下列示意图。

① 建筑物平面图、剖面图。

② 事故时人员位置及活动图。

③ 破坏物立体图或展开图。

④ 涉及范围图。

⑤ 设备或工具、器具构造简图等。

(4) 收集事故资料

①事故单位的营业证照及复印件；②有关经营承包经济合同；③职业健康安全生产管理制度；④技术标准、职业健康安全操作规程、职业健康安全技术交底；⑤职业健康安全培训材料及职业健康安全培训教育记录；⑥项目职业健康安全施工资质和证件；⑦伤亡人员证件（包括特种作业证、就业证、身份证）；⑧劳务用工注册手续；⑨事故调查的初步情况（包括伤亡人员的自然情况、事故的初步原因分析等）；⑩事故现场示意图。

3. 分析事故原因

(1) 事故性质

1) 责任事故，是指由于人的过失造成的事故。

2) 非责任事故，即由于人们不能预见或不可抗力的自然条件变化所造成的事故，或是在技术改造、发明创造、科学试验活动中，由于科学技术条件的限制而发生的无法预料的事故。但是，对于能够预见并可以采取措施加以避免的伤亡事故，或没有经过认真研究解决技术问题而造成的事故，不能包括在内。

3）破坏性事故，即为达到既定目的而故意制造的事故。对已确定为破坏性事故的，由公安机关认真追查破案，依法处理。

（2）事故原因

1）直接原因。根据《企业职工伤亡事故分类标准》（GB 6441—1986）附录 A，直接导致伤亡事故发生的机械、物质和环境的不安全状态和以及人的不安全行为，是事故的直接原因。

2）间接原因。事故中属于技术和设计上的缺陷，教育培训不够、未经培训、缺乏或不懂职业健康安全操作技术知识，劳动组织不合理，对现场工作缺乏检查或指导错误，没有职业健康安全操作规程或不健全，没有或不认真实施事故防范措施，对事故隐患整改不利等原因，是事故的间接原因。

3）主要原因。导致事故发生的主要因素，是事故的主要原因。

（3）事故分析的步骤

1）整理和阅读调查材料。

2）根据《企业职工伤亡事故分类标准》（GB 6441—1986）附录 A，按以下 7 项内容进行分析：受伤部位、受伤性质、起因物、致害物、伤害方法、不安全状态和不安全行为。

3）确定事故的直接原因。

4）确定事故的间接原因。

4. 处理事故责任者

在分析事故原因时，应根据调查所确认的事实，从直接原因入手。逐步深入到间接原因，从而掌握事故的全部原因。通过对直接原因和间接原因的分析，确定事故中的直接责任者和领导责任者，再根据其在事故发生过程中的作用，确定主要责任者。

在查清伤亡事故原因后，必须对事故进行责任分析，目的在于使事故责任者、单位领导人和广大职工群众吸取教训，接受教育，改进工作。责任分析可以通过事故调查所确认的事实，根据事故发生的直接和间接原因，按有关人员的职责、分工、工作状态和在具体事故中所起的作用，追究其所应负的责任；按照有关组织管理人员及生产技术因素，追究最初造成不安全状态的责任；按照有关技术规定的性质、明确程度、技术难度，追究属于明显违反技术规定的责任；不追究属于未知领域的责任。根据事故性质、事故后果、情节轻重、认识态度等，提出对事故责任者的处理意见。

确定责任者的原则为：因设计上的错误和缺陷而发生的事故，由设计者负责；因施工、制造、安装和检修上的错误或缺陷而发生的事故，分别由施工、制造、安装、检修及检验者负责；因缺少职业健康安全规章制度而发生的事故，由生产组织者负责；已发生事故未及时采取有效措施，致使类似事故重复发生的，由有关领导负责。

根据对事故应负责任的程度不同，事故责任者分为直接责任者、主要责任者、重要责任者和领导责任者。对事故责任者的处理，在以教育为主的同时，还必须按责任大小、情节轻重等，根据有关规定，分别给予经济处罚、行政处分，直至追究刑事责任。

对事故责任者的处理意见形成之后，企业有关部门必须按照人事管理的权限尽快办理报批手续。

5. 提交调查报告

（1）事故报告书

事故调查组在查清事实、分析原因的基础上，组织召开事故分析会，按照“四不放过”的原则，对事故原因进行全面调查分析，制定出切实可行的防范措施，提出对事故有关责任人员的处理意见，填写《企业职工因工伤亡事故调查报告书》，经调查组全体人员签字后报批。如调查组内部意见有分歧，应在弄清事实的基础上，对照法律法规进行研究，统一认识。对个别仍持有不同意见的允许保留，并在签字时写明意见。报告书的基本格式如表 9.4 所示。

表 9.4　企业职工职业健康安全事故调查报告书

<table>
<tr><td colspan="10">企业职工职业健康安全事故调查报告书
一、企业详细名称
地址：
电话：
二、经济类型
国民经济类型：
隶属关系：
直接主管部门：
三、事故发生时间
四、事故发生地点
五、事故类别
六、事故原因
其中直接原因：

七、事故严重级别
八、伤亡人员情况</td></tr>
<tr><td>姓名</td><td>性别</td><td>年龄</td><td>文化程度</td><td>用工形式</td><td>工种及级别</td><td>本工种工龄</td><td>职业健康安全教育情况</td><td>伤害部位</td><td>伤害程度</td><td>损失工作日</td></tr>
<tr><td></td><td></td><td></td><td></td><td></td><td></td><td></td><td></td><td></td><td></td><td></td></tr>
<tr><td colspan="11">九、本次事故损失工作日总数
十、本次事故经济损失　　　　　　其中直接经济损失：
十一、事故详细经过
十二、事故原因分析
1. 直接原因：
2. 间接原因：
3. 主要原因：
十三、预防事故重复发生的措施
十四、事故责任分析和对事故责任者的处理
十五、事故调查的有关资料
十六、事故调查组成员名单</td></tr>
</table>

在报批《企业职工因工伤亡事故调查报告书》时，应将下列资料作为附件，一同

上报。

1）企业营业执照复印件。

2）事故现场示意图。

3）反映事故情况的相关照片。

4）故伤亡人员的相关医疗诊断书。

5）事故调查处理的政府主管部门要求提供的与本事故有关的其他材料。

（2）事故结案

1）事故调查处理结论，应经有关机关审批后，方可结案。伤亡事故处理工作一般应当在 90 天内结案，特殊情况不得超过 180 天。

2）事故案件的审批权限，同企业的隶属关系及人事管理权限一致。

3）事故责任者的处理，应根据其情节轻重和损失大小，谁有责任，主要责任，次要责任，重要责任，一般责任，还是领导责任等，按规定给予处分。

4）到政府机关的结案批复后，进行事故建档，并接受政府主管部门的行政处罚。事故档案登记应包括：①员工重伤、死亡事故调查报告书，现场勘察资料（记录、图纸、照片）；②技术鉴定和试验报告；③物证、人证调查材料；④医疗部门对伤亡者的诊断结论及影印件；⑤事故调查组人员的姓名、职务，并签字；⑥企业或其主管部门对该事故所作的结案报告；⑦受处理人员的检查材料；⑧有关部门对事故的结案批复等。

9.3 工程项目环境管理

9.3.1 项目环境管理的程序

1）确定项目环境管理目标。

2）进行项目环境管理策划。

3）实施项目环境管理策划。

4）验证并持续改进。

9.3.2 项目环境管理的工作内容

1）按照分区划块原则，搞好项目的环境管理，进行定期检查，加强协调，及时解决发现的问题，实施纠正和预防措施，保持现场良好的作业环境、卫生条件和工作秩序，做到污染预防。

2）对环境因素进行控制，制定应急准备和响应措施，并保证信息通畅，预防可能出现非预期的损害。在出现环境事故时，应消除污染，并应制定相应措施，防止环境二次污染。

3）应保存有关环境管理的工作记录。

4）进行现场节能管理，有条件时应规定能源使用指标。

9.3.3　项目文明施工

1. 文明施工的意义

1）文明施工能促进企业综合管理水平的提高。保持良好的作业环境和秩序，对促进安全生产、加快施工进度、保证工程质量、降低工程成本、提高经济和社会效益有较大作用。文明施工涉及人、财、物各个方面，贯穿于施工全过程之中，体现了企业在工程项目施工现场的综合管理水平。

2）文明施工是适应现代化施工的客观要求。现代化施工更需要采用先进的技术、工艺、材料、设备和科学的施工方案，需要严密组织、严格要求、标准化管理和较好的职工素质等。文明施工能适应现代化施工的要求，是实现优质、高效、低耗、安全、清洁、卫生的有效手段。

3）文明施工代表企业的形象。良好的施工环境与施工秩序，可以得到社会的支持和信赖，提高企业的知名度和市场竞争力。

4）文明施工有利于员工的身心健康，有利于培养和提高施工队伍的整体素质。文明施工可以提高职工队伍的文化、技术和思想素质，培养尊重科学、遵守纪律、团结协作的大生产意识，促进企业精神文明建设。从而还可以促进施工队伍整体素质的提高。

2. 文明施工的基本条件

1）有整套的施工组织设计（或施工方案）。

2）有健全的施工指挥系统和岗位责任制度。

3）工序衔接交叉合理，交接责任明确。

4）有严格的成品保护措施和制度。

5）大小临时设施和各种材料、构件、半成品按平面布置堆放整齐。

6）施工场地平整，道路畅通，排水设施得当，水电线路整齐。

7）机具设备状况良好，使用合理，施工作业符合消防和安全要求。

3. 文明施工的基本要求

1）工地主要入口要设置简朴规整的大门，门旁必须设立明显的标牌，标明工程名称，施工单位和工程负责人姓名等内容。

2）施工现场建立文明施工责任制，划分区域，明确管理负责人，实行挂牌制，做到现场清洁整齐。

3）施工现场场地平整，道路坚实畅通，有排水措施，基础、地下管道施工完后要及时回填平整，清除积土。

4）现场施工临时水电要有专人管理，不得有长流水、长明灯。

5）施工现场的临时设施，包括生产、办公、生活用房、仓库、料场、临时上下水管道以及照明、动力线路，要严格按施工组织设计确定的施工平面图布置、搭设或埋设整齐。

6）工人操作地点和周围必须清洁整齐，做到活完脚下清，工完场地清，丢洒在楼梯、楼板上的砂浆混凝土要及时清除，落地灰要回收过筛后使用。

7）砂浆、混凝土在搅拌、运输、使用过程中，要做到不洒、不漏、不剩，使用地点盛放砂浆、混凝土必须有容器或垫板，如有洒、漏要及时清理。

8）要有严格的成品保护措施，严禁损坏污染成品，堵塞管道。高层建筑要设置临时便桶，严禁在建筑物内大小便。

9）建筑物内清除的垃圾渣土，要通过临时搭设的竖井或利用电梯井或采取其他措施稳妥下卸，严禁从门窗口向外抛掷。

10）施工现场不准乱堆垃圾及余物，应在适当地点设置临时堆放点，并定期外运。清运渣土垃圾及流体物品，要采取遮盖防漏措施，运送途中不得遗撒。

11）根据工程性质和所在地区的不同情况，采取必要的围护和遮挡措施，并保持外观整洁。

12）针对施工现场情况设置宣传标语和黑板报，并适时更换内容，切实起到表扬先进、促进后进的作用。

13）施工现场严禁居住家属，严禁居民、家属、小孩在施工现场穿行、玩耍。

14）现场使用的机械设备，要按平面布置规划固定点存放，遵守机械安全规程，经常保持机身及周围环境的清洁，机械的标记、编号明显，安全装置可靠。

15）清洗机械排出的污水要有排放措施，不得随地流淌。

16）在用的搅拌机、砂浆机旁必须设有沉淀池，不得将浆水直接排放下水道及河流等处。

17）塔吊轨道按规定铺设整齐稳固，塔边要封闭，道渣不外溢，路基内外排水畅通。

18）施工现场应建立不扰民措施，针对施工特点设置防尘和防噪声设施，夜间施工必须有当地主管部门的批准。

4. 文明施工的工作内容

文明施工应包括下列工作：①进行现场文化建设；②规范场容，保持作业环境整洁卫生；③创造有序生产的条件；④减少对居民和环境的不利影响。

9.3.4 项目现场管理措施

1. 组织管理措施

（1）健全管理组织

施工现场应成立以项目经理为组长，主管生产副经理、主任工程师、栋号负责人（或承包队长），生产、技术、质量、安全、消防、保卫、环保、行政卫生等管理人员为成员的施工现场文明施工管理组织。施工现场分包单位应服从总包单位的统一管理，接受总包单位的监督检查，负责本单位的文明施工工作。

（2）健全管理制度

1）个人岗位责任制。文明施工管理应按专业、岗位、栋号等分片包干，分别建立岗位责任制度。

2）经济责任制。把文明施工列入单位经济承包责任制中，一同“包”、“保”、检查与考核。

3）检查制度。工地每月至少组织两次综合检查，要按专业、标准全面检查，按规定填写表格，算出结果，制表张榜公布。施工现场文明施工检查是一项经常性的管理工作，可采取综合检查与专业检查相结合、定期检查与随时抽查相结合、集体检查与个人检查相结合等方法。

4）奖惩制度。文明施工管理实行奖惩制度，要制定奖、罚细则，坚持奖、惩兑现。

5）持证上岗制度。施工现场实行持证上岗制度。进入现场作业的所有机械司机、架子工、司炉工、起重工、爆破工、电工、焊工等特殊工种施工人员，都必须持证上岗。

6）各项专业管理制度。文明施工是一项综合性的管理工作。因此，除文明施工综合管理制度外，还应建立健全质量、安全、消防、保卫、机械、场容、卫生、料具、环保、民工管理制度。定期安全检查的周期，施工项目自检宜控制在 10～15 天。班组必须坚持日检。季节性、专业性安全检查，按规定要求确定日程。

（3）健全管理资料

1）上级关于文明施工的标准、规定、法律法规等资料应齐全。

2）施工组织设计（方案）中应有质量、安全、保卫、消防、环境保护技术措施和对文明施工、环境卫生、材料节约等管理要求，并有施工各阶段施工现场的平面布置图和季节性施工方案。

3）施工现场应有施工日志。施工日志中应有文明施工内容。

4）文明施工自检资料应完整，填写内容符合要求，签字手续齐全。

5）文明施工教育、培训、考核记录均应有计划、有资料。

6）文明施工活动记录，如会议记录、检查记录等。

7）施工管理各方面专业资料。

（4）积极推广应用新技术、新工艺、新设备和现代化管理方法

2. 现场管理措施

（1）开展“5S”活动

“5S”活动是指对施工现场各生产要素（主要是物的要素）所处状态不断的进行整理、整顿、清扫、清洁和保养。由于这五个词语中罗马拼音的第一个字母都是“S”，所以简称为“5S”。

“5S”活动，在日本和西方国家的企业中广泛实行。它是符合现代化大生产特点的一种科学的管理方法，是提高职工素质，实现文明施工的一项有效措施与手段。开展“5S”活动，要特别注意调动全体职工的积极性，自觉管理，自我实施，自我控制，贯穿施工全过程和全现场，由职工自己动手，创造一个整齐、清洁、方便、安全和标准化的施工环境。开展“5S”活动，必须领导重视，加强组织，严格管理。要将“5S”活

动纳入岗位责任制，并按照文明施工标准检查、评比与考核。坚持 PDCA 循环，不断提高施工现场的“5S”水平。

（2）合理定置

合理定置是指把全工地施工期间所需要的物在空间上合理布置，实现人与物、人与场所、物与场所、物与物之间的最佳结合，使施工现场秩序化、标准化、规范化，体现文明施工水平。它是现场管理的一项重要内容，是实现文明施工的一项重要措施，是谋求改善施工现场环境的一种科学的管理办法。

（3）目视管理

目视管理是一种符合建筑业现代化施工要求和生理及心理需要的科学管理方式，它是现场管理的一项内容，是搞好文明施工、安全生产的一项重要措施。

（4）安全色标管理

1）安全色是表达信息含义的颜色，用来表示禁止、警告、指令、指示等，其作用在于使人们能迅速发现或分辨职业健康安全标志，提醒人们注意，预防事故发生。

红色：表示禁止、停止、消防和危险的意思。

蓝色：表示指令，必须遵守的规定。

黄色：表示通行、安全和提供信息的意思。

2）职业健康安全标志：是指在操作人员容易产生错误，有造成事故危险的场所，为了确保职业健康安全，所采取的一种标示。此标示由安全色、几何图形符号构成，是用以表达特定职业健康安全信息的特殊标示，设置职业健康安全标志的目的，是为了引起人们对不安全因素的注意，预防事故发生。

禁止标志：不准或制止人们的某种行为（图形为黑色，禁止符号与文字底色为红色）。

警告标志：使人们注意可能发生的危险（图形警告符号及字体为黑色，图形底色为黄色）。

指令标志：告诉人们必须遵守的意思（图形为白色，指令标志底色均为蓝色）。

提示标志：向人们提示目标的方向，用于消防提示（消防提示标志的底色为红色，文字、图形为白色）。

3）现场安全色标数量及位置。

施工项目现场安全色标数量及位置见表 9.5。

表 9.5　施工项目现场安全色标分布表

类别		数量	位置
禁止类（红色）	禁止吸烟	8个	材料库房、成品库、油料堆放处、易燃易爆场所、材料场地、木工棚、施工现场、打字复印室
	禁止通行	7个	外架拆除、坑、沟、洞、槽、吊钩下方、危险部位
	禁止攀登 禁止跨越	6个 6个	外用电梯出口、通道口、马道出入口首层外架四面、栏杆、未验收的外架

续表

类别		数量	位置
指令类（蓝色）	必须戴安全帽	7 个	外用电梯出入口、现场大门口、吊钩下方、危险部位、马道出入口、通道口、上下交叉作业
	必须系安全带	5 个	现场大门口、马道出入口、外用电梯出入口、高处作业场所、特种作业场所
	必须穿防护服	5 个	通道口、马道出入口、外用电梯出入口、电焊作业场所、油漆防水施工场所
	必须戴防护眼镜	12 个	通道口、马道出入口、外用电梯出入口、通道出入口、马道出入口、车工操作间、焊工操作场所、抹灰操作场所、机械喷漆场所、修理间、电度车间、钢筋加工场所
警告类（黄色）	当心弧光	1 个	焊工操作场所
	当心塌方	2 个	坑下作业场所、土方开挖
	机械伤人	6 个	机械操作场所、电锯、电钻、电刨、钢筋加工现场、机械修理场所
提示类（绿色）	安全状态通行	5 个	安全通道、行人车辆通道、外架施工层防护、人行通道、防护棚

9.3.5　项目现场环境保护

1. 项目现场环境保护的意义

（1）保护和改善施工现场环境是保证人们身体健康的需要

工人是企业的主人，是施工生产的主力军。防止粉尘、噪声和水源污染，搞好施工现场环境卫生，改善作业环境，就能保证职工身体健康，使其积极投入施工生产。若环境污染严重，工人和周围居民均将直接受害。

（2）保护和改善施工现场环境是消除外部干扰，保证施工顺利进行的需要

随着人们的法制观念和自我保护意识增强，尤其在城市施工，施工扰民问题反映突出，向政府主管部门反映的扰民来信来访增多。有的工地时常同周围居民发生冲突，影响施工生产，严重者环保部门罚款停工整治，如果及时采取防治措施，就能防止污染环境，消除外部干扰，使施工生产顺利进行，而且企业的根本宗旨是为人民服务，保护和改善施工环境事关国计民生，责无旁贷。

（3）保护和改善施工现场环境是现代化大生产的客观要求

现代化施工广泛应用新设备、新技术、新工艺，对环境质量要求很高，如果粉尘、振动超标就可能损坏设备、影响功能发挥，再好的设备，再先进的技术也难于发挥作用。例如：现代化搅拌站各种自动化设备、计算机、电视机、精密仪器等对环境质量有很严格的要求。环境保护是法律和政府的要求，是企业行为准则。

2. 项目现场环境保护措施

（1）实行环保目标责任制

把环保指标以责任书的形式层层分解到有关单位和个人，列入承包合同和岗位责任

制，建立一个懂行善管的环保监控体系。项目经理是环保工作的第一责任人，是施工现场环境保护自我监控体系的领导者和责任者，要把环保政绩作为考核项目经理的一项重要内容。

（2）加强检查和监控工作

要加强对施工现场粉尘、噪音、废气的检查、监测和控制工作。要与文明施工现场管理一起检查、考核、奖罚。及时采取措施消除粉尘、废气和污水的污染。

（3）保护和改善施工现场的环境

一方面施工单位要采取有效措施控制人为噪声、粉尘的污染和采取措施控制烟尘、污水、噪声污染。另一方面，建设单位应该负责协调外部关系，同当地居委会、村委会、办事处、派出所、居民、施工单位、环保部门加强联系。要做好宣传教育工作，认真对待来信来访，凡能解决的问题，立即解决，一时不能解决的扰民问题，也要说明情况，求得谅解并限期解决。

（4）要有技术措施，严格执行国家法律、法规

在编制施工组织设计时，必须有环境保护的技术措施。在施工现场平面布置和组织施工过程中都要执行国家、地区、行业和企业有关防治空气污染、水源污染、噪声污染等环境保护的法律、法规和规章制度。

（5）采取措施防止大气污染

1）施工现场垃圾渣土要及时清理出现场。高层建筑物和多层建筑物清理施工垃圾时，要搭设封闭式专用垃圾道，采用容器吊运或将永久性垃圾道随结构安装好以供施工使用，严禁凌空随意抛撒。

2）施工现场道路采用焦渣、级配砂石、粉煤灰级配砂石、沥青混凝土或水泥混凝土等，有条件的可利用永久性道路，并指定专人定期洒水清扫，形成制度，防止道路扬尘。

3）袋装水泥、白灰、粉煤灰等易飞扬的细颗散体材料，应库内存放。室外临时露天存放时，必须下垫上盖，严密遮盖防止扬尘。

4）车辆不带泥砂出现场措施，可在大门口铺一段石子，定期过筛清理；设置一段水沟冲刷车轮。

5）除设有符合规定的装置外，禁止在施工现场焚烧油毡、橡胶、塑料、皮革、树叶、枯草、各种包皮等以及其他会产生有毒、有害烟尘和恶臭气体的物质。

6）机动车都要安装 PCV 阀，对那些尾气排放超标的车辆要安装净化消声器，确保不冒黑烟。

7）工地茶炉、大灶、锅炉，尽量采用消烟除尘型。

8）工地搅拌站除尘是治理的重点。有条件的要修建集中搅拌站，由计算机控制进料、搅拌、输送全过程，在进料仓上方安装除尘器，可使水泥、砂、石中的粉尘降至99%以上。采用现代化先进设备是解决工地粉尘污染的根本途径。

9）拆除旧有建筑物时，应适当洒水，防止扬尘。

（6）防止水源污染措施

1）禁止将有毒有害废弃物作土方回填。

2）施工现场搅拌站废水、现制水磨石的污水、电石（碳化钙）的污水须经沉淀池沉淀后再排入城市污水管道或河流。最好将沉淀水用于工地洒水降尘或采取措施回收利用。上述污水未经处理不得直接排入城市污水管道或河流中。

3）现场存放油料，必须对库房地面进行防渗处理。如采用防渗混凝土地面，铺油毡等。使用时要采取措施，防止油料跑、冒、滴、漏、污染水体。

4）施工现场 100 人以上的临时食堂，污水排放时可设置简易有效的隔油池，定期掏油和杂物，防止污染。

5）工地临时厕所及化粪池应采取防渗漏措施。中心城市施工现场的临时厕所可采取水冲式厕所，蹲坑上加盖，并有防蝇、灭蛆措施，防止污染水体和环境。

6）化学药品、外加剂等要妥善保管，库内存放，防止污染环境。

（7）防止噪声污染措施

1）严格控制人为噪声，进入施工现场不得高声喊叫、无故甩打模板、乱吹哨，限制高音喇叭的使用，最大限度地减少噪声扰民。

2）凡在人口稠密区进行强噪声作业时，须严格控制作业时间。一般晚 10 点到次日早 6 点之间停止强噪声作业。确系特殊情况必须昼夜施工时，尽量采取降低噪音措施，并会同建设单位找当地居委会、村委会或当地居民协调，出安民告示，求得群众谅解。

3）在传播途径上控制噪声。采取吸声、隔声、隔振和阻尼等声学处理的方法来降低噪声。

9.4 工程项目健康、安全与环境管理体系

9.4.1 项目职业健康安全与环境管理概述

1. 项目职业健康安全与环境管理的概念

施工项目职业健康安全与环境管理是一项综合性管理，是施工项目管理的重要组成部分，它是指在项目施工的全过程中，运用科学管理的理论、方法，通过法规、技术、组织等手段所进行的规范劳动者行为，控制劳动对象、劳动手段和施工环境条件，消除或减少不安全因素，使人、物、环境构成的施工生产体系达到最佳安全状态，实现项目安全目标等一系列活动的总称。

2. 项目职业健康安全与环境管理的目的和任务

施工项目职业健康安全管理的目的是保护产品生产者和使用者的健康与安全。控制影响工作场所内员工、临时工作人员、合同方人员、访问者和其他有关部门人员健康和安全的条件和因素。考虑和避免因使用不当对使用者造成的健康和安全的危害。

施工项目环境管理的目的是保护生态环境，使社会的经济发展与人类的生存环境相协调。控制作业现场的各种粉尘、废水、废气、固体废弃物以及噪声、振动对环境的污染和危害，考虑能源节约和避免资源的浪费。

职业健康安全与环境管理的任务是建筑生产组织（企业）为达到建筑工程的职业健

康安全与环境管理的目的指挥和控制组织的协调活动，包括制定、实施、实现、评审和保持职业健康安全与环境方针所需的组织机构、计划活动、职责、惯例、程序、过程和资源。而业主方也应参与到这个过程，对项目职业健康安全与环境管理做好全面的了解和掌握。如表 9.6 所示，表中有 2 行 7 列，构成了实现职业健康安全和环境方针的 14 个方面的管理任务。不同的组织（企业）根据自身的实际情况制定方针，并为实施、实现、评审和保持（持续改进）来建立组织机构、策划活动、明确职责、遵守有关法律法规和惯例、编制程序控制文件，实行过程控制并提供人员、设备、资金和信息资源。保证职业健康安全环境管理任务的完成。对于职业健康安全与环境密切相关的任务，可一同完成。

表 9.6　职业健康安全与环境管理的任务

项　目	组织机构	计划活动	职　责	惯例 （法律法规）	程序文件	过　程	资　源
职业健康安全方针							
环境方针							

3. 项目职业健康安全与环境管理的特点

1）建筑产品的固定性和生产的流动性及受外部环境影响因素多，决定了职业健康安全与环境管理的复杂性。

①建筑产品生产过程中生产人员、工具与设备的流动性，主要表现为：同一工地不同建筑之间流动；同一建筑不同建筑部位上流动；一个建筑工程项目完成后，又要向另一新项目动迁的流动。②建筑产品受不同外部环境影响的因素多，主要表现为：露天作业多；气候条件变化的影响；工程地质和水文条件的变化；地理条件和地域资源的影响。

由于生产人员、工具和设备的交叉和流动作业，受不同外部环境的影响因素多，使健康安全与环境管理很复杂，稍有考虑不周就会出现问题。

2）产品的多样性和生产的单件性决定了职业健康安全与环境管理的多样性。

建筑产品的多样性决定了生产的单件性。每一个建筑产品都要根据其特定要求进行施工，主要表现是：①不能按同一图纸、同一施工工艺、同一生产设备进行批量重复生产；②施工生产组织及机构变动频繁，生产经营的“一次性”特征特别突出；③生产过程中试验性研究课题多，所碰到的新技术、新工艺、新设备、新材料给职业健康安全与环境管理带来不少难题。

因此，对于每个建设工程项目都要根据其实际情况，制定健康安全与环境管理计划，不可相互套用。

3）产品生产过程的连续性和分工性决定了职业健康安全与环境管理的协调性。

建筑产品不能像其他许多工业产品一样可以分解为若干部分同时生产，而必须在同一固定场地按严格程序连续生产，上一道程序不完成，下一道程序不能进行，上一道工序生产的结果往往会被下一道工序所掩盖，而且每一道程序由不同的人员和单位来完成。因此，在职业健康安全与环境管理中要求各单位和各专业人员横向配合和协调，共同注意产品生产过程接口部分的健康安全和环境管理的协调性。

4）产品的委托性决定了职业健康安全与环境管理的不符合性。

建筑产品在建造前就确定了买主，按建设单位特定的要求委托进行生产建造。而建设工程市场在供大于求的情况下，业主经常会压低标价，造成产品的生产单位对健康安全与环境管理的费用投入的减少，不符合健康安全与环境管理有关规定的现象时有发生。这就要建设单位和生产组织都必须重视对健康安全和环保费用的投入，不可不符合健康安全与环境管理的要求。

5）产品生产的阶段性决定职业健康安全与环境管理的持续性。

一个建设工程项目从立项到投产使用要经历五个阶段，即设计前的准备阶段（包括项目的可行性研究和立项）、设计阶段、施工阶段、使用前的准备阶段（包括竣工验收和试运行）、保修阶段。这五个阶段都要十分重视项目的安全和环境问题，持续不断地对项目各个阶段可能出现的安全和环境问题实施管理。否则，一旦在某个阶段出现安全问题和环境问题就会造成投资的巨大浪费，甚至造成工程项目建设的夭折。

6）产品的时代性和社会性决定环境管理的多样性和经济性。

①时代性：建设工程产品是时代政治、经济、文化、风俗的历史记录，表现了不同时代的艺术风格和科学文化水平，反映一定社会的、道德的、文化的、美学的艺术效果，成为可供人们观赏和旅游的景观。②社会性：建设工程产品是否适应可持续发展的要求，工程的规划、设计、施工质量的好坏，受益和受害不仅仅是使用者，而是整个社会，影响社会持续发展的环境。③多样性：除了考虑各类建设工程（民用住宅、工业厂房、道路、桥梁、水库、管线、航道、码头、港口、医院、剧院、博物馆、园林、绿化等）使用功能与环境相协调外，还应考虑各类工程产品的时代性和社会性要求，其涉及的环境因素多种多样，应逐一加以评价和分析。④经济性：建设工程不仅应考虑建造成本的消耗，还应考虑其寿命期内的使用成本消耗。环境管理注重包括工程使用期内的成本，如能耗、水耗、维护、保养、改建更新的费用。并通过比较分析，判定工程是否符合经济要求，一般采用生命周期法可作为对其进行管理的参考。另外环境管理要求节约资源，以减少资源消耗来降低环境污染，二者是完全一致的。

4. 项目职业健康安全管理的基本原则

（1）管生产同时管安全

安全寓于生产之中，并对生产发挥促进与保证作用。管生产同时管安全，不仅是对各级领导人员明确安全管理责任，同时也向一切与生产有关的机构、人员明确了业务范围内的安全管理责任。

（2）坚持安全管理的目的性

安全管理的内容是对生产中的人、物、环境因素的管理，有效的控制人的不安全行为和物的不安全状态，消除或避免事故，达到保护劳动者的安全与健康的目的。没有明确目的的安全管理是一种盲目行为，在一定意义上，盲目的安全管理，只能纵容威胁人的安全与健康的状态，向更为严重的方向发展或转化。

（3）必须贯彻预防为主的方针

安全生产的方针是“安全第一、预防为主”。安全第一是从保护生产力的角度和高度，表明在生产范围内安全与生产的关系，肯定安全在生产活动中的位置和重要性。进行安全管理不是处理事故，而是在生产活动中，针对生产的特点，对生产因素采取管理措施，有效的控制不安全因素的发展与扩大，把可能发生的事故，消灭在萌芽状态，以保证生产活动中人的安全与健康。

（4）坚持“四全”动态管理

安全管理不是少数人和安全机构的事，而是一切与生产有关的人共同的事。安全管理涉及生产活动的各方面，涉及从开工到竣工交付使用的全部生产过程，涉及全部生产时间，涉及一切变化着的生产因素。因此，生产活动中必须坚持全员、全过程、全方位、全天候的动态安全管理。

（5）安全管理重在控制

进行安全管理的目的是预防、消灭事故，防止或消除事故伤害，保护劳动者的安全与健康。在安全管理的主要内容中，虽然都是为了达到安全管理的目的，但是对生产因素状态的控制，与安全管理目的关系更直接，显得更为突出。因此，对生产中人的不安全行为和物的不安全状态的控制，是动态安全管理的重点。

（6）在管理中发展提高

既然安全管理是在变化着的生产活动中的管理，是一种动态管理。就意味着管理是不断发展变化的，以适应变化的生产活动，消除新的危险因素。然而更为需要的是不间断的摸索新的规律，总结管理、控制的方法与经验，指导新的变化后的管理，从而使安全管理不断上升到新的高度。

5. 项目职业健康安全管理目标

施工项目安全目标是在项目施工过程中，安全工作所要达到的预期效果。

施工项目安全目标应根据项目施工的特点制订，应具有先进性和可行性。施工项目总的安全目标包括：项目施工过程控制伤亡事故发生的指标、控制交通安全事故的指标、尘毒治理要求达到的指标、控制火灾发生的指标等。

项目总的安全目标确定后，还要按层次进行安全目标分解，形成安全目标体系，即施工项目总的安全目标，项目经理部下属各单位、各部门的安全目标，施工班组安全目标，个人安全目标。

在安全目标体系中，总目标值是最基本的安全指标，而下一层的目标值应略高一些，以保证上一层安全目标实现。如项目总安全目标要求重大伤亡事故为零，中层的安全目标就应除此之外还要求重伤事故为零，施工队一级的安全目标还应进一步要求轻伤事故为零，班组一级要求险肇事故为零，个人则做到违章为零。

9.4.2 职业健康安全与环境管理体系标准的基本结构和运行模式

1. 职业健康安全管理体系标准的基本结构和运行模式

1）职业健康安全管理体系规范的基本结构：职业健康安全管理体系规范的基本结

构如图 9.2 所示，由 5 个一级要素和 17 个二级要素构成，各要素的内容如表 9.7 所示。

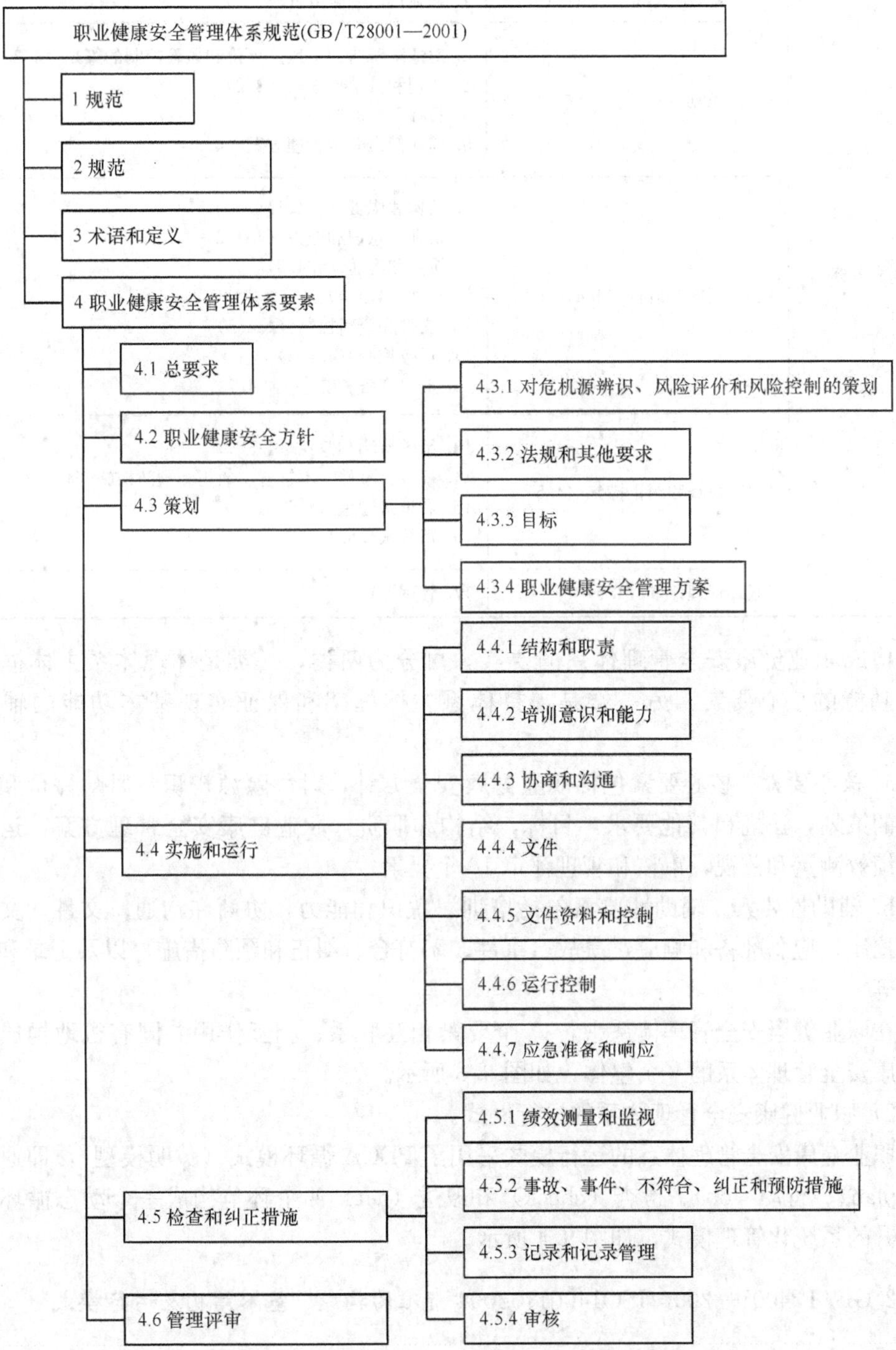

图 9.2　职业健康安全管理体系规范总体结构

表 9.7 职业健康安全管理体系一、二级要素

	一级要素	二级要素
要素名称	（一）职业健康安全方针（4.2）	1. 职业健康安全方针（4.2）
	（二）策划（4.3）	2. 对危险源辨识、风险评价和风险控制的策划（4.3.1） 3. 法规和其他要求（4.3.2） 4. 目标（4.3.3） 5. 职业健康安全管理方案（4.3.4）
	（三）实施和运行（4.4）	6. 结构和职责（4.4.1） 7. 培训、意识和能力（4.4.2） 8. 协商和沟通（4.4.3） 9. 文件（4.4.4） 10. 文件和资料控制（4.4.5） 11. 运行控制（4.4.6） 12. 应急准备和响应（4.4.7）
	（四）检查和纠正措施（4.5）	13. 绩效检测和监视（4.5.1） 14. 事故、事件、不符合、纠正和预防措施（4.5.2） 15. 和记录管理（4.5.3） 16. 审核（4.5.4）
	（五）管理评审（4.6）	17. 管理评审

构成职业健康安全管理体系的要素，可分为两类，一类是体现体系主体框架和基本功能的核心要素，另一类是支持体系主体框架和保证实现基本功能的辅助性要素。

a. 核心要素。核心要素包括职业健康安全方针，对危险源辨识、风险评价和风险控制的策划，法规和其他要求，目标，结构和职责，职业健康安全管理方案，运行控制，绩效测量和监视，审核和管理评审 10 个要素。

b. 辅助性要素。辅助性要素包括培训、意识和能力，协商和沟通，文件，文件和资料控制，应急准备和响应，事故、事件、不符合、纠正和预防措施，以及记录和记录管理等。

在职业健康安全管理体系中，17 个要素相互联系、相互作用共同有机地构成了职业健康安全管理体系的一个整体，如图 9.3 所示。

2）职业健康安全管理体系的运行模式。

职业健康安全管理体系的运行模式采用了 PDCA 循环模式（戴明模型），即通过策划（plan）、行动（do）、检查（check）和改进（act）四个环节构成一个动态循环并螺旋上升的系统化管理模式，如图 9.4 所示。

2. GB/T24001—2004/ISO14001：2004 标准的构成、基本结构及运行模式

（1）ISO14000 系列标准的构成

ISO 14000 是一套系列标准，ISO 14000 是这个系列标准的总代号。

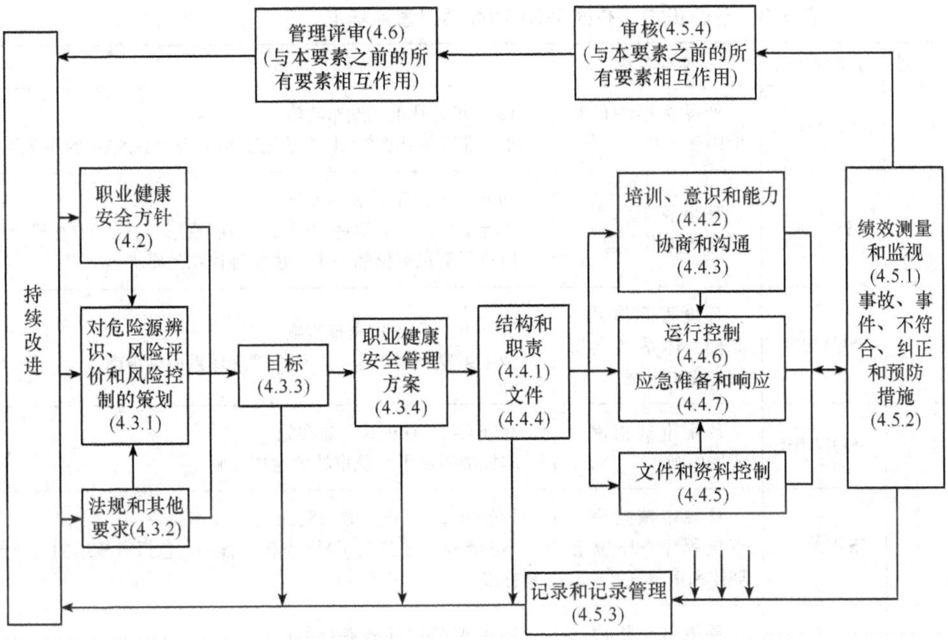

图 9.3　职业健康安全管理体系各要素之间的相互关系图

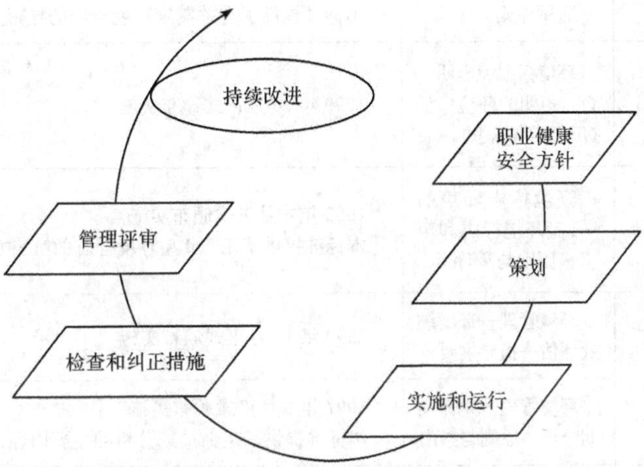

图 9.4　职业健康安全管理体系模式

ISO/TC207 从 1996 年 9 月开始到 1999 年 10 月先后发布了 13 个环境方面的标准，如表 9.8 所示，其中 12 个属于环境管理体系和环境审核方面的标准，已等同转化为我国的国家标准，标准代号为 GB/T24000。在这套系列标准中，GB/T24001—2004/ISO14001：2004 标准是《环境管理体系要求及使用指南》，属于组织建立环境管理体系的标准。

(2)《环境管理体系要求及使用指南》(GB/T24001—2004/ISO14001：2004）的基本结构和运行模式

表 9.8　已经正式颁布的 ISO14000 系列国际标准（截止到 1999 年末）

序　号	标准序列号	标准名称	备　注
1	ISO 导则 64	产品标准中的环境因素导则	1997 年 3 月正式颁布实施 本标准旨在帮助产品标准的编制者确定产品标准中的环境因素
2	ISO14001	环境管理体系—规范及使用指南	1996 年 9 月正式颁布实施 本标准规定了对那些用于自我声明或第三方认证/注册目的的可以进行客观审核的一个环境管理体系的要求
3	ISO14004	环境管理体系—原则、体系和支持技术通用指南	1996 年 9 月正式颁布实施 为组织建立和实施一个环境管理体系提供指南
4	ISO14010	环境审核指南—通用原则	1996 年 10 月正式颁布实施 本标准提供了环境审核的通用原则
5	ISO14011	环境审核指南—审核程序—环境管理体系审核	1996 年 10 月正式颁布实施 本标准提供了进行 EMS 审核的程序，包括审核组的组成与选择标准
6	ISO14012	环境审核指南—审核员资格要求	1996 年 10 月正式颁布实施 本标准提供了内部和外部环境审核员及审核组长的资格要求
7	ISO14020	环境标志和声明—通用原则	1998 年 8 月正式颁布实施 本标准提供了有关制定环境声明的导则及标准的通用原则
8	ISO14021	环境标志和声明—自行声明的环境申诉（II 型环境标志）	1999 年 10 月正式颁布实施
9	ISO14024	环境标志和声明—I 型环境标志和声明—原则与程序	1999 年 4 月正式颁布实施 本标准提供了用于 I 型环境标志的第三方认证的程序与原则
10	ISO 14031	环境管理—环境绩效评估—指导纲要	1999 年 10 月正式颁布实施
11	ISO14040	环境管理—生命周期分析—原则与指南	1997 年 6 月正式颁布实施 本标准提供了生命周期分析的主要内容、方法和应用领域
12	ISO14041	环境管理—生命周期分析—目标和范围的界定及清单分析	1998 年 10 月正式颁布实施 本标准提供了确定生命周期分析法的目标和范围的导则，并提供了如何进行生命周期“清单分析”的指南
13	ISO14050	术语和概念—术语使用原则指南	1998 年 5 月正式颁布实施 本标准旨在帮助一个组织理解用于 ISO14000 系列标准的术语与定义

1）环境管理体系规范的总体结构：环境管理体系的基本结构也是由 5 个一级要素和 17 个二级要素构成的，如图 9.5 和表 9.9 所示。

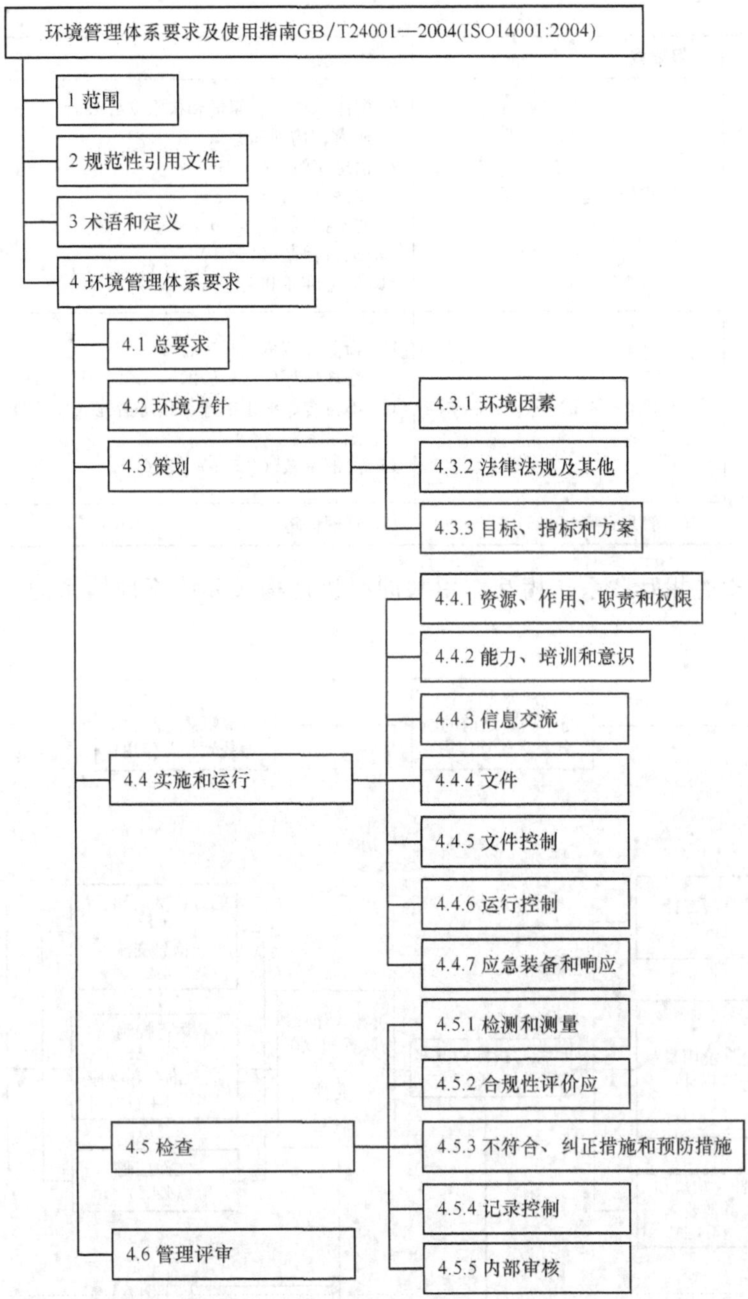

图 9.5　环境管理体系规范总体结构

表 9.9　环境管理体系一、二级要素

	一级要素	二级要素
要素名称	(一) 环境方针 (4.2)	1. 环境方针 (4.2)
	(二) 策划 (4.3)	2. 环境因素 (4.3.1) 3. 法规和其他要求 (4.3.2) 4. 目标、指标和方案 (4.3.3)

续表

<table>
<tr><td rowspan="4">要素名称</td><td>一级要素</td><td>二级要素</td></tr>
<tr><td>（三）实施和运行（4.4）</td><td>5. 资源、作用、职责和权限（4.4.1）
6. 能力、培训和意识（4.4.2）
7. 信息交流（4.4.3）
8. 文件（4.4.4）
9. 文件控制（4.4.5）
10. 运行控制（4.4.6）
11. 应急准备和响应（4.4.7）</td></tr>
<tr><td>（四）检查（4.5）</td><td>12. 检测和测量（4.5.1）
13. 合规性评价（4.5.2）
14. 不符合、纠正措施和预防措施（4.5.3）
15. 记录控制（4.5.4）
16. 内部审核（4.5.5）</td></tr>
<tr><td>（五）管理评审（4.6）</td><td>17. 管理评审</td></tr>
</table>

17个要素的相互联系、相互作用共同有机地构成环境管理体系的一个整体，如图9.6所示。

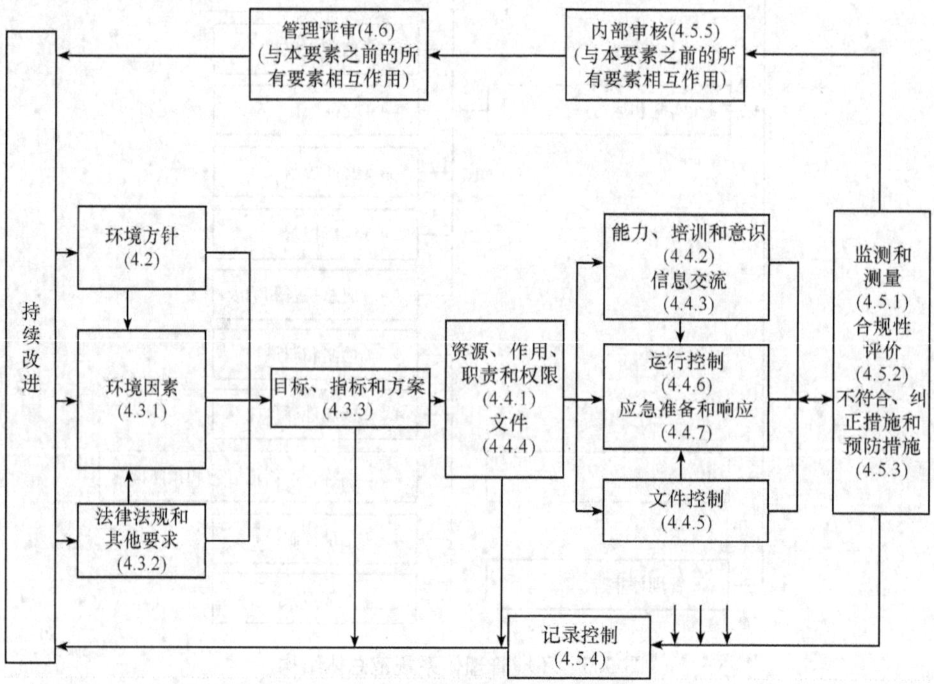

图9.6　环境管理体系要素关系

2）环境管理体系的运行模式。环境管理体系结构和运行框图如图9.7所示，整个环境管理体系的运作是从确立“环境方针”开始的（虽然有许多前期工作，那也是为制定方针做准备，如初始环境评审、环境因素的确定和环境影响评价等）；随后进行的是“策划”，即对如何实现环境方针的策划；“实施与运行”则是对策划的实施并使环境管理体系投入运行；“检查”是保持和改进环境管理体系的措施；最后的“管理评审”是对整个循环过程的总结，发现问题及时纠正，如果发现环境方针和目标方面存在问题，则需要提出修改方针的任务，循环到此告一段落。然后通过方针、目标等的修订，又开始了新的循环，如此周而复始永无止境，使组织的环境状况随着每次目标的实现而改善和提高。

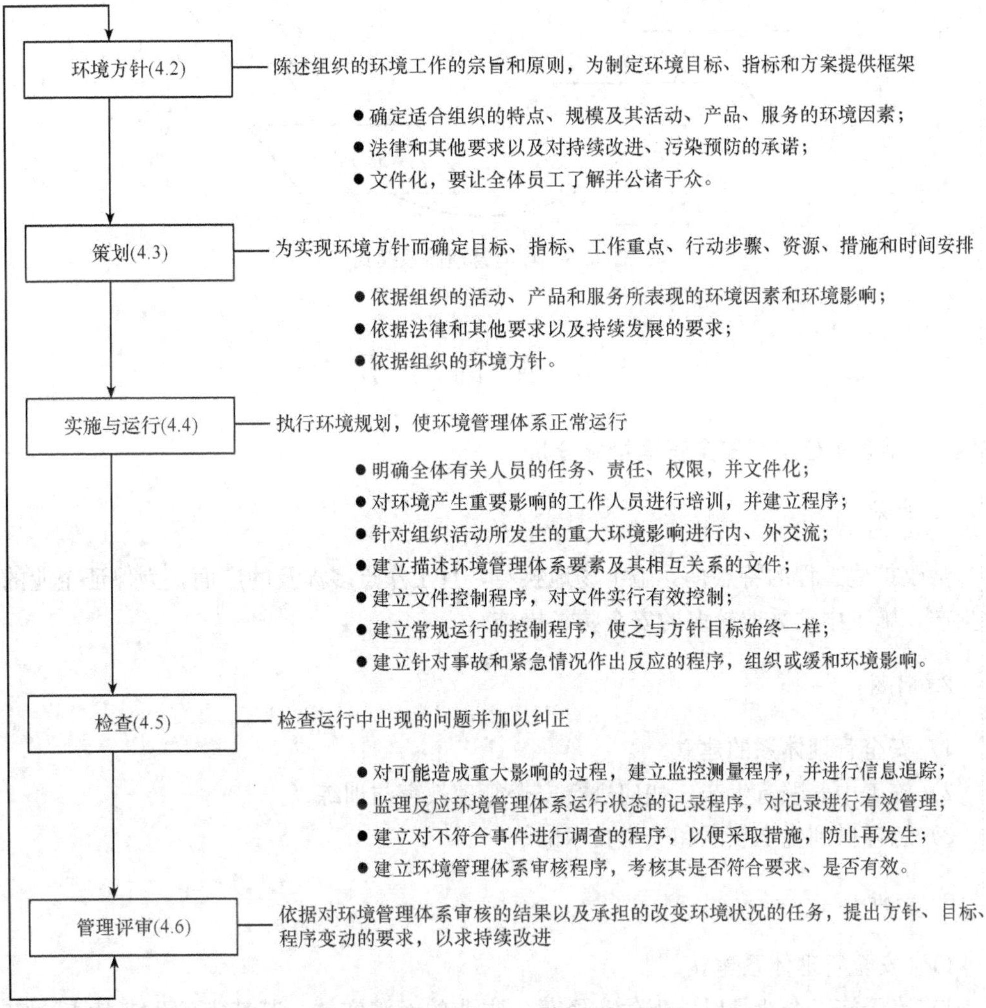

图 9.7　环境管理体系结构和运行框图

环境管理体系的运行形态、模式也采用了类似质量管理的 PDCA 循环。在环境管理体系运行模式中，方针和策划相当于 P（planning）阶段，实施与运行相当于 D（do）阶段，检查相当于 C（checking）阶段，管理评审相当于 A（action）阶段。这实际上是借鉴了质量管理的成功经验，使环境管理体系结构合理、逻辑关系清楚、目的明确、要素简练、普遍适用。

环境管理体系模式图（图 9.8）形象、直观地表达了环境管理体系的构成要素和各要素之间的关系以及环境管理体系的运行和持续改进的动态过程。

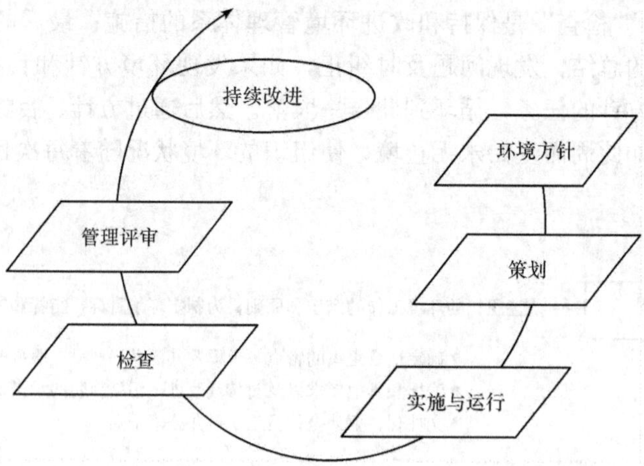

图 9.8 环境管理体系模式

9.5 案例分析

案例 1：某改扩建工程安全管理措施分析

1. 背景

某改扩建工程的特点是：施工场地狭窄，且工作点多涉及的广面，为保证企业的正常生产，施工中须采取较多的安全防护措施。

2. 问题

1）安全管理体系的建立。
2）施工中兼顾有生产，如何进行安全管理教育与训练。
3）怎样做到生产技术和安全技术的统一。

3. 分析

（1）安全管理体系建立

1）鉴于施工企业是以施工生产经营为主业的经济实体，其特定的生产特点决定了组织生产的特殊性。

2）工程建设要实现以经济效益为中心的工期、成本、质量、安全等的综合目标管理，为此，则需对与实现效益相关的生产因素进行有效的控制。

3）安全生产是施工项目重要的控制目标之一，也是衡量施工项目管理水平的重要标志。

4）安全管理应概括为：在进行生产管理的同时，通过采用计划，组织，技术等手段，依据并适应生产中人、物、环境因素的运动规律，使其积极方面充分发挥，而又利于控制事故不致发生的一切管理活动。

5）建立安全管理体系应成立组织机构，制定并通过安全管理体系文件。成立由第一责任人为首的安全组织机构；建立安全检查制度和安全教育培训制度；编制安全操作规程和安全技术标准；组成义务消防组织及事故险情应急队。

（2）安全管理教育与培训

1）管理人员、操作人员应具有基本条件与较高的素质。

2）安全教育、训练的目的与方式。

3）安全教育、训练包括知识、技能、意识三个阶段的教育；安全知识教育；安全技能训练；安全意识教育。

4）安全教育的内容随实际需要而确定。

5）增强教育管理，增强安全教育效果。

6）进行各种形式、不同内容的安全教育，都应把教育的时间、内容等，清楚的记录在安全教育记录本或记录卡上。

（3）生产技术与安全技术的统一

1）施工生产进行之前，根据现场的综合情况，完成生产因素的合理匹配计划，完成施工设计和现场布置，施工设计和现场布置，经过审查，批准，即成为施工现场中生产因素流动与动态控制的唯一依据。

2）施工项目中的分部、分项工程，在施工进行之前，针对工程具体情况与生产因素的流动特点，完成作业或操作方案。且要把完成各方案的设计思想，内容与要求，向作业人员进行充分的交底，交底既是安全知识教育的过程，同时，也确定了安全技能训练的时机和目标。

3）控制人的不安全行为，物的不安全状态，预防伤害事故，保证生产工艺顺利实施去认识，生产技术工作中应纳入如下的安全管理职责：①进行安全知识、安全技能的教育，规范人的行为，使操作者获得完善的、自动化的操作行为，减少操作中人的失误；②参加安全检查和事故调查，从中充分了解生产过程中，物的不安全状态存在的环节和部位、发生与发展、危害性质与程度、摸索控制物的不安全状态和规律和方法，提高对物的不安全状态的控制能力；③严把设备、设施用前验收关，不使有危险状态的设备、设备盲目投入运行，预防人，机运动轨道交叉而发生的伤害事故。

案例 2：建筑施工事故分析

1. 背景

2004 年，全国共发生建筑施工事故 1144 起、死亡 1324 人。伤亡事故类别仍主要是高处坠落、施工坍塌、物体打击、机具伤害和触电等类型，这些类型事故的死亡人数分别占全部事故死亡人数的 53.10％、14.43％、10.57％、6.72％和 7.18％，总计占全部事故死亡人数的 92.0％。

安全问题一直是我们工作的重点，但是为什么安全形势一直如此严峻呢？就是有些人对安全工作“说起来重要，干起来次要，急起来不要”。我结合多年的安全工作经验，谈一下如何搞好安全工作。

2. 问题

1）对工程施工方案编制人员的要求是什么？

2）安全技术措施编制的主要内容及注意事项？

3）如何做好安全技术交底和检查落实？

3. 分析

1）施工方案的编制人员就是施工工程的设计师，必须树立“安全第一”的思想，从施工图纸开始就必须认真考虑施工安全问题，尽可能地不给施工和操作人员留下隐患，编制人员应当充分掌握工程概况、施工工期、场地环境条件，根据工程的特点，科学地选择施工方法、施工机械、变配电设施及临时用电线路架设，合理地布置施工平面。安全施工涉及施工的各个环节，因此，工程施工方案编制人员应当了解施工安全的基本规范、标准及施工现场的安全要求，如《农村低压电力技术规程》、《农村低压电气安全工作规程》等，还必须熟悉相应的专业技术知识以后，才能在编制工程施工方案时确立工程施工安全目标，使措施通过现场人员的认真贯彻达到目标要求。

施工方案编制人员，还必须了解施工工程内部及外部给施工带来的不利因素，通过综合分析后，制定具有针对性的安全施工措施，使之起到保证施工进度，确保工程质量和安全、科学、合理、有序地指导施工的作用。

2）从施工工程和施工技术角度。

① 从施工工程整体考虑。线路架设前首先考虑工程施工期间对周围道路、行人及邻近居民、设施的影响，采取相应的防护措施（如设立安全区域、标示牌），安全通道及高处作业对下部和地面人员的影响；临时用电线路的整体布置、架设方法；安装工程中的设备、构配件吊运，起重设备的选择和确定，起重以外安全防护范围等。复杂的吊装工程还应考虑视角、信号、步骤等细节。

② 季节性工程施工的安全技术措施。如夏季防暑降温、雨季施工要制定防雷防电，冬季防火、防大风等。

安全技术措施编制内容不拘一格，按其施工项目的复杂、难易程度及施工环境条件，选择安全防范重点，但施工方案必须贯彻安全第一、预防为主的原则。为了进一步明确编制安全技术措施的重点，应抓住：防高空坠落；防触电；防交通事故；防误操作等四种伤害的防患，制定相应的措施，内容要充实，有针对性。

③ 技术措施指的是为保证人员安全施工和设备安全运行，从技术上对设备和人员操作采取的措施。制定技术措施时，应视工作对象和内容，以规程为依据，特别是要根据现场实际情况编写。编写技术措施时，应详细了解施工现场的实际情况，掌握电网运行方式，明确带电设备，对需要检修和处理的设备，从技术上采取安全保证。对施工人员要采用的工作方式，从技术上加以规范，以保证工作的安全进行。

④ 安全措施应从人员教育、危险点预控、措施落实、安全管理等方面进行详细的安排，尤其要进行深入的危险点分析。实行预控就是要根据作业内容、工作方法、作业环境、人员状况（包括人员情绪）、设备实际等去分析，查找可能导致人为失误事故的

危险因素，再依据规程、制度，逐一制定防范措施，不得照搬规程或套用其他工程安全措施，并在生产现场实施程序化、规范化作业，以达到防止人为失误事故发生的目的。安全措施应详细体现工程施工过程中逐级监督、逐级管理、层层落实安全责任的思想，责任到人，确保各项措施落到实处。对工程施工过程中涉及的较为特殊的作业项目，在安全措施中要加以特别体现。

3）安全施工措施。

①工程开工前，工程负责人应向参加施工的各类人员认真进行安全技术措施交底，使大家明白，工程施工特点及各时期安全施工的要求，这是贯彻施工安全技术措施的关键。施工单位安全负责人，核对现场安全技术措施是否符合施工方案的要求，若存在漏洞不可开工，应对措施进行完善，直至符合要求方可开工。②施工过程中，现场管理人员应按施工安全措施要求，对操作人员进行详细的工作程序中安全技术措施交底，使全体施工人员懂得各自岗位职责和安全操作方法，这是贯彻施工方案中安全措施规范的过程。③安全技术交底要结合规程及安全施工的规范标准进行，避免口号式，无针对性的交底。并认真履行交底签字手续，以提高接受交底人员的责任心。同时要经常检查安全措施的贯彻落实情况，纠正违章，使措施方案始终得到贯彻执行，达到既定的施工安全目标。

只要上述问题做好了，完全可以杜绝大部分安全问题，搞好我们的安全工作。

复习思考题

9.1　简述土木工程项目健康、安全与环境管理的意义。

9.2　土木工程项目健康、安全与环境管理对企业文化的影响。

9.3　工程项目施工现场安全控制基本要求。

9.4　土木工程项目健康、安全隐患的控制要求。

参考文献

泛华建设集团. 2007. 建筑工程施工项目管理指南［M］. 北京：中国建筑工业出版社.

方东平，黄新宇，Jimmie Hinze. 2001. 工程建设安全管理［M］. 北京：中国水利水电出版社.

顾慰慈. 2007. 工程项目职业健康安全与环境管理［M］. 北京：中国建材工业出版社.

李慧民. 2002. 建筑工程经济与项目管理［M］. 北京：冶金工业出版社.

张世廉，董勇，潘承仕. 2005. 建筑安全管理［M］. 北京：中国建筑工业出版社.

第 10 章　工程项目信息管理

本章要求：

（1）了解信息流的基本概念；

（2）熟悉工程项目信息的基本概念、内容、形式、特点、要求及基本特征；

（3）了解工程项目信息管理的基本概念；

（4）熟悉工程项目报告系统文档管理；

（5）了解工程项目管理信息系统及其设计开发；

（6）了解国际国内常用的国际国内工程项目管理信息软件。

10.1　概　　述

"信息"（information）一词的定义很多，如信息是指可以用语言、文字、数据、图表、图形或其他可以让使用者识别的信号来表示的，并可以进行传递、处理及应用的对象；信息是帮助人们做出正确决策的知识；是系统有序程度的度量；是能够导致某种决策行动的外界情况；是完成某一项任务所需要的知识等等。在人类社会中，信息无所不在。每一个国家、企业、个人，每一项工作、活动，都需要涉及某种信息处理工作。

信息管理是指对信息的收集、整理、处理、储存、传递与应用等一系列工作的总称。也即是把信息作为管理对象进行管理。信息管理的目的就是根据信息的特点，有计划地组织信息沟通，以保持决策者能及时、准确获得相应的信息。为了达到信息管理的目的，就要把握信息管理的各个环节，包括：掌握信息来源，对信息进行分类；建立信息管理系统；正确应用信息管理的手段；掌握信息流程的不同环节。

10.1.1　信息流

1. 工程项目实施中的几种流动过程及其相互关系

从信息学的观点出发，在工程项目实施过程是一个有机的过程。物质形态的材料、设备，劳动形态的工作，资本形态的资金，精神形态的信息在项目实施过程中流动、输入、经过处理转换为工程实体。在工程项目的实施过程中可分为工作流、物流、资金流、信息流等几个主要的流动过程。

（1）工作流

由项目的结构分解得到项目的所有工作，任务书（委托书或合同）确定了这些工作的实施者，再通过项目计划具体安排它们的实施方法、实施顺序、实施时间以及实施过程中的协调。这些工作在一定时间和空间内实施，便形成项目的工作流。工作流构成项目的实施过程和管理过程，主体是劳动力和管理人员。

(2) 物流

工作的实施需要各种材料、设备、能源，它们由外界输入，经过处理转换为工程实体，最终得到项目产品，则由工作流引起物流，表现出工程的物质生产过程。

(3) 资金流

资金流是工程过程中价值的运动。例如，从外部投入资金，通过采购变为库存的材料和设备，支付工资和工程款，再转变为已完工程，投入运营后作为固定资产，通过项目的运营取得收益。

(4) 信息流

工程项目的实施过程需要同时又不断地产生大量信息。这些信息伴随着上述几种流动过程按一定的规律产生、转换、变化和被使用，并被传送到相关部门或单位，形成项目实施过程中的信息流。项目管理者设置目标，做决策，做各种计划，组织资源供应，领导、激励、协调各项目参加者的工作，控制项目的实施过程都靠信息来实施，他靠信息了解项目实施情况，发布各种指令，计划并协调各方面的工作，完成项目管理任务。

2. 工程项目中的信息流

工程项目中的信息流通方式是丰富多彩的，可以从许多角度进行描述。项目中的信息流包括两个最主要的信息交换过程：

(1) 项目与外界的信息交换

项目作为一个开放系统，它与外界有大量的信息交换。这里包括：

1) 由外界输入的信息。例如环境信息、物价变动信息、市场状况信息、周边情况信息以及外部系统（如企业、政府机关）给项目的指令、对项目的干预等。

2) 项目向外界输出的信息，如项目状况的报告、请示、要求等。

在现代社会，工程项目对社会的各个方面产生影响，它的大量信息必须对外公布，让相关各方有知情权。同时市场（如工程承包市场、材料和设备市场等）和政府管理部门也需要项目信息，如项目的需求信息、项目实施状况的信息，项目结束后的各种统计信息等。

对于政府项目、公共工程项目更需要通过互联网让社会各相关方面了解项目的信息，实现政务公开，使项目在“阳光”下运作。

对于企业，存在以企业的项目办公室等综合部门为中心的项目信息流，以及项目经理部与环境组织之间的项目信息流。

(2) 项目内部的信息交换

为了进行建筑工程项目管理，必须使信息在项目组织内部及该组织与环境之间进行流动，称为“信息流”。从信息流的角度对工程项目管理信息进行观察，则有以下内容：

1) 自上而下流动的信息是指自项目经理开始，流向项目管理工作部门及人员，乃至工人班组的信息，或在分级管理时，每一个中间层次的机构向其下级逐级流动的信息，即信息源在上，接受信息者是其直接下属。这些信息主要指管理目标，命令、工作条例、办法及规定、业务指导意见等。

2）自下而上流动的信息是指由下级向上级的信息，这些信息源在下，接受信息者在上。包括项目实施和管理中有关目标的完成量、进度、成本、质量、安全、消耗、效率情况，工作人员的工作情况，一些值得引起上级注意的情况、意见，上级因决策指挥需要下级提供的资料和情况等。

3）横向流动的信息指项目管理工作机构中，同一层次的工作部门或工作人员之间相互提供或接受的信息。这种信息一般是由于份工不同而各自产生的，但为了共同的目标又需要相互协作时而互通有无或相互补充，以及在特殊、紧急情况下，为节省信息流动时间而需要横向提供的信息。工程项目经理应当采取措施防止产生横向信息流通的障碍，发挥横向信息流应有的作用，尤其是在直线制组织结构时要特别注意这一点。

4）以咨询顾问室或经营办公室等综合部门为集散中心的信息。咨询顾问室或经理办公室等综合部门为项目经理决策做准备，因此既需要大量信息，又可以作为有关信息的提供者。他是汇总信息、分析信息、分发信息的部门，帮助工作部门进行规划、任务检查，对有关的专业、技术与问题进行顾问。因此各工作部门不仅要向上级汇报，而且应当将信息传递给顾问室，以有利于顾问室为决策做好充分准备。

5）在项目管理班子与环境之间进行流动的信息。项目管理班子与自己的企业领导、建设单位、设计单位、供应单位、建设银行、咨询单位、质量监督部门、有关国家管理部门和业务部门，根据不同的情况都需要进行信息交流，既要满足自身项目管理的需要，又要满足与环境的协作要求，或按国家规定的要求相互提供信息。因此，项目经理对这种信息应予以充分重视，它涉及信誉、竞争、守法和经济效益等多方面的重大原则问题。

10.1.2 工程项目信息

1. 工程项目信息的概念

工程项目信息通常是指工程项目从策划到竣工交付使用过程中经过加工处理对人们各种具体活动提供参考的资料。工程项目的实施需要大量的人力资源、物质资源、资金资源，以及信息资源等。工程项目信息包括在项目策划决策过程、实施过程（设计、施工和货物采购过程等）和运营过程中产生的信息，以及其他与项目实施过程有关的信息，如项目的组织类、管理类、经济类、技术类、法规类等信息。

相关研究指出工程项目实施过程中存在的诸多问题。其中，三分之二与信息交流的问题有关；工程项目10%～33%的费用增加与信息交流的问题有关；大型项目中，信息交流的问题导致工程变更和工程实施的错误约占项目全部费用的3%～5%。而我国工程项目管理中最薄弱的工作环节是信息管理。多数业主、咨询管理单位、施工承包单位、设计单位等的信息管理还相当落后，对信息管理不重视，造成对信息管理的组织、方法和手段基本上还停留在传统的模式上。

2. 工程项目信息的基本内容和形式

(1) 工程项目信息的基本内容：

1) 项目基本状况的信息。它主要存在于项目的建议书、可行性研究报告、项目手册、各种合同、设计和计划文件中。

2) 现场实际工程信息，如实际工期、成本、质量、资源消耗情况的信息等。它主要存在于各种报告，如日报、月报、重大事件报告、设备、劳动力、材料使用报告及质量报告中。这里还包括对问题的分析、计划和实际对比以及趋势预测的信息。

3) 各种指令、决策方面的信息。

4) 其他信息。外部进入项目的环境信息，如市场情况、气候、外汇波动、政治动态等。

(2) 工程项目信息的形式

1) 书面材料，包括图纸及说明书、工作条例和规定、施工组织设计、情况报告、谈话记录、原始记录、报表、信件等提供的信息。

2) 个别谈话包括口头分配任务、作指示、汇报、工作检查、建议、批评、介绍情况、谈判交涉等产生的信息。

3) 集体口头形式包括工作讨论和研究、会议、培训班、特殊任务的工作机构、检查组、工作队等产生的信息。

4) 技术形式包括听写器、广播器、电话、电报、电视、录像、录音、展览、版面等产生的信息。项目管理者应当灵活运用各种信息形式，捕捉各种信息并加以处理和应用。

3. 工程项目信息的特点与基本要求

(1) 工程项目管理信息的特点

1) 信息量大，主要是因为项目管理涉及多部门、多环节、多专业、多用途和多渠道、多形式的缘故。

2) 信息系统性强。由于工程项目的单件性和一次性，虽然信息量大，但却都集中于所管理的项目对象，故容易系统化，这就为信息系统的建立和应用创造了非常有利的条件。

3) 信息传递中障碍多。项目管理从发送到接收的过程中，往往由于传递者主观方面的因素，如对信息的理解能力、经验、知识的限制而发生障碍；也往往因为地区的间隔、部门的分散、专业的隔阂等而造成信息传递障碍；还往往因为传递手段落后或使用不当而造成传递障碍。

4) 信息产生的滞后现象。信息是在项目建设和管理的过程中产生的，信息反馈一般要经过加工整理、传递，然后到达决策者手中，故往往迟于物流，反馈不及时，容易影响信息作用的及时发挥而造成失误。

(2) 工程项目信息的基本要求

信息必须符合管理的需要，要有助于项目管理系统的运行，不能造成信息泛滥和污染。一般它必须符合如下基本要求：

1) 适用性，专业对口。不同的项目管理职能人员、不同专业的项目参加者，在不同的时间，对不同的事件，就有不同的信息要求。信息首先要专业对口，按专业的需要提供和流动。

2) 准确性，可靠性。反映实际情况，使用精确的信息表达。信息必须符合实际应用的需要，符合目标，而且简单有效，这是正确、有效管理的前提。

3) 及时提供。信息应适合接受者的需要，应严格按时间提出并分发。只有及时提供信息，才能有及时的反馈，管理者才能及时地控制项目的实施过程。信息一旦过时，会使决策错过时机，造成不应有的损失。

4) 简明，便于理解。信息要让使用者易于了解情况，分析问题。所以，信息的表达形式应符合人们日常接收信息的习惯，而且对于不同的人，应有不同的表达形式。例如，对于不懂专业，不懂项目管理的业主，则要采用更直观明了的表达形式，如模型、表格、图形、文字描述等。

10.2 工程项目信息管理

10.2.1 工程项目信息管理简述

1. 工程项目信息管理的任务

(1) 信息管理手册的内容

业主、各参与方都应编制各自的信息管理手册，以规范信息管理工作。信息管理手册的主要内容如下：①信息管理的任务；②信息管理的任务分工表和管理职能分工表；③信息的分类、信息的编码体系和编码；④信息输入输出模型；⑤各项信息管理工作的工作流程图、信息流程图；⑥信息处理的工作平台及其使用规定；⑦各种报表和报告的格式，以及报告周期；⑧项目进展的月度报告、季度报告、年度报告和工程总报告的内容及其编制；⑨工程档案管理制度；⑩信息管理的保密制度等。

(2) 信息管理的任务

工程项目信息管理部门的主要工作任务包括：

1) 负责编制信息管理手册，在项目实施中对其进行必要的修改和补充，并检查和督促其执行。

2) 负责协调和组织项目管理机构中各个工作部门的信息处理工作。

3) 负责信息处理工作平台的建立和运行维护。

4) 与其他工作部门协同组织收集信息、处理信息和形成各种反映项目进展和项目目标控制的报表和报告。

5）负责工程档案管理等。

各项信息管理任务的工作流程是：信息管理手册编制和修订的工作流程；为形成各类报表和报告，收集信息、录入信息、审核信息、加工信息、信息传输和发布的工作流程；工程档案管理的工作流程等。

2. 工程项目信息分类

业主、各参与方可根据各自的项目管理的需求确定其信息管理的分类，但为了信息交流的方便和实现部分信息共享，应尽可能作一些统一分类的规定，如项目的分解结构应统一从不同的角度对工程项目信息进行分类。如按项目管理的工作对象，如子项目1、子项目 2 等进行信息分类；按项目实施的工作过程，如设计过程、招投标过程和施工过程等进行信息分类；按项目管理工作的任务，如费用管理、进度管理、质量管理等进行信息分类；按信息的内容属性，如组织类信息、管理类信息、经济类信息、技术类信息和法规类信息。

为满足项目管理工作的需要，对工程项目信息进行综合分类，如第一维，按项目的分解结构；第二维，按项目实施的工作过程；第三维，按项目管理的工作任务。

3. 工程项目信息编码

编码由一系列符号和数字组成，编码是信息处理的一项重要的基础工作。一个工程项目有不同类型和不同用途的信息，为了有组织地存储信息，方便信息的检索和信息的加工整理，必须对工程项目信息进行编码。

工程项目的信息编码包括：项目结构编码、项目管理组织结构编码、项目的政府管理部门和各参与方编码、项目实施的工作项编码、项目的费用项编码、项目进度项编码、进展报告和报表编码、合同编码、函件编码和工程档案编码等。

4. 工程项目信息的处理方法

现代信息处理已逐步向电子化和数字化的方向发展，因此，工程项目信息处理应由传统的方式向基于网络的信息处理方式发展，以充分发挥信息资源的价值，以及信息对项目目标控制的作用。现代工程项目管理中，业主、各参与方的信息处理应考虑充分利用远程数据通信方式，如：①通过电子邮件收集信息和发布信息；②召开网络会议；③通过基于互联网的项目专用网站，实现业主、各参与方、政府管理部门、项目利益相关者等之间的信息交流、协同工作和文档管理；④通过基于互联网的项目信息门户的为众多用户服务的公用信息平台，实现业主、各参与方、政府管理部门、项目利益相关者等之间的信息交流、协同工作和文档管理。

10.2.2　工程项目报告系统

1）日常报告。日常报告是有规律的发布信息，按控制期、里程碑事件、项目阶段提出报告。按时间可分为日报、周报、月报、年报、项目主要阶段报告等。

2）针对项目结构的报告，如工作包、单位工程、单项工程、整个工程项目报告。

3）专门内容报告，为项目管理决策提供专门信息的报告，如质量报告、成本报告、工期报告。

4）特殊情况的报告，常用于宣传项目取得的特别成果，或是对项目实施中发生的一些问题进行特别评述，如风险分析报告、总结报告、特别事件（如具体的安全和质量事故）报告、比较报告等。

1. 工程项目中报告的作用

1）作为决策的依据。通过报告可以使人们对项目计划和实施状况、目标完成程度十分清楚，由此可以预测未来，使决策迅速而准确。报告首先是为决策服务的，特别是上层的决策。但报告的内容仅反映过去的情况，在时间上是滞后的。

2）用来评价项目，评价过去的工作以及阶段成果。

3）总结经验，分析项目中的问题，特别是在每个项目结束时都应有一个内容详细的分析报告，以保证持续地改进。

4）通过报告去激励各参加者，让大家了解项目成果。

5）提出问题，解决问题，安排后期的计划。

6）预测将来情况，提供预警信息。

7）作为证据和工程资料，报告便于保存，因而能提供工程实施状况的永久记录。

8）公布信息，如对投资者、对社会公布项目实施状况的信息报告。

不同的参加者需要不同内容、频率、描述、详细程度的信息，所以必须确定报告的形式、结构、内容、处理方式，为项目的管理工作服务。

2. 工程建设项目中报告的要求

为了达到项目组织间顺利的沟通，起到报告的作用，报告必须符合如下要求：

1）与目标一致。报告的内容和描述必须与项目目标一致，主要说明目标的完成程度和围绕目标存在的问题。

2）符合特定的要求。这里包括各个层次的管理人员对项目信息需要了解的程度，以及各个职能人员对专业技术工作和管理工作的需要。

3）规范化、系统化，即在管理信息系统中应完整地定义报告系统的结构和内容，对报告的格式、数据结构进行标准化。在项目中要求各参加者采用统一形式的报告。

4）处理简单化，内容清楚，易于理解，避免造成理解和传输过程中的错误。

5）报告的侧重点要求。报告通常包括概况说明和重大的差异说明，主要活动和事件的说明，而不是面面俱到。它的内容较多地是考虑到实际效用，而较少地考虑到信息的完整性。

3. 报告系统

报告系统应解决两个问题：

1）罗列项目过程中应有的各种报告，并使之系统化。

2）确定各种报告的形式、结构、内容、数据、信息采集和处理方式，并使之标准化。

报告的设计事先应给各层次的有关人员列表提问：需要什么信息，应从何处来，怎样传递，怎样标志它的内容。最终，建立如表 10.1 所示的报告目录。并由此设计报告标准格式，按程序进行报告。

表 10.1　报告目录

报告名称	报告时间	提交报告人	接收报告人			
			A	B	C	…

在编制工程计划时，就应当考虑需要的各种报告及其性质、范围和频率，可以在合同中或项目手册中确定。

原始资料应一次性收集，以保证相同的信息有相同的来源。资料经归纳整理在进入报告前应进行可信度检查，并将计划值引入以便对比分析。原则上，报告从最底层开始，其资料最基础的来源是工程活动，包括工程活动的完成程度、工期、质量、人力消耗、材料消耗、费用等情况的记录，以及试验验收检查记录。上层的报告应由各职能部门总结归纳，按照项目分解结构和组织结构层层归纳、浓缩，做出分析和比较，形成如图 10.1所示的金字塔形的报告系统。

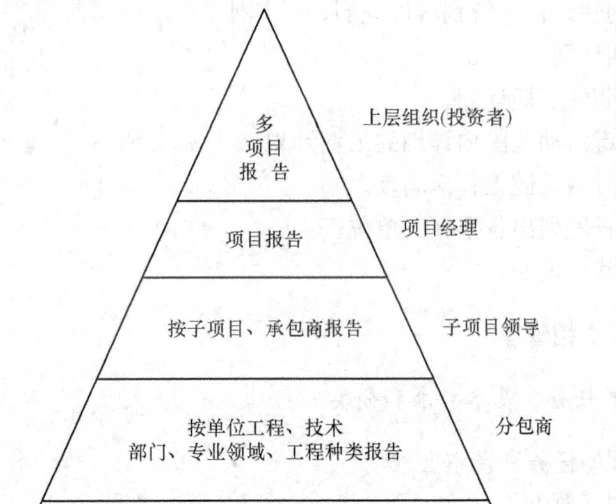

图 10.1　金字塔形的报告系统

项目月报是最重要的项目总体情况报告，它的形式可以按要求设计，但内容比较固定。通常包括以下几个方面。

（1）项目概况

1）简要说明在本报告期中项目及主要活动的状况，如设计工作、批准过程、招标、施工、验收状况。

2）计划总工期与实际总工期的对比，一般可以在横道图上用不同颜色和图例比较，或采用前锋线方法。

3）总的趋向分析。

4）成本状况和成本曲线，包括如下层次：①整个项目的成本总结分析报告；②各专业范围或各合同的成本分析；③各主要部门的费用分析。

5）项目形象进度。用图描述建筑和安装的进度。

6）对质量问题、工程量偏差、成本偏差、工期偏差的主要原因作说明。

7）说明下一报告期的关键活动。

8）下一报告期必须完成的工作包。

9）工程状况照片。

（2）项目进度详细说明

1）按分部工程列出成本状况以及实际进度曲线和计划的对比。同样采用上述所采用的表达形式。

2）按每个单项工程列出以下内容：①控制性工期实际和计划对比（最近一次修改以来的），采用横道图形式；②其中关键性活动的实际和计划工期对比（最近一次修改以来的）；③实际和计划成本状况对比；④工程状态；⑤各种界面的状态；⑥目前的关键问题及其解决的建议；⑦特别事件说明；⑧其他。

（3）预计工期计划

1）下阶段控制性工期计划。

2）下阶段关键活动范围内详细的工期计划。

3）以后几个月内关键工程活动表。

4）按分部工程罗列出各个施工单位。

5）项目组织状况说明

10.2.3 工程项目文档管理

1. 文档管理的任务、基本要求和分类

（1）文档管理的任务和基本要求

文档系统有如下要求：

1）系统性，即包括与项目相关的、应进入信息系统运行的所有资料。先要罗列各种资料并进行系统化。

2）各个文档要有单一标识，能够互相区别，通常通过编码区别。

3）文档管理责任的落实，即要有专门人员或部门负责资料工作。

对具体的项目资料要确定的要素有：谁负责资料工作，什么资料，针对什么问题，什么内容和要求，何时收集、处理，向谁提供。

在项目过程中文档管理可能有三种责任形式：

1）企业保存的关于项目的资料，这是在企业文档系统中的，如项目经理交给企业的各种报告、报表，这是上层系统需要的信息。

2）项目集中管理的文档，这是关于全项目的相关文件。这必须有专门的地方并由专门人员负责。

3）各部门专用的文档，它仅保存本部门专门的资料。

当然这些文档在内容上可能有重复，如一份重要的合同文件可能复制三份，部门保存一份、项目存档一份、企业一份。

4）内容正确、实用，在文档管理过程中不失真。

（2）项目文件资料的分类

资料是数据或信息的载体。在项目实施过程中资料上的数据有两种：

1）内容性数据。它为资料的实质性内容，如施工图纸上的图、信件的正文等。它的内容丰富，形式多样，通常有一定的专业意义，其内容在项目过程中可能有变更。

2）说明性数据。为了方便资料的编目、分解、存档、查询，对各种资料必须做出说明和解释，用一些特征加以区别。它的内容一般在项目过程中不改变，由文档管理者设计，如图标、各种文件说明、文件的索引目录等。通常，文档按内容性数据的性质分类；而文档管理，如生成、编目、分解、存档等以说明性数据为基础。

在项目实施过程中，文档资料面广量大，形式丰富多彩。为了便于进行文档管理，首先得将它们分类。通常的分类方法有：

1）按重要性分类：必须建立文档，值得建立文档，不必存档。

2）资料的提供者分类：外部、内部。

3）按登记责任分类：必须登记、存档，不必登记。

4）按特征分类：书信、报告、图纸等。

5）按产生方式分类：原件、复印件。

6）按内容范围分类：单项资料，资料包（综合性资料），如综合索赔报告、招标文件等。

2. 文档系统的建立

（1）资料特征标识（编码）

有效的文档管理是以与用户友好和较强表达能力的资料特征（编码）为前提的。在项目实施前，就应专门研究，并建立该项目的文档编码体系。最简单的编码形式是采用序数，但它没有较强的表达能力，不能表示资料的特征。一般对项目编码体系有如下要求：

1）统一的、对所有资料适用的编码系统。

2）能区分资料的种类和特征。

3）能“随便扩展”。

4）对人工处理和计算机处理有同样效果。

通常，项目管理中的资料编码有如下几个部分：

1）有效范围。说明资料的有效范围或使用范围，如属某子项目、功能或要素。

2）资料种类。外部形态不同的资料，如图纸、书信、备忘录等；特点不同的资料，如技术的、商务的、行政的等。

3）内容和对象。资料的内容和对象是编码的着重点。对一般项目，可用项目分解结构作为资料的内容和对象。但有时它并不适用，因为项目分解结构是按功能、要素和活动进行的，与资料说明的对象常常不一致，这时就要专门设计文档结构。

4）日期或序号。相同有效范围、相同种类、相同对象的资料可通过日期或序号来表达，如对书信可用日期或序号来标识。

以上这几个部分对于不同规模的工程要求不一样。例如，对一个小工程，或仅一个单位工程的则有效范围可以省略。

这里必须对每部分的编码进行设计和定义。

(2) 索引系统

为了资料使用的方便，必须建立资料的索引系统，它类似于图书馆的书刊索引。

项目相关资料的索引一般可采用表格形式。在项目实施前，它就应被专门设计。表中的栏目应能反映资料的各种特征信息。不同类别的资料可以采用不同的索引表，如果需要查询或调用某种资料，即可根据索引寻找。

10.3 工程项目管理信息系统

10.3.1 概念、目的、必要条件和功能

1. 概念

在项目管理中，管理信息系统是将各种管理职能和管理组织沟通起来并协调一致的神经系统。项目管理信息系统是项目的信息、信息流通和信息处理各方面的总和，它包括项目过程中信息管理的组织（人员）、相关的管理规章、管理工作流程、软件、信息管理方法（如储存方法、沟通方法、处理方法）、各种信息和信息的载体等。

信息技术在工程项目管理中的应用历程是：

1）20 世纪 70 年代，单项程序的应用，如工程网络计划时间参数计算程序、工程概预算计算程序、工程文件档案管理程序等。

2）20 世纪 80 年代，程序系统的应用，如项目管理信息系统，设施管理信息系统等。

3）20 世纪如年代，程序系统的集成。

4）20 世纪 90 年代末期至今，基于网络平台的工程项目管理。

2. 目的

建立工程项目信息管理系统能保证及时、准确地提供施工项目管理过程中所需要的信息，能完整地保存历史信息以预测未来，为项目经理提供决策依据；适应现代化管理对信息量急剧增长的需要；为使用计算机进行项目信息管理提供条件，并发挥计算机的

巨大管理作用，以实现数据共享、综合应用。

工程项目管理信息资源的开发和信息资源的充分利用，可吸取类似项目的正反两方面的经验和教训，许多有价值的信息将有助于项目前期阶段的决策环节多方案的比较、选择，有利于项目实施阶段的项目目标控制，也有利于项目建成后的运营管理与维护管理。

通过信息技术在工程项目管理中的开发和应用能实现信息存储数字化和存储相对集中，信息处理和变换的程序化，信息传输数字化和电子化，信息获取便捷、信息透明度提高，信息流扁平化等。信息技术在工程项目管理中的开发和应用的意义如下：

1）有利于项目信息的检索和查询，有利于数据和文件版本的统一，并有利于项目的文档管理。

2）有利于提高数据处理的准确性，并可提高数据处理的效率。

3）可以提高数据传输的干扰能力，使数据传输不受距离限制并可提高数据传输的保真度和保密性。

4）有利于项目参与方之间的信息交流和协同工作。

工程项目管理信息化最终目的是有利于提高工程的经济效益和社会效益，以达到为项目实施增值的目的。

3. 必要条件

1）要求有一定的科学管理基础，即建立科学的项目管理组织体系。要有完善的规章制度，能够采用科学有效的管理方法；有完整的经济核算基础，可以提供准确完整的原始数据，使管理工作程序化，管理业务标准化，报表文件统一化，数据资料完整、编号，可以输入计算机，这样，才能建立施工项目管理信息系统。

2）要有创新精神和足够的信心。这是因为，建立施工项目信息管理系统，涉及到许多复杂的问题，会遇到许多困难，要投入大量的人力和时间，还要改革许多不合理的管理习惯。开发信息管理系统，要进行培训和依靠有关部门密切协作。项目经理要对这项工作给以高度重视，加强领导，积极创造条件，疏通各种关系，协调各个环节，并在使用中加强领导，对系统中存在的问题加以解决并不断完善和提高。

3）必须创造使用计算机的条件，既要配备机器，又要配备硬软件人员，以便使信息管理系统能够在计算机上运行。没有计算机是不可能建立和应用建筑工程项目信息管理系统的，也不可能实现管理工作的科学化。

4. 主要功能

1）在项目进程中（包括前期策划、设计和计划过程、实施过程），不断收集项目实施状况和环境的信息，特别是项目实施状况的原始资料和各种数据。

2）对数据进行整理，得到各种报告。

3）对数据进行分析研究并得到供决策的信息。

4）针对项目的实施状况和环境状况的信息，做出对项目实施过程调整的决策，发出指令，或调整计划，或协调各方面的关系，以对项目的实施过程进行控制。

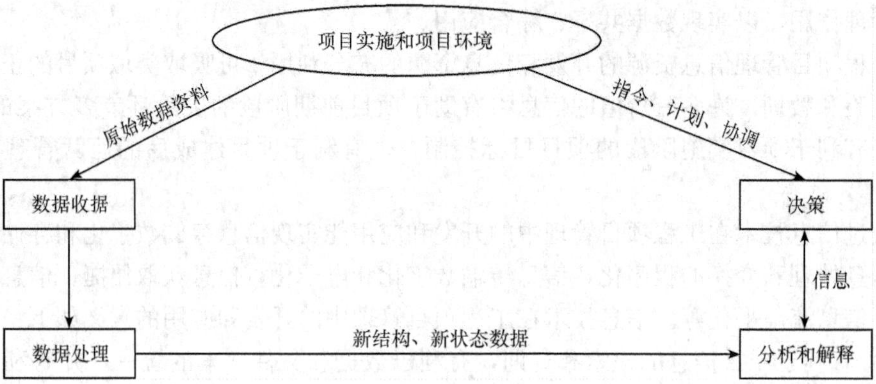

图 10.2　项目管理信息系统总体模式

10.3.2　项目管理信息系统的设计开发

1. 设计开发包含的工作

设计开发项目信息管理系统的工作包括以下两方面：

(1) 进行系统分析

通过系统分析，确定项目信息管理系统的目标，掌握整个系统的内容。因此，首先要调查建立项目信息管理的可行性，即对系统的现状进行调查。有哪些部门，每个部门有哪些信息需求，产生哪些文件和资料数据，在此基础上列出目录，研究建立项目信息管理系统所需要的资金、技术条件和时间，确定如何分期、分批、分阶段实现该系统。其次，调查建立系统的信息量和信息流，确定各部门需要保存的文件，输出和传递的数据格式、内容，满足用户的要求。从而根据系统要求的信息量和信息处理的速度、功能，配备适用的计算机及设计系统的器件。

(2) 系统设计与实施

以系统分析的结论为基础进行系统设计，建立系统流程，提出程序的详细技术资料，为程序设计做准备。系统设计分两阶段进行：首先进行概要设计，内容有输入、输出文件格式的设计、代码设计、信息分类、子系统、模块和文件设计，确定流程图，提出对该方案是否可行的结论，方案的优缺点分析；实现该方案的物质条件。其次进行详细设计，将概要设计的成果进一步具体化，内容有输入、输出格式的详细设计，流程图的详细设计，程序说明书等。要求设计的信息系统简单而便于管理，灵活而能应变，完整而有利于功能的实现，可靠、经济，而且有效。

系统实施的内容包括程序设计与调试，系统转换、运行与维护。所以，工程项目管理信息系统内容形成的思路是：确定项目管理信息处理过程→选择数据并进行编码→确定信息传递的内容→确定信息目录→确定信息表格形式→确定信息流。

2. 项目管理信息系统的建立过程

管理信息系统是在项目组织模式、项目实施流程和项目管理流程基础上建立的，它们之间互相联系，又互相影响。它的建立要确定如下几个基本问题：

（1）信息的需要

按照项目组织结构和相关者范围分析，确定项目相关者的信息和沟通需求，即通过调查确定信息系统的输出。

1）分析项目相关者各方，以及社会其他方面在项目过程中各个阶段的信息需求，并考虑如何及时地将信息提供给他们。特别是项目上层组织和投资者为了决策和控制所需要的信息，以及可能的信息渠道。

2）项目组织的各个层次和各个职能部门的信息需求是按照他在组织系统中的职责、权力、任务设计的，即他要完成他的工作，行使他的权力应需要哪些信息，当然他的职责还包括他对其他方面提供信息。

3）不同层次的管理者对信息的内容、精度、综合性有不同的要求。

（2）信息的收集和加工

1）信息的收集。在项目实施过程中，每天都要产生大量的数据，如记工单、领料单、任务单、图纸、报告、指令、信件等，必须确定这些原始数据记录的负责人，这些资料、数据的内容、结构、准确程度，获得这些原始数据、资料的渠道。由责任人对原始资料进行收集、整理，并对它们的正确性和及时性负责。通常由专业班组的班组长、记工员、核算员、材料管理员、分包商、秘书等承担这个任务。

对工作包和工程活动，需要收集如下数据或信息：实际执行的数据，包括活动开始或结束的实际时间；使用或投入的实际资源和成本消耗；反映质量状况的数据；有关项目范围、进度计划和预算变更的信息等。

2）信息的加工和处理过程。这些原始资料面广量大，形式丰富多彩，必须经过信息加工才能得到符合管理需要的信息，才能符合不同层次项目管理的要求。

信息加工的概念很广，包括：一般的信息处理方法，如排序、分类、合并、插入、删除等；数学处理方法，如数学计算、数值分析、数理统计等；逻辑判断方法，包括评价原始资料的置信度、来源的可靠性、数值的准确性，进行项目诊断和风险分析等。

3）原始资料经过整理后形成不同层次的报告，必须建立规范化的项目报告体系。

（3）编制索引和存储，建立文档系统

许多信息作为工程项目的历史资料和实施情况的证明，它们不仅在项目实施过程中要被经常使用，有些作为工程资料要保存到项目结束，而有些必须长期保存。这就要求必须按不同的使用和储存要求，将数据和资料储存于一定的信息载体上。因此，要做到使这些信息既安全可靠，又使用方便。要建立项目文档系统，将所有信息分解、编目。

1）在项目中信息的存档方式分类。按文档组织形式分为集中管理和分散管理；按监督要求分为封闭、公开；按保存期分为长期保存、非长期保存。

2）信息载体通常有以下几种：纸张，如各种图纸、各种说明书、合同、信件、表格等；磁盘、磁带，以及其他电子文件；照片、微型胶片、X光片；其他，如录影带、光盘等。

3）信息的使用和传递渠道。

信息的传递（流通）是信息系统的最主要特征之一，即指使信息流通到需要的地方。信息传递的特点是仅传输信息的内容，而保持信息结构不变。在项目管理中，要设计好信息的传递路径，根据使用的目的和使用权限，按不同的要求选择快速的、误差小的、成本低的传输方式。

10.3.3　项目管理信息系统总体描述

项目管理信息系统是为项目的计划和控制服务的，并在项目的计划和控制过程中运行。所以，它是在项目管理组织、项目工作流程和项目管理工作流程基础上设计的，并全面反映在它们之中的信息流。对项目管理组织、项目工作流程和项目管理流程的研究是建立管理信息系统的基础。项目管理信息系统的有效运行需要信息的标准化、工作程序化、管理规范化。

项目管理信息系统可以从如下几个角度进行总体描述。

1. 项目管理信息系统的总体结构

项目管理信息系统的总体结构描述项目管理信息的子系统构成。例如，某项目管理信息系统由编码子系统、合同管理子系统、物资管理子系统、财会管理子系统、成本管理子系统、工程设计管理子系统、质量管理子系统、组织管理子系统、计划管理子系统、文档管理子系统等构成。其总体结构如图 10.3 所示某项目管理信息系统总体结构所示。

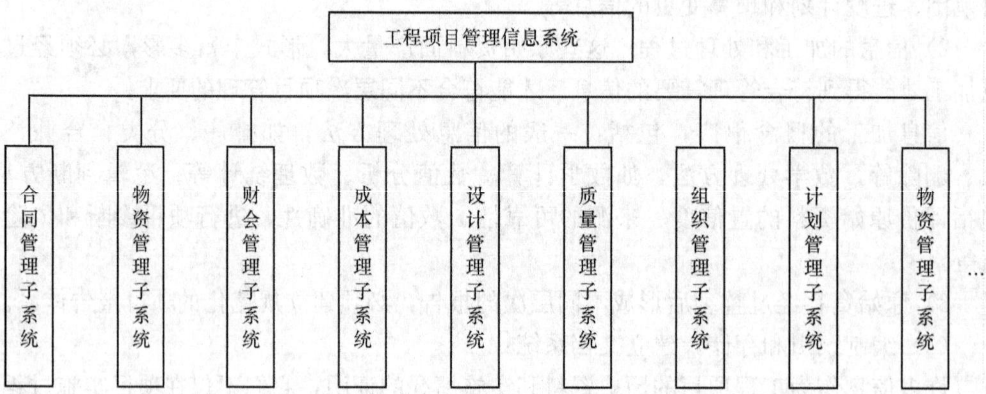

图 10.3　某项目管理信息系统总体结构

各子系统是为专门的职能工作服务的，用来解决专门信息的流通问题，它们共同构成项目管理信息系统。

2. 项目参加者之间的信息流通

项目的信息流就是信息在项目参加者之间的流通。它通常与项目的组织模式相似。在信息系统中，每个参加者为信息系统网络上的一个节点，他们都负责具体信息的收集（输入）、传递（输出）和信息处理工作。项目管理者要具体设计这些信息的内容、结构、传递时间和程序等。

在项目实施过程中，项目参加者既是信息的提供者，又是信息的需求者。

1）业主需要如下信息：①项目实施情况月报，包括工程质量、成本、进度总报告；②项目成本和支出报表，一般按分部工程和承包商做成本和支出报表；③供审批用的各种设计方案、计划、施工方案、施工图纸、建筑模型等；④决策前所需要的专门信息、建议等；⑤各种法律、规定、规范，以及其他与项目实施有关的资料等。

2）业主提供的信息有：①各种指令，如变更工程、修改设计、变更施工顺序、选择承（分）包商等；②审批各种计划、设计方案、施工方案等；③向投资者或董事会提交工程建设项目实施情况报告等。

3）项目经理通常需要的信息有：①各项目管理职能人员的工作情况报表、汇报、报告、工程问题请示；②业主的各种口头和书面的指令、各种批准文件；③项目环境的各种信息；④工程各承包商、供应商的各种工程情况报告、汇报、工程问题的请示。

4）项目经理通常提供的信息有：①向业主提交的各种工程报表、报告；②向业主提出决策用的信息和建议；③向社会其他方面提交工程文件，这些文件通常是按法律必须提供的，或为审批用的；④向项目管理职能人员和专业承包商下达各种指令、答复各种请示、落实项目计划、协调各方面工作等。

10.4　工程项目管理信息软件

对具体的工程项目而言，工程项目管理信息化的重要性和必要性体现得更加直接。例如进度计划的控制管理，它是工程管理重点业务之一，且现代的工程管理惯例倡导基于关键路径法（critical path method，CPM）的进度计划的控制管理。CPM方法虽然算法简单，但是实际上稍微大一点的（如100个工序以上）CPM网络图，采用手工计算的方法肯定无法满足进度控制周期性更新再计算的工作模式，更无法满足进度分析、对比、图形报表制作等等常规性工作的要求。因此，可以说没有计算机的辅助，工程管理的进度计划控制就无从谈起，而有了计算机辅助，特别是有了一些蕴涵现代工程管理技术和方法的专业进度控制软件的辅助，相关工作的效率和质量的提高在手段上得到了保障，再配以懂业务的应用人员以及必要的工作制度，整个进度控制工作会如虎添翼，为实现高水平的工程管理奠定基础。

10.4.1　国外工程项目管理信息软件介绍

1. Primavera Enterprise（P3e）

Primavera公司在项目级的P3后又推出的项目管理套件Primavera Enterprise，该套件的核心Primavera Project Planner for Enterprise，又称P3e，与P3相比，有了很大的变化。集成有该软件的套装软件Primavera Enterprise，除了核心部分外，还包括Primavision（辅助决策信息定制与采集，可以根据项目经理、管理人员自定义的视角为其提供项目的综合信息）、Primavera Progress Reporter（基于网络，采集进度、工时数据的工具软件）、Primavera Portfolio Analyst（多项目调度、分析工具软件）和 Primavera Mobile Manager（为手持式移动设备提供相关服务的终端工具软件），该套装软件所涵盖的管理内容较之以前推出的项目管理软件更广、功能更强大，充分体现了当今项目管理软件的发展趋势。

P3e 继承了 P3 作为用于项目进度计划、动态控制、资源管理和费用控制的综合进度计划管理软件，其特点是：有较完善的管理复杂、大型工程项目的技术，拥有完善的编码体系，包括 WBS（工作分解结构）编码、作业代码、作业分类码编码、资源编码和费用科目编码等，这些编码以及这些编码所带来的分析、管理手段给项目管理人员带来管理的灵活性。

2. Primavera Expedition

由 Primavera 公司开发的合同管理软件 Expedition，它可用于工程项目管理的全过程。Expedition 是以合同为主线，通过对合同执行过程中发生的诸多事务进行分类、处理和登记，并和相应的合同有机地关联，使用户可以对合同的签订、预付款、进度款和工程变更进行控制；同时，可以对各项费用进行分摊和反检索分析；可以有效处理合同各方的事务，跟踪有多个审阅回合和多人审阅的文件审批过程，加快事务的处理进程；可以快速检索合同事务文档。

Expedition 在英语中的解释是“动作迅速和敏捷”。该软件的重要思想就是迅速和敏捷的处理工程合同及合同相关事务，并拓展到所有的相关投资控制、采购管理和成本控制。Expedition 的主要管理方法是国际工程承包合同管理，尤其参照了国际咨询工程师联合会（FIDIC）制定的一些标准和合同条款。其主要管理思想体现在以下几个方面：

1）按照项目化管理的方式，将项目所有相关费用、合同集中管理。

2）根据项目进展，将费用管理分为概预算、招投标（采购）、合同、执行和结算等多个阶段，清晰记录每个阶段费用发生和发展的历程。

3）依照国际工程承包合同作价方式，能够对总价合同、单价合同和成本加酬金合同进行管理。

4）依照 FIDIC 合同条款思想，框架了甲方（业主）、乙方（承包商）、和丙方（咨询工程师）之间三位一体的关系，在严密权限控制下实现跨组织协同网上合同管理。

5）能够将合同管理过程记录在案，并将任何发生的费用集中反映到统一的费用工作表中。

3. Microsoft Project 2000

它是 Microsoft 公司开发的项目管理系统，它是应用最普遍的项目管理软件之一，在中国已经获得了广泛的应用。2002 年，微软公司又推出了最新版 Project 2002 版，并将其列为 office 2000 大家族的成员，可适应各种规模的项目。

它利用项目管理的理论，建立了一套控制项目的时间、资源和成本的系统。Project 2000 系统功能强大，它具有项目管理所需的各种功能，包括项目计划、资源分配、项目跟踪等，其界面易懂，图形直观，还可以在该系统使用VBA（Visual Basic for Application），通过Excel、Access或各种ODBC数据库、CSV和制表符分隔的文本文件兼容数据库存取项目文件等。

Microsoft Project 2000的作用作为一个优秀的项目管理软件，Project 2000不仅能够管理一般项目，而且还具备管理复杂大型项目的能力。复杂大型项目的特点是项目包含的任务多、参与单位多、相互制约关系复杂，因此要求项目管理软件必须具有很高的处理能力和协调能力。Project 2000可处理100万个任务项目，同时计算处理群体项目达1000个，能够在不同项目之间的任务级链接，使项目间复杂控制得以实现，支持现代化的信息交流工具，与Microsoft系列产品具有良好的接口，便于广泛扩展项目管理功能。

10.4.2　国内工程项目管理信息软件介绍

从20世纪80年代至今，国内也出现了大量自主开发的项目管理软件。几乎每一个有意使用计算机辅助管理的大型工程建设项目，都会组织一班人马来开发一套项目管理软件。这些软件种类多样，侧重点各有不同，其实现方式根据项目特点、规模、项目参与方的状况以及信息化程度的不同而有所不同，一般来说可以分为：全新开发、完全购买商品化软件以及以商品化软件为核心定制开发。

1. 梦龙智能项目管理系统

梦龙科技多年从事项目管理技术的研究，其开发的“Link Project项目管理平台”基于项目管理知识体系（PMBOK）构建，整合了进度控制、费用分析、合同管理、项目文档等主要项目管理内容。各个管理模块通过统一的应用服务实现工作分发、进度汇报和数据共享，帮助管理者对项目进行实时控制、进度预测和风险分析，为项目决策提供科学依据。

梦龙Link Project项目管理平台适用范围于业主项目管理、工程总承包项目管理、建设-转让（BO）、建设-经营-转让（BOT）、建设-拥有-经营（BOO）、建设-拥有-经营-转让（BOOT）等组织实施模式。

2. 清华思维尔项目管理软件

该软件是在充分汲取国内外同类软件优点的基础上，将网络计划及优化技术应用于建设项目的实际管理中，以国内建设行业普遍采用的横道图、双代号时标网络图作为项目进度管理与控制的主要工具。通过挂接各类工程定额实现对项目资源、成本的精确分析与计算。不仅能够从宏观上控制工期、成本，还能从微观上协调人力、设备，材料的具体使用。

软件设计严格遵循建设部最新颁布的《工程网络计划技术规程》、《网络计划技术》等国家标准，提供单起单终、过桥线、时间参数双代号网络图等重要功能。软件可以方便的进行任务分解，建立完善的大纲任务结构与子网络，实现项目计划的分级控制与管理。系统提供“所见即所得”的矢量图绘制方式及全方位的图形属性自定义功能，与

Word 等常用软件的数据交互，极大的增强了软件的灵活性。系统内图表类型丰富实用，并提供拟人化操作模式，制作网络图快速精美，智能生成施工横道图、单代号网络图、双代号时标网络图，资源管理曲线等各类图表，智能流水、搭接、间歇期、逻辑网络图等功能更好地满足实际绘图与管理的需要。

3. 普华 PowerOn 项目管理集成软件系统

PowerOn 是上海普华科技发展有限公司自主研发的一套既融入了国际先进的项目管理思想，又结合了国内管理习惯及标准的企业级多项目管理集成系统，是国家级创新基金资助项目（编号：050274），同时是上海市火炬计划项目（编号：05HJC360）。PowerOn 以 PMI 的九大项目管理知识体系为主导思想，以成熟的 IT 技术为手段，将现代项目管理理论、国内项目管理规程与习惯、项目管理专家的智慧、P3 系列软件等集成到一起，通过专业管理＋平台＋门户的模式，实现长期以来大家渴望的“以计划为基准，衍生出职能部门配合计划，达到将各项业务以计划形成串联的目的”，使项目管理水平质的提高成为可能。

PowerOn 以项目管理为产品对象，以大中型建设项目的总承包商、专业承包商为用户对象，不但可以适用于单项目管理，也适用于项目型企业跨区域、多层次的多项目管理。通过项目组合管理，可以有效的衔接企业战略与具体的项目管理业务。作为一个项目管理集成系统，通过不同的编码体系、管理级别与权限设置，PowerOn 同样适用于业主、监理、分包商等不同角色的单位。

4. 易建工程项目管理软件

易建工程项目管理软件是一个适用于建设领域的综合型工程项目管理软件系统。软件不仅可以应用于单、多项目组合管理，而且可以融合企业管理，直至延伸到集团化的管理。软件不仅可以提供给建设单位以及施工企业使用，而且可以扩展成为协同作业平台，融合设计单位、监理单位、设备供应商等产业链中不同企业的业务协同流程作业，构筑坚实的企业信息化工作平台。

易建工程项目管理软件以成本控制为核心、以进度控制为主线、以合同管理为载体，不仅实现成本、进度、质量、安全、合同、信息、沟通协调、工程资料等工程业务处理细节，实现项目全方位管理，而且实现资金、人力、材料、库存、机械设备各个方面的生产资源统一管理，甚至扩充到数据交换、工作流、办公自动化、客户关系管理、电子商务、知识管理、信息门户以及商业智能。软件通过数据交换实现与其他软件系统的应用集成，消除信息孤岛，形成一个完整的信息系统。软件通过建立办公自动化平台与信息门户实现全员协作与沟通、通过电子商务实现供应链整合、通过知识管理与商业智能技术实现科学决策与绩效考核，形成一个围绕工程项目投资与建设的全方位、完整周期、整合型的信息化管理体系。

5. 广联达建筑施工项目管理系统 GCM

广联达建筑施工项目管理系统是以施工技术为先导，以进度计划为龙头，以 WBS

为载体，以成本管理为核心的综合性、平台化的施工项目管理信息系统，它采用人机结合的 PDCA 闭环控制等思想，动态监控项目成本的运转，以达到控制项目成本的目的。

广联达建筑施工项目管理系统是参照国家《建设工程项目管理规范》标准，专门针对我国建筑施工企业量身定做的以成本管理为核心的项目管理系统。系统基于大型数据库管理系统（SQLServer），以合同预算、施工预算、计划消耗、实际消耗等“四算对比”为经营盈亏分析手段，以项目成本管理为核心，通过对计划、预算、合同、分包、劳务、机械、材料、财务等的全方面管理，从而实现对施工企业项目部成本的有效控制。广联达建筑施工项目管理系统定位于建筑施工企业项目部对工程项目的成本管理，使用者是项目部管理层和工作人员，该系统是构成公司级项目成本整体解决方案的子系统。

10.4.3 国内项目管理信息软件使用现状及展望

1. 当前国际上工程项目管理信息化的特点

(1) 专业软件普遍应用

综观当前国际上工程项目计算机辅助管理，一个显著特点是，计算机辅助不是可有可无，而是不可或缺。从硬件角度来看，形成计算机局域网络、具备因特网接入能力已是基本条件。从软件角度来看，单一业务专业软件的应用已趋于成熟，很好地辅助满足了各自管理业务的需求。与此同时，集成的工程管理信息系统（project management information system，PMIS）是新的发展趋势。起初阶段，集成方案层出不穷。

(2) 软件应用深度适当

除了专业软件普遍应用外，其应用深度的适当性也是当前国际上工程项目计算机辅助管理的一大特点。例如计划进度软件工具的运用。首先应用此类软件的部门往往是控制部，而不是工程技术或合同部门；其次，更为重要的是，软件应用部门能够很好地把握“控制是计划的目的”的原则，能围绕“能够起到控制目的”的计划展开工作并达到目的。因此，计划的内容，不管是广度（涵盖的工作专业门类），还是细度（工序的大小及工序上的管理元素）都在部署的以“控制为目的”的意图之下。软件工具的应用是为了达到管理目的而进行的，不是因人而异，更不能任意发挥。

(3) 招投标过程及合同规定软件使用要求

业主经常在招标时就规定了要使用什么软件和系统，以及如何使用这些软件或系统以满足业主的管理要求。业主通过合同来规定应用的软件及其使用方式，意图是为了达到自己的管理要求，这样的规定可使对合同有关各方的管理更加规范，更加凸现软件工具对管理的重大辅助意义。

2. 国内项目管理软件应用基本状况

(1) 国外项目管理软件在中国的应用状况

我国重大建设项目管理软件的应用始于 20 世纪 70 年代，首先从项目造价管理和图纸 CAD 等环节起步，主要在 VAX 等小型机做一些编程应用工作，程序规模小，应用效果不理想。20 世纪 80 年代随着桌面 Pc 机的普及，工程造价软件（即工程概预算软件）得到了迅速的发展。与此同时，国外的 P3、Project 等项目管理软件也开始进入中国，最初主要应用于外方投资以及外国银行贷款项目。到了 20 世纪 90 年代，随着与国际接轨的需要，国内很多单位已接受了国外工程项目管理的思路，尝试大规模引进国外项目管理软件，并积累了部分经验和数据。由于在对国外项目管理知识和管理模式的理解上尚有不足，在这些项目中我方项目管理人员基本处于被动使用的状况，没有充分发挥项目管理信息系统的功能，这种状况一直到本世纪初才有比较大的改观。

在具体的软件功能应用方面，如同世界上大部分大型工程都使用 Primavera 公司的系列软件进行进度计划编制和进度控制一样，国内绝大部分大型工程也都在使用 Primavera 软件，譬如小浪底、二滩、三峡等大型水利水电工程；大亚湾、岭澳、秦山三期等大型核电工程；外高桥电厂二期、国华准格尔电厂、大唐托克托电厂等大型火电工程；京沪高速公路、江阴长江大桥、苏通长江大桥等路桥工程；上海通用汽车厂、上海英特尔工厂、摩托罗拉天津工厂等大型工厂；扬子巴斯夫、南海石化、上海化学工业区等石化项目；广州地铁、深圳地铁、上海地铁等市政工程以及北京奥运会也使用系统软件进行组织策划管理。经过多年的发展，目前该系列软件在国内有 2200 多家客户。

另一种在国内应用非常广泛的进度管理软件是 Microsoft 的 Project。作为微软的产品，它与微软的其他产品一些，在中国具有巨大的用户群。虽然在项目比较复杂，或对项目管理的要求很高的情况下，该软件难以让人满意，但和 Microsoft 的其他软件产品一样，易用性是其突出的优点，可以满足一般要求不是很高的项目管理的需求。因此，即使该软件在处理复杂项目计划方面还存在一些不足，在资源和费用处理方面功能较弱，Project 依然是一款相当不错的项目管理软件，而且由于相对低廉的价格，使其在国内的应用极为普遍。在项目估价方面，由于国内的工程计价方式跟国际的完全接轨尚需时日，一些国外的软件如 Timberline 和 HCSS，在大陆尚没有客户，也没有授权代理。随着国内的大型项目的开展，这些国外估价软件可能会逐渐进入国内市场。

在合同与投资管理软件应用方面，最早进入中国市场，代表国际水准的 Primavera 公司出品的 Expedition。由于 Primavera 总代理上海普华科技发展有限公司多年积极推广，使得其在国内的大型工程建设项目上应用极其广泛，并积累了丰富的经验。Expedition 实现的概算—合同—支付一条龙闭环式投资控制模式在国内大型工程建设项目上的应用，深受用户青睐。另外一个比较知名的合同管理软件 Prolog 在国内通过宝智坚思提供国内代理服务，向大陆市场推广。到目前为止，已有数家国内客户在应用 Prolog。

在项目风险管理方面，由于国内对项目风险管理相对不够重视，一些国外的项目风险管理软件，如 Monte Carlo 和 Pert Master，在国内基本上没有得到应用。不过，相信随着国内对项目风险管理的重视，这些知名风险管理软件可能会逐渐进入国内市场。

（2）国内项目管理信息系统的应用模式

国内项目管理信息系统的应用模式除上述所说的国外项目管理软件之外，从 20 世纪 80 年代至今，国内也出现了大量自主开发的项目管理软件。几乎每一个有意使用计算机辅助管理的大型工程建设项目，都会组织一班人马来开发一套项目管理软件。这些软件种类多样，侧重点各有不同，其实现方式根据项目特点、规模、项目参与方的状况以及信息化程度的不同而有所不同，一般来说可以分为：全新开发、完全购买商品化软件以及以商品化软件为核心定制开发。虽然目前国内市场上提供的项目管理软件解决方案很多，但基本上不出这三种类型。

在上述三种实现方式中，第一种全新开发方式可以说是整个系统基本上完全定制开发，所有功能完全针对具体的项目管理业务，具有完全的业务符合性和针对性，除开发环境和开发工具外，基本上不需要选购商品化的项目管理软件。而后两种方式都需要选购一定的商品化项目管理软件，区别一种是全部采购方式，基本上不做任何二次开发或只作极少量的二次开发，另一种是部分采购方式，需要在商品化软件的基础上做大量的二次开发。

3. 国内项目管理信息化发展存在的问题及展望

(1) 国内目前项目管理专业软件应用的主要问题

在我国对项目管理软件应用过程中，我们不难看出，很多项目或企业在这方面投入很大，但能够真正有效运行的并不多。我国在项目管理软件应用推广中存在的问题表现在以下几个方面。

1) 管理体制、组织行为方面的障碍。

随着对工程建设效率要求的逐步提高和与国际水平接轨的需要，很多工程建设项目管理方都体会到信息的重要性，体会到项目管理软件应用的重要性，都认识到项目管理软件在项目中的应用可以促进管理水平的提高，但在实际操作上却有很大差别。大部分项目对此持积极态度，但也有些项目不愿在工程项目管理软件的应用上增加投入，认为软件价格过高，而且其应用不仅在短期内不会带来效益，还会增加负担。

项目管理软件的应用能否取得成功，除了相关的技术因素之外，更大的因素将取决于能不能将先进的管理理念同企业的具体实际良好结合。项目管理软件的应用与其说是技术问题还不如说是管理问题。管理的不科学、流程的随意性、“人治”与“法制”的混淆在很多企业和项目的管理过程中都不同程度地存在。抓住机遇，将企业和项目的管理与计算机软件的应用相互融合，实现企业和项目业务流程重组和组织结构优化，是当前大部分企业和工程项目的参与方应该致力的方向。

2) 项目管理软件的盲目选型或软件本身的质量和可用度不高。

目前我国项目管理软件在项目中的应用存在着极大的不平衡。虽然项目部分参与方，尤其是设计单位和部分施工单位初步实现计算机辅助管理。但很多项目的业主方、决策和实施部门对项目管理软件的知识掌握不足，在项目管理软件的需求、选型、实施方面很薄弱，因此导致在软件选型和实施应用方面盲目决策，没有进行科学、公正地进行选型。此外，在应用项目管理软件前，由于缺乏专业人员对项目管理进行全面应用规划，便匆忙上马大量的软件或者组织人员开发，导致软件的质量和可用度无法达到要求，严重影响项目管理软件的使用效果。

3) 缺乏专业人员支持导致项目管理软件应用水平低。

在工程建设信息化和项目管理软件系统认识比较到位的项目组织环境中，组织对信息化管理比较重视。但是往往缺乏既懂项目管理技术，深谙专业软件，又能结合项目特点的专业人员，能够对项目管理进行全面应用规划，能够比较好地将项目管理软件与具体的项目管理业务结合起来，并能够通过各种组织与管理措施，如必要的合同条款限制要求使项目的各参建单位有效配合。在具体的项目管理方法上，国内粗放式的管理也对项目管理软件的应用造成了不利的影响。

(2) 展望

我国工程项目管理软件研发的整体水平较低，实际应用情况不容乐观。但可以欣喜地看到，在政府和企业的推动下，这一局面正在得到改善。政府和行业协会不断的规范项目管理，逐步实现与国际接轨；统筹规划，抓大放小，分类指导。软件企业也在不断地调整产品结构，逐步培育自主品牌，规范企业管理，并积极建立服务创新的体制。

工程项目参与单位还要更加积极学习采用国外成熟经验，真正领会优秀项目管理软件中所蕴涵的现代项目管理思想和具体方法。国际承包企业更应该首先学习了解国际通用的软件，加强与国外业主与参建单位沟通与协作，并将其逐步引进国内。

国内企业还要加速普及项目管理意识，领导带头树立“计划为龙头的统筹协调”的工作氛围，营造“重视计划、尊重计划”管理风气，以及必要的合同手段确保管理的体系运作模式。目前，很多国际工程项目业主或总包单位逐步采用在合同中明确规定承包单位的管理方式、相关责任、管理工作使用的工具。企业更应利用合同手段，从项目执行的源头上确保管理体系的有序运作。

国内的专业软件开发商和信息系统集成服务提供商，应结合国际惯例和国内实际努力开发我国的各种工程管理软件，大力增强软件本身的质量，使其既能体现现代工程项目管理的思想和具体的管理方法，又能较好地适应国内的管理环境，提高项目管理软件的易用性和可用性，逐步走出国门，推向国际。

复习思考题

10.1　工程项目实施中的几种流动过程及其相互关系。

10.2　信息流中最主要的信息交换过程是哪些？

10.3　简述工程项目信息的概念及其存在形式。

10.4　简述工程项目信息的特点、基本要求、基本特征。

10.5　工程项目中报告的种类、报告的作用和要求是什么？

10.6　项目月报内容比较固定，通常应包括哪几个方面？

10.7　文档系统的要求及文档管理的责任形式是什么？

10.8　工程文档管理常用的分类方法有哪些？

10.9　工程项目管理信息系统概念、目的、必要条件和功能是什么？

10.10　设计开发项目信息管理系统的工作包括哪几个方面？

10.11　管理信息系统的建立需要确定哪几个基本问题？

参考文献

［美］古尔德（Gould，F. E）等. 2004. 影印本. 建筑工程项目管理＝Construction Project Management：专业版：英文［M］. 北京：清华大学出版社.

《建设工程项目管理规范》编写委员会. 2006. 建设工程项目管理规范实施手册（第二版）［M］. 北京：中国建筑工业出版社.

成虎. 2004. 工程项目管理［M］. 北京：高等教育出版社.

何伯森. 2007. 工程项目管理的国际惯例［M］. 北京：中国建筑工业出版社.

李世蓉，兰定筠，胡玉命. 2007. 业主项目管理实用手册［M］. 北京：中国建筑工业出版社.

刘喆，刘志君. 2005. 建设工程信息管理［M］. 北京：化学工业出版社.

施骞. 2007. 工程项目可持续建设与管理［M］. 上海：同济大学出版社.

王芳，范建洲. 2007. 工程项目管理［M］. 北京：科学出版社.